OEUVRES

COMPLÈTES

D'ÉTIENNE JOUY.

TOME XIV.

ON SOUSCRIT A PARIS:

Chez JULES DIDOT AÎNÉ, rue du Pont-de-Lodi, n° 6;
BOSSANGE père, rue de Richelieu, n° 60;
PILLET aîné, imprimeur-libraire, rue Christine, n° 51;
AIME-ANDRÉ, quai des Augustins, n° 59;
Et chez l'AUTEUR, rue des Trois-Frères, n° 11.

ŒUVRES
COMPLÈTES
D'ÉTIENNE JOUY,

DE L'ACADÉMIE FRANÇAISE;

AVEC DES ÉCLAIRCISSEMENTS ET DES NOTES.

La morale appliquée à la politique.

PARIS
IMPRIMERIE DE JULES DIDOT AÎNÉ,
RUE DU PONT-DE-LODI, N° 6.
1823.

LA MORALE

APPLIQUÉE

A LA POLITIQUE.

> La politique injuste est mère de toutes les injustices et de tous les crimes des hommes.
>
> POLYBE.

A MONSIEUR LE COMTE
BOISSY-D'ANGLAS,

PAIR DE FRANCE,

MEMBRE DE L'INSTITUT, ETC

Monsieur et très illustre Confrère,

C'est sans votre agrément que je place votre nom en tête de cet ouvrage. En sollicitant cette faveur, que j'aurais sans doute obtenue de votre amitié, je me serais imposé des obligations dont j'ai voulu m'affranchir : votre modestie eût gêné mon langage, je n'aurais pas été le maître de me rendre, en ce moment, l'interprète de l'opinion publique, et d'exprimer sans réserve tous les sentiments dont vous m'avez pénétré.

Si la flatterie est un présent, l'éloge mérité est une dette, et la reconnaissance contemporaine ne doit pas craindre de parler le langage de la postérité. Ne lui laissons donc que le soin de fixer votre rang dans le petit nombre des hommes à qui il a été donné, comme à vous, de lutter pendant trente ans contre les excès d'une révolution terrible, sans déroger un moment aux principes éternels de la philosophie et de la liberté, où elle avait pris sa source.

Ami du sage et vertueux Malesherbes, vous avez continué ce grand homme au milieu des tempêtes civiles où il a trouvé une mort si funeste et si glorieuse. Vous partagerez avec lui l'immortalité de la sagesse et de la vertu, la seule qui n'ait rien à craindre du jugement de l'histoire.

Élevé plusieurs fois au pouvoir, sous l'influence des partis dont vous n'avez jamais accepté la loi, vous n'avez point oublié que le bien public est le seul but d'une ambition louable, et que les plus nobles pensées ne sont que de beaux rêves aux yeux des hommes, si elles ne sont mises en actions.

Dans cette affreuse journée du 1ᵉʳ prairial, dont je m'honore d'avoir partagé les périls, vous avez réalisé la sublime fiction d'Horace, en offrant au monde le modèle achevé de l'homme *juste* et *fort*, que les fureurs de la multitude et les poignards de la tyrannie ont trouvé inébranlable au poste de l'honneur, et auquel la crainte de la mort, d'une mort horrible, mille fois présente à ses yeux, n'a pu arracher un seul mot où le crime triomphant n'ait entendu sa condamnation.

Vous réunissez en vous la triple qualité de législateur, d'homme d'état, et d'homme de lettres; et dans chacune de ces nobles fonctions, où vous vous êtes illustré, vous avez pris la morale pour base de votre conduite, de vos ouvrages, et de vos discours; elle respire dans cet admirable rapport sur *la situation politique de l'Europe*, que l'assemblée accueillit avec enthousiasme, et dont elle ordonna l'impression et la traduction dans toutes les langues; dans cette patriotique harangue où vous demandez *des statues pour les grands hommes qui honorent la France;* dans ces discours éloquents où vous vous élevez avec une si profonde indignation contre *les jeux et la loterie;* où vous avez combattu si généreusement en faveur de la *liberté de la presse* et de la *liberté des cultes.*

Tant de travaux politiques, qui tiennent une si grande place dans votre vie, ne vous ont point détourné de la carrière des lettres, et plusieurs ouvrages, dignes de la postérité, ont marqué votre place dans cet institut qui s'honore de compter parmi ses membres l'auteur de l'*Essai sur les fêtes nationales,* de l'*État de la France, présent et avenir,* et des *Recherches sur la vie, les écrits et les opinions de M. de Malesherbes.*

C'est à vous que l'histoire appliquera sans hésiter cet éloge que le cardinal de Retz fait de lui-même avec si peu de vérité :

« Dans les mauvais temps il n'a pas aban-
« donné la patrie; dans les bons il n'a eu
« d'autre intérêt que celui de la France; dans
« les désespérés il n'a jamais cédé à la crainte. »

En plaçant mon ouvrage sous la protection d'un grand citoyen, dont la vie sans tache, uniforme dans sa dignité, féconde pour la patrie, pour la gloire et pour les lettres, offre le modèle des talents et des vertus qui peuvent seuls réconcilier *la morale à la politique,* je donne à mes lecteurs un garant irréfragable de la pureté de mes intentions et de la fermeté de mes principes.

Je suis avec respect,

Monsieur le Comte,

Votre affectionné serviteur
et confrère,
JOUY.

DISCOURS PRÉLIMINAIRE.

J'entends répéter chaque jour que la civilisation est parvenue à son plus haut point, que la pensée humaine a tout épuisé, qu'en toutes choses les véritables principes ont été découverts, et cependant l'ouvrage que je publie a pour but de prouver que cette lumière immense, résultat des combinaisons de l'industrie et de la pensée, n'est que l'aurore des destinées humaines, et que la civilisation morale est encore au berceau.

Toutes les vérités reconnues ont été des paradoxes; celle que je proclame dans cet ouvrage, avec la conviction la plus intime, étonnera l'orgueil de quelques hommes, pleins d'une invincible confiance en leur propre sagesse, d'autant plus opiniâtres dans la bonne opinion qu'ils ont d'eux-mêmes, que leur entêtement prend sa source dans des erreurs acquises à grands frais de temps et d'éducation.

Les sciences physiques et mathématiques, les arts et l'industrie, ont sans doute fait d'immenses progrès; mais la civilisation, considérée comme science morale, est demeurée imparfaite. En vain quelques peuples de l'Europe me montreront-ils des palais, des tableaux, des statues; en vain m'étaleront-ils les prodiges de l'industrie et des arts : c'est à d'autres signes que je puis reconnaître des nations civilisées. Tout le luxe, toute la pompe du génie lui-même, décorent la barbarie, et ne la font pas disparaître.

Montrez-moi vos lois, vos institutions, dirai-je à ces peuples si vains de leurs théâtres et de leurs arcs de triomphe; apprenez-moi quels principes vous régissent, quelle éducation vous donnez à vos enfants. Je vous demande des actions, vous me présentez des livres; je vous parle de sentiments, de croyances, et vous m'étalez des doctrines : n'écrivez-vous de si admirables choses que pour vous dispenser d'en faire d'honnêtes?

Dès qu'un homme s'est trouvé en présence d'un autre homme, les devoirs d'individu à individu ont pris naissance.

Dès que plusieurs hommes se sont rassemblés au bord d'un fleuve pour y élever les cabanes d'une société naissante, cette société s'est imposé des devoirs envers chacun de ses membres; et chaque individu à son tour a contracté des engagements tacites ou exprimés envers la société souveraine.

Dès que deux ou plusieurs peuplades ont formé des sociétés séparées à des distances plus ou moins rapprochées les unes des autres, ces différentes sociétés ont eu des devoirs à remplir entre elles.

Cette grande machine politique a pour ressort principal la *justice;* pour moyen conservateur, le *patriotisme;* pour principe de destruction, *l'anarchie* ou *l'arbitraire.*

Que l'individu soit juste pour son semblable et pour

la société; que la société soit juste pour l'individu et juste pour les autres sociétés; voilà le devoir universel : que l'individu tyrannise ou son semblable ou les autres sociétés; que la société à son tour tyrannise ou l'individu ou les autres sociétés, voilà le crime : enfin, que l'individu se sacrifie pour la société, voilà l'héroïsme.

Telles sont les bases immuables du grand code émané de la justice universelle : ses principes ont leurs échos dans la conscience de tous les hommes; comment ne pas s'étonner qu'ils aient été jusqu'ici méconnus, et que les peuples qui se vantent de la plus haute civilisation en aient à peine adopté quelques préceptes dans l'habitude des relations civiles et individuelles?

La nécessité de la justice entre les individus se fait comprendre de tous les esprits, se fait sentir à tous les cœurs; et cependant ce principe universel, borné dans son application, n'a jamais été suivi dans ses conséquences.

Une justice rigoureuse a été invoquée dans la morale individuelle; une justice de convention (ce que Pope nommait *a crooked justice*) a constamment régi les sociétés.

Comble de la honte et de la déraison! les nations sont demeurées, par rapport les unes aux autres, dans un état de nature sauvage, pendant que les hommes dont elles se composent obéissent à une civilisation plus ou moins perfectionnée. L'injustice gouverne les masses, tandis que les individus sont soumis entre eux à une justice dont l'extrême rigueur est souvent une injure à l'humanité.

L'assassinat est le plus grand des crimes; et, pour venger le crime, la société se rend coupable d'assassinat.

Elle punit de mort le vol à main armée, c'est-à-dire l'usurpation de la propriété d'autrui; et, dans le même arrêt, elle ordonne de confisquer, c'est-à-dire d'usurper à son profit le bien du condamné. Les sociétés punissent le vol, et font des conquêtes, c'est-à-dire qu'elles usurpent à leur profit des provinces, des royaumes entiers.

En un mot, le crime n'est réputé crime aux yeux de la loi que lorsqu'il est commis par l'individu au détriment de l'individu : qu'il soit commis par cent mille hommes contre un seul, par un seul contre cent mille, par des peuples contre des peuples, non seulement il est excusé, mais il prend le nom d'héroïsme, d'honneur, ou même de vertu.

Législateurs, écrivains, magistrats, vous tous qui exercez sur vos semblables l'influence réelle et physique du pouvoir, ou l'influence plus noble encore de la persuasion et de la pensée, c'est à vous que j'en appelle de tant d'horribles contradictions : abjurez toute morale, ou reconnaissez une morale universelle.

Osez le dire à la face du monde; les lois ont été faites dans l'intérêt de la force : c'est elle, c'est ce pouvoir sauvage qui domine encore au sein de la civilisation européenne; c'est elle qui, sous les traits de la politique, respire dans les actes fallacieux des cabinets;

c'est elle qui fait aujourd'hui le droit des Turcs en Grèce, des Anglais aux Indes, comme elle fit jadis le droit des Espagnols en Amérique.

Avant le dix-huitième siècle, aucune voix ne s'était élevée contre le monstre de la politique, auquel des publicistes, et même des philosophes, n'avaient pas craint d'élever des autels. Bacon, le père de la philosophie expérimentale, ce génie doué d'une si prodigieuse sagacité, Bacon n'a pu, dans la retraite scientifique où il a passé ses dernières années, épurer son ame des souillures qu'elle avait contractées dans l'exercice du pouvoir ministériel. Loin de l'idole, il a continué à fléchir le genou devant elle, et n'a pas eu honte de proposer, au nom de la politique, des concessions à la morale des peuples et à la conscience des princes; le philosophe ne put oublier qu'il avait été grand chancelier d'Angleterre; du fond de son exil, il ratifiait encore des accommodements entre la justice reconnue et l'injustice nécessaire aux desseins de l'autorité.

Ni Milton, trop peu connu comme publiciste, ni Leibnitz, ni Euler, ni Pascal; en un mot, aucun des génies mathématiciens qui ont cherché à porter dans le domaine des idées morales la rectitude des sciences exactes, n'ont reconnu ou n'ont osé reconnaître l'identité parfaite qui existe entre la morale des individus et celle des peuples, entre la morale des rois et celle des états entre eux. C'est au dix-huitième siècle qu'était réservé l'honneur de découvrir ou du moins de pressentir cette grande vérité philosophique.

L'éloquent déclamateur Raynal, le fougueux moraliste Diderot, le savant analyste d'Alembert, et l'homme universel, le génie de lumière qui, semblable à l'astre du jour, verse en courant des torrents de clarté, Voltaire, ont indiqué cette source féconde des grandes pensées et des grandes vertus.

Je ne prétends point nier que la justice, dans le gouvernement et dans les actions des peuples, n'ait trouvé d'éloquents apologistes parmi les anciens. Tite Live a revendiqué les droits de la morale, même au sein de la guerre, et s'élevant à une éloquence digne de Rousseau : « Tu n'es pas un homme, s'écrie-t-il, tu es une « bête féroce, toi qui regardes les droits de la morale « comme éteints au milieu des fureurs de la guerre. « *Truculenta es bellua, non homo, qui in bellis nulla esse* « *jura censes.* »

Plutarque, dont le style lâche et prolixe couvre quelquefois une pensée forte et un jugement sain, Plutarque, que Charron a si heureusement comparé à un foyer que la cendre recouvre et conserve, s'est irrité plusieurs fois contre l'immoralité de la politique. Dans son *Parallèle d'Alexandre et César*, il déclare sans ménagement que *la bonne foi est le seul moyen de gouverner les hommes*. Dans sa *Vie de Pyrrhus*, on trouve ce passage, où respire une éloquente et vertueuse indignation :

« Pour certains hommes, qu'est-ce que la paix et la « guerre? une monnaie fausse, frappée au coin des « peuples, au profit ou du moins dans les seuls inté- « rêts de quelques individus. Leur guerre est plus dé- « sirable que leur paix; au moins la première est néces-

« sairement franche et ouverte, tandis que l'autre est
« une guerre couverte, une trêve d'injustices, de crimes
« et d'horreurs. »

Mes principes sont connus, je n'ai point reculé devant les occasions où il fallait faire une profession de foi politique. Ami de la liberté légale, j'ai parlé, j'ai écrit, j'ai combattu, j'ai versé mon sang pour la conservation des droits que l'homme tient de l'auteur de son être, de ces droits qui sont la base de la morale, que reconnaissent, que prêchent toutes les religions, et que l'Évangile proclame à chaque page. Je conçois cependant que des hommes peuvent de très bonne foi être imbus d'opinions contraires.

Un prince élevé dans le sérail et nourri dans les maximes du despotisme se persuade aisément que Dieu a fait les autres hommes pour être ses esclaves, pour qu'il puisse, selon ses caprices ou ses besoins, leur arracher les richesses qu'ils ont amassées par leurs travaux, les enfants que leur a donnés la nature, la vie qu'ils ont reçue de Dieu. Que ce prince déclare que c'est dans cette faculté que réside la plénitude du pouvoir royal, et que sa volonté est la règle des devoirs de ses sujets; une telle déclaration, soit qu'elle vienne de Constantinople, de Tunis, ou de Modène, n'a rien qui me paraisse étrange.

Un homme devient ministre après avoir passé sa vie dans des emplois dont les fonctions, affranchies de toute règle, s'exercent dans l'ombre et par des moyens que réprouve la morale; que ce ministre considère les lois comme un obstacle à l'exercice du pouvoir tel qu'il le conçoit, tel qu'il l'a exercé, et qu'au milieu d'une assemblée législative il déclare qu'il entend gouverner *par l'arbitraire*, je serai plus affligé que surpris, et je me garderai de mettre en doute sa sincérité; car rien dans sa conduite antérieure ne me porte à croire qu'il ne pense pas ce qu'il dit.

Des magistrats vieillis dans les habitudes des criminalistes peuvent éprouver le besoin des condamnations et des supplices; si l'institution des jurés leur déplaît, si la lettre des codes les gêne, s'ils veulent que le juge ait le droit d'interpréter la loi, que les jurés soient transformés en commissaires, et les cours d'assises en prévôtés, ces opinions me semblent l'incontestable conséquence des principes et des habitudes de toute leur vie, et la manifestation de ces principes n'a rien qui m'étonne.

Le fils d'un grand seigneur passe de la cour à l'épiscopat; s'il se déclare pour les riches et les richesses, s'il prêche les pompes mondaines par la parole et par l'exemple, dois-je en être surpris?

Les sentiments vrais, s'ils ne sont pas toujours respectables, ont du moins une honorable excuse dans la bonne foi de celui qui les manifeste: mais qu'un Borgia n'atteste le ciel que pour tromper les hommes, et ne fasse de serments que pour les violer; que les actes du plus inique, du plus capricieux arbitraire soient exécutés au nom des lois, en invoquant d'une voix sacrilége leur majesté violée; que les proscriptions des Sylla, les assassinats des Jefferies, les massacres judiciaires de 93, aient été proclamés actes de salut et d'équité publique, et placardés sous les noms de sentences et de jugements; que les ministres d'un Dieu dont le royaume n'est pas de ce monde réclament une part dans l'autorité, et négligent les affaires du ciel pour celles de la terre; qu'ils prêchent l'humilité sous une mitre rehaussée de perles et de diamants; voilà ce qui indigne et soulève les ames les plus calmes, les cœurs les plus stoïques. La franchise est l'attribut de la force; la sincérité orne toutes les vertus, et ne dépare pas même tous les vices. Il y a jusque dans l'audace du crime, qui marche la poitrine découverte et la tête haute, je ne sais quelle élévation qui impose. Mais le perfide qui, sous des semblants d'amitié, sous le manteau de la justice, cache le poignard dont il veut vous percer le sein; mais le lâche qui ne vous convie à ses banquets que pour verser dans votre coupe un breuvage empoisonné, quels sentiments peuvent-ils inspirer, sinon l'horreur et le mépris?

Concluons : dans l'homme public comme dans l'homme privé, dans l'état comme dans la famille, dans la politique comme dans la société, l'hypocrisie est le plus odieux de tous les vices.

L'ouvrage que je publie n'est que le corollaire de cette proposition : *Il existe une morale universelle qui a son siège dans la conscience de l'homme; donc elle régit par les mêmes lois les individus et les sociétés.*

Pour arriver à la démonstration de cette vérité philosophique, je n'ai employé que des formules connues, et je ne prétends à la gloire d'aucune découverte. Dans tous les temps, dans tous les pays, les philosophes qui ont tenu école de vertu, de morale et de raisonnement, ont proclamé, séparément, quelqu'un des principes contenus dans mon livre. Aristote, dans sa Politique, a fait ressortir la nécessité de la justice. Platon et Thomas More (que l'on s'obstine à appeler *Morus*) ont fondé, sur la base d'une raison absolue, des états chimériques, où ils ne tiennent aucun compte des résistances et des passions humaines.

Socrate enseigna la sagesse aux peuples et à leurs chefs; et l'on ne peut douter que ces anciens qui mouraient aux Thermopyles, qui élevaient des statues au juste Aristide, n'aient honoré la justice et la morale comme des vertus publiques.

Mais Aristide exilé, Socrate buvant la ciguë, les mensonges de tant d'oracles, l'immoralité de tant d'institutions, et entre autres de l'esclavage personnel, sont des preuves malheureusement irrécusables de la fausseté des doctrines politiques des gouvernements anciens.

Chez les modernes, les mêmes vices, plus habilement dissimulés, n'ont pas été rachetés par d'aussi hautes vertus.

Les hommes, si fiers de leurs lumières nouvelles, ne voient pas que la vérité tourne comme un phare mobile, qu'ils ne l'ont point encore vue en face, dans sa pureté, dans son étendue.

Fra Paolo a réclamé contre les usurpations de la cour de Rome; Swift et les anglicans ont fait sentir le ridicule qui s'était peu à peu glissé avec l'arbitraire au sein d'une religion divine. Bodin le politique a réclamé en faveur de la tolérance. Boccalini a donné aux gouvernements des leçons fortes et détournées ; et Machiavel a si malheureusement trompé le pouvoir et le monde, que pendant long-temps ses cruelles ironies ont passé pour des préceptes. Grotius, Puffendorf, en réclamant quelques uns des droits du genre humain, ont été si prodigues de ménagements envers la puissance, qu'il leur arrive souvent de fournir des objections contre la justice et la morale universelles, dont ils adoptent le principe.

Tous ces publicistes, en sacrifiant à la vérité, rendaient en même temps hommage au mensonge, et souillaient leurs plus belles pages d'indignes concessions à l'arbitraire. S'ils accusent l'injustice qui blesse leurs intérêts, ils préconisent celle qui flatte leurs préjugés. L'épouvantable sarcasme de Machiavel, en prouvant trop, ne prouve rien. Bodin, si sévère dans sa doctrine républicaine, est injuste dans tout ce qui concerne les intérêts respectifs des nations.

Rabelais, Arétin, Barclai, bouffons plus ou moins spirituels, plus ou moins cyniques, attaquaient les ridicules jusque sur l'autel, jusque sur le trône ; mais, sans principes, sans doctrine, sans but ; ils ont fait au hasard la guerre à quelques erreurs, à quelques préjugés, et n'ont établi aucune vérité fondamentale.

Ni Balthazar Gracian, symétrique et pompeux précepteur des usages de la cour, ni Amelot de La Houssaye, politique équivoque et pédantesque, ni Bayle, analyste indifférent des opinions humaines, n'ont eu la pensée de donner à la politique la morale pour base. Aucun écrivain ne s'est occupé de réunir tant de vérités partielles en un corps de doctrine, et de rassembler tant de rayons épars en un seul foyer, pour en illuminer, suivant la comparaison de Bacon, le temple de la morale et de la politique. S'il m'est permis de suivre la noble métaphore de cet esprit original, je dirai que tous ont porté la lumière dans les coins et dans les détours de l'édifice, mais qu'aucun n'a élevé son flambeau sous la voûte et dans le sanctuaire. C'est de là seulement que la clarté pourra s'étendre sur les idoles, et faire évanouir les prestiges, les erreurs et les horreurs qui les environnent.

Toute politique qui n'est point fondée sur la morale est une science de mensonge et de déception : cette vérité éternelle, immuable, est digne d'être offerte à la méditation des peuples et des rois; c'est par elle que s'accomplira la vieille prédiction du seul monarque auquel la postérité ait conservé le titre de divin que lui donnaient ses sujets; *la philosophie montera un jour sur le trône du monde.*

LA MORALE
APPLIQUÉE
A LA POLITIQUE.

PREMIÈRE PARTIE.

LIVRE PREMIER.
De la Morale en général.

CHAPITRE PREMIER.
Origine et nécessité de la Morale.

La morale est l'art de bien vivre; c'est la science pratique des devoirs; elle enseigne à opposer la raison aux passions, le courage à la fortune, la nature aux coutumes; à se conformer, dans ses actions, à ce qui est juste et honnête, après avoir établi en principe que tout ce qui n'est pas juste et honnête ne saurait être utile.

De toutes les connaissances humaines c'est la plus nécessaire ; le vertueux Socrate y borna son étude ; sa vie et sa mort en prouvent également la sublimité.

On n'a pas encore vu deux individus de notre espèce dont la structure, la conformation et les traits fussent parfaitement semblables : cette prodigieuse diversité est encore plus sensible dans les caractères, car les passions et les facultés intellectuelles de l'homme sont susceptibles d'un plus grand nombre de modifications et de combinaisons que ses organes matériels.

Dès qu'il y a eu réunion de deux hommes, il y a eu division d'intérêts entre eux : leurs appétits n'étaient pas aiguisés précisément à la même heure ; pour eux la veille et le sommeil n'avaient pas une durée égale ; en poursuivant leur proie, l'un, par la rapidité de sa course, était plus prompt à la saisir ; l'autre, par la vigueur de ses membres, était plus sûr de la terrasser : lequel des deux avait le droit naturel de la garder ou de s'en approprier la plus forte part ? Cette question s'éleva chaque fois que les besoins furent mis aux prises avec les moyens de les satisfaire. *Ne fais pas à autrui ce que tu ne voudrais pas qu'il te fût fait*, en fut la solution, et la première régle de la morale fut posée.

Mais dès long-temps la pratique avait devancé le précepte, et le sentiment interne avait précédé la raison exprimée : empressons-nous donc de confesser cette vérité à la gloire de l'auteur des êtres; la conscience vient de lui; tous les principes généreux et conservateurs remontent à cette source sacrée; la puissance de l'entendement humain ne saurait en créer un seul, et les plus hautes conceptions des législateurs religieux, comme des législateurs politiques, ne sont que l'observation approfondie d'inclinations naturelles et de penchants innés au cœur de l'homme.

La conscience est dans l'homme l'instinct moral de sa conservation : il faut donc l'avouer, c'est sur l'amour de soi, sur ce *moi* qui déplaisait tant à Pascal, que toute morale est fondée. Est-il besoin de dire que cet amour de soi, auquel je donne une origine céleste, et d'où je fais découler les plus beaux sentiments de l'humanité, n'a rien de commun avec cet odieux *égoïsme* contre lequel s'élève, avec tant de raison, l'auteur des *Pensées,* et qu'il ne saurait être confondu avec cet *amour-propre* que l'auteur des *Maximes* s'est amusé à reproduire sous les formes élégantes, mais stériles, des hommes de cour pour lesquels il écrivait? La Rochefoucauld juge le cœur humain d'après celui des courtisans; il prend l'ouvrage des passions, combinées dans une société corrompue, pour l'ouvrage de la nature. On le croirait convaincu que c'est après avoir créé les grands seigneurs que Dieu se reposa.

L'amour de soi, principe de la morale universelle, est ce sentiment qui ramène sans cesse l'homme sur lui-même, qui le fait rentrer dans son propre cœur lorsqu'il interroge la douleur d'autrui, qui le porte à compatir aux maux qu'il a soufferts ou qu'il peut éprouver un jour : c'est cette bienfaisance intéressée qui lui prescrit enfin *de faire pour autrui ce qu'il voudrait que l'on fît pour lui-même.* La perfection de l'amour de soi est donc aussi celle de la morale : *Ne fais pas à autrui ce que tu ne voudrais pas qu'il te fût fait,* voilà LA JUSTICE ; *fais pour autrui ce que tu voudrais qu'on fît pour toi-même,* voilà LA VERTU.

CHAPITRE II.

La Morale est une science positive.

« Il est vraisemblable, a dit un philosophe du dix-huitième siècle, que si les hommes voulaient s'appliquer à la recherche des vérités morales, selon les mêmes méthodes et avec la même application qu'ils cherchent les vérités mathématiques, ils les trouveraient avec la même facilité. »

En effet, la morale est une science positive ; elle a ses axiomes, ses aphorismes, ses définitions, ses expériences; et ses problèmes sont susceptibles de démonstrations aussi rigoureuses que ceux des sciences exactes.

Les axiomes sont des vérités démontrées par le seul fait de leur énonciation. Quelle autre science en fournit un plus grand nombre que la morale? Je citerai ceux dont l'évidence est à la portée de tous les esprits, et sert de fondement à la morale universelle; je les emprunte aux législateurs des différents peuples de la terre.

Ne fais pas à autrui ce que tu ne voudrais pas qu'il te fût fait.

Fais pour autrui ce que tu voudrais que l'on fît pour toi.

Connais-toi toi-même.

Veux-tu savoir si une action est bonne ou mauvaise, demande-toi ce qu'il arriverait si chacun en faisait autant.

Il n'y a d'honnête que ce qui est utile; il n'y a d'utile que ce qui est juste.

Ce ne sont point les choses qui troublent les hommes, ce sont les opinions qu'ils s'en forment et les préjugés qu'ils y attachent.

On est toujours le maître de ce que l'on veut, lorsqu'on ne veut que ce qui est juste.

Celui qui le matin a écouté la voix de la vertu peut mourir le soir; il ne se repentira pas d'avoir vécu.

Celui qui persécute un homme de bien fait la guerre au ciel.

Il est facile d'obéir à la sagesse, elle ne commande rien d'impossible.

Il y a trois choses que le sage doit révérer avant tout · les lois, le malheur, et les paroles des gens de bien.

La chose la plus nécessaire à apprendre, c'est d'oublier le mal.

Le juste seul entre tous les hommes vit sans trouble et sans remords.

Il faut avoir un principe d'évidence auquel se rapportent nos jugements; ce principe est dans la conscience.

Si vous ne rapportez tout à ce tribunal, vos actions contrarieront vos raisonnements.

Le droit n'est autre chose que l'utilité reconnue de la justice.

Le but de la société est le bonheur commun.

CHAPITRE III.

Universalité de la morale.

Toutes les sectes sont différentes, a dit Voltaire, parcequ'elles viennent des hommes; la morale est par-tout la même, parcequ'elle vient du ciel.

D'un bout du monde à l'autre elle parle, elle crie :
Adore un Dieu, sois juste, et cheris ta patrie.

Les lois de cette science divine sont nées avec la société, c'est-à-dire avec la famille, et par conséquent avec l'homme dont la nature est essentiellement sociale.

On peut mettre en doute si la pensée des dogmes religieux avait précédé dans le cœur de l'homme les principes de la morale, ou si plutôt ils n'en avaient pas été la conséquence.

A ne consulter que la raison humaine, tout porte à croire qu'après avoir reconnu que la morale est la loi naturelle, qu'elle est le lien du faisceau social, les premiers législateurs ont senti la nécessité de rendre ce lien plus fort, plus sacré, en le faisant remonter directement de l'homme à Dieu par la religion.

Les religions les plus extravagantes ont longtemps régné sur la terre ; une grande partie du monde est encore livrée au culte des idoles et des fétiches. Au temps où la Grèce recevait des leçons de Socrate, de Platon, de Zénon, et d'Aristote, des prêtres prêchaient au peuple le plus éclairé de l'univers une Vénus impudique, un Jupiter incestueux, un Mercure dieu des voleurs ; et ces prêtres, plus puissants, plus respectés que les philosophes, les faisaient condamner au bannissement quand ils ne parvenaient pas à leur faire boire la ciguë. Mais la morale est la même dans tous les temps, et chez tous les peuples: pure, uniforme comme la lumière céleste dont elle émane, aucune erreur ne se mêle aux vérités éternelles qu'elle annonce ; jamais professeur d'une morale corrompue ne pourrait impunément en tenir école. Qu'un homme osât paraître sur la place publique pour enseigner

> Qu'il est beau, qu'il est doux, d'accabler l'innocence,
> De déchirer le sein qui nous donna naissance ;

s'il n'était pas lapidé pour prix d'un pareil discours, c'est que la raison de son auditoire aurait promptement jugé du dérangement de la sienne, et qu'il y a tel crime où l'on ne peut voir qu'un acte de démence.

L'orateur chrétien nous dit : *Le Créateur s'est communiqué à la créature; la religion a été révélée; donc elle a précédé la morale, donc elle est le principe et non la conséquence.* Cette argumentation est celle de la foi; et tel est mon respect pour elle, que je craindrais d'employer, dans une discussion de cette nature, toutes les raisons qui se présentent en foule à l'appui de l'opinion contraire.

Ainsi donc, sans oser affirmer, avec Addisson, « que la morale l'emporte sur le dogme, par cela qu'elle est plus certaine et plus utile au monde, » je me borne à dire qu'elle est plus ancienne, parcequ'elle règle les rapports des hommes entre eux, lesquels ont dû précéder ceux que le dogme établit entre Dieu et les hommes.

CHAPITRE IV.

Union de la morale et de la religion.

D'humbles orgueilleux trouveront peut-être que c'est rabaisser la morale que d'en chercher le principe dans la conscience, et de ne pas lui donner pour fondements les dogmes religieux. Je n'examine pas si la proposition contraire ne serait pas plus vraie, et si ces dogmes ne sont pas plutôt la conséquence que le principe de la morale; il me suffira, pour prévenir toute fausse interprétation de ma pensée, de l'exprimer tout entière.

L'immortalité de l'ame, l'existence d'un Dieu rémunérateur et vengeur, sont à mes yeux le premier besoin de la condition humaine; mais ces vérités, fussent-elles moins profondément gravées dans mon esprit et dans mon cœur, n'en seraient pas moins la base d'un système de morale où j'établis que les inspirations de la conscience sont d'essence purement divine.

Le mot *religion* exprime et définit en même temps

cette pensée; il nous vient du latin *religare*, lier, attacher: le législateur religieux a donc voulu, en réunissant le dogme et la morale, attacher la terre au ciel, et la créature au créateur.

L'ancienne loi se contentait de dire à l'homme: *Si tu fais bien, tu seras comblé de biens; si tu fais mal, tu seras accablé de maux sur la terre.* La loi nouvelle a étendu à une autre vie l'empire de l'espérance et de la crainte; mais ni l'une ni l'autre n'a dit: *Sois juste, aime et sers ton prochain,* afin que les autres soient heureux, mais *afin que tu sois heureux toi-même, et que tu vives longuement.* La loi morale ne tient pas un langage différent; et si quelquefois elle impose à ses sujets des sacrifices plus grands que la récompense, elle impose aussi à la désobéissance une peine plus douloureuse que le sacrifice: ainsi, d'après la loi divine et la loi naturelle, l'objet et le but des actions de l'homme, c'est l'homme lui-même: ses affections, ses sentiments, nés de *l'amour de soi*, s'étendent de l'individu à la famille, de la famille à la patrie, de la patrie au genre humain. L'erreur de la plupart des philosophes est d'avoir interverti cet ordre naturel, les uns dans l'espoir de grandir l'homme à ses propres yeux, les autres dans l'impuissance d'accorder, avec un principe qui semble tout personnel, les devoirs de l'existence sociale: ceux-là n'ont pas vu qu'en donnant au spectre humain des proportions outre nature, il en détruisaient l'ensemble; ceux-ci ont cru trouver l'homme primitif dans l'individu isolé, et n'ont pas assez réfléchi que l'association est l'état naturel de l'homme, et qu'il apporte en naissant l'instinct nécessaire à l'établissement et à la conservation de cette société, hors de laquelle il n'y a pas pour lui d'existence.

Cette chaîne n'existait pas pour les anciens. Cicéron, dans son traité *des Devoirs*, établit sur les bases de cette philosophie stoïcienne (où Montesquieu voyait le plus haut degré de la sagesse humaine); Cicéron, dis-je, établit des principes de morale qui ne diffèrent de ceux de l'Évangile qu'en cela seulement qu'il les présente indépendants de toute croyance religieuse.

Un grand écrivain a dit: « Cultiver la vertu, regarder toute superstition avec horreur ou avec pitié, c'est être philosophe, c'est être religieux. »

Adorer la cause première et finale qui se manifeste dans toute la nature; croire que l'être intelligent qui fait le bien et évite le mal, dont il a le sentiment inné, se conforme à la volonté de l'éternel créateur; que toute action aura son châtiment ou sa récompense, c'est penser en homme religieux: n'est-ce pas aussi penser en philosophe?

La morale sans la foi ne cesse pas d'être la morale; mais, sans la morale, qu'est-ce que la foi? Vous croyez, dites-vous; mais voyons d'abord ce que vous faites; car enfin, que m'importe votre croyance, si vos œuvres ne sont pas d'accord avec la justice éternelle? Dans la morale, je ne sépare pas le précepte de la pratique, la régle de la conduite, et le commandement de l'exécution.

CHAPITRE V.

Objet et but de la morale.

La science morale a pour objet trois sortes de vertus, les vertus d'instinct ou naturelles, les vertus de devoir ou sociales, et enfin les vertus publiques, plus spécialement à l'usage de ceux qui gouvernent.

Je me propose de parler plus particulièrement de ces dernières, ce qui me conduira nécessairement à parler des vices qui leur sont opposés. J'examinerai s'il est vrai, comme l'ont soutenu les Machiavel, les Hobbes, et même les Grotius, qu'il y ait une morale particulière à l'usage des hommes publics; s'il est vrai qu'une action contraire à l'honneur, à la probité d'un simple citoyen, puisse être conforme à l'honneur, à la probité du prince ou du magistrat; si la morale, égale pour tous dans ses préceptes, n'impose pas des devoirs plus austères à ceux qui donnent l'exemple qu'à ceux qui le reçoivent.

Décidé à dire sans amertume, mais aussi sans complaisance, ce que je crois être la vérité, je crains de me trouver bien loin des idées et des routes connues; d'avoir quelquefois à tenir un langage qui paraîtra téméraire, non parcequ'il sera violent, mais parcequ'il sera nouveau; car c'est principalement de la morale dans les hommes et dans les emplois publics que je me propose de traiter dans cet ouvrage.

Je proteste d'avance contre toute fausse application, contre toute induction maligne ou de mauvaise foi que l'on pourrait tirer de l'exposition du plan que je viens d'exposer : même en citant des faits historiques, même en traçant des tableaux et des portraits d'après nature, ce n'est point un pays, un peuple, une cour, un gouvernement en particulier, c'est encore moins tel ou tel individu que je me propose de peindre; je ne puis avoir d'autre intention que de placer dans un cadre sans limites l'homme de tous les temps, de tous les lieux, dans les diverses positions de la vie sociale; de l'observer dans les changements, dans les modifications que le gouvernement et l'éducation apportent à ses mœurs, et d'arriver à la démonstration de cette vérité obscurcie depuis trop long-temps : Sans morale point de politique.

Sans doute il est des hommes qui ne peuvent entendre nommer un vice sans retourner la tête; mais alors, en s'accusant eux-mêmes, ne doivent-ils pas perdre le droit de crier à la calomnie?

Déterminé, je le répète, à laisser les hommes pour ne m'occuper que des choses; à prendre au hasard mes exemples dans le vaste champ de l'histoire, sans acception de temps et de lieux, à ne donner pour limites à ma pensée que celles de l'état social, je ne dois pas avoir à craindre, dans cette sphère toute métaphysique, de blesser les intérêts du moment, et de heurter de front les passions contemporaines.

LIVRE II.

La religion considérée dans ses rapports avec la morale.

CHAPITRE PREMIER.

Observations préliminaires.

Montesquieu n'a considéré les religions que sous le rapport du bien que l'on en tire dans l'état civil; moi, je ne les examine que dans leur rapport avec la morale. Des hommes qui se sont arrogé le droit de commander la croyance, pour se débarrasser du soin de convaincre, n'hésiteront pas à déclarer qu'une telle recherche est dangereuse. Mais à qui, mais dans quelles circonstances la morale peut-elle être nuisible?

La vraie religion, c'est-à-dire l'Évangile, étant le code le plus complet de la morale universelle, si mes opinions diffèrent souvent de celles des théologiens, elles seront toujours d'accord avec les maximes de ce livre divin.

Le plus terrible des théologiens de l'église mahométane, cet Omar, qui argumentait avec le sabre, a dit: « Tout ce qui est vrai est dans le Coran; donc tout ce qui n'est pas dans le Coran est erreur et mensonge. » Et d'après ce beau raisonnement, il fit mettre le feu à la bibliothèque d'Alexandrie.

Il ne manque aux théologiens de notre âge que la puissance d'Omar pour livrer aux flammes tous les ouvrages des philosophes moralistes. Sans doute, les théologiens ont beaucoup écrit sur la grace, sur le péché, sur les conciles, sur les papes, sur l'autorité de l'Église et le droit canonique, et pourtant ils n'ont pas tout dit; on leur reproche d'avoir souvent négligé la morale. Je rechercherai bientôt la cause de cette négligence, que l'objet de mon livre est de réparer.

CHAPITRE II.

De la Divinité.

L'esprit de l'homme est placé entre deux *incompréhensibilités:* une intelligence éternelle et créatrice de la matière; une matière dépourvue de toute intelligence qui aurait établi l'ordre, et créé ses propres lois. Ne pouvant rejeter l'une sans admettre l'autre, et forcé d'opter, tout être intelligent se décidera pour la cause intelligente dont il sent en soi une faible émanation; car la douleur et le plaisir prouvent moins l'existence que la réflexion et la pensée. « *Je pense, donc je suis,* » dit Descartes.

Le plus grand ennemi de toutes les superstitions, le fléau des fanatiques et des hypocrites, Voltaire a renfermé dans un vers le résumé de la sagesse humaine :

Si Dieu n'existait pas, il faudrait l'inventer.

L'esprit de l'homme ne peut ni définir ni comprendre la Divinité; mais comprend-il mieux l'infini, et cependant peut-il le nier? Quelque grand que soit un nombre, d'autres nombres peuvent y être ajoutés; quelque petite que soit une fraction de la matière, elle peut être encore divisée en fractions plus petites. L'imagination la plus vaste n'embrasse pas des temps, des espaces sans limites, et ne comprend pas davantage les limites de l'espace et de la durée.

Ce que la pensée de l'homme peut concevoir de la Divinité fut écrit sur le frontispice du temple de Saïs : *Je suis tout ce qui a été, tout ce qui est, tout ce qui sera.*

Dieu se manifeste par ses œuvres.

Cœli enarrant gloriam Dei.

L'homme le connaît moins par la vie et les biens qu'il en reçoit, que par le sentiment du juste et de l'injuste qui est au fond de son cœur.

Le caractère de la justice est de récompenser et de punir selon les œuvres. La raison dit, et le sentiment intime confirme que Dieu doit récompenser les bons et punir les méchants, dans ce monde ou dans un autre.

Mais la vie est courte et le triomphe des méchants est souvent bien long : ils semblent heureux sur la terre, car les douleurs de l'ame et les tortures des remords sont secrètes, tandis que les richesses et les honneurs éclatent au-dehors. Il y aura donc une autre vie, un autre monde où la justice céleste attend et frappera les coupables.

Ces inductions sont naturelles; elles sont la base de la morale, et la morale vient de Dieu; les hommes ne l'ont pas plus faite qu'ils ne se sont faits eux-mêmes; leur corps a, par toute la terre, les mêmes organes, les mêmes besoins, et par-tout aussi leur conscience a les mêmes inspirations; partout une voix secrète l'avertit de ce qui est bien et de ce qui est mal.

CHAPITRE III.

Des religions.

On peut dire de toutes les religions, excepté pourtant de celle du pays où l'on se trouve, qu'elles sont d'institution humaine : toutes ont eu la raison naturelle pour guide; mais toutes ont une origine céleste et commune, la morale. La plus conforme aux préceptes de la morale est donc aussi la plus divine. C'est la nôtre.

On a prétendu, contre l'évidence des faits, qu'aucune religion n'a ordonné des choses formellement contraires à la morale.

Les religions qui n'admettent pas le libre arbitre sont, par cela seul, immorales. Pourquoi les peuples soumis au dogme de la fatalité résisteraient-ils aux penchants les plus criminels? Céder, n'est-ce pas obéir à la loi du destin? Les Grecs étaient fatalistes: selon eux, les dieux ne se contentaient pas d'enchaîner les événements, ils poussaient les hommes au crime ; parmi eux les criminels excitaient la terreur et la pitié, et non l'horreur et le mépris.

Dans les temples, sur le rivage, sur la place publique, la prostitution fut ordonnée, fut offerte comme un acte de religion et de respect envers les dieux.

Ces dieux eux-mêmes, sujets aux passions et aux vices, étaient devenus l'objet de la censure des philosophes et des railleries des poètes. Aristophane livrait aux risées des habitants de l'Attique Mercure, Mars, Vénus, Junon, et n'épargnait pas même Jupiter le maître des dieux.

Les Romains eurent des dieux une idée plus juste: ils jugèrent qu'il était de la nature divine de faire du bien aux hommes; et, pour les honorer, ils élevèrent des autels à la concorde, à la liberté, à la paix, au courage, à la pitié, regardant les vertus comme des divinités dont le cœur de l'homme était le sanctuaire. Rome ne reconnut que des dieux utiles, des dieux justes, des dieux sages, des dieux forts, des dieux dégagés de la matière : ils intervenaient dans toutes les actions des hommes, mais seulement en ce qui était bon et honnête.

Mahomet, dont la religion est la plus répandue sur la terre, enseigna aux adorateurs des étoiles qu'il ne fallait adorer que le Dieu qui les a faites.

Le Dieu des chrétiens n'a ni commencement ni fin; il est lui-même la fin et le commencement de toutes choses; il connaît, il voit tout; nul ne peut le voir et le connaître; il punit à regret, et comble le juste de biens : la puissance et la bonté, la justice et la miséricorde, sont ses attributs.

Le Dieu de l'Évangile ne reçoit que les hommages de l'esprit et du cœur. Ainsi, presque tous les fondateurs de religions ont borné les devoirs de l'homme envers la Divinité à l'amour pour sa bonté, à la reconnaissance pour ses bienfaits, aux hommages pour sa puissance et sa majesté; devoirs dont l'accomplissement est facile, et qui n'exige ni aides, ni médiateurs.

CHAPITRE IV.

Du dogme.

Pascal a dit qu'on pouvait présenter à la foi de l'homme des mystères qui fussent au-dessus de son esprit, mais non pas contraires à sa raison. Aucune religion ne doit être contraire à la morale dans ses préceptes, ses maximes, ses commandements, ses dogmes; et cependant quoi de plus immoral que la plupart des dogmes religieux? Si l'homme qui, en mourant, se fait jeter dans le Gange est sauvé, qu'importe qu'il ait vécu dans la vertu ou dans le vice? qu'importe qu'il ait souillé le cours de sa vie par le crime et l'injustice? s'il meurt au bord du fleuve sacré, n'est-il pas exempt des peines de l'autre vie? Les bramines versent le fiel dans le cœur du charitable Indou en lui disant: Vous devez haïr les musulmans, non parcequ'ils vous oppriment, mais parcequ'ils mangent de la vache. De son côté, le mufti dit aux croyants: Que les Indiens soient l'objet de votre colère; traitez-les en ennemis, non parcequ'ils vous font la guerre, mais parcequ'ils mangent du cochon. Chryséis est refusée aux larmes de son père, qui vient la demander, revêtu des ornements sacerdotaux, et Apollon venge l'injure faite à son grand-prêtre, non en punissant l'auteur de ce refus, Agamemnon, le roi des rois, mais en envoyant la peste dans le camp des Grecs, innocents de la violence et de la lubricité du roi d'Argos. David ravit Bethsabée à son époux, fait mourir Urie, et bientôt ses sujets tombent victimes de ce double crime.

Le dogme de l'immortalité de l'ame, des récompenses et des peines dans une autre vie, est celui qui importe le plus à l'homme. Il se retrouve dans presque toutes les religions. Mais dans quelle religion les prêtres ont-ils enseigné que ces châtiments n'atteindraient que les criminels; que ces récompenses n'attendaient que les hommes qui, durant leur vie, se seraient montrés bons, humains, charitables? « Souffrez patiemment toutes les injures, tous les maux, toutes les servitudes; combattez, mourez pour vos maîtres : faites-en des dieux; prosternez-vous à leur aspect; invoquez, priez le divin Claude, le divin Domitien, le divin Caracalla; comblez-nous des biens de ce monde, et vous obtiendrez tous ceux de l'autre, et vous habiterez les Champs Élyséens. » Tel était le langage du flamine.

CHAPITRE V.

Des miracles.

Dieu s'est manifesté aux hommes par ses bienfaits, par l'existence des êtres, par le miracle de la création. Les prêtres, en s'interposant entre l'homme et la divinité, ont voulu justifier et sanctionner leur mission en faisant aussi des miracles. Imitateurs des ministres des rois, ils ont fait agir, ils ont fait parler les dieux. Le feu du ciel, les vapeurs de la terre, les secrets de la physique sont devenus des éléments d'impostures. Le prêtre d'Isis s'est glissé en rampant et par un escalier secret dans la statue de la déesse, et lui a prêté sa voix. Un long tuyau, caché dans un bois épais et aboutissant au fétiche de Zemès, a servi au *butios* (prêtre américain) pour faire parler sa grossière idole. Le prêtre de Samothrace, le bonze de la Chine, le magicien scandinave, ont vendu aux navigateurs des vents favorables. D'autres prêtres vendent la rosée et la pluie. Mais le temps des miracles est passé; ils ne sont guère connus que par la tradition. On l'a déjà observé, ce sont les pères, les ancêtres, qui les ont vus; la génération vivante n'en est jamais témoin. Les ténèbres et la barbarie sont favorables au merveilleux. Il ne s'opère plus de prodiges chez les nations éclairées, et le prince de Hohenlohe est venu trop tard.

CHAPITRE VI.

Des sacrifices.

Les miracles ont trouvé des incrédules, même dans les temps les plus favorables aux illusions et aux superstitions; et comme la raison de quelques hommes supérieurs pouvait, en dissipant l'erreur générale, saper l'imposture par sa base, la terreur imposa silence au doute. Croire ou se taire devint la loi générale des nations. Les prêtres firent admettre cette sanglante maxime, que tout est permis quand il s'agit de l'honneur des dieux : ils se sont établis juges de ce qui pouvait blesser cet honneur; ils ont décidé par quels sacrifices il convenait d'honorer la divinité, par quels sacrifices il fallait expier les outrages qui lui étaient faits, par quels sacrifices enfin on pouvait fléchir les dieux irrités, ou obtenir la faveur des dieux bienfaisants.

Au commencement ils se contentèrent des fleurs et des fruits, prémices des champs. Bientôt il leur fallut les prémices des vierges, les prémices de l'hymen; puis au miel, au lait pur, ils firent succéder le sang des brebis innocentes, du bœuf, compagnon des travaux de l'homme; puis ils demandèrent pour leurs ministres des biens, des honneurs, puis enfin des vengeances et des victimes humaines. Teutatès et la Diane taurique se montrèrent altérés du sang de l'étranger; les prêtres de Brama dirent aux Indiens timides et soumis : « L'honneur du dieu Wisnou demande que vous vous fassiez écraser par centaines sous les roues de son char, et que vous fassiez don de vos biens à sa pagode. » Deux jeunes amants, dans leur folle ardeur, profanent le temple de Diane, et tous les ans l'honneur de la déesse fut réparé par le sang de jeunes garçons et de jeunes filles de l'Achaie. Les Koréishites sacrifiaient leurs filles à la déesse Alara; en Phénicie, à Carthage, des enfants étaient égorgés en l'honneur de Saturne. Le Mexicain pétrit ses idoles avec le sang des veuves, des vierges, et des enfants sacrifiés au dieu Virszlipulzli, qui a reçu de ses prêtres l'offrande de chaque cœur encore palpitant. Cet exécrable honneur des dieux, ou plutôt cet horrible fanatisme des prêtres, commande aux pères d'immoler leurs propres enfants; Agamemnon sacrifie sa fille; Lycaon et Idoménée immolent leurs fils.

Eh! quels autels les fureurs des prêtres souillèrent-elles jamais de plus de sang et de victimes que ceux du Dieu de charité, de paix et de miséricorde des chrétiens? C'est au milieu des flammes que trois cent mille victimes de l'inquisition ont péri par l'ordre des prêtres espagnols et portugais. A l'aspect de cet affreux supplice, auquel assistaient le roi et la reine d'Espagne, une jeune juive de seize ans, que la nature avait parée de ses dons les plus brillants, de ses attraits les plus doux, s'écria : « Grande reine, la présence auguste de votre majesté n'apportera-t-elle aucun changement à mon sort? songez qu'il s'agit d'une religion que j'ai reçue avec la vie, que j'ai sucée avec le lait de ma mère; qui fut celle d'Abraham et de Jacob, que vous révérez comme de saints patriarches. Comment suis-je coupable en croyant ce que croyaient Jacob et Abraham? Et comment mon erreur, si c'en est une, a-t-elle mérité le terrible supplice qui m'attend? » La reine était jeune, Française, les larmes coulaient de ses yeux; un regard de l'inquisiteur les refoula jusqu'au fond de son cœur, et y glaça la pitié; le bûcher dévora sa proie.

Il a fallu les cris, les imprécations des philosophes pendant plus d'un siècle pour disperser ces abominables bûchers. Il a fallu qu'une nation tout entière se levât et renversât l'ancien édifice à l'ombre duquel elle avait vécu pendant douze cents ans, pour empêcher qu'au commencement du dix-neuvième siècle les bourreaux sacrés de l'inquisition ne ressaisissent leurs torches et leurs instruments de tortures.

CHAPITRE VII.

Les offrandes et la prière.

Les prêtres, dans toutes les religions, ont représenté l'Être infini, immuable, impassible, comme un Dieu jaloux, un Dieu colère, vindicatif, inconstant, avare; ils ont prêché aux peuples que, pour se rendre la divinité favorable, il fallait surcharger ses autels de dons et d'offrandes : le cœur ne peut être innocent si les mains sont vides : tous les crimes sont remis au coupable qui enrichit le temple.

L'ordre de tout l'univers a été réglé à tout jamais par l'éternelle sagesse, par la raison primitive. « Les lois selon lesquelles Dieu a créé le monde sont, dit Montesquieu, celles selon lesquelles le monde se conserve. » Mais les rois de la terre ne sont-ils pas les images vivantes du roi du ciel? les lois qui émanent de ces dieux terrestres ne changent-elles pas au gré de leurs caprices, des passions des favoris, des maîtresses, des ministres? N'a-t-on pas vu, dans le cours des siècles, deux ou trois monarques se laisser fléchir par la prière? Les cris des suppliants n'ont-ils pas quelquefois détourné des arrêts de mort, des ordres d'extermination? « Faites donc des vœux, adressez des prières au roi du ciel, ont dit les prêtres, et Dieu, se laissant aussi fléchir, dérangera pour vous cet ordre éternel qui nuit à votre existence d'un jour, et à vos desirs d'un moment. Pour vous satisfaire, il intervertira l'ordre des saisons, il suspendra le cours des astres. »

Trompé par ces fallacieuses promesses, l'homme cessa de consulter le guide moral que Dieu lui avait donné : la conscience. Livré à des desirs sans limites, il n'attendit plus de ses vertus et de son travail la fin des maux qu'il endurait ; le bien-être qu'il poursuivait, il espéra l'obtenir par l'oisiveté des prières, par le sacrifice de ce qui lui restait de bien, et souvent par le mal des autres hommes. Après avoir demandé de la pluie pour son champ, il a demandé de la grêle pour le champ de son voisin ; il a prié d'abord pour la conservation de sa vie, de sa fortune, puis il a prié pour hâter la fin de ceux dont il attendait l'héritage. Il a poussé plus loin le blasphème de sa prière : il n'a pas craint d'intéresser le ciel à ses vengeances. Le Calabrois, à-la-fois superstitieux et féroce, prie la madone d'assurer les coups qu'il se propose de porter à ses ennemis.

Ces espérances criminelles, ces vœux sacriléges, seraient encore inconnus au cœur de l'homme, si, restant soumis aux lois de la raison, aux régles de la morale évangélique, il eût continué à souffrir avec résignation les maux inévitables, à n'élever sa pensée vers la divinité que pour lui adresser des louanges et des actions de graces. Le Turc ne demande point à Mahomet de retirer le fléau de la peste, et pourtant la peste se retire. Lorsque la fièvre jaune désole ses belles cités, l'Américain, religieux et philosophe, ne cherche point à fléchir le courroux du ciel par de vaines prières et d'inutiles sacrifices; il va dans les champs cultivés, dans les vastes savanes, respirer un air plus pur et plus libre. Le catholique lui-même ne plante pas des croix nouvelles sur les frontières menacées de l'invasion de la peste ou de la fièvre américaine : il établit des lazarets, des cordons de troupes; il appelle au secours de ceux que la contagion menace des remèdes et des médecins. Il n'impute pas au courroux du ciel, mais à la marche inconnue des causes naturelles, ce fléau qui frappe également la vieillesse et l'enfance, les pervers et les gens de bien.

CHAPITRE VIII.

La tolérance.

La charité est le second précepte de la loi des chrétiens; mais qu'est-ce que la charité sans la tolérance? Vous secourez le pauvre et le malade, vous tendez la main à l'aveugle, vous le guidez sur la bonne voie : ne soyez donc pas sans compassion, sans miséricorde pour l'aveuglement de l'esprit! Jeter des malades dans les flammes pour les guérir vous semblerait un acte d'une absurde cruauté ; et vous allumez des bûchers pour y précipiter ceux qui vous semblent affligés des infirmités de l'ame. C'est en vain que l'Évangile crie : *Aimez votre prochain comme vous-même. Aimez aussi vos ennemis, faites du bien à ceux qui vous haïssent, priez pour ceux qui vous calomnient, pour ceux mêmes qui vous persécutent.* Mahomet dit vainement à ses ministres : *Recherchez qui vous chasse, donnez à qui vous ôte, pardonnez à qui vous offense, ne contestez point avec les ignorants, faites du bien à tous.* Le mollah fait égorger les grecs au nom du prophète, et le dominicain brûle les juifs au nom de Jésus. Leur fureur ne s'est pas même arrêtée sur l'étranger ; ils ont anathématisé, persécuté, immolé leurs propres frères pour de légères différences d'opinion, pour des erreurs qui n'intéressaient ni la gloire du ciel, ni le repos de la terre. Le sectateur d'Omar persécute le sectateur d'Ali ; le chrétien catholique est l'ennemi du chrétien protestant, du chrétien grec ; le quaker, dont la charité est égale pour tous, est de tous également méprisé.

Chaque secte se subdivise encore en divers partis, et chaque parti porte au même degré le fanatisme et l'intolérance. Là un homme religieux est brûlé pour avoir dit : *L'inégalité de puissance entre les apôtres est une invention humaine qui ne se trouve pas dans l'Évangile.* Ici un philosophe périt du même supplice pour avoir écrit: *L'ame participe de Dieu et de sa substance.* Hier la sépulture était refusée à quiconque ne laissait pas en mourant un billet qui attestât que sa dernière confession avait été reçue par un prêtre réfractaire. Aujourd'hui les mêmes refus sont motivés sur d'autres prétextes. La loi autorise, le prêtre défend; Dieu absout, ses ministres condamnent.

Non seulement les anciens ne souffraient point que l'on manquât de respect aux dieux du pays, mais ils permettaient d'élever des autels à toutes les divinités et même aux dieux inconnus: il n'était permis à personne d'attaquer la croyance d'autrui, mais chacun pouvait rester fidèle à la foi qu'il avait embrassée. Les prêtres d'un dieu respectaient les erreurs des prêtres d'un autre dieu; les dogmes s'enseignaient, et ne se commandaient pas; nul ne songeait à rendre sa religion dominante par le fer et le feu.

C'est le démon de l'orgueil, c'est le monstre de l'intérêt, qui ont répandu cette fureur chez les barbares destructeurs des empires d'Orient et d'Occident. Voltaire observe qu'il n'y a point de sectes de géomètres, d'algébristes, d'arithméticiens, parceque toutes les propositions d'arithmétique, d'algèbre et de géométrie sont vraies: il n'y a pas non plus de sectes en morale, parceque toutes les propositions de la morale sont également vraies, également évidentes par toute la terre. La vérité se reconnaît à ce caractère, qu'elle est accessible à tous les esprits et utile à tous les hommes. L'imposture a ensanglanté la terre, elle l'a couverte d'ossements et de ruines; la vérité, c'est la lumière, elle féconde, elle vivifie. A quel peuple a-t-elle jamais été funeste? Sans elle il n'y a ni justice ni morale.

CHAPITRE IX.

La religion considérée comme moyen politique.

Selon M. Pastoret, la religion ne fut pour Sémiramis, comme pour tant d'autres rois, qu'un moyen politique d'affermir sa puissance. « Les prêtres syriens, dit le même auteur, rendaient quelquefois au despotisme crainte pour crainte, et balançaient la menace du pouvoir royal par la menace des dieux. Les augures, la magie, les oracles, servirent tour-à-tour leur intérêt ou leur puissance. Trompant la crédulité par l'espérance ou la terreur, ils asservissaient toutes les pensées, tous les sentiments, en laissant croire qu'au nom de la divinité ils pouvaient éloigner ou suspendre l'infortune, donner ou ravir le bonheur. Tout ce qui tendait à favoriser un préjugé utile en inspirant le respect, ils en jouissaient : l'éloignement des travaux mécaniques ou serviles, la possession des biens et des honneurs, l'exemption des charges publiques, des fatigues et des périls de la guerre. »

Chez presque toutes les autres nations, les prêtres ont ajouté à ces privilèges l'exemption des devoirs de la paternité et des soins de la famille. Ils ont érigé en vertu la transgression des lois naturelles, et l'ont appelée *chasteté*. « Le sacerdoce tenait de trop près au ciel, dit encore M. Pastoret (que je me plais à citer dans une question sur laquelle il a jeté tant de lumière), le sacerdoce tenait de trop près au ciel pour remplir les devoirs et payer les tributs de la terre. »

Au lieu de ne considérer la terre que dans ses rapports avec le ciel, Dieu n'a été considéré que dans ses rapports avec les intérêts terrestres. Le divin législateur a dit en vain que son royaume n'était pas de ce monde; la religion entre les mains des prêtres est devenue un moyen de gouvernement, un instrument qu'ils ont daigné confier aux puissances de la terre après l'avoir employé contre elles, et leur avoir appris à en faire un sanglant usage.

Un cardinal, Bellarmin, dans son *Traité du Pouvoir pontifical*, soutient que le pape est non seulement le monarque absolu de l'Église universelle, le juge infaillible de la foi, mais encore le maître des couronnes et de la vie des rois. Les monarques sont détrônés, leurs sujets affranchis de toute obéissance, non pour des motifs de religion, mais pour des intérêts purement mondains. Tout prince qui exige des ecclésiastiques quelque contribution doit être excommunié. Le royaume de France est mis en interdit ; les Français sont déliés du serment de fidélité, les foudres du Vatican sont lancées, contre qui? contre Louis XII, contre *le Père du peuple.* Quel est son crime? Il a refusé de céder au pape Jules II des villes sur lesquelles le saint-siége élevait d'injustes prétentions. Toutes les choses sacrées reçoivent un emploi profane ; les indulgences deviennent un objet de commerce, et les absolutions ne sont plus qu'un impôt levé sur les passions et les vices.

Du fond du Vatican, le serviteur des serviteurs de Dieu, le front ceint d'une triple couronne, s'est déclaré le monarque universel. La politique turbulente des vicaires d'un Dieu de paix et de concorde divisait l'Italie pour la dominer; donnait libéralement à Charlemagne un sceptre brisé depuis deux siècles; à d'autres souverains de grands continents situés aux antipodes; établissait dans tous les royaumes des garnisons spirituelles sous le nom d'ordres religieux; s'érigeait un pouvoir temporel au-dessus de tous les trônes, au moyen d'actes faux, consacrés par la diplomatie même sous le nom de *fausses décrétales;* armait d'un bout de l'Europe à l'autre les nobles contre les rois, le clergé contre les laïques;

attirait en Allemagne, en Italie, des hordes d'étrangers; prêchait les croisades, faisait exécuter les massacres de Sicile, dépeuplait le midi de la France, lançait des anathèmes, conseillait la Saint-Barthélemy; et, tranquilles au milieu des jouissances de Rome, les papes regardaient au loin les orages que leurs légats, leurs nonces, leurs évêques, leurs résidents, ont, pendant douze siècles, rassemblés sur l'Europe de tous les points de l'horizon.

CHAPITRE X.

Des privilèges introduits dans la religion

L'humble fils de Marie n'éleva dans ses temples purifiés que des autels à l'égalité; sa main plaça sur les têtes le niveau de sa loi divine; il répondait aux riches qui venaient vers lui, et demandaient : *Maître, que faut-il faire ?* « Si vous voulez me suivre, « vendez vos biens, distribuez-les aux pauvres; « pour être admis en leur compagnie, faites-vous « leurs égaux. »

Dieu aurait-il changé ses lois? Je vois le plus obscur des ministres des autels accompagner d'un pied tardif un cercueil mal recouvert d'un drap noir, dont le temps a effacé la couleur; l'eau sainte même est épargnée; quelques gouttes avares ont à peine mouillé cette cendre que la mort n'a pas entièrement refroidie; la prière n'est point achevée, et la tombe se referme sur cette dépouille du chrétien : je m'informe, j'apprends que c'est le convoi du pauvre, du meilleur ami de Dieu, de celui aux souffrances, aux privations duquel la miséricorde divine a mis fin, et qui déjà, dans le sein d'Abraham, y jouit du bonheur des élus.

Un autre homme a terminé sa carrière, et vient au même lieu chercher un dernier asile. De nombreux lévites s'avancent sur deux files, vêtus d'une tunique éclatante de blancheur; l'étole qui descend sur leur poitrine étincelle d'argent et de broderies; les cierges sont allumés, l'autel est paré, les chants retentissent; le culte déploie toutes ses pompes, les riches tentures, les larmes métalliques, le char et les coursiers de la mort, tout semble annoncer un triomphe. C'est du moins quelque saint dont l'Église célèbre la béatification? Non, ce sont les restes d'un publicain, d'un de ces hommes à qui Jésus a fermé les portes de son royaume.

L'Église a déclaré indissoluble le lien du mariage; mais, à l'ombre de ce fantôme appelé *raison d'état*, le monarque obtient ce qui est refusé au sujet. Un prince est dispensé de tenir ses promesses, et relevé de ses serments; un magistrat obtient, en abjurant la religion dans laquelle il a été élevé, l'autorisation de tromper ceux qui le croient resté fidèle au culte de ses pères. Ne cessons pas de le redire, la religion ne peut approuver des actes que la morale condamne : devant Dieu, il n'y a ni roi ni sujet, ni riche ni pauvre, ni faible ni fort; il n'a créé que des hommes égaux, et ne reconnaît entre eux de différence que celle de la vertu.

CHAPITRE XI.

Le sacerdoce.

Lorsqu'on eut persuadé aux peuples qu'avec des dons et des prières chacun pouvait changer les volontés de celui qui a tout prévu, tout réglé dans sa sagesse infinie, les prêtres vinrent se placer entre la divinité et les hommes, en disant à ceux-ci : « Les besoins de la vie, la poursuite des affaires privées, le soin des choses publiques, absorbent toutes vos journées; il vous reste peu de temps pour la prière, et cependant il faut long-temps prier pour obtenir. Nous prierons pour tous, si chacun de vous consent à nous abandonner une part du fruit de son travail. » Les peuples se turent, et le sacerdoce fut établi.

Tous les contrats primitifs qui obligent les nations, n'ont presque jamais eu d'autre sanction que le silence des peuples.

Les premiers prêtres furent humbles comme leurs fonctions; ils ne se distinguèrent de leurs concitoyens que par une vie plus molle, mais plus régulière. A l'exception du travail, ils remplirent les mêmes devoirs, ils furent soumis aux mêmes lois, aux mêmes coutumes; ils eurent les mêmes habits et les mêmes mœurs; mais l'oisiveté, non moins corruptrice que les richesses, changea bientôt ces mœurs des premiers âges: la ruse et l'hypocrisie usurpèrent ce que le zéle et la piété n'avaient osé demander, de grands hommages et de grands biens. La prière ne fut pas moins richement dotée que le commandement; le prêtre voulut marcher l'égal du prince; la tiare aspira bientôt à s'élever au-dessus de la couronne, et, plus d'une fois, le trône et l'autel épouvantèrent le monde par le spectacle de leurs sanglants débats. Sémiramis aima mieux enrichir les prêtres que les craindre, dit le philosophe moderne que j'ai déja cité plus haut. Dans les temples, tout était d'or massif, et tout était un don de Sémiramis. Aussi les prêtres firent-ils une divinité de cette esclave sanguinaire qui arracha à-la-fois la couronne et la vie au monarque dont elle était la concubine; qui refusa de se marier dans la crainte qu'un mari ou des enfants dignes d'elle ne lui ravissent cet empire acquis par le crime; et l'épouse parricide, la mère incestueuse, le fléau de l'Asie, vit fumer l'encens sur ses autels. Les richesses des prêtres d'Isis et d'Osiris étaient telles, que leurs domaines formaient le quart des terres de l'Égypte.

Les apôtres et leur divin maître naquirent, vécurent et moururent dans la pauvreté; leurs mœurs étaient pures comme la morale qu'ils prêchaient; mais les successeurs de saint Pierre voulurent égaler les prêtres de Memphis et de Babylone; ils parvinrent à les surpasser en puissance, en richesses, et en corruption.

> Le ciel, pour nous punir, leur donna des grandeurs.
> Rome, depuis ce temps, puissante et profanée,
> Au pouvoir des méchants se vit abandonnée;
> La trahison, le meurtre, et l'empoisonnement
> De leur pouvoir nouveau fut l'affreux fondement.
> Les successeurs du Christ, au fond du sanctuaire,
> Placèrent, sans rougir, l'inceste et l'adultère;
> Et Rome, qu'opprima leur empire odieux,
> Sous ces tyrans sacrés regretta ses faux dieux [1].

Les intérêts de la terre une fois confondus avec ceux du ciel, les choses spirituelles furent réglées à l'instar des choses de la terre; le clergé eut aussi sa noblesse et sa roture, ses grands et ses petits, ses pauvres et ses riches. Les bénéfices royaux étaient devenus héréditaires par faveur ou par usurpation; les bénéfices ecclésiastiques devinrent aussi des propriétés de caste et même de famille. Pour ob-

[1] VOLT., *Henr.*

tenir l'épiscopat, la doctrine, les mœurs, la piété, n'étaient plus des titres suffisants : pour être évêque, il fallut être noble. La charité du curé de campagne, de l'utile et pieux desservant, demeurait stérile : que pouvait donner celui à qui la munificence du haut clergé ne laissait pas même les moyens de se procurer une soutane neuve chaque année ? C'était en chevaux, en bijoux, en équipages magnifiques que se dépensaient les revenus des riches prieurés et des grasses abbayes.

Le Pactole des bénéfices ne coulait que pour les courtisanes ; les mœurs du haut clergé étaient si dépravées qu'un cardinal fut soupçonné d'avoir porté l'effronterie de ses desirs adultères jusques à la couche royale. Le cardinal Bellarmin, dans son *Traité des Obligations des Évêques*, prouve, par des passages de saint Chrysostôme et de saint Augustin, que presque tous les prélats de son temps seraient infailliblement damnés.

Pascal reproche aux ecclésiastiques ses contemporains « de retenir dans l'Église les plus débordés et ceux qui la déshonoraient si fort, que les synagogues des juifs et les sectes des philosophes les auraient abjurés et exilés comme indignes. »

Une épigramme de Boileau nous apprend que, sous Louis XIV, l'Église de France avait cinquante-deux prélats qui abandonnaient leurs résidences et vivaient au milieu des plaisirs, des intrigues, des amours, et des corruptions de Versailles.

Le vertueux Louis XVI fut obligé de rappeler aux évêques que résider dans leurs diocèses était d'obligation pour eux. Un prélat sexagénaire tourna en ridicule la lettre du ministre du roi, et tous ses confrères applaudirent [1].

Lorsque, pour plaire à un monarque débauché, les courtisans s'empressaient autour du lit d'une courtisane mourante, le clergé, dit M. Lacretelle l'historien, ne se montra ni moins empressé, ni moins respectueux. Il ne se scandalisa pas de voir mourir dans le palais des rois cette marquise de Pompadour, qui y était entrée sous les auspices d'un amour adultère.

CHAPITRE XII.

Mœurs et conduite du clergé.

Aussitôt que les craintes et les espérances d'une autre vie, la sanctification des mœurs et la justice de Dieu, cessèrent d'être les seuls objets du culte, la religion, dépouillée de ses attributs célestes, et

[1] Voyez la lettre de l'archevêque de Toulouse, de juillet 1824.

admise au commerce du monde, ne fut plus occupée qu'à s'en assurer les biens temporels; elle saisit l'homme à son entrée dans la vie, réclama le privilége exclusif de présider à son éducation, de consacrer son hymen, de régulariser sa mort; et, poursuivant l'homme jusqu'au-delà du trépas, les prêtres s'arrogèrent le droit de remettre ou de commuer, pour de l'argent, les peines prononcées par la justice de Dieu même.

La religion changea d'objet en faisant alliance avec la politique; les prêtres passèrent de la paix des autels au trouble des affaires, et de l'honorable obscurité de leur retraite au scandaleux éclat des cours. Précepteurs, confesseurs, ministres des rois, et souvent agents secrets de leurs plus honteux plaisirs, les prêtres ne se distinguèrent plus des autres courtisans que par la forme et la couleur de leur habit; en tout le reste ils les égalèrent, et plus d'une fois leur donnèrent des leçons de corruption, d'avarice et d'orgueil.

La religion abhorre le sang, et des torrents de sang humain coulèrent sous la main des prêtres, au nom du Dieu de miséricorde et de charité. Naguère encore, un cardinal, général d'armée, guidait au carnage les bandes féroces qui ont couvert de deuil et de cendres une des plus belles contrées de l'Europe.

De honteuses transactions sont proposées et sont

acceptées sans pudeur. Une intrigue est ourdie dans les ténèbres pour supplanter la maîtresse d'un roi, et donner à cette maîtresse sa propre sœur pour rivale; le succès couronne l'entreprise; la nouvelle maîtresse est déclarée, et le héros de l'intrigue proclamé : c'est un cardinal. Un évêque-ministre, blanchi dans l'épiscopat, et déja un pied dans la tombe, voudrait, avant d'y descendre tout-à-fait, se voir coiffé d'un chapeau de cardinal; mais pour l'obtenir il faut qu'il agisse contre sa conscience, contre sa politique, contre les intérêts du roi son maître et d'une grande nation; il faut qu'il s'engage à soutenir cette bulle *Unigenitus* en exécration au peuple, repoussée par les parlements, par une partie du clergé, par la cour et le monarque. Fleury est fait cardinal: et, pendant quinze années, la France est remplie de troubles et de scandales; l'intolérance désole la capitale et les provinces; le fanatisme arme le bras d'un assassin; le roi est frappé, parceque son ministre n'a pu se résoudre à mourir évêque.

Un cardinal et un abbé se liguent pour placer les clefs de saint Pierre entre les mains d'un cardinal-prince; mais il faut que ce prince promette de salir la pourpre romaine, d'en revêtir le ministre des affaires et des plaisirs du voluptueux régent; et Dubois devient cardinal. On doit cette fois en croire M. Lacretelle l'historien, lorsqu'il dit que cette élévation ne fut pas même un sujet de scandale pour les courtisans : abbés, évêques, archevêques, se prosternèrent à l'envi devant ce cardinal sans probité, sans mœurs, sans religion. Le clergé se réunit; qui présidera cette sainte assemblée? un prélat vénérable, sans doute, un homme de savoir, de piété, de vertus éminentes? cet homme, c'est Dubois.

Un évêque intrigant s'ennuie dans son diocèse; les rêves de l'ambition agitent son sommeil; il cherche, il trouve dans l'instruction pastorale d'un de ses confrères des principes qui ont rapport à ceux qui furent professés par les Arnauld, les Nicole, les Pascal. L'évêque de Sénez, vieillard vénérable, était digne de professer les principes de ces hommes de bien et de génie; mais alors ces principes étaient condamnés par la cour de Rome; le vieillard est dépossédé, chassé des lieux que, durant quarante ans, il a édifiés par ses vertus, où pendant quarante ans il a été le consolateur des affligés et la providence du pauvre; l'évêque persécuteur reçoit le chapeau de cardinal, et va augmenter le nombre de ceux que couvrent en même temps la pourpre et l'infamie.

Un système de banque, fondé sur la déception et le mensonge, donne lieu au plus infame agiotage; cependant d'avares théologiens prononcent que l'anathème lancé par l'Église contre tout bénéfice usuraire n'atteint pas les spéculateurs qui se livrent au commerce des actions du financier Law. Les prêtres, les corporations religieuses, se hâtent d'éteindre leurs dettes par des remboursements illusoires. Le jésuite Lavalette, qui s'est fait spéculateur, est déclaré banqueroutier frauduleux. Ceux qu'avait déja si prodigieusement enrichis le trafic des indulgences et des absolutions, ajoutent aux dépouilles de la déception et de la crédulité les bénéfices de l'avarice et du jeu.

La corruption ne remonte pas; elle descend du palais des roi dans la cabane du laboureur, du Vatican dans l'humble presbytère. Quand la débauche souillait le rochet de l'évêque, l'ivrognerie salissait la soutane du curé. La cour et la ville étaient pleines d'abbés musqués, poudrés, fardés, libertins, incrédules, plaisantant sur les feux du purgatoire, mêlant le blasphème à la galanterie, et donnant à-la-fois des leçons de volupté et d'athéisme.

CHAPITRE XIII.

L'orgueil

« Sans l'humilité, dit Pascal, toutes les autres vertus ne sont que des vices et des défauts. » Cette sentence ne semble-t-elle pas prononcer la condamnation de la plupart des hommes voués au ministère des autels? Dans tous les temps, par toute la terre, l'orgueil a été inséparable du sacerdoce. Chez les anciens Perses, les prêtres prétendaient que la famille royale appartenait à leur tribu.

Une couronne d'or n'a point suffi aux vicaires de celui dont la couronne était d'épines; ils en ont placé trois sur leur tête. Dieu a dit : « Quiconque tirera le glaive périra par le glaive » : cette menace n'a point effrayé les successeurs de saint Pierre, et le glaive a brillé dans leurs mains, et ils ont eu des armées à leur solde. Des papes se sont montrés dans Rome, vêtus du manteau impérial et parés des insignes de la royauté temporelle.

L'orgueil sacerdotal a exigé de l'orgueil des rois qu'il se prosternât devant lui. Les couronnes ont été foulées aux pieds par des moines; on a vu les rois, dépouillés du sceptre et du bandeau, étendus sur la cendre, fouettés en cérémonie par les évêques, et revêtus par eux d'un cilice.

Le dernier degré de l'humiliation pour un homme, est de se mettre à genoux devant un autre homme. Que de ruses, de stratagèmes, de mensonges, l'orgueil des prêtres n'a-t-il pas employés pour forcer le souverain d'un des plus puissants états à venir subir en personne cette humiliation [1]?

---

[1] Ils se sont d'abord mis derrière, puis à côté, puis à la place

Dans quelques colléges, on apprend aux élèves qu'il faut recevoir un simple prêtre en le saluant; un curé en restant debout devant lui, et un évêque à genoux. Qu'ils sont loin ces temps où Jésus disait à ses disciples: *Il n'y aura parmi vous ni premiers ni derniers!*

Pascal observe que le style de l'Évangile est admirable sous une infinité de rapports, mais surtout parcequ'il n'y a aucune invective ni contre Judas, ni contre Pilate, ni contre aucun des ennemis ou des bourreaux de Jésus-Christ.

Précurseur de l'Antechrist, dragon infernal, diable incarné, lâche, vilain, poltron, enragé, monstre: c'est dans ces termes que saint Bernard, abbé de Clairvaux, parlait du théologien Abeilard. La charité chrétienne, la modération évangélique, brillent-elles davantage dans la plupart de nos modernes mandements? n'y trouve-t-on pas, presque à chaque ligne, cette violence de langage, cette dureté, on peut même dire cette grossièreté d'expressions? *Athées, factieux, misérables;* telles sont les épithétes les moins insultantes de ces libelles sacrés. Les auteurs de mandements parlent souvent de leur *indignation*, de leur *mépris*, jamais de leur *compassion* ni de leur *indulgence*. Ce n'est point pour ramener,

---

des simulacres au nom desquels cet abaissement étoit commandé.

c'est pour condamner, c'est pour réprouver qu'ils élèvent la voix. Ils déclarent qu'ils sont *scandalisés;* bravant ainsi la menace de celui qui a dit: *Malheur à qui se scandalise!*

La main gauche des nouveaux dispensateurs d'aumônes n'ignore point ce que donne leur main droite. C'est presque au bruit du tambour, au son des trompettes, que la charité distribue ses secours ; ceux qui donnent attendent que le soleil soit au plus haut degré de l'horizon : ostentation de zéle, ostentation de charité ; voilà en quoi consiste maintenant l'humilité chrétienne parmi les ministres des autels.

CHAPITRE XIV.

Les maximes et les ouvrages.

Les prêtres, en s'éloignant de la conduite des apôtres, durent abjurer des principes et des maximes opposés à leurs actions. La route du mal est glissante ; plus la pente approche de l'abyme, plus elle devient rapide. Après avoir tenté de s'excuser en disant : *Faites attention à nos discours et non à nos actions,* les paroles ne tardèrent pas à être conformes aux actions et les maximes à la conduite. C'est alors que l'apologie des crimes retentit jusque dans les temples de la Divinité. Sous le règne de Charles VI, un prêtre, le cordelier Jean Petit, osa soutenir en chaire que l'assassinat du duc d'Orléans était une action digne de louanges; qu'il était permis d'user de surprise, de trahison et de toutes sortes de moyens pour se défaire d'un ennemi de Dieu; qu'on était libre de ne pas tenir la parole qu'on lui avait donnée, la foi qu'on lui avait jurée.

Lorsque *Francipani*, noble Romain, eut livré lâchement à Charles d'Anjou le jeune et infortuné Conradin, le roi de Naples consulta le pape Clément VII sur le parti qu'il devait prendre à l'égard de son prisonnier. *Vita Coradini mors Caroli; mors Coradini vita Caroli*, répondit l'indigne vicaire de Jésus-Christ; et le neveu du grand empereur Frédéric II, le dernier héritier de la dynastie des Souabes, un prince sans reproche, dans un âge où les lois épargnent même les criminels, eut la tête tranchée sur un échafaud, en place publique, et presque sous les yeux du royal bourreau, qu'une absolution anticipée protégeait contre la justice du ciel, et que son rang mettait hors de l'atteinte de la justice des hommes.

L'assassin de Henri III, le moine Jacques Clément, fut comparé à Éléazar et à Judith, en plein consistoire, par le pape Sixte-Quint, digne successeur de Clément VII. Le régicide fut représenté comme un martyr par des théologiens, par des prédicateurs fanatiques; des prières publiques furent ordonnées, des actions de graces solennellement rendues à Dieu dans toutes les églises, pour le remercier d'avoir permis que l'assassinat eût été consommé; des pretres exposèrent sur l'autel, à la vénération du peuple, l'image de cet odieux martyr. Mariana trouvait admirable l'action de Jacques Clément; à ses yeux, ce moine assassin était la gloire et devait être l'éternel honneur de la Gaule. Le régicide Jean Châtel trouva aussi un défenseur et un apologiste dans le curé Jean Boucher : cette apologie fut brûlée en France par arrêt du parlement, mais à Rome le pape fit mettre à l'*index* l'arret du parlement de Paris.

Le jésuite Mariana a écrit qu'il était permis de tuer un roi pour cause de religion; cette doctrine a été soutenue en Allemagne par le dominicain Falkemberg. Un autre jésuite, Sanctarel, prétend dans son *Traité des hérésies*, que le pape a le droit de donner des tuteurs aux rois, de les déposer, s'il le juge à propos : il lui reconnaît tout pouvoir sur la couronne et la vie des souverains.

Le cardinal Duperron osa défendre cette doctrine dans les états de 1614. Le clergé voulait qu'on gardat le silence sur le régicide, lorsqu'il aurait été commis pour punir une hérésie; morale qui, dit Turpin, dans son *Éloge de Molé*, mit le poignard à la main aux Jacques Clément, aux Pierre Barrière, aux Châtel, et aux Ravaillac. La noblesse soutint le clergé, et le tiers-état eut besoin de l'appui du parlement pour faire déclarer que nulle puissance n'a le droit d'autoriser un sujet à attenter à la vie de son souverain.

Tout le monde sait que Sépulvéda composa un livre pour excuser les cruautés exercées par les Espagnols contre les Américains; il soutint que, pour les soumettre plus facilement à la foi catholique, il était permis d'user envers eux de toutes sortes de violences, de les dépouiller, de les jeter dans les fers, et même de les égorger. Charles-Quint fit supprimer en Espagne cet ouvrage sanguinaire; le pape en permit la publication à Rome.

Deux jésuites, Collendal et Montausan, dans leurs commentaires sur les œuvres théologiques de Busembaüm, ont avancé ces maximes qu'aucun pape, aucun concile, aucune assemblée de théologiens n'ont condamnées: « Un homme chargé de « tuer un excommunié peut donner cette commis- « sion à un autre, et c'est un acte de charité de l'ac- « cepter. Un citoyen, proscrit par son prince, peut « être mis à mort dans les états de ce prince, et non « pas au dehors; mais le pape, dès *qu'une fois il a* « *proscrit un potentat*, peut faire exercer son décret « par toute la terre, parceque le pape est souve- « rain du monde entier. » Le jésuite Malagrida a déclaré qu'il était permis de tuer le roi de Portugal.

Le *Dictionnaire de la religion chrétienne*, par Dulaurent, moine apostat; les sermons du frère Elwal, anglais; *I capitoli del forno*, de Jean de la Casa, archevêque de Bénévent, sont des ouvrages où les images et les expressions obscènes sont entassées avec le plus impudent cynisme. L'historien des *faits et dits héroïques du bon Pantagruel* avait été cordelier, bénédictin, chanoine, et est mort curé de Meudon; le romancier Prévost, l'épicurien Chaulieu, l'érotique Bernis, le licencieux Grécourt, étaient des abbés de cour et de boudoir.

En acquérant des richesses, le clergé perdit ses mœurs; il pouvait les retrouver en perdant ses richesses, car la religion aspire à la pauvreté de ses ministres pour rendre au clergé ses mœurs, et au christianisme sa pureté primitive.

CHAPITRE XV.

Le célibat.

Travailler c'est prier, mais prier ce n'est pas travailler. Toute institution qui favorise l'oisiveté favorise les vices, et par conséquent est contraire à la morale. La vie purement contemplative, les longues heures de la méditation, allument le sang, portent le trouble au cerveau; et des rêveries mystiques aux fureurs du fanatisme la distance est courte. C'est au fond d'un cloître que le génie d'un moine a fécondé l'oisiveté et enfanté le monstre de l'inquisition. Jacques Clément, assassin du dernier des Valois, Guignard, Guéret, Ridicovi, sortirent de leurs cloîtres pour percer le sein de Henri IV.

Le cœur de l'homme est sujet aux faiblesses; l'esprit, complice du cœur, s'efforce de les excuser, et l'orgueil cherche à les ériger en vertus. Après s'être soustrait aux devoirs de l'hymen et de la paternité, l'égoïsme a prétendu que cet état d'isolement et d'inutilité était l'état pur, l'état parfait.

Lorsque le monde était riche en grands modèles de piété et de vertu, au temps des patriarches, non seulement le célibat, mais la stérilité même était une marque d'infamie, et passait pour une espèce de malédiction de Dieu. La gloire des hommes se fondait sur le nombre de leurs enfants. Jaïr ne fut célèbre que parcequ'il eut à-la-fois trente fils dans les armées d'Israël. Le plus sage, le plus vertueux des législateurs de la Grèce, Lycurgue nota les célibataires d'infamie. Platon jugeait que tout homme qui avait atteint la trente-sixième année de son âge sans se marier était un mauvais citoyen, et qu'il devait être exclu des emplois publics. A Rome, les censeurs, gardiens des mœurs et de la vertu, n'admettaient les célibataires ni à tester, ni à rendre témoignage. A leurs yeux, la plus grande impiété était de sortir du monde sans y laisser d'enfants. La religion menaçait les célibataires de peines cruelles après la mort.

Chez les Égyptiens, chez les Perses, chez les Juifs, chez les Indiens, il y eut des familles consacrées au service des temples et de la divinité: cette consécration pouvait faire naître l'orgueil parmi les familles sacerdotales, mais du moins les mœurs y étaeint conservées.

Le czar Pierre Ier s'étonnait de ce que, dans plusieurs états de l'Europe, on eût laissé subsister depuis tant de siècles le célibat des prêtres, si préjudiciable à la société chrétienne. C'est le sentiment de Montesquieu, que moins il y a de gens mariés, moins il y a de fidélité dans le mariage, comme lorsqu'il y a plus de voleurs il y a plus de vols. Le vœu de chasteté n'est le plus souvent qu'un vœu contre le mariage.

L'homme a reçu la vie pour la donner: celui-là seul qui a une femme et des enfants, dit Bacon, a donné des gages à la fortune et à la société. Présenter comme méritoire l'acte par lequel des fanatiques se soustraient au vœu de la nature, n'est-ce pas le comble de l'impudence ou de la folie? Si Dieu voulait que la race humaine fût éteinte, il tarirait les sources de la vie. Si chacun formait et tenait ce vœu de chasteté, l'homme disparaîtrait de la terre, contre la volonté de celui qui l'y a établi.

Pour maintenir un vœu réprouvé par la nature, le crime est venu au secours d'une vertu factice. Les prêtres d'Isis faisaient profession de chasteté; mais, dans leur enfance, ils avaient été réduits à l'impuissance de violer ce vœu. Il en était de même des gymnosophistes, des hiérophantes, et en général de ceux qui, pour se dévouer au service des autels, devaient former un vœu semblable.

Chez les Arabes, le sacerdoce était la récompense de la vertu, et ne donnait aucun privilège. Les prêtres n'étaient point dispensés de prendre les armes pour la défense commune, et de remplir les autres obligations des citoyens. Cependant on les choisissait communément parmi les vieillards, afin que, dégagés de la servitude des sens, ils ne fissent rien qui fût contraire à la sainteté de leur ministère; mais ils avaient d'abord rempli leurs devoirs d'hommes et de citoyens.

« Quiconque exhorte les hommes à la pénitence
« doit être sans péché; qu'il ait du zèle, et que ce
« zèle ne soit pas trompeur; qu'il ne mente jamais;
« que son caractère soit bon, son ame sensible à l'a-
« mitié, son cœur et sa langue toujours d'intelli-
« gence; qu'il soit éloigné de toute débauche, de
« toute injustice, de tout péché; qu'il soit un exem-

« ple de bonté, d'équité, d'humanité, devant Dieu
« et devant les hommes. »

Ces maximes ont été attribuées au plus ancien des moralistes, au sage Zoroastre.

LIVRE III.

De l'institution sociale considérée sous le rapport de la morale.

CHAPITRE PREMIER.

But de la société.

L'homme est un être naturellement social; je ne remonterai donc pas à l'origine des sociétés, je n'en considèrerai que le but.

La vertu, la liberté, l'égalité, la raison et la justice, sont les attributs distinctifs de l'espèce humaine. Toute association politique qui n'a pas pour objet la conservation de ces biens se trouve en opposition avec les penchants naturels, avec les facultés intellectuelles de l'homme; par conséquent elle est immorale.

« Le traité social a pour fin la conservation des contractants, » dit fort bien J. J. Rousseau; mais il ajoute : *Qui veut la fin veut les moyens;* et c'est sans doute en tant qu'ils sont avoués par la morale, car si ces moyens étaient criminels, il faudrait renoncer à la fin ou au but de la société.

Tout état est un être collectif composé de la réunion plus ou moins nombreuse d'individus dont aucun n'a le droit de commettre un crime pour sa propre conservation. Par quel sophisme prétendrait-on que la masse possédât ce que chacune de ses parties ne possède pas? et si le corps social en entier n'a pas le droit d'assurer sa conservation au prix d'un crime, comment ce droit pourrait-il être transféré à des magistrats, à des ministres, à des rois, à des nations. Cette maxime de la politique, *salus populi suprema lex,* est donc elle-même susceptible de restriction, comme j'aurai occasion de le prouver.

Il n'y a dans le monde que deux puissances : celle de la force et celle de la raison. Les animaux disputent à l'homme l'empire de la force; l'empire de la raison n'appartient qu'à lui.

La force règne sans partage dans les déserts de Zara et de Barca, sur les côtes de la Méditerranée, en Turquie, et dans presque toute l'Asie. La raison achève la conquête de l'Amérique; en Europe, la France et l'Angleterre ne l'ont pas encore abjurée; mais dans le reste du monde civilisé, la force est aux prises avec la raison, c'est-à-dire avec la justice.

CHAPITRE II.

De la liberté politique.

Sans le libre arbitre il n'y a ni crime ni vertu; l'Évangile ne connaît de serfs que ceux de la justice.

Dans les actions de la vie civile, nul fait n'est répréhensible, si la volonté de son auteur a été contrainte.

Dans les relations des individus politiques, je veux dire des nations entre elles, un peuple faible est absous au tribunal de la morale universelle, même pour des hostilités injustes, s'il a été entraîné à la guerre par une puissance à laquelle il n'a pu résister.

Toute moralité cesse chez les nations qui ont perdu leur indépendance, comme chez les individus qui sont privés de la liberté.

Toute violence étant contraire à la morale, son auteur est coupable, n'importe le motif qui le fait agir et le rang qu'il occupe dans l'échelle des distinctions sociales. La violence seule rend les peuples tributaires et les hommes esclaves.

On l'a dit avant Rousseau, avant Montesquieu; on l'a répété depuis ces deux grands moralistes : Si un citoyen pouvait faire ce que les lois défendent, il n'y aurait plus de liberté. La conscience réprouve les actions injustes, et les lois, qui sont la conscience publique, doivent punir les actions criminelles. Mais la conscience d'aucun homme ne lui commande de faire ce que sa raison condamne, et l'autorité ne doit contraindre nul citoyen à faire ce que la loi ne prescrit pas. J'examinerai dans un autre chapitre ce que les lois peuvent défendre, et par conséquent tout ce qu'elles permettent.

La liberté est la plus forte des garanties sociales; un de ses plus grands avantages c'est que dans tous les pays qui en jouissent nulle injustice n'est possible, ou du moins ne peut rester secrète. Mille voix s'élèvent à-la-fois pour la dénoncer. Dans un pays libre, il n'y a pas de censeurs payés pour étouffer les cris des victimes, et protéger le mensonge contre la vérité.

Ce n'est que là, dit madame de Staël, qu'on sent le besoin de cette raison progressive qui fait atteindre chaque jour un but utile, et qu'on peut réunir le génie de l'action à celui de la pensée. Le gouvernement y donne l'impulsion aux vertus publiques, et les vertus privées la reçoivent des exemples donnés par les bons citoyens.

Le travail, père de la vertu et du bonheur, succède aux loisirs et au découragement lorsque les lois laissent aux hommes l'usage de toutes leurs facultés naturelles, et garantissent à chacun la paisible possession des fruits de son industrie. Les terrains les plus ingrats se fertilisent sous les mains de la liberté; les caractères les plus rebelles s'y soumettent au joug des lois, et les mœurs privées les plus corrompues se purifient au foyer des mœurs publiques.

CHAPITRE III.

L'égalité civile.

Les riches sont avant les pauvres devant les hommes; devant Dieu les pauvres sont avant les riches. Si je plaidais contre les hommes en faveur de Dieu, ses ministres me condamneraient; je ne m'occuperai donc ici que de l'égalité civile.

La fameuse déclaration de l'assemblée constituante a rappelé aux hommes qu'ils naissaient libres et égaux en droits. La charte constitutionnelle ne s'est point occupée du droit public en général, et s'est bornée à dire que les Français sont égaux devant la loi : c'est peu pour les philosophes; c'est assez pour les Français, s'il est vrai que la loi les oblige tous également, quels que soient leurs titres et leurs rangs, si les hommes qui ont des rangs et des titres n'ont en effet aucun droit, ou du moins ne peuvent plus exercer impunément aucun acte arbitraire sur leurs égaux devant la loi.

Tout ce qui sépare les hommes au lieu de les réunir est un mal, et ce qu'il fait naître d'un côté l'orgueil, et de l'autre l'envie, causes éternelles d'oppression et de révolutions. Sous ce rapport, les distinctions héréditaires, les priviléges, les titres, sont des institutions immorales. « Combien, dit Mme de Staël, de mauvais sentiments sont épargnés à l'homme quand on éloigne de son cœur la jalousie et l'humiliation ! »

Les lois sur le partage égal des successions entre les cohéritiers n'étaient pas seulement d'une justice rigoureuse, elles avaient un but éminemment moral ; « car, dit encore Mme de Staël, le nécessaire en tout genre a quelque chose de révoltant, quand ce sont les possesseurs du superflu qui le mesurent. Tous les hommes n'ont pas seulement droit à ce qui est indispensable pour exister ; on ne peut sans injustice leur refuser de participer à ces jouissances du cœur et de l'imagination que procurent l'éducation et un certain degré de lumières. »

Le principe des états libres est l'égalité civile, qui ne s'oppose pas aux distinctions les plus marquées entre les hommes selon leurs talents et leurs vertus, mais qui n'en admet point d'autres ; voilà pourquoi l'arbitraire recule chaque jour le règne des lois.

La justice même, devenue si facile et si complaisante, n'est pas encore tout-à-fait réconciliée avec les hommes du privilège : si déjà elle a établi quelques distinctions entre ceux qu'elle appelle comme témoins, elle se sert encore des mêmes bancs pour tous les accusés, du même échafaud pour tous les criminels. Cette communauté suppose un rapport quelconque de cette égalité primitive si positivement rappelée par la charte et la déclaration des droits.

L'intérêt et le préjugé s'élèvent en vain contre ces deux grandes vérités morales et politiques : *L'homme est né libre; tous les hommes sont égaux en droits.* Leur triomphe est inévitable : qu'il soit encore retardé de quelques mois, de quelques années, qu'importe aux destinées du genre humain? Il arrivera le jour où tous les hommes ne seront soumis qu'aux lois, c'est-à-dire à la raison écrite; où nul ne pourra se soustraire à cette servitude honorable; où ce que la volonté de tous aura établi ne pourra être aboli ni modifié par la volonté d'un seul, ou même de plusieurs; où il sera reconnu que la force soumet et n'oblige pas; que toute légitimité vient de la loi; que toute loi est l'œuvre de la volonté générale légalement exprimée; qu'enfin l'arbitraire et l'usurpation ne changent pas plus de caractère par la durée de l'usurpation et de la violence, que des infirmités anciennes ne cessent d'être des infirmités parcequ'elles sont invétérées.

CHAPITRE IV.

Des états despotiques ou arbitraires.

Je considère les gouvernements dans leur rapport avec la morale, et je me demande si celui dans lequel la volonté variable d'un petit nombre ou d'un seul est la loi de tous ; où il n'existe d'autre liberté que celle de traîner ses fers ou de tendre le cou au lacet ; d'égalité que celle du joug et de la tombe, où *l'homme n'est qu'une créature qui obéit à une créature qui veut;* dont le but est les délices des princes, et le résultat la misère et la dépopulation ; si le gouvernement qui a pour principe la crainte, et pour soutien la terreur ; devant lequel se taisent le respect filial, la tendresse paternelle, l'amour et tous les sentiments naturels ; d'où l'honneur et la vertu sont bannis ; où les confiscations et les supplices sont les seuls anneaux de la chaîne sociale ; où le supérieur, n'ayant à remplir d'autres devoirs envers l'inférieur que celui du commandement, tout ce qu'il desire il le demande, tout ce qu'il peut obtenir il l'exige ; où le refus, l'hésitation, le délai, le silence, sont punis de mort ; je me demande enfin si ce gouvernement, qui ne surnage que sur des flots de sang humain, et n'offre au désespoir qu'une tête à faire tomber, n'est pas le plus immoral de tous? Tel est le despotisme oriental; tel fut au moyen âge le gouvernement de quelques républiques d'Italie, et particulièrement de Venise.

Sous les princes méchants ou faibles, les monarchies absolues de l'Occident différaient peu des états despotiques de l'Orient. Quels outrages furent épargnés aux mœurs, à la morale, à la religion, et à l'humanité, sous les règnes à jamais odieux ou déplorables de Charles VI, de Louis XI, de Charles IX, en France; de Pierre-le-Cruel, de Ferdinand-le-Catholique, de Philippe II, en Espagne; de Guillaume-le-Conquérant, de Jean-Sans-Terre, de Henri VIII, de Charles II, et de son frère Jacques, en Angleterre; de Christiern, en Danemarck et en Suède?

La faculté de juger a été donnée à l'homme afin qu'il pût distinguer le bien du mal. Le pouvoir absolu s'oppose à l'exercice de cette faculté; car ce qu'il hait le plus c'est la pensée, ce sont les esprits éclairés, les cœurs droits, et les consciences scrupuleuses.

Dans les monarchies absolues, comme dans les états despotiques, il n'y a point de nation; on n'y donne ce nom qu'aux adorateurs d'un seul homme : il s'y commet de grands crimes politiques, tantôt contre la personne du souverain, tantôt par son ordre; et il n'est permis de parler de ces crimes que pour les justifier. Néron fait tuer sa mère; Pierre Ier et Philippe II font périr leurs fils: Jeanne fait mourir son mari; et des flots de courtisans se prosternent devant le parricide couronné.

Que penser de ces gouvernements qui se placent dans une situation telle qu'ils ne peuvent se fier ni à leurs sujets ni aux étrangers, et qu'ils sont réduits à les tromper, à les craindre, et à les invoquer tour-à-tour?

CHAPITRE V.

Suite du même sujet. — De la tyrannie.

La tyrannie n'est point un gouvernement : c'est l'arbitraire substitué aux lois.

Aucune tyrannie n'étant fondée sur un droit réel, les tyrans peuvent être renversés par le même moyen qui les a élevés. Quand l'intérêt des hommes n'est plus que l'intérêt d'un seul homme, la force dispense des lumières, l'autorité rend la persuasion superflue: le tyran a besoin d'obéissance et non de vertu; elle ne serait pour lui qu'un luxe dangereux.

L'histoire de tous les pays atteste que les hommes corrompus sont les auxiliaires naturels des tyrans qui savent tirer parti de leurs vices et de leurs crimes. Ce sont les gens de bien qui s'élèvent contre la tyrannie, non pour venger leur propre injure, mais par compassion pour les opprimés.

La tyrannie a cela de funeste qu'en même temps qu'elle dégrade les caractères par la servitude et la flatterie elle corrompt les mœurs par l'imitation.

Quand Auguste avait bu la Pologne était ivre.

Les plaisirs deviennent le seul but des actions quand l'existence est sans vertu, sans gloire, et sans liberté.

Les occupations de l'esprit sont redoutables aux tyrans, parcequ'elles conduisent à l'examen, et que tout examen est contraire à la tyrannie. La poésie même leur est suspecte. Lucain chanta les combats de la liberté expirante; Néron jugea que de tels chants méritaient la mort.

Les tyrans se rendent secrètement justice; ils savent qu'ils sont haïs, qu'on desire leur mort: aussi les voit-on toujours prompts à accuser de conspiration contre leur personne ceux à qui ils inspirent le plus d'horreur, c'est-à-dire les gens de bien. Ils ne peuvent souffrir ni ceux qui écrivent ni ceux qui parlent avec sincérité; car l'éloge de la vertu est la satire du vice. C'est presque une condition de l'existence des tyrans de mettre des entraves à la circulation des idées, et par conséquent de s'opposer à leur publication.

Les premiers actes de la tyrannie ont pour but d'énerver, d'amollir, d'abrutir les hommes, et de les plonger dans l'ignorance. « Car il importe, dit Pascal, que le peuple ne sente pas la vérité de l'usurpation; elle a été introduite autrefois sans raison; il faut la faire regarder comme authentique, éternelle, et en cacher le commencement si l'on ne veut qu'elle prenne bientôt fin. »

CHAPITRE VI.

Suite du même sujet. — Existence et fin des tyrans.

Des auteurs profanes et des écrivains sacrés ont soutenu, même en chaire, qu'il était permis de tuer un tyran. Moi, qui ne reconnais pas à la société le droit d'ôter la vie au plus criminel de ses membres, je ne puis adopter cette doctrine du tyrannicide; mais je soutiens que tout Romain avait le droit de recourir à la force pour renverser de leur trône sanglant les Tibère, les Caïus, les Néron, ou pour les contraindre à régner selon la justice et les lois.

La vie des tyrans n'est qu'un long supplice. Tibère commence ainsi la lettre qu'il adressa au sénat romain en faveur de Cotta: « Que vous écrirai-je, « pères conscrits, et comment vous écrire? si je le

« sais, que les dieux me fassent mourir dans des
« tourments plus cruels que ceux auxquels je suis
« en proie chaque jour ! » Tant, dit Tacite, la conscience des tyrans est livrée aux déchirements, aux supplices du remords.

Les nations asservies changent souvent de maîtres. Le poignard menace sans cesse la poitrine des tyrans; le glaive suspendu sur leur tête n'est soutenu que par un fil toujours près de se rompre. Des douze premiers Césars, un seul mourut de mort naturelle, trois périrent par le poison, cinq par le fer, un fut étouffé, et deux autres se virent réduits à se donner la mort.

Nerva, Trajan, Adrien, Antonin, Marc-Aurèle, régnèrent par la justice et les lois; ils rendirent doucement aux dieux, au milieu des larmes et des bénédictions de la terre, une vie consacrée au bonheur des hommes. Commode rentra dans les voies de l'iniquité; il y trouva la mort. Ainsi la transgression des lois de la morale n'est pas moins funeste aux princes qu'à leurs sujets. Sans doute il ne me serait pas permis d'en conclure que, dans le petit nombre d'hommes vertueux qui ont honoré la couronne, aucun n'est tombé victime d'une rage insensée, de l'impatience homicide d'un successeur, des fureurs du fanatisme religieux ou politique; plus d'un exemple malheureusement célèbre s'offrirait à la pensée pour démentir une vaine théorie; mais l'histoire du moins présente à la morale et à l'humanité cette consolation, que l'existence des mauvais rois est ordinairement moins longue que celle des princes gardés par la reconnoissance et l'amour des peuples; mais sur-tout que la mort des uns et des autres est toujours la récompense ou le châtiment de leur vie.

Dévoré par le poison que la main d'un frère a versé dans son sein, Titus soulève le voile qui lui cache la lumière, et, tournant les yeux vers le ciel, il se plaint sans amertume que le jour lui soit sitôt ravi; il interroge son cœur, et dans le cours de quarante-deux années il ne se rappelle qu'une action dont il doive s'accuser et se repentir.

A la première nouvelle que ses jours sont en péril, les citoyens, les femmes, les enfants, courent en foule assiéger les autels des dieux; chacun offre sa vie en sacrifice pour conserver celle du père de la patrie, de l'ennemi des délateurs, du prince qui aima mieux mourir *que de causer la perte d'un seul homme;* qui prétendait que son *pouvoir ne restreignait que sa propre liberté.* A sa mort, les larmes coulèrent de tous les yeux; les cris de douleur, les sanglots, retentirent dans les rues, dans les places publiques, et les funérailles du fils de Vespasien furent une véritable apothéose.

Le fils de Domitius, l'infame Néron, souillait depuis quatorze ans le trône des Césars : les descendants des Horace, des Paul-Emile, des Scipion, courbaient lâchement la tête sous le joug le plus honteux qui ait jamais pesé sur un peuple.

Ce monstre s'était lassé de son frère, de son gouverneur, de ses femmes, de ses tantes, de sa mère; et les poisons de Locuste, le fer, l'eau, le feu, l'avaient délivré successivement de Britannicus, de Sénèque, de Poppéa, d'Octavie, et d'Agrippine.

Néron aimait les jeux sanglants du Cirque; mais des gladiateurs, des criminels, suffisaient pour attirer le peuple à ce spectacle: il voulut le rendre plus digne de ses regards; il ordonna que six cents chevaliers et quatre cents sénateurs descendissent dans l'arene, et combattissent ensemble: ils obéirent, et personne ne s'avisa de trouver ce passe-temps par trop impérial.

Le soir, il courait les rues de Rome, enfonçait les magasins, enlevait les marchandises, et les vendait ensuite dans son palais: toute la noblesse romaine se disputait l'honneur de le seconder dans ses expéditions nocturnes.

Au milieu de tant d'autres horreurs sur lesquelles il serait trop pénible de s'appesantir, Néron faisait des harangues, jouait de la cithare, et composait de méchants vers qu'il fallait, sous peine de mort, applaudir au théâtre. « *C'est ainsi que les Romains veulent être gouvernés*, lui disaient ses courtisans; *c'est ainsi que la vie et l'autorité du prince sont*

mises à l'abri des tentatives des factieux, qui, masquant leur ambition du prétexte du bien public, parlent incessamment de lois, de liberté, de patrie, trouvent les vers de César mauvais pour faire haïr sa personne, et donnent à sa clémence le nom de cruauté. »
Néron en croyait ses courtisans, et répétait encore qu'aucun prince avant lui n'avait connu ses forces, n'avait fondé son autorité sur des bases plus solides, lorsqu'il apprit la révolte de Vindex.

Il sourit dédaigneusement à cette nouvelle, et courut au Cirque assister aux jeux de la lutte et du pugilat.

Tandis que Vindex exposait au peuple, dans ses proclamations, la longue série des crimes et l'odieuse tyrannie du fils d'Agrippine, les prétoriens criaient à la calomnie, et Néron ne repoussait que le reproche d'être un mauvais chanteur et un mauvais cocher.

Cependant le bruit du soulèvement des légions d'Espagne, et de la marche de Galba sur Rome, avait jeté l'alarme dans le palais; le silence et l'inquiétude y succédaient aux acclamations : César était encore puissant; les courtisans étaient encore soumis.

Les songes effrayants commençaient à troubler le sommeil du parricide; sa mère et sa femme lui apparaissaient chaque nuit à la tête du nombreux cortège de ses pâles victimes, et lui répétaient ces paroles prophétiques qu'il avait chantées tant de fois : *Père, mère, épouse, parents, amis, t'ordonnent de mourir.*

Il était à table; un message lui annonce la défection de l'armée tout entière. Il a recours, pour la dernière fois, à l'empoisonneuse Locuste; il en reçoit un breuvage mortel dont il n'aura pas le courage de se servir.

Il commande de mettre la flotte d'Ostie en état d'appareiller; il invite ses amis, ses courtisans, sa garde prétorienne, à l'accompagner dans sa fuite : une partie s'éloigne en silence, les autres expriment ouvertement leur refus : Néron se plaint de leur ingratitude.

Mille projets naissent et meurent tour-à-tour dans sa pensée. Tantôt il veut aller implorer la protection des Parthes, tantôt il se propose d'avoir recours à la clémence de Galba; tantôt, vêtu de deuil, il va monter à la tribune aux harangues, confesser ses crimes, invoquer le pardon du peuple, et se contenter du gouvernement d'Égypte.

Un jour entier se passe dans ces irrésolutions : accablé de crainte, épuisé de fatigue, il s'endort un moment, se réveille au milieu de la nuit, appelle sa garde, ses affranchis, ses esclaves; une seule voix lui répond, c'est celle de l'esclave Epaphrodite; il sort avec lui de son palais désert, court furieux vers le Tibre pour s'y précipiter, et s'arrête lâchement sur ses bords : il revient vers son palais, rencontre un de ses affranchis, et accepte en pleurant l'offre que celui-ci lui fait de cacher le maître du monde dans une petite métairie qu'il possède à quatre milles de Rome.

Néron, sans robe, sans chaussure, le visage couvert d'un voile, le corps enveloppé d'un manteau de couleur obscure, n'a pas la force de gagner la métairie de Sporus; il entre, ou plutôt il se traîne sur les mains et sur les genoux dans une caverne où il cherche un asile. Instruit qu'il y est cerné de toutes parts, il prend la mesure de son corps, creuse sa fosse, et croit retarder sa mort en préparant ses funérailles.

Son affranchi reçoit une lettre; Néron, qui veut la lire, apprend que les mêmes sénateurs qui la veille étaient prosternés devant lui, l'appelaient Auguste, et proposaient de lui élever des autels, venaient de le déclarer *le fléau de l'humanité, l'ennemi du peuple romain*, et l'avaient condamné au supplice des esclaves. Il demande quel est ce supplice. On lui dit qu'après avoir été dépouillé et suspendu à un poteau, il doit être battu de verges jusqu'à ce qu'il expire. Néron pousse des cris de désespoir, saisit deux poignards dont il essaie successivement la pointe sur sa poitrine, et ne peut se décider à verser une goutte de son sang odieux. C'est en vain qu'il s'indigne de sa propre lâcheté, qu'il s'excite par les reproches qu'il s'adresse : il entend les pas des cavaliers qui s'approchent; l'ébranlement de la terre lui annonce qu'ils l'ont découvert et sont prêts à le saisir; il porte le fer à sa gorge, et ce n'est qu'à l'aide de la main de son esclave qu'il parvient à s'ôter la vie. A pareil jour, le monstre avait fait massacrer l'impératrice Octavie. La nouvelle de sa mort fut reçue à Rome avec des transports de joie inexprimables : le tyran était mort, la nation se crut libre.

CHAPITRE VII.

Du gouvernement républicain.

Si, comme le prétend Montesquieu, *la vertu* était le principe du gouvernement populaire, il faudrait reconnaître que ce gouvernement est autant au-dessus du gouvernement despotique et du gouvernement monarchique, même le plus modéré, que la vertu est au-dessus de *l'honneur,* principe de la monarchie, et sur-tout de *la crainte,* principe du despotisme.

Mais est-il vrai que la vertu soit toujours le principe des républiques? et la vertu politique, telle que l'ont faite les institutions sociales, est-elle la vertu morale ou la justice telle qu'elle se trouve dans la conscience des hommes? je ne le crois pas. La vertu politique consiste à sacrifier ses intérêts et soi-même aux intérêts du corps social dont on est membre. Mais ce sacrifice est souvent contraire à la vertu morale, lorsqu'il a pour but d'obtenir le succès d'une entreprise injuste. Le dévouement des guerriers de Marathon et des Thermopyles était inspiré à-la-fois par la vertu politique et par la vertu morale ; mais, dans les guerres de Sparte contre Athènes et d'Athènes contre Sparte, le dévouement guerrier, ou la vertu politique, eut presque toujours pour objet l'amour de la domination et le desir d'élever une puissance funeste à la république rivale.

Tant que les Romains combattirent pour leur indépendance et la défense de la liberté, la vertu fut le principe du gouvernement, aussi bien sous les rois que sous la république; mais quand ils portèrent la guerre chez les autres nations pour les asservir, la vertu politique qui les faisait triompher fut, aussi bien sous la république que sous les empereurs, un outrage à la vertu morale, qui prescrit de respecter l'indépendance des nations comme celle des individus.

Sans doute le gouvernement républicain est plus conforme à l'égalité primitive et à la dignité de l'espèce humaine, dont il développe rapidement et porte au plus haut degré toutes les facultés physiques et morales. Un petit nombre d'hommes gouvernés en république ont été plus puissants que des millions d'esclaves soumis à un despote. Les innombrables légions de Darius furent battues et dispersées par dix mille citoyens d'Athènes; et cette ville produisit plus de grands hommes dans la guerre, dans les lettres, dans les arts, pendant l'espace d'un siècle, que le vaste empire des Perses depuis son origine jusqu'à sa destruction par Alexandre.

Jamais, ni dans les temps anciens ni dans les temps modernes, aucun état monarchique d'une aussi petite étendue que Carthage, Tyr, la Hollande, Venise ou Gênes, n'a réuni autant de richesses, déployé autant de forces, que la moins opulente et la moins puissante de ces républiques. « Rien, dit Montesquieu, n'attire plus les étrangers que la liberté et l'opulence qui la suit toujours. L'une se fait rechercher pour elle-même, et les hommes sont conduits par leurs besoins dans les pays où l'on trouve l'autre. » Le despotisme ne crée que des déserts. Dans tous les lieux où la monarchie a succédé au gouvernement républicain, la population a diminué : elle suit la liberté et s'étend avec elle. Le prodigieux accroissement des richesses et de la population des États-Unis d'Amérique frappe d'admiration et d'étonnement les esprits qui ont médité le plus sur les miracles de l'indépendance civile et politique.

Montesquieu a remarqué que la douceur des peines est dans l'esprit de la république; leur sévérité augmente ou diminue à mesure qu'on s'éloigne ou qu'on s'approche de la liberté. La tyrannie des décemvirs avait appris aux Romains quel cruel usage la politique peut faire contre les innocents des peines prononcées par les lois contre les criminels; et il fut défendu de mettre à mort un citoyen romain.

Dans les états populaires l'égalité des citoyens produit ordinairement l'égalité dans les fortunes. Cette égalité porte l'abondance et la vie dans toutes les parties du corps politique, et la répand partout.

Lorsqu'une couronne de chêne ou de laurier est le prix des services les plus signalés, ce prix n'est disputé que par les gens de bien : la récompense de la vertu n'est ambitionnée que par les vertueux. Les décorations, les titres, les pensions, et les riches emplois, sont des amorces qui tentent davantage le vice, et sont plus à sa convenance. Dans la démocratie, toutes les distinctions étant fondées sur les qualités individuelles, les ames élevées s'occupent avec passion des intérêts et des affaires de la république. Comme c'est seulement par les talents, par le courage, par les vertus, qu'on peut mériter la confiance et arriver aux emplois; que le rang, la naissance, et les autres avantages étrangers au mérite personnel, n'y ont aucune influence; il importe non seulement de se préserver des vices, mais des défauts mêmes. C'est dans ces gouvernements que toute action porte avec elle sa récompense par la publicité qu'elle reçoit, par la considération dont elle environne son auteur, par le plaisir si vif et si souvent renouvelé qu'elle lui donne de jouir, dans la rencontre de chaque citoyen, de la vue d'un homme dont il est le bienfaiteur.

Sous le despotisme, l'homme ne connaît que les jouissances matérielles; et le même sol peut toujours les lui procurer, quel que soit le maître qui commande. Mais le noble orgueil qu'excite dans une nation la renommée de ses législateurs, de ses philosophes, de ses guerriers, les chefs-d'œuvre de sa littérature et de ses arts, l'amour de ses institutions, la protection de ses lois, la douceur de ses mœurs, le souvenir de ses journées de péril et de gloire; tous ces sentiments généreux dont le patriotisme se compose, tous ces biens qui font la grandeur et la richesse de la patrie, un maître peut les ravir, mais nul maître ne peut les rendre.

La liberté a des charmes si grands qu'il n'est point d'assoupissement politique que ne réveillent les souvenirs de la Grèce et de Rome; point de nation chez laquelle la mémoire des oppresseurs du monde ne soit flétrie et abhorrée; point de tyran que ne fasse trembler l'ombre de Caton, des deux Brutus, de Cassius, de Timoléon, de Washington, et de Franklin.

Montesquieu place le sanctuaire de l'honneur, de la réputation, et de la vertu, au sein des républiques et dans les pays où l'on peut prononcer le mot de patrie. Les écrivains politiques les plus amis de la liberté ne reconnaissent point chez les nations européennes, vieillies dans les préjugés, l'ignorance, et la servitude, assez de vertu pour supporter la démocratie; ils les jugent plus propres à être gouvernées par le système aristocratique; mais dans ce système la liberté n'existe que pour un petit nombre; le reste est écrasé : c'est le despotisme aux cent têtes; et ce qui rendait le gouvernement de quelques états de l'Europe plus intolérable pour la masse des habitants que le despotisme oriental, c'est qu'il réunissait la tyrannie aristocratique à l'oppression du pouvoir absolu.

CHAPITRE VIII.

Des monarchies constitutionnelles.

Si donc nos mœurs ne sont pas assez pures pour supporter les épreuves et se soumettre aux patriotiques dévouements qu'exige la démocratie, recherchons s'il ne serait pas quelque autre organisation sociale propre à nous faire jouir de toute la portion de liberté que comportent le raffinement de nos mœurs et le degré de civilisation où nous sommes parvenus.

Par-tout où l'autorité du prince n'est point limitée par les lois, il est dans la nature des hommes et des choses que la bonté dégénère en faiblesse, la générosité en profusion, l'économie en avarice, la justice en cruauté : ainsi le seul gouvernement monarchique conforme à la morale est celui qui empêche les vertus du prince de se corrompre, qui donne un appui à sa faiblesse, des entraves à sa force, et le retient de toutes parts dans les limites de la justice; c'est le gouvernement dont le prince *ne peut mal faire.*

Tel est le gouvernement représentatif, la plus sublime et la plus utile découverte de l'esprit humain. En effet, quelle admirable conception d'une sage politique, qu'un ordre de choses qui garantit à-la-fois la puissance du monarque et la liberté des citoyens; qui rend inviolables la personne de celui-là et les droits de ceux-ci; qui fait peser sur les seuls ministres la responsabilité des actes du gouvernement dont ils sont chargés de diriger l'action dans le cercle que la loi leur a invariablement tracé, et dont ils ne peuvent sortir sans s'exposer à sa vengeance !

Si l'avarice, l'ambition, le fanatisme, conspirent incessamment contre la vie du chef de l'état, ce ne peut être que dans les gouvernements où sa mort doit faire passer le pouvoir et les richesses des mains des favoris qui les possèdent aux mains des favoris qui veulent s'en saisir. Ce fut pour piller les trésors défendus par Sully qu'un fer sacrilége fut enfoncé dans le cœur de Henri IV ; mais si, à la mort de ce grand roi, les ministres eussent été comptables des deniers de l'épargne ; si le pouvoir eût été partagé entre le prince, les pairs, et le parlement, au lieu de tomber de tout son poids entre les mains d'une femme faible et superstitieuse, le crime devenait inutile, et tout porte à croire qu'il n'eût pas été commis.

Ferme et stable dans son administration, la France n'eût point vu sous le nom de Louis XIII le règne d'un ministre-cardinal, et la mort de ses rois n'eût jamais été pour elle qu'un sujet de deuil, et non de vœux impies et de joies condamnables.

Sous le gouvernement constitutionnel, l'avénement d'un prince nouveau ne saurait exciter ni légitimes craintes ni ambitieuses espérances ; car ce qui existait la veille existera le lendemain ; rien ne changera dans les lois fondamentales et dans l'ordre établi par ces lois ; le trône, élevé sur d'immuables bases, continuera, quel que soit celui qui l'occupe, à dominer l'état sans l'écraser ; les peuples, en bénissant la mémoire du monarque qui vient d'en descendre, ont toujours à féliciter celui qui vient d'y monter d'être, comme son prédécesseur, tout puissant pour faire le bien d'une nation entière, et dans l'heureuse impuissance de faire le mal d'un seul individu.

Tel est le gouvernement qu'appellent depuis trente ans tous les besoins, tous les vœux de la France, et sous lequel nous avons du moins la certitude que nos enfants auront le bonheur de vivre.

LIVRE IV.

La politique considérée d'après les principes de la morale.

CHAPITRE PREMIER.

Qu'est-ce que la politique?

D'après la définition la plus universellement admise, la politique est l'art de gouverner les états.

Elle se divise en politique intérieure, par laquelle on entend la conduite du gouvernement à l'égard des citoyens; et en politique extérieure, ou conduite du gouvernement dans ses rapports avec les gouvernements étrangers.

Un grand poète a dit de la politique moderne qu'elle était fille de l'intérêt et de l'ambition, et mère de la sédition et de la révolte. En effet, le fanatisme lui-même a moins produit de maux que la politique: plusieurs religions ont été consolantes et douces, plusieurs sectes sont charitables et tolérantes. La politique a toujours été décevante et cruelle; presque tous ses projets ont eu pour but l'oppression ou la conquête; son art consiste à surprendre par des alliances, par des traités, qu'elle rompt ou qu'elle interprète au gré de l'intérêt et des passions qu'elle sert. Les *vêpres siciliennes*, les *massacres d'Irlande*, la *Saint-Barthélemy*, la *dépopulation de l'Amérique*, tous les grands crimes qui ont ensanglanté et désolé la terre, la politique les conseilla. Ce fut elle qui dit aux Espagnols : « Ces douze millions d'hommes que vous avez conquis, et que, de si loin, vous voulez tenir sous le joug, le briseront un jour; égorgez-les puisque vous ne pouvez en faire des esclaves; » et ils furent égorgés. La religion et l'avarice n'étaient que les auxiliaires de la politique dans ce massacre de tant de nations innocentes.

On parle depuis long-temps de politique supérieure, de combinaisons d'un ordre élevé, de raisons d'état, de coups d'état : toutes ces expressions sont identiques, toutes se réduisent à ces mots, *nécessité, injustice. La raison d'état* est un voile grossier dont on couvre une grande infamie; *le coup d'état* est un voile sanglant qui couvre un grand crime. La ruse avilit la politique, comme l'hypocrisie dégrade la religion.

Les moralistes et les législateurs des peuples se sont trop souvent joués de leurs semblables. Les uns et les autres ont été tour-à-tour indulgents par bassesse et sévères par orgueil; ceux-là ont élevé si haut la vertu, que le plus sage a désespéré de l'atteindre; ceux-ci ont tellement élargi, tellement aplani la route de l'arbitraire, que la voie la plus périlleuse est néanmoins devenue la plus commode, et que l'art de gouverner les hommes n'a plus été que l'art de les tromper et de les asservir.

Justinien a divisé son code en *droit civil, droit politique,* et *droit des gens;* je ne puis reconnaître qu'un seul code, celui de la morale. En vain, depuis le subtil Scott jusqu'aux disciples de Locke; depuis les commentateurs du code retrouvé à Amalfi jusqu'aux plus dévoués défenseurs de l'autorité absolue; en vain casuistes, publicistes, jurisconsultes, et philosophes se sont-ils amusés, à l'envi les uns des autres, à embrouiller la théorie de nos devoirs, à compliquer, altérer, obscurcir les notions primitives de la justice; je ne puis voir, dans leurs divisions arbitraires, dans le chaos de leurs formules, que les rayons oblitérés du principe central dont ils émanent.

L'histoire de presque tous les temps n'est qu'un tissu de violations de traités, de guerres injustes, de paix frauduleuses, d'atrocités politiques, et de lâches apologies. Chimistes empoisonneurs, les professeurs de droit public n'ont songé, pour la plupart, qu'à manipuler l'espèce humaine dans l'intérêt de la puissance. Le temps est venu de ramener aux seuls vrais principes la plus haute et la première des sciences, puisqu'elle a pour objet de fonder sur la morale le bonheur, la force, et l'indépendance des nations.

Préparés par une révolution de dix siècles qui a eu ses phases, ses repos, ses développements, et dont nous venons de voir, si ce n'est le dernier, du moins le plus terrible éclat, les hommes de l'Europe, et les Français sur-tout, sont prêts à reconnaître cette grande vérité, que la morale publique et la morale privée, que la politique et la philosophie, ont leur source commune et divine dans la morale, c'est-à-dire dans la conscience universelle.

Au nombre des maximes adoptées par les publicistes, il en est une plus particulièrement à leur usage, et qui leur sert à justifier tous les crimes politiques: selon eux, *le salut des rois, le salut des peuples est la loi suprême;* comme si le salut des peuples et des rois pouvait se trouver ailleurs que dans le respect de la justice, où réside le salut de l'espèce humaine. Ils rendaient hommage à cette grande vérité, ces généreux citoyens d'Athènes qui refusaient d'entendre une proposition de Thémistocle qu'Aristide trouvait injuste, bien qu'elle parût utile aux Athéniens.

Il était plein de cette pensée conservatrice du genre humain, cet orateur de l'assemblée constituante qui s'écria: *Périssent les colonies plutôt qu'un principe!* Ce mot, alors plus calomnié qu'approfondi, exprimait avec énergie une vérité à laquelle tous les gouvernements de l'Europe se sont empressés de rendre hommage en abolissant la traite des négres; tous ont répété: Périsse le système colonial plutôt que de désavouer le principe éternel que nul homme ne peut être l'esclave d'un autre homme, et que le commerce des noirs est un trafic infame !

CHAPITRE II.

Maximes immorales des plus célèbres professeurs en politique.

La politique, dans la seule acception honorable que ce mot puisse recevoir, est l'art d'appliquer la morale à la science du gouvernement: hors de la morale point de politique, hors de la liberté point de morale.

Supposons une ville composée de tous hommes pervers, telle que la Panæropolis où le roi Philippe de Macédoine jeta, par amusement, le rebut de la Gréce: ces hommes, vieillis dans le crime, ne sont occupés qu'à se tromper, qu'à se voler, à se nuire; l'empire de la force et de la ruse est consacré chez eux; le mot *vertu* est frappé de ridicule; ils ne font pas un traité qu'ils n'aient l'intention de l'enfreindre; ils ne font point une concession au bien général qu'elle ne leur soit arrachée par l'intérét ou la crainte; ils se sont fait à leur usage particulier un code de scélératesse où ils ont marqué et défini les mensonges convenus, les horreurs permises. La supposition d'un semblable code paraît sans doute inadmissible; il existe cependant, et ce sont des hommes dont on ne saurait contester ni le génie ni même l'intention qui l'ont rédigé; ce code est celui des Grotius, des Hobbes, des Puffendorff, des Machiavel, où l'on enseigne aux gouvernements les moyens de tromper, d'asservir, d'écraser les peuples.

Qu'on ne croie pas que je veuille ici calomnier des hommes aux écrits desquels l'Europe est redevable des premières lueurs de cette civilisation politique et morale dont la théorie, du moins, est généralement adoptée : satisfaits d'avoir allumé le flambeau de la vérité au milieu des ténèbres de la barbarie, ils en ont mesuré la lumière à la faiblesse des yeux qui s'ouvraient avec peine à sa clarté; ils se sont, pour ainsi dire, passé de main en main un flambeau toujours plus allumé, toujours plus brillant; le siècle a profité de l'héritage des siècles; et les sciences, qui ont pour objet le perfectionnement de l'état social, sont arrivées enfin au point de reconnaître comme vérité fondamentale cette maxime de l'orateur romain : « Ce « n'est ni du coup d'œil d'un roi, ni du caprice d'un « préteur, ce n'est pas même des *Douze Tables* que « dépend la justice éternelle; il faut en chercher la

« source dans la plus intime philosophie et dans
« l'universelle sagesse. »

Buchanan, dans son traité du *Droit de royauté chez les Écossais*, est le premier écrivain qui se soit occupé sérieusement de politique. Plein de génie, de barbarie, de pédantisme, de force, et de raison, il voulut édifier sans plan, sans base, sur un sol inculte, et avec de matériaux pris et assemblés au hasard : son livre est un singulier monument de l'esprit de son siècle, de l'incohérence de ses principes, et de la noblesse de ses opinions.

Bacon, dont le génie prophétique se fit contemporain du dix-huitième siècle; Bacon, qui avait ouvert dans ses écrits un trésor inépuisable de vérités, eut le tort de prendre un vol trop élevé et de planer à une si grande hauteur sur les hommes et sur les idées de son temps, qu'il n'exerça sur eux aucune influence.

Grotius, l'oracle des écoles et le pensionnaire des princes, malgré la fausseté de ses doctrines et leur sophistique échafaudage, concourut plus immédiatement que Bacon à l'œuvre de la grande régénération politique. Ses principes sont faux, sa méthode est la confusion même; ses citations d'Ovide et de saint Augustin, d'Aristote, de Suarez et de la Genèse, dans la même page, passent les bornes du ridicule; mais on doit cependant lui savoir gré des efforts qu'il fait pour prouver l'existence d'une loi naturelle de laquelle découlent toutes les autres. Bacon l'avait proclamée en deux mots dans son accroissement des sciences : *Leges legum sunt* (il y a des lois aux lois elles-mêmes). L'oracle de Bacon était trop profond, trop subtil, trop bref pour être compris : l'explication verbeuse qu'en donna Grotius ne le rendit pas beaucoup plus clair.

Puffendorff ne fit qu'appliquer au système incohérent du publiciste hollandais la netteté de son esprit et la concision de son style.

Pour plaire à une cour en danger, Hobbes ne crut pouvoir mieux faire que de représenter l'espèce humaine comme des troupes d'animaux malfaisants par instinct, qui ont besoin des chaînes de la tyrannie. Doit-on compter au rang des écrivains politiques celui qui dit à l'homme : *Tu n'es qu'un animal féroce : le juste et l'injuste, le vice et la vertu, sont des chimères dont la volonté de tes chefs doit seule fixer les limites; le seul bonheur auquel tu puisses prétendre ne peut naître pour toi que de la soumission la plus aveugle aux ordres de tes maîtres?*

Je me tairai sur Machiavel aussi long-temps qu'il me sera permis de croire que son *Prince* est la satire la plus sanglante et la plus amère de la tyrannie, et que l'auteur du *Discours sur la première décade* de Tite Live, a voulu, comme Sylla, ramener parmi les hommes le sentiment de la liberté, en les épouvantant du spectacle de l'arbitraire. Cependant, il faut le dire, Machiavel eut des élèves sur tous les trônes; Charles-Quint portait par-tout son livre avec lui; on appelait le même ouvrage la bible de Catherine de Médicis; et ces hommes de pourpre et de sang, cardinaux, conseils, témoins, apologistes de la Saint-Barthélemy, ne juraient que par le *Prince* de Machiavel.

A l'époque où nous vivons, un publiciste anglais, M. Gould Francis Leckie, dont je livre les coupables maximes à l'indignation publique, n'a pas craint de dire: « Morale et justice n'ont rien à faire « avec la politique; jamais on ne les vit siéger à un « congrès; ces vertus ne sont pas plus de mise dans « les intérêts des peuples que dans les questions de « physique, de chimie, et d'architecture. »

Cet Anglais révèle ainsi sans pudeur le mystère d'iniquité qu'il nous expose sous le nom de système politique. Traiter les nations comme des matières à expérience, les diviser, les broyer, les pressurer, suivant qu'il convient aux préparations ministérielles, voilà ce qu'il appelle diplomatie; et en adoptant sa définition, vous auriez, en effet, tout aussi mauvaise grace de réclamer les lois de la morale et de la justice en faveur d'une nation opprimée que si votre pitié niaise s'intéressait à l'oiseau expirant sous la machine pneumatique.

Qu'un disciple de Voltaire, de Rousseau, de Montesquieu, représente humblement à M. Gould

Leckie qu'il est assez peu raisonnable qu'une centaine d'hommes coiffés d'un diadème sur la surface de la terre, gouvernés, la plupart, par leurs ministres, par leurs flatteurs, ou par leurs maîtresses, ravagent le monde et répandent le sang humain à grands flots, le publiciste anglais ne manquera pas de lui répondre par la logique des antécédents, qui justifie en effet tous les crimes; il lui prouvera que les annales diplomatiques de l'Europe n'offrent qu'un éternel combat de ruses, de violences, de perfidies et d'atrocités; que de tout temps les hommes, comptés par tête, ont été tantôt exterminés par ceux qui se les disputaient, tantôt vendus, corps et biens, au plus offrant et dernier enchérisseur; il définira la diplomatie telle que l'expérience de dix-huit siècles nous la montre, un chaos d'imposture et d'injustice; il lui montrera, sur la carte, tous ces pays conquis et reconquis cent fois; ceux-ci devenus l'apanage d'une altesse; ceux-là hypothéqués pour les frais d'une guerre que doivent payer ceux à qui on l'a faite; d'autres enfin que les princes sont convenus de prendre pour appoints dans tous les comptes qu'ils ont à régler ensemble.

LIVRE V.

De la morale dans les hommes publics.

CHAPITRE PREMIER.

Unité de la morale; elle est la même pour tous et dans tous les temps.

Il semble qu'il y ait quelque chose de honteux à demander s'il existe des priviléges dans la morale, et si les principes de l'homme public doivent différer des principes de l'homme privé. Grotius, Puffendorff, Machiavel, et sur-tout M. Gould Francis Leckie, l'affirment avec une effronterie faite pour redoubler l'horreur qu'inspire une si détestable maxime. Les hommes élevés à cette école attachent une espèce de ridicule à la bonne foi et à la probité. Le respect pour les droits individuels, la fidélité dans les engagements, la franchise, l'humanité, la clémence, sont à leurs yeux des chimères philosophiques ou des faiblesses de l'ame qui annoncent un caractère sans fermeté, un esprit sans étendue.

Agir dans ses intérêts au mépris de tous les devoirs ; être sans aversion pour le vice et sans enthousiasme pour la vertu ; ne faire jamais entrer dans ses résolutions aucun motif généreux ou philosophique ; se mettre au-dessus du scrupule et du remords, est le sublime des hommes d'état. Toute leur morale est fondée sur ce qu'ils appellent *le bien public*, qui n'est que l'intérêt de quelques classes, et souvent de quelques individus. Lorsque ce prétendu *bien public* conduit au crime, ils le commettent ou le font commettre comme une action utile dont ils s'applaudissent en secret, et qu'ils colorent aux yeux du monde ; car l'impudence n'est pas encore arrivée à ce degré de donner au *meurtre* et à la *spoliation* le nom de *vertu*. Tels sont les honteux secrets de l'art du gouvernement qui ont fait regarder comme une science occulte les plus simples, les moins compliquées de toutes les opérations de l'intelligence humaine, quand elles ont pour guides la probité et la bonne foi. C'est la médiocrité titrée, c'est l'orgueil jaloux de la naissance qui, dans les monarchies absolues, ont répandu une sorte de mystère sur les qualités qui rendent propre au gouvernement. Toutes les fois que les hommes n'ont accordé la puissance qu'à la raison et à la vertu, le bonheur a régné sur la terre ; car, dit un auteur moderne, il n'y a en administration rien de plus nécessaire que la pensée, de plus sûr que la raison, de plus énergique que la vertu. La philosophie ne rend inhabile qu'à gouverner arbitrairement.

Pour excuser des actions criminelles, les princes

allèguent les circonstances, et les ministres la volonté des princes. Mais, en admettant l'existence de telles circonstances et de tels ordres, quel homme a jamais été condamné à demeurer ministre ou roi malgré lui? On a vu des monarques abdiquer la couronne par lassitude, par ennui, par caprice; nul ne peut y renoncer par vertu! Plusieurs ministres disgraciés ont trouvé le bonheur dans la solitude; quelques ministres vertueux ont déposé leur portefeuille plutôt que de se rendre les exécuteurs d'ordres contraires à leur raison ou à leur conscience. Est-il si difficile de vivre dans la retraite? est-il si honteux d'imiter Turgot et Malesherbes? Se tenir éloigné des affaires de l'état quand elles compromettent la conscience, est un des préceptes de la religion chrétienne; et nos hommes publics se piquent tous aujourd'hui d'être d'excellents chrétiens! Espérons que désormais ils préféreront leur salut à leur fortune.

Je dirai de la morale ce que Montesquieu dit du principe du gouvernement monarchique: elle se corrompt là où les premières dignités sont les premières marques de la servitude; là où des hommes, éminents par leurs services civils ou militaires rendus à la patrie, déposent la toge ou l'uniforme pour se couvrir de la livrée.

La morale se corrompt, lorsque l'honneur est mis en contradiction avec les honneurs; lorsque le même homme peut être à-la-fois couvert de dignités et d'infamie.

La morale se corrompt là où le dévouement au pouvoir peut tenir lieu de toute vertu ; où l'on fait sans cesse et sans pudeur le sacrifice de sa dignité à son avancement ; où l'on consent à séparer le mot *honneur* du mot *patrie*, et à renoncer aux titres de père, d'époux, d'ami, de citoyen, pour conserver celui d'homme en place.

CHAPITRE II.

De la morale dans les rois et les chefs des états

Presque tous les anciens professeurs de la science qu'ils ont nommée *politique*, n'ont enseigné jusqu'ici que l'art de dépraver les princes, d'asservir et d'abrutir les peuples : c'est dans d'autres voies que je m'engage. Je définis la politique l'art d'appliquer la morale à la science du gouvernement ; je pose en principe que nulle injustice privée ne peut devenir une justice générale, qu'aucun vice particulier ne perd son nom, même en s'élevant au trône.

Un homme pauvre, chargé de famille, poussé par la faim, a commis un vol : il est découvert ; la morale l'accuse, la loi le condamne, la justice le frappe et le flétrit du nom de voleur. Mais il plaît à tel conquérant, déja possesseur d'un vaste empire, de s'emparer d'une province limitrophe; dès-lors le vol s'appellera conquête, et le délit sera sanctifié par la gloire : l'action n'est-elle pas la même? pourquoi les noms seraient-ils différents? en quoi le voleur d'une province diffère-t-il du voleur de grand chemin, sinon par l'impunité?

J'ai toujours été frappé du bon sens de ce pirate qu'Alexandre envoyait à la mort : « Nous sommes deux brigands, disait-il au roi macédonien, et tu n'as sur moi que l'avantage d'avoir exécuté à la tête de trente mille complices ce que j'ai fait avec une trentaine d'hommes; cependant on me traîne au supplice tandis qu'on te porte en triomphe. O justice humaine! »

La France et l'Europe ont applaudi naguère à la piété d'un jeune homme poursuivant, au péril de sa vie, au détriment de sa fortune, les assassins de son malheureux père. Simple citoyen, la nature, la morale, la société tout entière, lui imposaient le devoir de les faire punir; empereur ou roi, la politique lui eût-elle demandé compte de l'impunité dont il aurait pu les faire jouir?

La chasteté des mœurs est en vénération sous le chaume; et l'adultère sous la pourpre recevrait d'indignes hommages! On flétrit du nom le plus humiliant, on repousse des dernières classes de la société, on livre au mépris public la femme qui usurpe les droits de l'épouse légitime ; et le même rôle dans les cours serait un objet d'envie ! et les plus grands parmi ceux que l'on appelle ainsi mettraient à honneur de baiser à genoux la robe d'une courtisane décorée du nom de maîtresse en titre !

La femme de cour, fière d'avoir vaincu la pudeur d'un jeune monarque, de lui avoir ouvert la carrière des vices, montrerait, dans l'ivresse de sa honteuse victoire, les insignes de l'adultère, et dirait avec orgueil à ses rivales humiliées : *Voyez dans quel désordre il m'a mis !*

Sans doute de pareilles erreurs ne sont étrangères à aucune classe de la société ; mais le mystère qui les couvre ou le scandale qui les révèle est du moins un hommage rendu à la morale publique, tandis que l'adultère couronné, sous le nom de faiblesse aimable, provoque tous les regards et traverse les siècles pour corrompre la postérité. L'histoire n'a-t-elle pas dit d'un prince : « On ferait vingt romans de ses amours avec la comtesse de Guiche, avec Henriette de Balzac, avec la comtesse Moret, avec la noble dame Charlotte des Essards, avec la duchesse de Beaufort, avec tant d'autres dames plus ou moins hautes, plus ou moins nobles, qui briguèrent ou portèrent avec tant d'orgueil le titre de favorite ? »

N'entendons-nous pas chaque jour encore consacrer dans un chant national les faiblesses de ce même roi que ses hautes vertus devraient seules recommander au souvenir des Français? Vive à jamais la mémoire de ce magnanime Henri, qui fut brave, généreux, populaire, qui fut l'ami de Sully, le défenseur et le père de son peuple; mais oubli, éternel oubli à la mémoire du diable à quatre, du vert galant, de l'amant de Gabrielle, et du persécuteur de la princesse de Condé!

Si la morale ne permet pas de ménager les vices d'un homme tel que Henri IV, de quel nom ne doit-elle pas flétrir les désordres de la cour du grand Alcandre, et les turpitudes du parc aux cerfs! Mais je me hâte de détourner mes regards de ces temps de prostitution pour les ramener sur l'âge présent, où les progrès des lumières et de la philosophie ont su rendre impossible le retour de ces héroïques scandales.

Il est temps de réhabiliter la politique, en la montrant d'accord avec la morale pour régir les sociétés d'après les lois de cette justice éternelle, également applicable aux nations, aux rois, aux individus. Malheur aux écrivains qui, en marquant d'infamie le crime privé, ont consacré le crime public; qui ont condamné les petites fautes et sanctifié les grandes horreurs; qui ont dit au peuple : *Sois soumis, paie l'impôt, travaille, et tais-toi;* aux grands : *Marchez à votre aise dans le luxe, dans le vice, et dans l'oisiveté;* aux princes : *Vous tenez votre pouvoir de*

Dieu seul; les peuples sont créés pour vous: gouvernez-les dans l'intérêt de votre repos, de vos plaisirs et de votre gloire.

Je ne dirai point aux rois du monde comme ce bon abbé de Saint-Pierre : « Vous ne pouvez trouver votre intérêt que dans le bonheur de ceux que vous gouvernez; le seul moyen de sortir de la tourbe des princes, c'est de travailler à l'utilité publique. » Je n'oserais me servir des paroles d'un homme de bien, dont tant de ministres et tant de commis se sont moqués; on me dirait, comme à l'auteur du *Contrat Social*, « qu'il faut laisser ces discours aux harangueurs, et que ces spéculations sont faites pour amuser une ame saine, ardente, et couvrir leur auteur de ridicule. » D'ailleurs, qui suis-je pour régenter les rois ? Ceux qui tiennent de Dieu seul leur pouvoir tiennent aussi de Dieu leurs vertus; et l'histoire du genre humain prouve assez combien le ciel s'en montre prodigue envers ceux qu'il appelle à gouverner les hommes.

Je ne me permettrai qu'une remarque, c'est que ce pauvre rêveur de Saint-Pierre, qui s'avisait de parler de morale et de bonheur du peuple au gouvernement français pendant qu'on chansonnait les maîtresses du régent, et qu'on assiégeait les bureaux du plus célèbre banqueroutier du monde, de ce Law, qui travaillait si habilement un royaume en finance, je me permettrai, dis-je, cette seule remarque; c'est que l'abbé de Saint-Pierre ne faisait que répéter, plus faiblement et en moins bons termes, ce qu'avait dit le florentin Machiavel dans un chapitre de son *Prince*, dont l'honorable censure ferait aujourd'hui prompte et sévère justice.

« La suprême gloire et le véritable intérêt d'un prince, c'est d'établir une constitution libre, et le vrai moyen d'augmenter son pouvoir, c'est de le circonscrire. Rois, aimez-vous la gloire, ajoute le publiciste florentin, brisez les chaînes de vos peuples, rétablissez par-tout l'ordre et l'harmonie, devenez esclaves des lois, soumettez-leur tout, et vous-mêmes, suivant le vieil adage: *legum servi estote, ut liberi esse possitis !* Vos louanges sortiront de toutes les bouches, on vous proclamera les restaurateurs du bien public. Mais si vous trouvez le désordre, et que vous en profitiez, malheureux monarques, vous ne savez pas combien vous vous ôtez volontairement à vous-mêmes de renommée, de gloire, d'honneur, de sécurité, de satisfaction; combien de blâme, de honte, d'inquiétudes et de périls vous rassemblez sur vous[1]. » Tel est le cri échappé à l'apôtre de la tyrannie, en faveur de la morale publique.

---

[1] Non si avvengono per questo partito quanta fama, quanta gloria, quanto onore, sicurtà, quiete, con satisfazione d'animo ei fuggono; ed in quanta infamia, vituperio, pericolo ed inquietudine incorrono.

CHAPITRE III.

De la morale ministérielle.

Si, des hauteurs où plane sa pensée, le moraliste abaisse ses regards sur ce monticule qu'on appelle trône, au pied duquel s'agitent ces insectes brillants qu'on appelle courtisans et ministres, il n'aperçoit que des créatures dégradées par la servitude, la bassesse, ou la flatterie. Il faut toute la paresse de l'esprit humain, toute la puissance d'une habitude de quinze siècles, pour expliquer comment un si profond degré d'avilissement, un oubli si complet de toute morale, ne frappe qu'un petit nombre d'esprits observateurs.

Malheureusement il en est des dépravations morales comme des difformités physiques; elles choquent à la première vue, elles repoussent les moins délicats; mais, à force de voir des objets hideux, on s'y habitue, et on finit par s'apprivoiser même avec des monstres: *L'accoutumance,* comme dit Montaigne, *vient à bout de l'antipathie la plus forte et la plus naturelle.*

Cette puissance d'habitude explique pourquoi chacun s'éloigne avec horreur de l'assassin obscur teint du sang de sa victime, tandis qu'on accueille avec tant d'empressement, avec tant de respect, l'assassin politique couvert du sang des nations; pourquoi le citoyen qui dresse des embûches à la bonne foi d'autrui perd toute confiance, toute considération parmi ses égaux, tandis que tel homme d'état, dont la vie entière n'est qu'une longue perfidie, qu'un tissu de fraude et de mensonge, marche fièrement entouré d'hommages, et voit sans cesse augmenter son crédit.

Qu'au milieu d'un cercle un homme se lève et dise : « Les convenances sociales sont faites pour les « autres; soumettez vos paroles aux lois de la dé- « cence, et vos actions aux règles de la morale, j'y « consens, je l'exige même. Pour moi, je n'aurai « d'autres règles que mes goûts, mes passions, ou « mon caprice; je ne donnerai pour limite à ma vo- « lonté que les bornes de mes desirs. » De tels aveux, s'ils ne passaient pas pour l'effet subit d'une altération mentale, seraient qualifiés de grossière et cynique impudence; mais que, renfermant toutes ces déclarations en quelques mots, un homme d'état monte sur le plus élevé des théâtres politiques, et s'écrie : « Oui, c'est l'arbitraire, tout l'arbitraire que « je demande en mon nom, au nom de quatre ou « cinq de mes amis, dans le seul intérêt de notre « autorité, contre l'intérêt et la sûreté d'une tren- « taine de millions d'hommes confiés à notre garde.» Un pareil discours, en pareille circonstance, sur un pareil théâtre, perdra le caractère d'impudence qu'il aurait eu dans un salon; c'est, je crois, ce qu'on appelle de la franchise et même du courage ministériel.

Le dépositaire infidèle, s'il a le malheur de n'être qu'un simple citoyen, est sévèrement puni par la loi commune : mais qu'il occupe un des premiers rangs dans la hiérarchie politique; qu'au lieu de quatre cents louis il s'agisse de quatre cents millions; l'importance du délit et du coupable ne permettra pas de les abandonner à la justice vulgaire; cet énorme abus de confiance sera traité avec tous les égards que l'on doit à la place de celui qui s'en sera rendu coupable, et les qualifications honteuses de vol, de malversation seront noblement remplacées par celles d'erreurs de calcul, de distraction financière.

Le ministre Walpole eut jadis l'inconcevable impudence de déclarer qu'il avait le tarif des consciences parlementaires; la Grande-Bretagne a reçu l'outrage sans en rougir, et les députés mercenaires ont continué à livrer leur vote au prix fixé par le tarif ministériel.

Un autre ministre du même pays (car de pareilles transactions ne pourraient se faire ailleurs) a rassemblé ses bataillons législatifs : «La plupart d'entre
« vous, a-t-il dit, ont des places ou veulent en avoir;
« il peut entrer dans nos arrangements, à propos

« d'un procès célèbre, de ravir la liberté indivi-
« duelle et la liberté de la pensée aux citoyens
« qui vous ont élus; il peut nous prendre fantaisie
« de priver les étrangers du droit d'asile : jusqu'ici
« nous avons besoin de nous faire autoriser par un
« bill dans des mesures aussi simples; nous comp-
« tons sur vous pour nous livrer les libertés natio-
« nales au prix de tel emploi, de telle augmentation
« de traitement, de telle somme, dont quelques uns
« d'entre vous peuvent avoir besoin pour complé-
« ter un cautionnement. »

Le marché fut conclu et souscrit par la majorité de ceux à qui S. Ex. l'avait proposé; mais quelques uns se sont souvenus de la patrie : vieillis dans les principes de la morale, dans la route de l'honneur, ils n'ont point voulu démentir leur vie entière; et on leur a dit, à la face d'un grand peuple : « Reti-
« rez-vous des conseils du prince, quittez la toge du
« magistrat, sortez des rangs des guerriers, vous qui
« avez une conscience, et qui l'interrogez quand il
« s'agit de répondre à la voix de l'intérêt; vous
« qui savez encore reculer et rougir! » La leçon, cette fois, n'obtint pas tout son effet, et la faible majorité des votes ministériels vint échouer contre la puissance de l'opinion.

Si l'on ne reconnaît pas que les états où les hommes du gouvernement avouent de pareils principes sont arrivés au dernier degré de corruption, il faut brûler tous les codes, déclarer que la justice et la morale sont des mots vides de sens, qu'une loi universelle ne régit pas l'univers; il faut, en un mot, briser à jamais cette grande chaîne d'équité qui pèse sur tous les enfants de la terre, et dont, suivant l'admirable image de Platon, le dernier anneau s'attache au trône de l'Éternel.

De même que les animaux ruminants ont plusieurs estomacs, les hommes en place ont plusieurs consciences. J'en connais qui en ont autant que d'emplois, ce qui fait beaucoup de consciences. Il résulte de ces consciences doubles, triples, quadruples, les contrastes les plus singuliers.

La conscience de l'homme privé n'admet point que celui qui ne fait rien ait droit à quelque chose; que les hommes laborieux soient tenus de vivre dans la gêne et dans le travail, pour que les fainéants vivent dans l'aisance et dans l'oisiveté; elle convient que tout service rendu mérite récompense. La conscience de l'homme public a des règles presque entièrement opposées; pour elle, des blessures, des infirmités provenant d'une longue suite de travaux guerriers, de campagnes sur terre ou sur mer, établissent non des droits à obtenir, mais des titres à solliciter une pension alimentaire, dont vous pouvez même être privé, si votre physionomie a le malheur de déplaire à celui qui signe, qui vise, qui ordonnance, ou qui paie votre traitement. Ces maximes de William Pitt ne sont pourtant pas d'une application tellement générale qu'elles ne souffrent d'honorables exceptions.

Êtes-vous breveté pour faire ou pour vous tenir prêt à faire chaque jour une promenade à cheval, en avant, en arrière, ou aux portières d'une voiture, pour ouvrir ou fermer des portes, pour assister régulièrement au lever ou au coucher du prince; la conscience ministérielle crie aussitôt que de pareilles places sont inamovibles, qu'on ne peut en être privé sans un jugement en forme, et qu'on ne saurait y attacher de trop gros émoluments, dût-on faire quelques nouvelles retenues sur la solde de cette armée de vétérans dont la gloire, après tout, devrait être l'unique salaire.

CHAPITRE IV.

Devoirs des ministres. — Petit nombre de ministres vertueux

La franchise chez un bon ministre n'est pas seulement une vertu, c'est un devoir; car les fausses craintes, ou même les fausses espérances qu'il donne, sont des pièges meurtriers tendus sous les pas de la faiblesse, de l'honneur, de la confiance: l'homme privé qui altère la vérité n'est qu'un fourbe; le ministre qui ment est un malhonnête homme.

Faut-il donc tant d'élévation dans l'esprit et dans les sentiments pour apercevoir dans l'administration publique quelque chose de plus attrayant que le plaisir de donner des ordres et des audiences? La joie d'être appelé *Monseigneur* pendant quelques mois est-elle si grande, qu'il faille tout lui sacrifier, jusqu'à la vertu, jusqu'à l'honorable réputation que l'on s'était acquise?

Perdre un portefeuille de secrétaire d'état, qu'un huissier porte derrière vous avec un maintien si fier, est un coup bien rude, j'en conviens; plusieurs en sont morts; mais il est un moyen de l'adoucir: c'est de quitter volontairement le poste où l'on ne peut plus rester avec honneur pour soi, avec utilité pour la chose publique. Des exemples récents ont été donnés de ce noble courage, et l'estime publique a généreusement compensé l'amertume de la disgrace.

J'entends souvent parler des talents d'un ministre, qui sont presque toujours ceux de ses secrétaires, et je n'entends jamais rien dire de ses vertus, qui ne peuvent être qu'à lui. Un bon ministre doit être économe, exact, ami, non du palais, comme certains animaux domestiques, mais du roi, lorsque le roi est digne d'avoir un ami. Son ame doit être sensible; car c'est par lui que les plaintes des citoyens parviennent aux oreilles du monarque; c'est un intermédiaire de raison, de justice et d'indulgence entre le pouvoir et la nation. Suivant Denis l'aréopagite, *les anges d'amour sont les premiers dans la hiérarchie céleste:* ce n'est pas cette place que les ministres ont choisie dans la hiérarchie des puissances de la terre.

On a vu des ministres vertueux, il est possible qu'on en voie encore; l'histoire prouve la première partie de cette proposition, puisque, dans l'espace de onze siècles, il est jusqu'à cinq ou six noms de ministres que l'on peut honorablement citer. En procédant par induction, et sans s'arrêter à la dénégation du présent, on pourrait donc, à la rigueur, espérer de voir encore dans le même laps de temps se renouveler les mêmes prodiges: mais en réfléchissant que les ministres sont des fonctionnaires desquels dépend le sort des états, et plus sûrement encore celui des princes sous le nom desquels ils gouvernent, on pourra trouver que la chance d'un bon ministre, tous les deux siècles, n'est peut-être pas assez avantageuse pour les nations.

De cette première remarque découlent assez naturellement plusieurs questions, dont l'examen sera l'objet de ce livre.

A mesure que j'avance dans la dissertation générale où je me suis engagé, je suis forcé de reconnaître la vérité de ce principe posé par Montesquieu:

La vertu n'est point le ressort du gouvernement purement monarchique. Je n'en conclurai pas, avec le cardinal Richelieu, que, si le hasard laisse tomber le nom d'un homme de bien sur une liste ministérielle, il faille avoir grand soin de ne pas l'employer ; mais j'avouerai, si l'on veut, que cet homme de bien ne pourrait se maintenir en place qu'aux dépens de son caractère personnel, et qu'en s'imposant la solidarité des actes de ses collègues, il accepte, dans l'opinion publique, la part qu'ils y occupent.

Dans les états purement monarchiques, un ministre homme de bien n'est donc point dans l'ordre des choses naturelles. C'est une variété dans l'espèce ; et l'on conviendra qu'aucune espèce n'offre aussi peu de variétés.

J'ai beau parcourir de la pensée la vaste étendue de nos temps historiques, je ne vois apparaître dans ces déserts immenses que les grandes ombres de Suger, de l'Hôpital, de Sully, de Choiseul, de Turgot, de Necker, et de Malesherbes.

La mémoire de Suger, sur laquelle l'admirable éloge de M. Garat a jeté tant d'éclat, n'est cependant pas irréprochable. Ce moine ambitieux et dissimulé s'avança par des routes tortueuses et employa plus d'un instrument équivoque ; mais il fut économe des deniers publics ; il rétablit l'ordre dans l'administration ; et, dans la direction des affaires, il se conduisit d'après ce principe, qu'*il vaut mieux prévenir les maux dans leurs causes que d'appliquer son esprit à trouver les moyens d'en arrêter les effets.*

Bien au-dessus de l'abbé de Saint-Denis, je vois l'Hôpital, pur au sein de la plus épouvantable corruption, philosophe intrépide dans un temps de fanatisme et de fureur, auteur *de l'édit de Romorentin* pour empêcher l'établissement de l'inquisition, sous la régence de Catherine de Médicis:

Sully, l'ami de son roi, le défenseur du peuple, le fléau des courtisans, austère dans ses mœurs, infatigable dans ses travaux, irréprochable dans sa longue administration:

Choiseul, qui ne fut point irréprochable sans doute; mais dont le grand caractère refusa de fléchir sous le joug d'une courtisanne, et ce courage presque sans exemple suffirait seul pour lui mériter l'honneur de l'exception où j'ai cru pouvoir le ranger:

L'estimable Turgot, qui, dans le cours d'un ministère de quelques mois, trouva le temps d'abolir les corporations et les jurandes, qu'il regardait avec raison comme des entraves à l'industrie; de réformer la maison domestique du roi, source intarissable de dilapidations; de modérer, sans que le trésor royal y perdît rien, les droits d'entrée sur les denrées de première nécessité; Turgot, enfin, qui s'était peint lui-même en disant qu'un bon ministre devait *aimer la vérité, conseiller le roi dans l'intérêt du peuple, et n'être d'aucune secte:*

Necker, dont les intentions font toute la gloire, et qui éleva son frêle édifice sur le bord d'un torrent, avant de poser la digue qui devait le garantir; ses vues étaient bonnes, ses moyens étaient insuffisants:

Enfin, ce grand Malesherbes, au nom duquel se rattache tout ce qu'il peut y avoir d'élévation dans la pensée, de noblesse dans le caractère, et de générosité dans le cœur humain; cet immortel Malesherbes, qui ne pouvait être dignement loué que par un émule de ses talents et de ses vertus.

L'amitié d'un grand homme est un bienfait des dieux.

M. Boissy d'Anglas fut l'ami de Malesherbes; quel autre mérita mieux cette faveur céleste?

CHAPITRE V.

Des ministres habiles ou sans principes.

Après avoir offert aux regards du lecteur ces rares exceptions, si je jette les yeux sur la foule innombrable des ministres qui se sont succédé autour du trône, je n'y vois plus qu'une galerie de portraits révoltants, où les mêmes vices se reproduisent sous une étonnante variété de formes.

Avez-vous reçu de la nature un cœur de bronze, un caractère d'acier, un esprit souple qui se joue au milieu des intrigues, comme l'alcyon au milieu des orages ; vous serez Richelieu, vous serez Mazarin. Votre maître, esclave couronné, vous haira, vous craindra ; mais vous porterez le sceptre, et ne lui laisserez que la couronne. En doutez-vous? l'histoire est là pour encourager votre modestie par ses exemples.

Louis XIII détestait le cardinal, et faisait néanmoins frapper cette médaille où, d'un côté, l'on voit la figure du monarque, le front ceint de lauriers, et de l'autre l'effigie de Richelieu avec cette légende : *Nihil sine consilio* (rien sans son conseiller).

Mazarin, tout à-la-fois haï et méprisé de la reine, lui écrivait une lettre qui commençait par ces mots : « Il vous convient bien, madame, de supposer, etc. »

Louis XIV garda vingt ans Louvois, qu'il ne pouvait souffrir ; et Pitt arracha le portefeuille des mains de George III, qui le destinait à un autre, et qui avait pour lui une aversion connue.

A défaut d'audace, qui ne réussit d'ailleurs qu'avec le talent qui l'excuse, la flatterie suffit le plus souvent à un homme en place pour se conserver la faveur du maître, s'il a le courage de la pousser jusqu'à la bassesse. Il faut qu'il puisse dire, comme un ministre du dix-huitième siècle, que je ne désignerai pas par respect pour un nom si noblement réhabilité depuis dans l'estime publique : « Mes ennemis « ont beau faire; ils ne me renverseront pas. Dieu « merci! personne à la cour n'est meilleur valet que « moi. »

Ces maîtres valets ont effroyablement tourmenté l'Europe : depuis Henri IV seulement jusqu'à la révolution de 1789, on leur doit, de compte fait, soixante-onze violations de traités. Pendant que l'un s'amuse à rimer de mauvaises tragédies, les peuples s'égorgent dans les entr'actes de ses pièces; l'autre invente les dixièmes, et bientôt la famine est aux portes.

Une vieille éminence de soixante-dix ans prend en main le timon des affaires, et croit avoir fait beaucoup pour le bonheur de la France en achetant cinq ans de paix au prix de l'indépendance et de la gloire nationale.

Un étourdi, devenu l'idole d'une cour où le monarque était peut-être le seul homme de bien, s'engage à combler le déficit du trésor; il développe ses projets par des plaisanteries, les commente par des jeux de mots, les appuie par une impertinence infiniment aimable. On le fait ministre : en quelques mois il creuse le gouffre où vont s'abîmer le trône, le monarque, et la monarchie.

D'où sont nés toutes ces fautes, tous ces délits publics que l'histoire nous dénonce? de l'oubli de la morale parmi les agents supérieurs de l'autorité, de la confusion de toutes les idées du juste et de l'injuste, de toutes les notions de vices et de vertus.

Le principe de toute monarchie, tempérée même par l'honneur et les chansons, est que les lois seules doivent être menaçantes, et que l'intervention du prince ne saurait jamais être qu'un signal de grace, de bienveillance, d'encouragement. Sur ce point, la morale est d'accord avec la politique; mais cette politique est rarement celle des ministres. S'ils parlent, c'est pour menacer du mécontentement du prince, du courroux du prince, des rigueurs du prince; et, dans toutes ces menaces, il est aisé de voir que c'est leur mécontentement, leur courroux personnels dont ils veulent vous effrayer.

Si j'en excepte ceux qui gouvernent aujourd'hui la France avec tant de gloire, et dont la modestie me condamne au silence, de quoi l'histoire de notre vieille monarchie nous montre-t-elle les ministres incessamment occupés? De combiner des vues profondes dont la ruine de l'état est presque toujours la conséquence, lors même qu'elle n'en est pas le résultat infaillible; de dilapider la fortune publique en détruisant l'ouvrage de leur prédécesseur, pour avoir l'air de travailler sur un nouveau plan; de conserver à tout prix leur place, soit en jouant des comédies sanglantes, soit en tramant des conspirations burlesques; d'écarter la vérité du trône et de l'entourer de fictions politiques, que la réalité funeste détruit souvent avec fracas; d'enchaîner la nation, au risque des malheurs qui peuvent résulter de ses efforts pour rompre sa chaîne.

Un des plus admirables secrets de l'art du ministère dans les gouvernements absolus est celui que révèle l'indignation d'Oxenstiern, dans son Histoire de Suède : *Un ministre habile doit faire faire de telles sottises à son maître, qu'une sorte de solidarité, de complicité, s'établisse entre eux;* cette maxime est une de celles dont les ministres se sont le moins écartés.

Dans une de ces intrigues de palais, si fréquentes dans les monarchies absolues, et dans lesquelles il s'agit presque toujours de remplacer un valet par un autre, les courtisans devisaient sur le moyen le plus prompt et le plus sûr de renverser un ministre favori; les uns proposent une fausse nouvelle à glisser dans l'oreille du roi, les autres une lettre anonyme, les autres une chanson satirique, et les plus jeunes l'entremise d'une maîtresse.

« Tous ces moyens sont usés, dit un vieux minis-
« tre qui s'y connaissait; je n'en vois qu'un infaillible.
« Faites lui commettre malgré lui une action hon-
« nete, je vous le garantis remplacé dans huit
« jours. » On y parvint : la bonne action fut faite; et, vingt-quatre heures après le favori était en route pour se rendre dans une de ses terres.

CHAPITRE VI.

Responsabilité des ministres.

« Comment voulez-vous, dit le célèbre pseudony-
« me Junius, qu'un ministre ne sorte jamais de la
« ligne de ses devoirs, qu'il pense aux intérêts du
« peuple, et qu'il s'en occupe sérieusement? Le re-
« venu du portefeuille, le succès d'une intrigue, le
« triomphe du moment, voilà tout ce qui l'intéresse;
« il n'est que le locataire d'un jour; que lui impor-
« tent la solidité de l'édifice et l'intégrité de l'héri-
« tage? »

Un mot suffit pour répondre à cette question de
Junius, c'est *la responsabilité*.

Long-temps, dans la plus grande partie des états
de l'Europe, la volonté du prince a tenu lieu de
loi, par conséquent le devoir n'avait pas de limites,
et la justice était sans règles fixes : *Si veut le roi, si
veut la loi,* était la maxime de ces temps de confusion, qu'on appelle *le bon vieux temps.* Maxime d'esclave, qu'un personnage trop célèbre a voulu remettre en honneur, et qui n'a eu d'autre effet que
de lui faire partager le mépris où cette maxime est
tombée.

Les Anglais, qui ont eu plus de méchants rois

que les autres peuples, ont compris les premiers que le destin de plusieurs millions d'hommes ne doit pas dépendre des caprices, des passions, et trop souvent de la dépravation d'un prince. La raison leur a dit qu'il est absurde que les lois puissent être à la merci de celui qui, dépositaire de la force, a en même temps et le plus de moyens et le plus d'intérêt à s'affranchir de leur joug.

En Angleterre, le monarque n'est que le premier magistrat; et les lois, même celles qui existent par son assentiment, doivent diriger sa conduite, et l'obligent ainsi que ses sujets. Mais elles ont placé sa personne hors de l'atteinte des tribunaux, et l'ont déclarée inviolable et sacrée, *parceque*, dit fort bien Montesquieu, *cette inviolabilité est nécessaire à l'état, pour que le corps législatif n'y devienne pas tyrannique;* en effet, du moment où le roi serait accusé ou jugé, il n'y aurait plus de liberté; mais comme il serait aussi contraire à la raison qu'à la morale, que des actes injustes et tyranniques demeurassent impunis, et que le monarque ne pourrait pas lui-même commettre de tels actes s'il ne trouvait dans des ministres les exécuteurs de ses volontés, c'est dans les agents de ses volontés que la loi poursuit l'iniquité des actes du pouvoir suprême : elle le fait avec justice, parceque le ministre est libre de se retirer, et que, placé entre le crime et la disgrace, s'il opte pour le crime, il doit en subir le châtiment.

Le pacte social des Français ne permet d'accuser les ministres que pour fait de trahison ou de concussion. Faut-il en conclure que ces deux délits soient les seuls qui blessent la morale? non, sans doute.

Montesquieu considère comme coupables de lèse-majesté, au premier chef, les ministres qui corrompent le principe de la monarchie pour le tourner en despotisme, parcequ'à mesure que le pouvoir du prince devient immense, sa sûreté diminue. Espérons donc que ce crime sera classé parmi ceux de trahison, dans la loi de responsabilité à intervenir, si toutefois la loi de responsabilité intervient.

Montesquieu va plus loin; il soutient que ceux qui conseillent mal leur prince doivent être recherchés et punis : les Anglais en ont jugé ainsi; car, toute bonne législation se fondant sur la morale, tout acte qui blesse la morale, blesse les lois, et doit être réprimé. En Angleterre, la chambre des communes peut dresser un acte d'accusation, non seulement contre les ministres, mais contre les généraux, les juges et tous les grands fonctionnaires publics que la puissance ministérielle serait tentée de protéger par un sentiment de complicité : ils peuvent être accusés, non seulement pour fait de trahison et de concussion, mais pour tout acte contraire aux intérêts de l'état, et aux devoirs qu'impose à celui qui l'a commis l'emploi dont il était revêtu.

La loi de responsabilité n'est pas moins protectrice qu'elle n'est accusatrice ; elle autorise les refus légitimes, elle appuie les honorables résistances ; et le courage ministériel, tout grand qu'il est, a souvent besoin d'un aussi puissant auxiliaire, pour ne pas céder aux influences du pouvoir suprême, et fléchir devant la volonté du maître. Différer la présentation de cette loi, peut-être s'en promettre l'ajournement indéfini, c'est consentir à demeurer désarmé du côté de la couronne, et inexcusable du côté du peuple, à moins que l'on n'espère, en l'absence de cette loi de responsabilité, pouvoir, au besoin, recourir à ces lois des empereurs, d'après lesquelles ceux qui doutaient du mérite des personnes choisies pour quelque emploi, étaient poursuivis comme mettant en question le jugement du prince, et punis comme sacriléges.

Je prie ceux de mes lecteurs qui pourraient croire que je m'écarte de mon sujet, de se rappeler que je me suis proposé d'examiner s'il peut y avoir pour les hommes publics une morale particulière à l'usage du pouvoir, et par quels moyens il serait possible de ramener les dépositaires de l'autorité dans les voies de la morale ; or le plus puissant, le seul peut-être, est la responsabilité des ministres.

Montesquieu pensait que si la nation anglaise devenait en quelque occasion le centre des négociations de l'Europe, elle y porterait *un peu plus* de bonne foi et de probité que les autres. La raison qu'il en donne, c'est que les ministres étant souvent obligés de justifier leur conduite devant la chambre populaire, leurs négociations ne pourraient être long-temps secrètes; ce qui les forcerait d'être, à cet égard, *un peu plus honnêtes gens*, jugeant apparemment que les *honnêtes gens* ne doivent point faire de conventions secrètes, sur-tout quand elles détruisent les conventions patentes.

Dans ce passage, comme dans beaucoup d'autres, on voit que Montesquieu connaît à fond et la valeur des termes qu'il emploie, et la moralité des gens dont il parle; remarquez bien qu'il ne dit pas: *Si la nation anglaise devenait le centre des négociations de l'Europe, elle y apporterait de la bonne foi et de la probité;* mais *un peu plus de bonne foi et de probité que les autres.* N'est-ce pas en effet ce qu'on a vu en 1814? *Les autres* voulaient prendre à la France quelques provinces; l'Angleterre, qui avait *un peu plus de probité*, les engagea à ne prendre que quelques villes, en se contentant pour elle-même de Malte, Héligoland, la Trinité, l'Ile de France et autres possessions des Français, des Hollandais, des Espagnols, et même des Portugais leurs alliés. Tout récemment encore, dans l'une des dernières séances du parlement britannique, lorsque

dans la chambre des lords le comte Gray a dit :
« J'espère que le gouvernement d'Angleterre a ob-
« servé à l'égard de Naples une stricte neutralité ; mais
« je ne puis m'empêcher de dire que j'ai été frappé de
« surprise et d'indignation en voyant les puissances
« assemblées à Laybach, ordonner au roi de Na-
« ples, vieillard âgé de soixante-dix ans, de quitter
« ses états au milieu de l'hiver, pour venir devant
« leur tribunal se justifier d'avoir donné la liberté
« à ses sujets. » Lord Liverpool ne s'est-il pas empressé de répondre que les efforts du gouvernement d'Angleterre tendaient au maintien de la
paix que *les autres* voulaient troubler ; et que la
guerre, qui aurait pour objet d'intervenir dans les
affaires intérieures d'un pays, serait celle dans laquelle le ministère anglais aurait le plus de *répugnance* à s'engager? Dans la chambre des communes, lord Castlereagh lui-même a-t-il tenu un
langage différent? N'a-t-il pas assuré que les pléni-
potentiaires de l'Angleterre ne sont intervenus ni
dans les délibérations, ni dans les arrangements faits
par les autres, qu'ils se sont bornés à y assister? N'a-
t-il pas déclaré, de la manière la plus formelle, que
l'Angleterre était étrangère à la déclaration des
trois grandes puissances? Or, *les répugnances* de
lord Liverpool, *les simples assistances* de lord Castlereagh, qu'est-ce autre chose que cet *un peu plus de
bonne foi,* cet *un peu plus de probité* dont parle

Montesquieu? Et moi, lorsque j'appelle la loi qui doit faire participer les ministres de France à cet *un peu plus de probité*, qui jusqu'ici a été le partage exclusif des ministres d'Angleterre, que fais-je, sinon un vœu patriotique et moral? J'invoque de tous mes vœux la présentation de la loi sur la responsabilité ministérielle, non pour la satisfaction peu charitable de voir poursuivre les ministres, mais pour avoir un motif de les honorer *un peu plus*.

LIVRE VI.

De la morale dans le droit public ou les relations diplomatiques.

CHAPITRE PREMIER.

Du droit public.

Les états, par rapport au monde politique, ne sont que des individus; et, par cela même qu'il est nécessaire que chacun de ces individus-peuples ait la liberté de faire ce qui ne nuit pas aux autres, il est indispensable que la rigueur des lois morales s'applique à ceux qui porteraient atteinte au bien-être et à la liberté d'un ou de plusieurs autres états.

Le droit public n'a été jusqu'ici que l'art de donner des prétextes à la violence, et, selon l'énergique expression de Montesquieu, de réduire l'iniquité en système.

Des publicistes fameux ont donné l'intérêt pour limite au bien et au mal que les nations doivent se faire dans la guerre et dans la paix. C'est l'égoïsme national qui pose cette limite. Les Romains ne la plaçaient qu'où finissent les continents; les Anglais ne l'aperçoivent que sur le rivage des mers;

les seuls Athéniens ont reconnu qu'elle doit être là où finit la justice.

Devant la loi civile, le vol et l'homicide sont des crimes : elle les punit. Devant la loi politique ce sont des vertus : elle les récompense.

On a beaucoup écrit sur un prétendu droit de la guerre, sur un prétendu droit de conquête; comme si le meurtre et le vol pouvaient fonder aucun droit et devenir jamais un titre légitime. On a examiné sérieusement quels étaient les droits des conquérants sur la liberté et la vie des habitants des pays conquis ; c'est examiner si le chef d'une troupe de bandits, qui vient d'enfoncer les portes d'une maison, n'a pas acquis, en dépouillant ceux qui y sont logés, le droit de les lier et même de les tuer. Il y a dans le vieux code des nations un mélange de cruauté et d'extravagance, qui inspire un sentiment semblable à celui qu'on éprouve en écoutant les paroles d'un assassin en démence. Cependant ce droit est rigoureusement observé par les Tartares ; aussi ont-ils dépeuplé l'Asie depuis la Méditerranée jusqu'aux Indes, et fait des pays situés entre la Chine, le Thibet, et la Perse, de silencieux déserts. Nos rois de l'Europe ne font pas un si terrible usage de ce droit, mais ils le réclament comme un des attributs de la couronne ; et M. Gould Leckie, ainsi que les publicistes de son école, sont tout prêts à le leur accorder.

Qu'est-ce donc que *le droit public*, sinon *le droit*

civil étendu aux nations pour régler les intérêts des familles politiques comme il règle les intérêts des citoyens entre eux? N'est-il pas temps enfin de le reconnoître et de le proclamer : « Tout droit est « fondé sur la raison ; il n'y a pas plus de droit sans « justice, que de vertu sans équité. »

Dans tout état régulièrement constitué, ce qui est permis à un citoyen est permis à tous ; ce qui est défendu aux uns est également interdit aux autres. La même règle doit exister entre les diverses associations politiques : ce qui est permis aux Espagnols ne peut être défendu aux Portugais, aux Napolitains. Ce principe de morale doit être respecté envers toute nation qui renonce volontairement à des institutions entachées des vices et des erreurs des temps où elle les a reçues. Le droit de se perfectionner naît pour les nations de l'obligation imposée à chaque individu. Il serait absurde de se réunir en société et de ne point travailler à la fin pour laquelle la société est instituée, le bonheur de ses membres. Un publiciste a dit : « Toute nation est en plein droit de former elle-même sa constitution, de la maintenir, de la perfectionner, et de régler à sa volonté ce qui concerne le gouvernement, sans que personne puisse, avec justice, l'en empêcher.

« Ces changements n'intéressent que la nation ; aucune puissance étrangère n'est en droit de s'en mêler. »

Par qui, à quelle époque, dans quelle république, ces vérités hardies ont-elles été proclamées? par Watel, il y a plus d'un demi-siècle, dans les états et sous la protection de Marie-Thérèse.

L'exemple avait devancé le précepte. Depuis plusieurs siècles, les Anglais avaient fondé la monarchie constitutionnelle, et ce bienfait seul compense tous les maux que le gouvernement de cette nation insulaire a versés sur l'Europe. Les Français l'ont reçue sans la perfectionner, et l'ont transmise plus informe à la Bavière, à Bade, au Wurtemberg; l'Espagne et le Portugal ont voulu en étendre les limites; mais, quelques modifications que les nations y apportent, elles ne font en cela qu'user du droit de se perfectionner, droit fondé sur la nature des choses, droit immuable, qui ne peut être méconnu sans violer les principes de la morale universelle dont il émane.

C'est l'orgueil, l'envie, le sentiment jaloux d'une honteuse incapacité, qui a fait dire qu'une ou plusieurs nations avaient le droit d'arrêter les progrès de la fortune ou de la puissance d'une nation rivale, lors même que cette fortune était le fruit du travail, des talents, des vertus de cette même nation ou de ses chefs : tout homme de bien sent au fond de son cœur que ces violences, exercées par la force physique sur la force morale, sont des actes d'une révoltante iniquité. On ne saurait trop le dire : il n'est de lutte légitime contre les succès de l'industrie, du travail, et des vertus d'un peuple, que celle d'une émulation fondée sur une industrie, sur un travail, sur des vertus rivales. Rois de la terre, au lieu de refouler vers la barbarie les hommes qui vous ont choisis pour chefs, faites-les avancer vers le but moral de toute association politique, le perfectionnement de la civilisation.

La vertu des états en fait aussi la force. Tant que la sincérité dans les paroles, tant que la foi des sermens furent respectées à Sparte, à Rome, les Lacédémoniens régnèrent sur la Grèce, les Romains devinrent les arbitres du monde par la seule autorité de la sagesse et de la probité. Quand ils abandonnèrent la vertu pour les richesses, pour les conquêtes, ils régnèrent un moment par les armes, et tombèrent, sans honneur, sous les coups des barbares.

Il est en Europe deux gouvernemens qui se jouent de la foi des sermens; qui, pendant la paix, se livrent aux violences de la guerre; qu'un égoïsme impie tient en quelque sorte isolés de la grande association européenne : encore quelques lustres, et ces deux états auront peut-être satisfait, en tombant, aux lois de la morale qu'ils ont si souvent outragées.

Un homme apprend que son ennemi, affaibli par une longue et douloureuse infirmité, est hors d'état de se défendre; il accourt, il le frappe dans son lit, il met le feu à sa maison. De quelle malédiction une action si lâche et si noire ne sera-t-elle pas flétrie? Une ville d'Europe est en proie aux horreurs de la peste; le reste de sa population se débat dans les angoisses de la mort; à peine reste-t-il assez d'hommes debout pour ensevelir ceux qui succombent: une flotte paraît et se fait l'auxiliaire de la peste et de la famine; elle couvre de bombes, elle embrase de fusées incendiaires la cité malheureuse où gémissent encore quelques rares habitants: le moribond est écrasé sous le toit qu'il n'a pas la force de quitter; le ministre des autels, le médecin charitable, sont atteints d'un plomb sacrilège sur la porte de l'infortuné qu'ils venaient consoler ou secourir; l'enfant, échappé à la contagion par les soins de sa mère, meurt avec elle dévoré par les flammes; et parceque cette action abominable aura été commise par un amiral, d'après les ordres d'un gouvernement, au nom d'une nation puissante, on forcera ma bouche à choisir ses épithètes pour la qualifier; on voudra que je nomme politique ce que la voix du ciel et de la terre, ce que ma conscience appelle cruauté, infamie...? non, je ne contraindrai point mon indignation; je dénoncerai de pareilles horreurs dans les termes qui leur conviennent; ma voix trouvera de généreux échos dans les écrivains à venir, pour redire jusqu'aux derniers âges que les crimes des nations et des gouvernements sont mille fois plus détestables que les crimes des particuliers, parcequ'ils enveloppent un plus grand nombre de victimes, et sur-tout parcequ'ils offrent trop souvent l'exemple d'une révoltante impunité.

CHAPITRE II.

Des haines nationales

Jusqu'ici le but des efforts et des ruses de la politique semble avoir été de dégrader les hommes, de les réduire aux appétits, aux passions, et à l'aveugle obéissance des brutes. Ceux qui se sont faits les chefs des nations les ont dressées en même temps au servage et aux combats. Donner et recevoir la mort leur a été imposé comme un devoir; demander pourquoi elles frappent, pourquoi elles sont frappées, leur a été interdit comme un acte de révolte. C'était peu d'étouffer le jugement, il fallait alimenter la colère : pour rendre les taureaux furieux, on les frappe de l'aiguillon, on leur montre du sang. Pour empêcher les peuples de s'entendre et de se réunir, la politique s'est emparée des préjugés, et a fait naître les haines nationales. L'habitant des bords de la Seine, de la Tamise, du Tage, de l'Èbre, du Pô, de la Meuse, du Danube, de la Sprée, de la Vistule, et de la Néva, n'est point un homme, n'est point un chrétien; c'est un Russe, un Polonais, un Prussien, un Autrichien, un Hollandais, un Italien, un Portugais, un Espagnol, un Anglais, un Français; c'est votre ennemi, dit chaque prince à ses sujets.

La diversité des habitudes, la différence des langues, ne peuvent être considérées par les véritables philosophes que comme des obstacles aux libres communications des sentiments et des idées entre les grandes fractions de la famille humaine. Malheureusement les gens du monde et les écrivains superficiels ont fait de ces différences des sujets de moquerie, et trouvé ridicule ce qui n'était que dissemblable. Des auteurs plus graves, mais vaincus par les antiques préjugés de la politique, sont tombés dans la même erreur. Madame de Staël reproche aux Allemands de n'avoir pas assez de préjugés nationaux. « Ce n'est guère, dit-elle, que parmi les gens du peuple qu'on trouve cette *sainte antipathie* pour les mœurs, les coutumes et les langues étrangères, qui fortifie, dans tous les pays, le lien national. » Ailleurs cependant elle convient que les douceurs de la vie privée, la diffusion des lumières, et les relations commerciales, en établissant plus de parité dans les jouissances, épuisent par degrés le ressentiment des injures récentes, effacent les antiques haines et les préjugés des nations. Déjà les commerçants et les financiers forment une grande famille européenne, dans laquelle iront insensiblement se fondre celles des artisans et des laboureurs, et dont les artistes, les savants, les écrivains et les orateurs, seront à-la-fois les ornements et les organes.

Deux classes semblent devoir rester encore longtemps séparées de cette famille, au milieu et aux dépens de laquelle elles vivent. L'une, dans chaque état, reconnaît pour chef un prince étranger ; l'autre a des prétentions, des préjugés et des intérêts opposés aux intérêts généraux. Elles se sont liguées pour usurper le droit de dispenser, au nom des rois et de Dieu même, les faveurs du ciel et de la terre. Elles disposent des revenus publics, elles commandent aux baïonnettes : tout ce qui a un ami à trahir, un secret à révéler ou à supposer, une conscience à vendre, elles l'achètent. Mais en vain : de toutes parts l'homme est ramené, par la philosophie, vers sa dignité, vers sa bonté native : l'amour de l'humanité triomphe des haines factices inspirées par le fanatisme et la politique. Un sentiment de bienveillance universelle commence à rapprocher les hommes de tous les pays ; les peuples sentent qu'ils sont nés pour se secourir mutuellement, et non pour s'opprimer tour-à-tour. Désormais les

Italiens et les Allemands craindront moins l'approche des Français, car ils savent que ce n'est plus le criminel desir de la conquête qui peut les rappeler dans les plaines d'Austerlitz et de Marengo.

Au moment où j'écris ces lignes [1], que la postérité connaîtra peut-être, mes compatriotes donnent au monde le plus sublime exemple de cette bienveillance qui ne connaît pas d'étrangers, et embrasse tous les hommes comme freres. Aux yeux des médecins français, les Catalans sont des hommes au secours desquels l'humanité les appelle : parents, amis, fortune, instinct de la vie, tout se tait, tout cède à ce sentiment vainqueur. Les voilà aux prises avec la mort; déja commencent, peut-être sans succès, mais sans émotion, des combats d'autant plus redoutables, que les traits qu'il faut émousser ou détourner sont inconnus, invisibles. Cependant ces hommes intrépides s'y exposent froidement chaque jour, dans l'espoir incertain d'apprendre à les écarter du sein d'autrui! Ce n'est point pour eux qu'ils combattent; ils étaient loin, bien loin du péril, et ils sont venus le chercher, non pour le braver par une vaine ostentation de gloire, mais par une abnégation entière, absolue d'eux-mêmes, par le saint amour des hommes. Puisse un acte de si haute vertu

---

[1] Il est nécessaire de se reporter à l'époque précise où je publiai cet ouvrage, pour ne pas voir dans ce passage une cruelle ironie.

marquer l'époque d'un double triomphe pour l'humanité, la première victoire sur le terrible fléau de la fièvre jaune, le premier pas vers l'union fraternelle des peuples [1] !

CHAPITRE III.

De la morale dans les cabinets et dans les actes de la diplomatie.

Si l'alliance des mots *morale* et *politique* paraît avoir quelque chose d'étrange, d'incohérent, ce n'est point aux choses, c'est aux hommes qu'il faut demander compte de cette apparente contradiction.

La politique extérieure, telle que la raison la définit, telle que la morale l'avoue, a pour base la justice et la modération. Concilier à un peuple l'amitié de ses voisins, procurer des appuis à sa faiblesse, le défendre contre les prétentions de l'orgueil, contre les envahissements de la force, et, si jamais l'adresse peut être permise, ne l'employer qu'à maintenir des relations de bienveillance, à écarter des occasions de rupture entre des nations que la jalousie, l'ambition, et l'intérêt tendent sans cesse à diviser; tels doivent être le but et les moyens

---

[1] Il est pénible d'avoir à dire que l'invasion de l'Espagne a été la suite de cet acte de générosité.

de cette branche de la politique que l'on a désignée sous le nom de *diplomatie*.

La nature a varié les fruits de chaque climat; les arts, les sciences, les dispositions natives, ont jeté plus de variété encore dans les productions de l'industrie humaine. Les divers degrés de civilisation restreignent ou étendent les productions de l'industrie humaine. C'est dans cette combinaison des besoins des peuples, dans l'échange de ces besoins et des moyens de les satisfaire, dans les régles à établir pour opérer ces échanges, de manière à ce que l'intérêt de tous y soit conservé dans une proportion équitable, que doit consister uniquement l'art des négociations.

Me voilà bien loin des opinions reçues, bien loin des sublimes combinaisons d'une politique transcendante, où la grandeur des vues cherche vainement à couvrir l'immoralité des principes et l'infamie des moyens : quelle pitié des idées si simples, si vraies, si naturelles ne doivent-elles pas inspirer à des hommes qui tiennent à honneur de se tenir le plus loin possible de la nature, de la vérité, et de la bonne foi ! Quelle distance entre cette politique, toute de bienveillance, de paix, et de philanthropie, et ces combinaisons profondes, ces calculs immenses, qui suspendent ou précipitent la chute des états et la ruine des nations !

En général, le langage de la politique des cabinets

est équivoque; ses promesses n'ont rien de certain, ses démarches rien de positif : ses menaces mêmes sont ambiguës; et nous citerions la lettre de Tibère au sénat comme le chef-d'œuvre du genre, si la convention des généraux alliés sous les murs de Paris, en 1815, n'existait pas.

Souvent la politique affirme le mensonge, et nie la vérité avec une assurance égale; mais comme il est plus flatteur pour l'orgueil, et plus facile pour l'incapacité de commander que de persuader, elle jette son masque aussitôt que la force lui permet d'appuyer l'injustice.

Montesquieu, le premier, a fait cette remarque : « Il y a long-temps, dit-il, que les princes chrétiens affranchirent tous les esclaves de leurs états, parceque le christianisme rend les hommes égaux; il est vrai que cet acte de religion leur était très utile; ils abaissaient par-là les seigneurs, de la puissance desquels ils retiraient le bas peuple; les princes, ajoute Montesquieu, ont ensuite fait des conquêtes dans des pays où il leur était avantageux d'avoir des esclaves, et ils ont permis d'en acheter et d'en vendre, oubliant ainsi le principe religieux qui les touchait si fort. »

Autres temps, autres conventions de l'intérêt avec l'hypocrisie : de nos jours le gouvernement le plus égoïste devient tout-à-coup philanthrope, et stipule saintement l'abolition de la traite des noirs dans toutes ses transactions : il est vrai que cette religieuse Angleterre avait eu le soin pieux (depuis vingt-cinq ans qu'elle méditait cette bonne œuvre) d'approvisionner ses colonies d'esclaves pour plus d'un siècle, et que celles des autres puissances s'en trouvaient entièrement dépeuplées. Mais enfin il n'est pas défendu de profiter du bien qu'on fait : les philosophes n'ont-ils pas dit que faire des esclaves c'était outrager la morale, la religion, l'humanité ? Eh bien! les Anglais ne font plus d'esclaves noirs; ils ne permettent même plus qu'on en fasse. Mais maintenir les hommes dans l'esclavage est un acte qui n'est ni moins inhumain, ni moins impie; les philosophes le déclarent; l'Angleterre attend que son intérêt le lui prouve.

Les autres gouvernements de la chrétienté ne permettent pas non plus qu'il se fasse des esclaves noirs, mais ils souffrent volontiers que les liens de la servitude attachent encore à la glèbe des millions de blancs appelés serfs, et que ces blancs soient vendus et achetés, comme les plus vils animaux, avec la terre qu'ils fécondent de leurs sueurs, qu'ils mouillent de leurs larmes et font retentir du bruit de leurs fers.

L'Évangile a dit aux contractants de saintes alliances que le noir, le cuivré, le basané sont aussi des enfants de Dieu, leurs frères, leurs égaux devant lui : mais il n'a pu leur apprendre encore que le cultivateur polonais, que le paysan moscovite ont les mêmes droits, ne sont pas moins dignes de compassion que les habitants du Congo et de la côte d'Angole, que les sujets du roi de Tombouctou ou des princes madécasses.

Les cabinets envoient des notes, les parlements font des adresses, pour réclamer l'exécution des traités en faveur de la race africaine; mais depuis deux siècles et demi la Grèce sanglante et mutilée se débat sous le cimeterre des Osmanlis; et, depuis deux siècles et demi, les cabinets des princes, les orateurs politiques, sont sans pleurs et sans voix pour de si lamentables infortunes; les princes chrétiens, sous les armes, assistent à ce combat, comme autrefois les Romains, assis au Cirque, assistaient aux combats des gladiateurs, applaudissant à ceux qui savent bien mourir : on dirait qu'ils se réservent de paraître sur ces champs d'extermination seulement pour faire enfouir les cadavres. Toutes les entrailles diplomatiques s'émeuvent à l'aspect des chaînes qui menacent le Cafre et le Hottentot; celles qui accablent l'Illyrien et le Sarmate n'ont rien qui réveille leur pitié : leur charité s'épuise pour les adorateurs des fétiches; il ne leur en reste plus pour les adorateurs du vrai Dieu. Ceux dont les pères étaient citoyens d'Argos, de Thèbes, de Sparte, de Corinthe, et d'Athènes, sont abandonnés à la fureur exterminatrice des Scythes. Que dis-je! des plumes, aux gages de la politique, réclament chaque jour en faveur du cimeterre et de la légitimité des successeurs d'Omar.

La religion et l'humanité crient aux princes de l'Europe : *Accourez, accourez au secours des Grecs; ce ne sont pas seulement ceux qui se défendent qu'on égorge; les êtres les plus inoffensifs, les vieillards, les femmes, les enfants, sont frappés du glaive, ou tombent écrasés sous le toit qui leur servait d'abri......* Attendons, eussent répondu jadis de barbares diplomates; si nous voulons conserver ces provinces après les avoir conquises, il faut laisser affaiblir tous les éléments de résistance; avant de permettre que la Grèce renaisse de ses cendres, il faut que ce nouveau corps politique soit si épuisé, qu'il ne puisse jamais présenter aucun obstacle à l'accomplissement futur des vastes projets de notre ambition.... *Mais cependant les villes sont noyées au sang de leurs habitants; la flamme dévore les hameaux. Les cavernes et les forêts même, refuges des animaux, ne sont plus un sûr asile pour les chrétiens d'Orient; accourez, ô vous qui pouvez les sauver!* Attendons, attendons, auraient dit d'autres diplomates, il faut savoir d'abord quelle sera notre part de la cendre de ces provinces que l'on brûle.... Attendez, attendez, eussent dit alors les marchands de la Tamise. Ces Grecs faisaient quelque trafic : laissez brûler leurs navires; il faut que le pavillon des Hellènes disparaisse, et que la mer Égée, comme la mer d'Io-

nie, ne voie flotter que des voiles britanniques....
Les Grecs sont pauvres, les Turcs ont encore quelque argent : n'y a-t-il rien à gagner en combattant pour Mahomet contre Jésus-Christ ? De si honteux calculs, de si lâches motifs paraîtraient-ils beaucoup moins naturels dans ce siècle de lumières où nous vivons ?

Les anciens avaient plus d'une abominable loi ? mais du moins n'en était-il aucune qui ne portât quelque empreinte de courage, de grandeur, et de patriotisme. Parmi cette foule d'institutions anciennes qui font frémir, aucune ne porte un caractère de bassesse et de lâcheté.

Les Athéniens font périr dans un siège tous les gens inutiles : l'humanité se révolte ; mais quand on réfléchit, avec Montesquieu, que ces braves étaient décidés à s'ensevelir eux-mêmes sous les remparts qu'ils défendaient pour sauver leurs concitoyens d'un affreux esclavage, le cœur se remplit de mouvements contradictoires, et l'on est tenté d'admirer l'action que l'on déteste.

On n'éprouve qu'un sentiment en voyant Philippe II promettre à qui tuerait le prince d'Orange, ou aux héritiers de l'assassin, vingt-cinq mille écus et la noblesse.... La noblesse, grand Dieu ! un diplôme couvert du sang d'un grand homme proscrit, et cela, dit un écrivain philosophe, *en parole de roi, comme serviteur de Dieu !*

CHAPITRE IV.

Relations diplomatiques.

Le principe de toute loi civile est de couvrir d'une garantie égale les intérêts de la faiblesse et ceux de la puissance, l'humble chaumière du pauvre et le palais somptueux du riche : ce principe est tiré de la morale universelle; celui de la loi politique, émané de la même source, veut que les intérêts, que les droits des petits états ne soient pas moins sacrés, pas moins imprescriptibles que ceux des puissances du premier ordre.

Ce principe n'a pas été invoqué en vain par le roi de Sardaigne, par quelques princes d'Allemagne et d'Italie; c'est en son nom que Genève s'est constituée de nouveau en république, et que Saint-Marin même a vu respecter sa frêle indépendance : mais la patrie des Doria et des Dandolo, la patrie des vainqueurs de Lépante, étaient aussi des états souverains, et cependant le jour de la restauration n'a pas lui pour eux : de quel nom me sera-t-il permis d'appeler cette violation du principe fondamental de toute société? J'interroge la politique : l'ambition, la haine, ou l'intrigue me répondent.

Les publicistes qui admettent que tout homme est ennemi né des autres hommes ont dû, pour être conséquents, établir que tout état est ennemi des autres états, et faire de ce principe la base d'une politique toujours agressive et toujours menaçante; mais qu'ils en aient conclu que cette politique haineuse devait au besoin s'aider de la perfidie et de la corruption, c'est pousser l'immoralité jusqu'au délire, et la bassesse jusqu'à l'infamie. Cependant ces maximes perverses se trouvent jusque dans les ouvrages d'écrivains tels que l'abbé Mably, où elles sont à peine désavouées.

Quand les sept Provinces-Unies prirent les armes pour se soustraire à la domination espagnole, la France, dit l'abbé Mably, devait les seconder de tout son pouvoir; *car elle trouvait un grand avantage à entretenir une révolte qui devait occuper une grande partie des forces de la cour de Madrid.* Oui, sans doute, si la France eût été libre, si les Provinces-Unies eussent été ses alliées, c'était pour elle non pas une occasion, mais un devoir, de les aider à briser leurs chaînes; mais dans la position respective des deux états, la coopération du gouvernement français au soulèvement de la Hollande était une injustice envers l'Espagne; la morale ne transige pas, même avec la liberté. Un siècle ne s'était pas écoulé que la France avait porté la peine de sa politique : les Hollandais se montrèrent les plus implacables ennemis de Louis XIV ; ils humilièrent sa vieillesse, et furent au moment de l'ensevelir sous les débris de son trône : ingratitude odieuse dont nous les avons vus à leur tour subir le long et juste châtiment.

Écoutez les professeurs de cette politique immorale ; ils ont des maximes à l'usage des grandes puissances, d'autres qui ne conviennent qu'aux états du second ordre.

Ils vous diront qu'une puissance dominante peut se montrer généreuse envers une puissance inférieure, mais qu'elle doit consommer à tout prix la ruine d'un grand état contre lequel la fortune s'est une fois déclarée ; que, dans la crainte d'une guerre à venir, elle peut rompre une paix présente ; que, lorsqu'une grande nation ne peut accroître sa propre prospérité, son gouvernement a le droit de chercher à détruire celle des nations rivales.

Quant aux puissances du second ordre, d'autres règles leur sont prescrites ; dans la guerre elles doivent, sans hésiter, venir au secours du plus fort, et vendre leur défection au parti contraire, aussitôt que celui-ci ressaisit l'avantage. Dans la paix, leur rôle doit être, suivant nos docteurs de la science, de n'avoir aucune alliance fixe, de donner des espérances à tous les partis, de flatter les passions de tous les princes, les intérêts de tous les ministres, de se conserver libres de toute entrave, de toute alliance, afin d'être toujours en mesure de se vendre le plus avantageusement possible.

Quelque différent survient-il entre votre ennemi et l'un de ses alliés, voilà le moment favorable pour débaucher celui-ci, non pas en parlant à sa raison, en invoquant les droits de l'humanité, en lui montrant l'injustice de la cause qu'il soutient, les dangers de la cause qu'il favorise; mais en caressant sa vanité, en excitant sa jalousie, en flattant son avarice, en corrompant sa fidélité: tels sont les principes de l'abbé Mably; Machiavel n'a rien enseigné de mieux, et pourtant Machiavel n'était point abbé. De là cette détestable hypocrisie qui déshonore le langage des hommes publics, et fait de la fraude, du mensonge, et du parjure, le trait caractéristique de la diplomatie européenne.

CHAPITRE V.

Suite du même sujet. — Négociations, traités, garanties politiques.

Les Romains, qui ont conquis le monde, ne faisaient point la guerre sans la déclarer, sans en proclamer les motifs et le but; après la victoire, ils ne proposaient pas des conditions plus dures aux vaincus; après des revers, ils ne se montraient pas moins exigeants. Cette conduite pouvait être dictée par une profonde politique; mais elle avait aussi le caractère d'une honorable franchise: elle décelait deux vertus étrangères à l'esprit étroit et à l'ame dépravée de nos hommes d'état; le courage dans le malheur et la modération dans la prospérité. Qu'il y a loin de ces déclarations des Romains à la déclaration de Francfort!... Mais j'abandonne brusquement un parallèle où nous aurions trop à rougir, et je me réfugie dans les doctrines générales, en laissant à chacun le soin et le choix des applications.

J'ai dit que les traités de paix qui ne sont pas fondés sur les lois éternelles de la morale, auxquels la justice n'a point présidé, que la sincérité n'a point souscrits, ne sont que des trèves fallacieuses, et n'opposent à l'ambition que d'impuissantes barrières.

Pour en assurer l'exécution, dit un grand publiciste, nos aïeux avaient imaginé d'en faire jurer à chaque contractant l'exécution rigoureuse sur les reliques des saints: mais les saints négligeant de punir les parjures, du moins dans ce monde, on eut recours à des princes étrangers pour garantir la paix, et la paix ne fut pas mieux garantie par la parole des princes que par les reliques des saints.

Il reste une dernière ressource, c'est de prendre, pour garantie des traités de paix et d'alliance, la franchise et la modération qui les auront dictés. Ce moyen n'est pas seulement le plus honnête, il est aussi le plus sûr : les fruits de l'arbre d'iniquité sont d'airain, ils tombent de haut, il n'est point de couronne qu'ils ne brisent, et tôt ou tard, dans leur chute, ils écraseront la tête de l'imprudent qui plantera cet arbre de la mort. Autant vaut essayer de la vertu; c'est une grande innovation à introduire dans la diplomatie, j'en conviens; mais peut-être est-il plus difficile que périlleux d'en tenter l'essai.

Admirables résultats de la diplomatie moderne! Les soldats ont posé les armes, les cabinets restent en guerre; à des batailles sanglantes, auxquelles présidaient du moins l'honneur et le courage, ont succédé d'ignobles combats où la jalousie, la corruption, la ruse, se disputent la sueur des peuples, sèment de toutes parts les défiances, et préparent de nouvelles ruptures au moment où elles signent de solennelles alliances. Les aigles, les lions, les léopards se reposent de leur triomphes, et abandonnent l'empire aux loups et aux renards. Cette odieuse politique n'est pas nouvelle; la foi punique fut déshonorée par les Romains, mais la foi romaine était-elle plus sûre? Montesquieu, qui ne s'est peut-être pas assez mis en garde contre les illusions de la gloire et de la puissance de ces Romains, dévastateurs de l'univers, après avoir compté la religion du serment au nombre des causes de leur grandeur, convient cependant que Rome ne faisait jamais la paix de bonne foi; qu'elle avait soin d'introduire dans tous ses traités des clauses insidieuses, et de nature à commencer la ruine de l'état qui les acceptait. Ces fiers Romains n'avaient pas honte de se faire une arme du sens équivoque des termes de leur langue : c'est ainsi qu'ils détruisirent Carthage, qu'ils s'étaient engagés à conserver par un traité authentique, en déclarant qu'ils avaient promis de conserver la *cité* et non pas la *ville*.

Depuis le champ disputé par les Ardéens et par les habitants d'Aricie, dont les Romains, appelés comme arbitres, s'emparèrent pour mettre les plaideurs d'accord, jusqu'aux trésors de Ptoloméé, roi de Chypre, dont ils se firent héritiers de son vivant, tous leurs traités portent le même caractère, et pourraient figurer sans trop de désavantage dans les archives de la diplomatie moderne.

Sous le règne de Marc-Auréle, les Sarmates, désespérant de vaincre les Romains, commandés par Cassius, envoyèrent demander la paix *pour cent ans*, mais sous la restriction mentale de la rompre deux années après. N'est-ce pas là le modèle de tous les traités de paix qui se sont faits depuis au nom de la très sainte Trinité? Tous commencent par ces mots : *Il y aura désormais et à perpétuité une paix inviolable, une union sincère, une amitié par-*

faite entre telle et telle majesté, entre tel et tel gouvernement; et il est rare que ces amitiés parfaites, ces unions sincères, ces paix inviolables soient de plus longue durée que la paix des Sarmates.

CHAPITRE VI.

De quelques actes de la diplomatie européenne.

Je voulais tracer une esquisse rapide des actes de la diplomatie européenne, mais j'ai reculé devant cette mer de sang et de boue; j'ai craint que trop de dégoût ou trop d'ennui ne balançât l'étonnement du lecteur. Quelques traits, pris au hasard, suffiront à mon dessein; je ferai comme ces peintres qui, dans un tableau de carnage, éloignent des yeux du spectateur les monceaux de cadavres, et ne montrent même qu'avec quelques précautions le petit nombre des morts qu'ils placent sur leur premier plan.

Ce fut seulement aux temps qui suivirent la réformation, que les violences des cabinets prirent une forme légale.

Avant cette époque, Frédéric avait confisqué, sans forme de procès, les biens de Richard Cœur-de-Lion, proscrit sa famille, et partagé ses dépouilles entre les princes de l'Empire, qui étaient à-la-fois les ennemis, les accusateurs, et les juges de Richard. L'édit porte du moins que cette sentence injuste ne reposait pas sur les hautes maximes du bien public : mais bientôt, par une sanglante ironie, tous les actes arbitraires furent promulgués au nom de l'intérêt général, et c'est avec le sang des hommes que la politique traça ses protocoles d'humanité.

Pourquoi Charles-Quint proscrit-il Luther à la diète de Worms? pour le bien de la religion, pour la tranquillité de l'Empire. — Il ment, il a des vues sur l'Italie, et il veut plaire au pape.

Pourquoi la France, si catholique sous Louis XIV, donne-t-elle des secours aux protestants d'Allemagne, dont elle égorge les coreligionnaires dans les Cévennes? c'est par humanité, répond Louvois. — Il ment, c'est par ambition, c'est pour se ménager des conquêtes de l'autre côté du Rhin.

Parlerai-je de ces successions toujours disputées, et dont on peut évaluer le gain ou la perte à quelques milliers de têtes humaines; des querelles de la maison d'Autriche et de la maison d'Espagne, si fécondes en grandes calamités; des lois de succession perpétuellement violées; des royaumes mis à la sanglante loterie des armes; des soixante-dix ans de ravages fondés sur ce fait important, que la bisaïeule du grand-oncle d'un roi a jadis partagé la couche d'un monarque étranger? Montrerai-je l'Italie en feu parcequ'un cadet de la maison d'Espagne a besoin d'un apanage ?...... Écartons les détails, ne suivons pas la diplomatie *dans les sapes où elle travaille,* comme dit Saint-Simon : jugeons-la par ses victoires.

Toujours des traités, toujours des alliances doubles, triples, quadruples pour les soutenir; toujours des négociations mystérieuses et des articles secrets pour les rompre.

Le traité des Pyrénées ouvertement déchiré par le grand roi; le traité de Westphalie dont la violation est récompensée par l'île de Sardaigne donnée à un électeur de Bavière;

Charles X de Suède n'accordant la paix aux Danois que pour les écraser plus sûrement, et ne signant avec eux un traité que pour le rompre quinze jours après;

Le sénat de Pologne, infidèle aux *pacta conventa,* son ouvrage, et qu'il a solennellement jurés;

Le partage de la Pologne, que je n'appelle pas le plus grand crime des nations modernes, par la raison que donnait Chamfort pour justifier l'expression dont il se servait dans sa colère [1].

Citons encore un trait qui justifiera une semblable réserve.

« Ce n'est point à un peuple que nous estimons,

[1] C'est l'avant-dernier des hommes, disait-il en parlant d'un intendant devenu ministre. — Pourquoi pas le dernier ? lui demandait-on. — Pour ne décourager personne, répondit-il.

« que nous aimons, c'est à un homme que nous
« faisons la guerre ; c'est contre lui seul que nous
« sommes réunis ; sa chute est l'unique but de nos
« efforts ! » La déclaration est formelle, elle est
sacrée, des souverains l'ont faite à la face du ciel
et de l'Europe ; mais cet objet de tant de haine, cet
ennemi terrible est abattu ; il est entre vos mains,
vous disposez de son sort, et cependant le territoire
qu'il a quitté pour jamais est envahi de toutes parts ;
des torrents dévastateurs se répandent à votre voix
sur toute la surface d'un pays que vous avez promis
de respecter, aux habitants duquel vos serments
garantissent sûreté et protection. Vaisseaux, armes,
trésors, monuments des arts, richesses de l'industrie, la force ravit tout à la nation à laquelle on ne
faisait pas la guerre : elle invoque la foi, la sainteté
des promesses, la solennité des déclarations, et on
lui répond par la bouche de l'anglais Gould Francis
Leckie : « La morale et la justice ne sont pas plus
« de mise dans les intérêts des peuples que dans des
« questions de chimie, de physique, ou d'archi-
« tecture. »

CHAPITRE VII.

Des négociateurs.

Il n'y a pas même aujourd'hui d'élève ambassadeur qui ne vous dise, pour vous donner une haute idée de son instruction diplomatique, qu'un prince prudent ne doit pas tenir sa parole quand cette fidélité lui serait préjudiciable, ou lorsque les causes qui l'ont porté à s'engager n'existent plus; car (ajoute le disciple de Machiavel, dans les mêmes termes que son maître) les raisons de colorer son manque de foi ne lui manqueront jamais, *s'il est habile.*

Tel est le précepte; voici l'exemple : Louis XII se plaignait de ce que le roi d'Aragon l'avait trompé trois fois : « Il en a menti, répondit Ferdinand (en ajoutant une épithète grossière que la pudeur d'un simple citoyen ne permet pas de répéter), je l'ai trompé dix. » En effet, la vie de ce prince fut un long tissu de perfidies, et ce n'est sans doute pas ce qui lui valut le surnom de *Catholique.*

« La fortune se rencontre le plus souvent, dit Montaigne, au train de la raison; » pourquoi donc la chercher uniquement au train de l'habileté? Les politiques citent comme un de leurs chefs-d'œuvre dans ce genre le choix que firent les ministres de Louis XIV de mademoiselle de Kerroual pour négocier auprès de Charles II, roi d'Angleterre : il est vrai que cette demoiselle avait de beaux yeux, la bouche petite, et la taille légère, et que Charles II faisait grand cas de ces qualités; « aussi mademoiselle de Kerroual réussit-elle mieux, ajoutent les écrivains de la chancellerie, que n'auraient pu le faire tous les négociateurs de Munster. » De qui un pareil éloge fait-il la critique la plus sanglante, ou du monarque qui fit choix d'un pareil ambassadeur, ou du monarque près duquel un pareil ambassadeur fut accrédité ?

Le publiciste qui n'a pas craint de dire que tout ambassadeur était chargé de découvrir et de faire connaître ce qui se passait dans l'état et dans le cabinet du prince auprès duquel il était envoyé; de pénétrer les secrets, de répandre et d'accréditer les nouvelles et les rumeurs propres à favoriser les intérêts de la puissance qu'il représentait; tantôt de flatter, tantôt de menacer, et même au besoin de corrompre, n'a tracé, sous un nom honorable, que le caractère d'un vil espion; et si, comme le même publiciste, l'abbé Mably, le prétend, les ambassadeurs ne sont que des automates faits pour obéir au mouvement que leur maître leur imprime, sans qu'il leur soit même permis d'en peser la moralité, on ne peut qu'applaudir à la résolution des gouvernements assez forts, assez généreux pour cesser d'envoyer et de recevoir des ambassadeurs.

Eh quoi! l'abnégation absolue de tout sentiment humain, l'indifférence pour le bien et pour le mal, pour le juste ou l'injuste, pour ce que l'honneur applaudit et ce que la vertu condamne; ce dernier degré de l'abaissement et de la dégradation humaine serait le sublime de la vertu diplomatique! non, l'obéissance a ses limites.

Dans l'état actuel des sociétés, les gouvernements ont encore le pouvoir d'exiger de la part d'un certain nombre de sujets, que l'on nomme soldats, une obéissance absolue; mais ce pouvoir même ne s'étend pas hors du cercle des devoirs militaires; au delà, le soldat est citoyen, et recouvre ses droits en rentrant dans la règle commune.

LIVRE VII.

La guerre considérée d'après les principes de la morale.

CHAPITRE PREMIER.

Considérations générales.

Déja plus d'une fois j'ai fait remarquer combien les meilleurs esprits, soit par leur paresse naturelle, soit par l'ascendant de l'habitude et des premières impressions de l'enfance, étaient disposés à adopter, sans discussion, sans examen, les opinions reçues au temps où ils ont paru. Une des plus vieilles erreurs et des plus funestes aux hommes, est de considérer la guerre comme l'inévitable conséquence de la division de l'espèce humaine en familles politiques. Voltaire aussi paraît croire qu'une paix perpétuelle est une chimère qui ne peut pas plus exister entre les princes qu'entre les éléphants et les rhinocéros, entre les loups et les chiens. « Les animaux carnassiers, dit-il, se déchireront toujours à la première occasion. » Mais les termes dont se sert le philosophe de Ferney montrent assez quelle est sa véritable pensée : ce sont les princes qu'il nomme, et non pas les nations. La paix est nécessaire aux peuples, parcequ'ils ne peuvent exister que par le travail et l'industrie; c'est pour ceux qui s'enrichissent de rapines, qui vivent de sang et de carnage, que la guerre est nécessaire.

Il ne se commet pas en dix années autant de crimes dans les Calabres et en Angleterre que dans le cours d'une seule campagne entre deux états qui se font la guerre. Les assassins, les voleurs, et les incendiaires du monde entier ne renversent pas autant de villes, ne brûlent pas autant de villages, ne violent pas autant de femmes, ne détruisent pas autant de moissons, de vignes, et d'arbres utiles, dans le cours de quatre siècles, qu'un général ou un prince, à la tête de trente mille soldats, dans l'espace de quatre mois.

Les brigands de la Silla et des déserts de l'Arabie n'ont point exercé de crimes et de cruautés comparables à celles du roi de Macédoine, traînant, attaché à son char et renversé vivant sur l'arène, le brave et malheureux Bétis autour des murailles de Gaza; ou faisant mettre en croix deux mille habitants de Tyr sur le rivage de la mer, parcequ'ils avaient défendu leur ville avec valeur contre ce féroce Alexandre, qu'ils n'avaient jamais offensé, et qui ne pouvait leur reprocher que d'avoir, par leur valeur, arrêté pendant sept mois le cours de ses dévastations.

Un autre conquérant, Cambyse, avait ravagé l'Égypte, brûlé ses temples, et transporté à Persépolis les richesses qu'ils renfermaient. Alexandre arrive; et, dans un accès d'ivresse, pour plaire à une courtisane ivre comme lui, il livre aux flammes cette ville que les anciens appelaient *l'œil de l'Orient*. Les trésors de l'Égypte et ceux de la Perse, ces fruits de la guerre périssent consumés par la guerre.

Le passage des Attila, des Gengiskan, des Tamerlan, des Bajazet, et de tous les dévastateurs du monde, fut annoncé par les sinistres lueurs de l'incendie; les cris des mourants, la fuite et l'épouvante révélèrent leur présence; à leur départ, ils laissèrent derrière eux la peste et la famine. La dépopulation de la Suède était telle à la mort de Charles XII, qu'il ne restait plus que des femmes et des jeunes filles pour labourer les champs. La France était dans une situation aussi misérable vers la fin du règne de Louis XIV. Charles avait inspiré à ses sujets une haine dont il fut la victime. Il fallut des gardes pour protéger les restes de Louis contre la fureur de ses sujets appauvris et décimés sous son règne sanglant. Lorsque la paix de Vervins mit un terme à la guerre avec l'Espagne, Bongars nous apprend qu'en France les grands chemins étaient couverts de ronces et d'épines, et qu'on avait peine à en apercevoir la trace.

La guerre, semblable au feu dont elle est la destructive image, dévore elle-même l'aliment qui la nourrit. Le quart des soldats périt chaque année moins encore par les combats que par les maladies et les fatigues.

CHAPITRE II.

Causes des guerres.

En voyant dans l'histoire que l'ambition et la haine ont été la cause de la plupart des guerres, et que des nations entières sont tombées victimes des fautes de quelques individus, on sent redoubler en soi l'horreur d'un si détestable fléau. Depuis la ruine de Troie, renversée pour le rapt d'une femme adultère, jusqu'à la guerre entreprise par un des favoris de Catherine II pour procurer à ce favori les honneurs d'une victoire, que de massacres, d'incendies, de dévastations, sans autre but que de satisfaire les passions, et même les simples fantaisies des rois et de leurs ministres! Périclès, dans le dessein d'éloigner le compte que le peuple d'Athènes songeait à lui faire rendre des deniers publics, fut le premier auteur de cette guerre du Péloponèse qui dura trente ans, et pendant laquelle Mytilène fut détruite, les habitants de Platée égorgés, et Athènes elle-même ruinée après avoir subi deux fois le fléau de la peste.

Souvent les guerres des nations modernes n'ont pas eu des causes plus légitimes, ni des conséquences moins funestes. « Il y aurait une longue énumération à faire de toutes les mesures oppressives, de toutes les guerres suscitées dans les monarchies catholiques de l'Europe, dit M. Lacretelle l'historien, pour des ministres qui ont ambitionné le chapeau de cardinal. »

La guerre a été dans tous les siècles l'effroi des mères et l'horreur des nations. Le poète Aristophane l'a représentée sous la figure d'un monstre gigantesque, armé d'un pilon et d'un mortier dans lequel il broie les villes et leurs habitants. Virgile s'écrie : *Bella, horrida bella!* Un poète français la nomme *sœur de la mort, et droit des brigands.* Mais, par une contradiction inconcevable, ce poète et Virgile ont chanté les combats; le Tasse chante l'armée chrétienne; Milton chante la bataille des anges et des démons : c'est sur les champs de carnage, sur les ruines de Troie en cendres qu'Homère embouche la trompette épique.

« Chaque chef de meurtriers, dit Voltaire, fait bénir ses drapeaux, et les prêtres invoquent Dieu solennellement pour ceux qui vont égorger leur prochain. Si ce chef n'a eu que le bonheur de faire égorger deux ou trois mille hommes, il n'en remercie point Dieu; mais lorsqu'il y a eu environ dix mille hommes exterminés par le fer et par le feu, et que, pour comble de gloire, quelque ville a été détruite de fond en comble, qu'il n'y reste plus que quelques mères qui se meurtrissent le sein et s'arrachent les cheveux sur les cadavres de leurs enfants et de leurs époux, quelques enfants criant et mourant de faim sur le sein glacé de leurs mères tuées par les mêmes soldats dont elles ont auparavant assouvi la brutalité; alors, au bruit du canon, au son des cloches, au milieu des cierges allumés, de l'encens et des parfums, des prêtres, parés de la chasuble et de l'étole, chantent en faux-bourdon un hymne en l'honneur des meurtriers, et rendent grace à Dieu de ce qu'il a permis ce grand massacre de ses enfants. De quelques crimes que les vainqueurs se soient rendus coupables, la victoire les absout; les éloges et les honneurs les attendent. »

Voltaire remarque que parmi cinq à six mille sermons contre les vices des hommes, il s'en trouve à peine deux ou trois contre le crime de la guerre, qui réunit tous les fléaux et tous les crimes ensemble. Bourdaloue se déchaîne contre l'amour et se tait sur ces meurtres, sur ces rapines, sur ces violences, sur ces brigandages, sur cette rage universelle qui a parcouru tous les siècles et désolé toutes les contrées de la terre.

L'assassinat, c'est-à-dire le meurtre prémédité, est le plus grand crime que puisse commettre un homme privé: la guerre, c'est-à-dire l'assassinat politique, est le plus grand crime que puisse commettre un gouvernement.

CHAPITRE III.

Droit de guerre, ou du plus fort.

Qu'est-ce que la guerre, sinon la violence et la force employées selon de certaines règles?

Montesquieu, Rousseau, Voltaire, et tous les écrivains moralistes se sont réunis pour démontrer l'injustice et l'absurdité de ce prétendu droit du plus fort, que la force abolit et déplace sans cesse.

Montesquieu a reconnu, dans le plus philosophique de ses ouvrages, dans les *Lettres persanes*, qu'il n'y a que deux sortes de guerres justes, les unes pour repousser un ennemi qui attaque, les autres pour secourir un allié qui est attaqué : c'est le droit naturel, c'est le droit civil qui prend alors le nom de droit politique.

Les hommes pour lesquels la justice, l'humanité, la vertu ne sont pas des mots vides de sens, sont tous d'accord sur cette vérité morale.

Il ne suffit pas que la guerre soit juste, il faut encore que ses moyens soient conformes à la justice, et qu'elle s'arrête aux limites placées par l'équité.

Nul individu, même dans le cas de la défense naturelle, n'a le droit de tuer son adversaire, tant qu'il peut employer d'autres moyens pour arrêter sa fureur ou s'y soustraire; nul état, même dans la guerre défensive, n'a le droit de tuer l'état agresseur, c'est-à-dire d'anéantir l'état politique qui compose cet état, si par toute autre voie il peut arrêter les entreprises de son ennemi.

La guerre légitime a donc les mêmes limites que la défense personnelle. Dans l'une et l'autre, la violence n'est autorisée qu'autant qu'elle est nécessaire pour repousser la violence; elle n'est de droit que contre l'agresseur et ceux qui le secondent; elle cesse au moment où il cesse de nuire. S'il périt dans la lutte, la loi civile excuse le meurtre et ne l'autorise pas : et de même que le citoyen qui, dans l'acte d'une légitime défense, *a tué justement un injuste adversaire*, serait puni comme assassin si, dans le premier emportement de sa colère, il courait à la maison de son ennemi pour la ravager et tuer sa femme et ses enfants; de même toute violence commise après la victoire sur des vaincus qui ont mis bas les armes, ou pour ravager le pays ennemi, est un acte digne de blâme et de châtiment.

D'état à état, certaines insultes ne donnent pas le droit de recourir à la guerre; comme entre particuliers certaines injures n'autorisent pas les voies de fait. « Il n'y a point de justice, dit Montesquieu, à

« faire la guerre pour les querelles particulières des
« princes, ou parcequ'on leur aura refusé un hon-
« neur qui leur était dû, ou parceque l'on aura eu
« quelque procédé peu convenable avec leurs am-
« bassadeurs, ou autres choses pareilles, non plus
« qu'un particulier ne peut tuer celui qui lui refuse
« la préséance. »

Quel sujet d'étonnement de voir un philosophe tel que Rousseau, poser en principe que *la fin de la guerre est la destruction de l'état ennemi!* La fin de la guerre est la réparation équitable de l'injure reçue, ou du tort qui a été fait: au-delà, tout acte hostile est injuste et criminel.

Montesquieu est tombé dans une erreur non moins grave, lorsqu'il met, dans de certains cas, au rang des guerres légitimes la guerre offensive. « Entre les sociétés, le droit de la défense naturelle
« entraîne quelquefois, dit-il, la nécessité d'attaquer,
« lorsqu'un peuple voit qu'une plus longue paix en
« mettrait un autre en état de le détruire, et que l'at-
« taque est dans ce moment le seul moyen d'empê-
« cher cette destruction. »

Un homme a un ennemi faible ou malade, mais dont la convalescence fait chaque jour des progrès, et dont la fortune s'accroît incessamment par le travail et le commerce. Craignant que cet ennemi ne soit bientôt assez riche pour nuire à sa propre industrie, et assez fort pour l'accabler, l'homme fort et prévoyant court mettre le feu aux ateliers de son rival : il l'attaque, il le tue, afin de l'empêcher d'exécuter les desseins qu'il lui suppose : devant quel tribunal une pareille excuse serait-elle admise? La proposer, n'est-ce pas outrager à-la-fois la raison et la justice?

Le gouvernement anglais agissait d'après ce principe, lorsqu'en pleine paix il s'emparait des frégates espagnoles qui rapportaient à la mère-patrie les trésors du Mexique ; lorsque, sans aucune provocation, sans aucune déclaration de guerre, il attaquait et volait la flotte danoise dans le port de Copenhague. Ils raisonnaient ainsi, les alliés de Napoléon qui livraient passage sur leur territoire aux ennemis de la France ; mais la justice contemporaine a déjà marqué ces actes iniques de son sceau réprobateur, et la postérité les flétrira d'un ineffaçable opprobre.

La vertu, l'ordre, l'économie, le commerce, les arts industriels, rendent les peuples riches et puissants pendant la paix : c'est donc pour détruire les arts, le commerce, l'économie et la vertu chez un peuple voisin, que vous entrez en armes sur son territoire. La guerre eut-elle jamais un motif et un but plus odieux?

La jeunesse est l'âge des vertus ; l'intérêt n'a pas encore eu le temps de corrompre le cœur et de suborner la raison. Dans ses *Lettres persanes,* Montesquieu a respecté les principes de la morale, dont il s'est plus d'une fois écarté, en voulant montrer quel a été et quel doit être l'esprit des lois. Usbek reconnaît que, dans le droit public, l'acte de justice le plus sévère c'est la guerre, puisqu'*il peut* avoir pour effet de détruire la société qui est attaquée, et même celle qui attaque. Il met au second degré les représailles; c'est le talion de la politique. Cette manière de se venger du crime par le crime doit être rejetée du droit public pour les mêmes raisons qui l'ont fait rejeter du droit civil; car si le meurtre ne répare pas le meurtre, la dévastation n'indemnise pas non plus de la dévastation.

Le troisième acte de justice politique est de priver un prince ou un état des avantages qu'il pouvait retirer de l'état offensé, en proportionnant toujours la peine à l'offense. Enfin le quatrième acte de cette justice des nations, et qui doit être le plus fréquent, est la renonciation à l'alliance du peuple dont on a à se plaindre. « Cette peine, dit Montesquieu, ressemble à celle du bannissement que les tribunaux ont établie pour retrancher un coupable de la société. » Mais je vois dans ces derniers actes *renonciation* et non *réparation:* n'est il donc d'autre moyen de l'obtenir que par la guerre? Les rois se sont garanti leurs prérogatives par de saintes alliances; ne peut-il en être formé de plus saintes pour garantir les droits des peuples? un lien fédératif, semblable à celui qui unit entre elles les républiques de l'Amérique du nord, ou à celui qui forme un état unique des diverses républiques de la Suisse, ne peut-il aussi unir entre elles les diverses nations? Enfin cette paix perpétuelle, proposée par l'abbé de Saint-Pierre, est-elle aussi impraticable qu'on ne cesse de le répéter? C'est une question politique qui, sans être étrangère au sujet que je traite, exige plus de développement que je ne puis en donner dans le cercle où je me suis renfermé.

CHAPITRE IV.

De la guerre offensive.

« La guerre, pour de simples intérêts politiques, entre des peuples également éclairés, est, dit madame de Stael, le plus funeste fléau que les passions humaines aient produit. »

C'est pour défendre sa famille, ses biens et ses lois, que le soldat prend les armes dans la guerre défensive; tout y sanctifie les exploits du brave, la cause et l'objet.

Dans la guerre offensive, tout est honteux et criminel, le but et les moyens. L'agression se fonde sur la mauvaise foi et le mensonge. Si la victoire se déclare pour l'agresseur, il impose d'énormes contributions aux vaincus; il s'empare d'une partie de leur territoire, sous prétexte de s'indemniser des frais que lui a causés son injuste entreprise.

Les changements de gouvernement, les dissensions civiles, les besoins et la faiblesse des princes, paraissent au *démon du midi*[1] de bonnes occasions pour faire la guerre. En mourant il conseilla à son successeur de profiter de ces circonstances, qu'il nommait favorables. Augmenter ses provinces, obtenir les palmes et les dépouilles que promet la victoire, ont été jusqu'ici des motifs suffisants pour troubler la paix du monde.

Tacite, élevé dans les vieux préjugés de la domination romaine, regarde comme une cause légitime de guerre le dessein de reculer les bornes de l'empire, ou seulement d'accroître sa gloire militaire par de nouveaux triomphes. Au temps de la république, le sénat romain faisait la guerre pour occuper l'ambition des grands et donner des distractions aux souffrances du peuple.

Frédéric II écrit à Voltaire que, ne pouvant se faire un nom par les lettres, les princes sont réduits à s'en faire un par les armes. Erostrates couronnés, ils mettent le feu aux temples afin que leur souvenir soit conservé parmi les hommes.

---

[1] Philippe II.

« Se peut-il rien de plus plaisant, dit Pascal, « qu'un homme ait le droit de me tuer parcequ'il « demeure au-delà de l'eau, et que son prince a que- « relle avec le mien, quoique je n'en aie aucune « avec lui ? » Une telle action serait barbare de la part du juif ou du musulman ; elle est odieuse et impie de la part du chrétien, à qui sa religion commande de regarder, de traiter les autres hommes comme des frères. Prédicateurs, missionnaires, c'est contre de tels crimes qu'il faut élever la voix, qu'il faut tonner du haut de la chaire évangélique.

Une cause injuste ne peut être soutenue que par des moyens immoraux ; c'est ce qui a lieu dans la guerre offensive. Corbulon, pour exciter ses soldats à combattre ceux de Tiridate, leur représentait moins encore les honneurs du triomphe que les richesses de l'Arménie, qui devaient être le partage du vainqueur. Sylla usa du même moyen dans son expédition d'Asie, où il laissa ses armées s'enrichir par la rapine. Tacite loue, comme d'une action honnête, Drusus pour avoir entretenu la discorde parmi les Germains. C'est en divisant les Gaulois que César subjugua les Gaules ; c'est en divisant les Français que l'étranger est parvenu deux fois à envahir la France.

L'espagnol Varienti trouve que ce n'est pas un petit honneur pour un général, et même pour un prince, de semer, par la ruse et l'artifice, la discorde parmi le peuple qu'il se propose d'attaquer, et de le tromper par des paroles de paix, jusqu'à ce qu'on soit en état de l'accabler.

CHAPITRE V.

De certaines maximes de guerre.

Les auteurs qui ont écrit sur la guerre ne se sont pas montrés moins pervers, n'ont point professé des maximes moins détestables que les écrivains politiques. Selon eux, il est permis à un général, pour attirer son ennemi en campagne, et le forcer à combattre, de ravager tout un pays, de mettre le feu aux moissons et aux chaumières, de couper les arbres, de tuer les animaux et les hommes.

Si vous ne pouvez conserver une ville, vous devez la détruire plutôt que de la laisser occuper par votre ennemi.

Êtes-vous forcé d'abandonner le pays que vous avez occupé, et dont les habitants se sont déclarés pour vous? si ceux qui voudraient vous suivre peuvent embarrasser votre marche et retarder votre retraite, vous devez être sourd à leurs prières, insensible à leurs larmes, et les abandonner à la vengeance et au fer de l'ennemi.

Si l'ardeur guerrière n'est pas assez grande parmi vos soldats pour les porter aux entreprises les plus périlleuses, il convient d'y ajouter l'ardeur du gain, et de leur abandonner le pillage des campagnes, afin de les animer au sac des villes, et de leur donner le desir de les enlever de vive force.

S'il s'agit de soumettre entièrement un peuple encore capable d'une forte résistance, on peut lui accorder d'abord tout ce qui a l'apparence de l'indépendance et de la liberté, sauf à lui retirer ensuite tout ce qui pourrait lui assurer l'une et l'autre.

Dans les armées composées de vos propres troupes et de troupes auxiliaires ou alliées, il faut, dans l'attaque ou la retraite, placer celles-ci aux postes les plus périlleux, aux avant-postes et aux arrière-gardes.

Tromper le peuple pour lequel on combat, et l'armée que l'on commande, est encore une des maximes des professeurs de la science militaire; tantôt enfler, tantôt diminuer les forces de son adversaire; donner à des défaites le nom de victoires; exagérer la perte de l'ennemi, et réduire celle qu'on a soufferte : tous les mensonges sont permis.

Envoyer et recevoir des espions; prodiguer l'or pour corrompre la fidélité; récompenser les traîtres et les transfuges, leur donner des grades, des emplois, des honneurs, des décorations et des titres; voilà ce qu'ont vu tous les siècles, et ce que le mépris des gens de bien et l'indignation des écrivains moralistes n'ont pas suffisamment flétri aux yeux des contemporains et de la postérité.

CHAPITRE VI.

Des lois de la guerre

Les premiers voleurs, les premiers assassins, ont été les premiers guerriers ; il était naturel que le droit de la guerre fût conforme aux mœurs et aux notions que ces féroces législateurs s'étaient faites de la propriété, de l'humanité et de la justice.

Plus on remonte dans l'histoire et plus l'exercice de ce droit se trouve conforme à son odieuse origine. Égorger les vaincus, égorger les captifs, égorger les rois, leurs femmes, leurs enfants, tel était alors le droit de la guerre. Ninus fit périr le roi de Babylone et toute sa famille : vaincu, le roi des Mèdes fut mis en croix, ainsi que tous les siens, par ordre du vainqueur.

Jugurtha fut mis à mort par les Romains, après avoir orné le triomphe de Marius.

En Asie, la conquête est toujours suivie de la mort des rois vaincus ; presque tous périssent au milieu des tortures.

En Europe, les rois retiennent captifs les rois pris à la guerre, ou leur vendent la liberté à si haut prix, que l'argent donné pour leur rançon épuise les peuples qui les rachètent.

« Persuader aux hommes qu'ils ne devaient pas immoler ceux qu'ils avaient eu le bonheur de vaincre, est peut-être, dit M. Pastoret, le plus grand service que la philosophie ait rendu à l'ambition, et l'ambition à l'humanité. »

Si le vainqueur ne se croit plus le droit de tuer ceux qui, en rendant les armes, cessent d'être ses ennemis, et redeviennent simplement des hommes, dans plus d'une contrée de l'Europe il se croit encore autorisé à les renfermer comme des criminels, et à les faire périr en détail de misère et de besoin. Ce que le général Pillet et M. Ch. Dupin racontent des mauvais traitements que, durant la guerre de la révolution, les prisonniers français ont éprouvés en Angleterre, rappelle tout ce que l'antiquité a offert de plus monstrueux dans l'abus de la force. Térée et Phalaris n'ont rien imaginé de plus cruel que les barraques de Normann-Cross et les prisons flottantes connues sous le nom de *pontons*.

Chez les anciens, la conquête donnait non seulement la terre, mais les habitants, que le vainqueur faisait vendre comme le bétail, sans en excepter les femmes et les enfants. Que d'efforts il a fallu aux philosophes pour faire reconnaître que la conquête ne donne au vainqueur ni le droit de massacrer les peuples, ni le droit de les asservir, et que c'est un échange inique que de faire acheter au vaincu sa vie, sur laquelle on n'a aucun droit, aux dépens de sa liberté, sur laquelle on n'en a pas davantage!

« La conquête ne donne aucun droit par elle-même, dit fort bien Montesquieu: lorsque le peuple existe, elle est le gage de la paix et de la réparation du tort; et si le peuple est détruit ou dispersé, elle est le monument d'une tyrannie. »

Un homme tombe dans une embuscade d'assassins : il appelle à son secours ; d'autres hommes accourent et le délivrent; dans la lutte leurs vêtements ont été déchirés, plusieurs ont reçu des blessures; cependant nul ne demande d'indemnité et ne prétend que son assistance mérite salaire. Les princes sont moins délicats; ils ne marchent au secours de leurs amis qu'autant qu'ils en reçoivent de gros subsides ; ils se font payer de fortes indemnités, ou exigent, pour garanties, des villes et des provinces entières, non seulement de ceux qui les ont appelés, mais aussi de ceux qui ne les appellent pas.

Les soldats ne font pas seulement la guerre aux soldats; ils attaquent, ils pillent, ils tuent les habitants, et cependant il est interdit aux habitants de résister à ces intolérables violences. Si les paysans dont on brûle les maisons, dont on viole les femmes et les filles, dont les enfants sont écrasés sur la pierre ou portés au bout des baïonnettes, s'arment pour les défendre, ils sont considérés comme des révoltés et punis comme des brigands. Les chefs ennemis se croient en droit de les faire pendre : se contenter de les fusiller est presque un acte de clémence. Tout est permis à ceux qui portent un casque et un habit à revers ; tout est interdit à ceux qui sont coiffés d'un chapeau rond et vêtus d'une veste de travail, tout jusqu'à la défense naturelle.

Les vainqueurs d'une ville emportée d'assaut se croient encore le droit de faire passer au fil de l'épée les habitants de tout âge et de tout sexe. Les plus modérés se contentent d'accorder à leurs troupes le pillage pendant quelques heures. Lorsqu'ils jugent qu'il a été commis assez de meurtres, assez de viols, ils font battre le tambour, sonner de la trompette, pour rappeler les voleurs à leurs drapeaux ; et quand le sac a cessé, les chefs annoncent que *tout est rentré dans l'ordre.*

En méditant sur cet abominable abus de la force, on a quelque peine à concevoir qu'il ait existé, qu'il existe encore des hommes assez pervers, assez scélérats pour lui donner le nom de *droit* : le découragement s'empare de l'ame la plus stoïque ; on a honte d'être homme ; on se sent tout prêt à blasphêmer contre le Ciel, et à renier la Providence.

CHAPITRE VII.

De l'esprit militaire.

On entend par *esprit militaire* cette disposition inquiète et aventureuse, qui porte les peuples à devenir agresseurs et à se répandre au dehors; elle a beaucoup de rapport avec l'humeur querelleuse de ces duellistes, de ces spadassins de profession, qui portent le trouble dans la société et le deuil dans les familles.

L'existence des armées permanentes, fléau des états modernes, a donné naissance à cet esprit destructif de toutes les garanties sociales, puisque, s'il est propre à les défendre, il ne l'est pas moins à les renverser. Ce qui avait été créé pour le temps de guerre a été maintenu pendant la paix. Les mêmes hommes qu'on avait instruits à vaincre l'étranger, ont appris à soumettre leurs propres concitoyens; la discipline s'est efforcée de bannir des rangs des armées toute opinion politique, tout devoir de citoyen, tout sentiment de fraternité et de famille, en faisant admettre pour règle unique, pour excuse suffisante de toutes les actions, l'ordre et la volonté de ceux qui commandent. Pendant les débats d'une question politique, à la décision de laquelle la liberté de tout un peuple était intéressée: « *Que pensent vos soldats?* dit une femme à un colonel. — *Madame*, répondit-il, *mes soldats ne pensent point.* » Le sublime de la discipline est de faire de l'homme une arme offensive ou défensive, aussi indifférente à la cause qu'elle protège ou qu'elle opprime, que le casque dont le soldat couvre sa tête ou l'épée dont il arme sa main.

La vieille maxime, *si vis pacem para bellum*, voulait dire chez les anciens : si tu veux éviter qu'on te fasse la guerre, mets-toi en état de la repousser: nos politiques modernes l'ont expliquée autrement. *Si vis pacem* signifie : si tu veux la paix, prépare-toi à porter la guerre chez tes voisins. Pendant la paix, ils augmentent leurs troupes, les organisent, les disciplinent, forment d'immenses magasins d'armes, de munitions, de machines meurtrières; et, par un système nouveau, se mettent en état de recruter leurs armées, d'en augmenter le nombre et la force à un degré qui ne laisse plus aucun moyen de résistance. La Russie seule entretient autant de soldats au milieu de la paix générale, que Xerxès, par un effort inouï, et qui ne se renouvela plus, en put réunir pour une seule campagne. Demain tous les habitants de l'Europe peuvent être replacés sous le joug qui leur fut imposé par les Barbares qui détruisirent l'empire Romain; demain toutes les monarchies tempérées, toutes les monarchies constitutionnelles, peuvent être remplacées par le despotisme oriental. Pour opérer cette grande dégradation morale et politique, il ne faut que la réunion de deux ou trois volontés. La civilisation ou la barbarie, la liberté ou la servitude, les lumières ou les ténèbres, la gloire ou la honte de cent cinquante millions d'hommes, sont maintenant entre les mains de deux ou trois ministres. Quel effroi un pareil ordre de choses ne doit-il pas exciter dans l'ame de tout ami de l'humanité! quelle horreur les auteurs d'un si monstrueux système ne doivent-ils pas inspirer au monde épouvanté!

Lors même que ces gigantesques armées ne menaceraient pas d'une ruine totale la liberté, la fortune, l'indépendance des nations, combien ne sont-elles pas contraires à la dignité morale de l'homme? Comme on répète sans cesse à ces soldats permanents qu'ils sont faits pour la guerre, tous leurs vœux sont contre la paix; la guerre leur promet des dépouilles, des honneurs, des grades : trop heureux si, dans leur impatience de la voir éclater, ils ne se livrent pas aux mutineries et aux révoltes! A défaut d'ennemis extérieurs, leur courage, incessamment aiguillonné, se tourne tantôt contre eux-mêmes, tantôt contre leurs propres concitoyens. On veut qu'ils attachent de la gloire à des victoires individuelles, qui ne sont presque toujours que des assassinats privilégiés : l'un des combattants est étranger au maniement des armes, tandis que l'autre est un homme qui, chaque jour, s'exerce pendant deux ou trois heures dans l'art de tuer, sans péril, les gens qu'il provoque sans raison; espèce de lâcheté cruelle que protégent encore nos préjugés et le sommeil des lois.

Dans la guerre, la prospérité corrompt les soldats et les énerve; l'adversité les aigrit et les porte à la révolte. Le général qu'ils préfèrent est celui qui les laisse vivre dans la licence; ce qu'ils cherchent n'est pas la paix, c'est la victoire, qui autorise tous les désordres. « Les soldats de Vespasien, dit Tacite, supportaient moins patiemment les retards que les périls : avides de pillages et de ruines, l'espoir d'obtenir le sac d'une ville les portait à mépriser les fatigues, les privations, les blessures, et la mort même. » Lorsque l'étranger ne leur offre plus de dépouilles, ils s'emparent des richesses de leurs propres concitoyens. Les troupes de Vitellius pillèrent les maisons des particuliers, les temples des dieux, commirent toutes sortes de violences envers les peuples de l'Italie, tuant leurs ennemis personnels, égorgeant les riches dont ils enlevaient les trésors, massacrant les époux et les pères dont ils enlevaient les femmes et les filles; et comme la victoire sanctifie les crimes les plus atroces, le sénat romain décréta que tous les honneurs civils et militaires seraient rendus à ces odieux brigands, car ces brigands étaient vainqueurs d'autres brigands enrôlés sous les enseignes de Galba. De nos jours encore, il n'est guère accordé d'autre paie aux troupes asiatiques et aux Cosaques irréguliers, que les vols et les brigandages qu'ils exercent dans les pays où les appelle le démon des batailles. Eux aussi, en rentrant dans leur pays, voient couvrir de lauriers et d'honneurs ces dépouilles sanglantes, témoins muets, mais irrécusables, que ceux qui les portent se sont rendus coupables de deux crimes condamnés par la morale et les lois de tous les peuples, mais récompensés à la guerre, le *vol* et le *meurtre*.

La permanence des troupes a porté une autre atteinte à la morale : celle d'affaiblir ce qui donne le plus de force au lien social, la confiance réciproque entre les peuples et les gouvernements. Ceux qui n'apparaissent qu'au milieu des baïonnettes peuvent inspirer une certaine crainte, un certain respect; mais rien de ce qui est menaçant ne peut faire naître les doux sentiments de l'amour et de la reconnaissance. Le citoyen qui, dans les promenades, au milieu des fêtes publiques, est environné de soldats, qui, même en assistant aux jeux du théâtre, voit de toutes parts des uniformes, des fusils et des glaives, lit vainement dans les discours d'apparat des phrases banales d'affection et de tendresse paternelle : la force armée qu'il retrouve partout ne le laisse pas jouir d'une si douce illusion. Là encore les faits démentent les paroles : on a beau donner le nom d'amis à ceux qu'on traite en ennemis, le mensonge qui frappe les yeux est démenti par leur témoignage.

CHAPITRE VIII.

Troupes auxiliaires ou alliées.

Dans les transactions civiles, l'associé qui ne donne pas tous ses soins, qui ne concourt pas de tous ses moyens, au succès de l'entreprise pour laquelle l'association a été formée, trahit ses devoirs ; s'il abandonne les intérêts de ses coassociés, il manque à la probité ; s'il les sacrifie à des intérêts rivaux ou opposés, il est frappé de déshonneur et noté d'infamie. Jusqu'ici la conduite de ces associés politiques, qu'on nomme *alliés*, a été jugée d'après d'autres règles : cependant l'auxiliaire qui abandonne ou trahit son allié, commet un crime plus grand, parceque les conséquences en sont plus étendues, plus funestes : à la perte des biens il ajoute celle de la vie d'un grand nombre d'hommes, et quelquefois la mort politique de l'état trahi et abandonné.

« Fort ou victorieux, dit le maréchal Saint-Cyr, les alliés ne manquent point ; mais faible ou vaincu, ou est abandonné; trop heureux de n'être point trahi. Il serait plus sûr, plus honorable, et moins dispendieux, de se passer de pareils secours. Qui peut oublier les catastrophes de la Pologne, le dépouillement plus récent de la Saxe, et le partage des ames en 1814? » L'illustre maréchal pense qu'il est prudent de se tenir en garde contre les alliés en général : c'est le conseil d'un sage politique et d'un ministre habile; c'est aussi celui que donne la morale.

CHAPITRE IX.

Des troupes mercenaires.

Si, n'étant provoqué par aucune injure, excité par aucun tort personnel, un homme frappe et tue son semblable, cet homme est un bourreau ou un assassin. Lequel de ces deux noms acceptera le misérable qui, pour une certaine rétribution, s'est engagé à tuer, soit l'étranger, soit l'habitant du pays où il est employé, à la première réquisition de ceux qui le paient?

Les lois romaines ne permettaient pas à un citoyen de combattre même l'ennemi de la patrie, si d'abord il n'avait prêté le serment militaire pour cette guerre : et comme une déclaration authentique avait toujours précédé les hostilités; comme le motif de la guerre et la fin que l'on se proposait, étaient toujours clairement exposés dans cette déclaration, les soldats n'ignoraient jamais quels étaient leurs ennemis et pour quelles raisons ils avaient recours à la force des armes. Mais le soldat mercenaire ne le sait pas, ne s'en informe pas; il est payé pour tuer, il tue à tort ou à raison, peu lui importe. ce n'est pas la réparation d'une injure qu'il poursuit; il sert pour l'argent qu'on lui donne, et non par amour pour le prince ou le pays qui l'emploie : n'ayant d'autre motif que la solde qu'il reçoit, le même motif qui le porte à combattre, le porte aussi à trahir et à passer du côté où se trouve la plus forte paie.

La foi des troupes mercenaires est peu sûre, dit Machiavel : braves contre les citoyens, lâches contre l'ennemi extérieur, elles sont à-la-fois de bons instruments de tyrannie, et de mauvais instruments de guerre; pendant la paix, leur entretien vous épuise; pendant la guerre, elles vous laissent dépouiller par vos ennemis. Ne trouvant pas que l'argent qu'elles reçoivent soit une compensation suffisante des périls auxquels la guerre les expose, elles veulent bien veiller aux portes de votre palais, garder vos édifices et vos trésors, mais non pas mourir ou même se faire blesser pour vous défendre quand l'ennemi s'avance.

Aussitôt que les soldats mercenaires se sentent assez forts pour se montrer ingrats, on les voit s'emparer des trésors, du pays, et de la puissance même dont la garde leur est confiée.

L'empereur de Constantinople, pour résister à ses voisins, appela dix mille Turcs, et leur remit la défense de la Grèce. La guerre finie, les Turcs refusèrent de se retirer, et cette violence fut le principe de l'asservissement des Grecs : tel est l'acte de prise de possession dont les successeurs de Mahomet II font aujourd'hui valoir la légitimité.

Les anciens eurent des soldats mercenaires, mais Tacite nous apprend qu'ils en faisaient peu de cas. Les Romains avaient une idée trop juste de la dignité de l'homme pour vendre leurs bras et leur sang à un prince étranger. Les Grecs avaient manqué de cette noble fierté : il existait dans la garde de Darius un corps de troupes grecques. Artaban, roi des Parthes, n'était environné que de soldats étrangers; espèce de bannis, dit Tacite, gens qui n'avaient aucune notion du juste et de l'injuste, toujours avides de gain, toujours prêts à se rendre les ministres des ordres les plus barbares. Des Scythes formaient la garde de la ville d'Athènes, et leur penchant à l'ivrognerie n'est pas le seul rapport qu'ont avec eux les troupes mercenaires du temps présent. A Rome, les proscriptions étaient exécutées par la garde gauloise. Des soldats mercenaires font encore partie de la garde de plusieurs princes de l'Europe, non pas sans doute parceque ces princes s'en remettent avec plus de sécurité à la foi de l'étranger qu'à celle de leurs propres sujets, mais parceque dès long-temps ces troupes sont un vain luxe du trône.

Des nations entières se sont vouées au trafic du sang humain : chez les anciens, les Sarmates ; et, puisqu'il faut le dire, les Gaulois ; chez les modernes, les Albanais, les Suisses, les Marattes. Le pays de ces derniers n'est qu'un vaste bazar de soldats où les armées des différentes puissances de l'Indoustan viennent s'approvisionner d'une espèce d'hommes, dont l'unique métier est de tuer ou de se faire tuer : odieux commerce où l'acheteur et le vendeur semblent disputer d'infamie ; où l'or est mis en balance avec la vie des hommes ; où des soldats sont achetés et livrés comme des animaux de combat : car, de même que le prix de ces animaux varie selon le pays d'où ils viennent, les bipèdes marattes ont une évaluation différente, selon la province d'où ils sortent, selon la couleur de leur peau, la chaleur de leur sang, et la hauteur de leur stature.

Il est dans les Indes une nation plus particulièrement chargée de régler le tarif de cette denrée humaine, à raison de ses propres besoins et de l'immense consommation qu'elle en fait. Le Pescha, ou prince des Marattes, exerce avec une extrême impartialité cette magistrature financière : il place indifféremment dans les rangs opposés les hommes du même district, les individus de la même famille, les fils du même père; d'où résulte au jour du combat que le compatriote tire sur le compatriote, le voisin sur le voisin, l'ami sur l'ami, le frère sur le frère; mais ce qui exclut entre les acheteurs toute idée de préférence, tout sentiment de jalousie. La morale est outragée, l'humanité indignement sacrifiée, la nature se révolte; mais le commerce est assuré, et les bénéfices sont incalculables.

Toute guerre offensive étant un assassinat politique, tout guerrier mercenaire, quels que soient l'éclat de son uniforme et le montant de sa paie, n'est qu'un gladiateur aux ordres du maître qui le paie. Il n'y a de soldat légitime que le citoyen qui s'arme et combat pour son pays.

CHAPITRE X.

De la guerre défensive et des troupes nationales.

Les peuples libres doivent être armés afin de pouvoir résister à l'ennemi du dehors, c'est-à-dire à l'ambition de l'étranger; et à l'ennemi intérieur, c'est-à-dire aux usurpations de l'autorité. Rome et Sparte restèrent libres pendant plusieurs siècles, mais pendant le même espace de temps les citoyens de Sparte et de Rome ne confièrent qu'à eux-mêmes la conservation de leur liberté.

Tous les citoyens contribuant, dans la proportion de leur fortune, aux charges de l'état, doivent contribuer à sa défense dans la proportion de leur nombre et de leur force. C'est sur-tout dans l'accomplissement de ce devoir qu'il existe, dans l'éducation moderne, une lacune honteuse, parcequ'elle est volontaire, parcequ'elle y est laissée à dessein.

Dans l'éducation, les modernes ont adopté des anciens ce qu'il fallait leur laisser : la métaphysique et l'argumentation ; mais leur gymnastique, si propre à développer la force et les facultés physiques de l'homme, a été bannie des écoles et des universités. Cependant, comme l'immobilité perpétuelle eût été pour l'enfance un intolérable supplice, nos législateurs scolastiques ont accordé quelques heures au mouvement machinal ; mais, jugeant sans doute que la vie est assez longue pour en dissiper follement une partie, ils ont imaginé ces repos sans besoin, ces promenades sans but, ces jeux sans objet auxquels on donne le nom de *récréations*. Par une exception tout aristocratique, il a été loisible aux enfants du riche de se livrer aux exercices frivoles de la danse ou de l'art homicide de l'escrime ; mais le maniement des armes de guerre, le pas, les marches, les évolutions, tout ce qui peut préparer, pour les besoins futurs de la patrie, le citoyen à devenir un soldat robuste, adroit et brave, a été sévèrement interdit aux maîtres et aux disciples. S'instruire à tuer ses concitoyens est permis; apprendre à repousser l'ennemi étranger est défendu : il semble que les gouvernements modernes aient plus besoin de spadassins que de guerriers.

Les exercices militaires devraient être un des éléments de l'éducation des jeunes gens de toutes les classes, parceque tous doivent concourir, en cas de besoin, à la défense de la commune patrie, parceque par-tout il est facile de trouver des maîtres pour cette espèce de gymnastique : il serait utile d'y joindre une instruction morale sur l'emploi de la force physique, et d'apprendre aux hommes que jamais on ne doit y avoir recours que pour la défense, soit individuelle, soit collective.

Il semble cependant que les leçons de la nécessité, tardive mais impérieuse institutrice, ne seront pas tout-à-fait perdues pour les gouvernements qui paraissaient les moins susceptibles d'en profiter. Les *landwehr* et les *landsturm*, qui sauvèrent l'Allemagne en 1813, ont reçu une organisation plus régulière, et qui permettrait de les appeler de nouveau au moment du péril. L'Espagne a rétabli dans leur vigueur première ces forces nationales qui, sous le nom de *miquelets* et de *somatènes*, lui ont rendu de si grands services pendant la lutte qu'elle a soutenue avec tant de persévérance et de gloire. L'Angleterre a ses *yeomanry* et ses milices locales; la Russie même, dont les armées sont si formidables, et qui, moins encore par le nombre et le courage de ses troupes régulières que par sa position géographique et par la rigueur de son climat, semble pouvoir défier les efforts de l'Europe entière; la Russie a adopté un système de colonisation militaire qui augmente ses moyens de résistance. Toutes ces forces seraient faibles pour l'attaque, mais elles seraient puissantes pour la défense.

La France, que tant d'exploits ont rendue célèbre, semble seule dédaigner les moyens de conservation. Le germe de toutes les idées fécondes se trouve dans ses lois, mais il y demeure comme le grain sous le sable, sans développement et presque sans vie.

Trouver une force qui, par sa nature, se liât d'un côté à l'armée, et de l'autre à la cité; qui ne fût pas novice dans la vie militaire, et qui sortît néanmoins de la vie civile; qui servît à-la-fois de point d'appui à l'armée à laquelle elle appartiendrait: tel était le problème politique et moral que s'était proposé M. le maréchal Saint-Cyr, et dont il avait trouvé la solution dans l'institution des vétérans. Par le passage continuel de la vie civile à la vie militaire, et de la vie purement militaire à une

existence qui participât de l'une et de l'autre, la population de la France formait un ensemble, un tout compacte, susceptible de la plus insurmontable des résistances. « Ceux qui sont redevenus ci-
« toyens après avoir été soldats, dit l'illustre maré-
« chal, savent la discipline, la guerre; ils peuvent
« en reprendre sans effort et pour un temps limité
« les habitudes et les travaux; ils n'ont point à faire
« cet apprentissage matériel et moral qui coûte tant
« aux hommes les plus braves lorsqu'ils sont étran-
« gers aux pratiques des camps; formant à-la-fois
« la seconde ligne de l'armée et la première ligne
« des citoyens, ils appuient les bataillons et guident
« les masses. Pendant la paix, ils dispensent l'état de
« tenir constamment l'armée à un degré de déve-
« loppement onéreux pour les finances publiques,
« et inquiétant pour la liberté. »

Qui peut repousser de tels avantages? qui peut les méconnaître, sinon ceux-là seulement à qui le joug des lois est plus odieux que le joug de l'étranger?

Lorsqu'un pays n'a pour armée que des troupes composées des habitants de ce pays, il est, dit Machiavel, plus difficile de se servir de ces troupes pour opprimer les citoyens. Les soldats sont moins disposés à attaquer des villes et des villages d'où ils sortent, où résident leurs amis, leurs parents. Si les lois sont douces et protectrices, les soldats consentiront difficilement à se priver de leur protection, ou à favoriser les projets de l'aristocratie ou du pouvoir absolu.

CHAPITRE XI.

Des étrangers généraux d'armée.

« Tant que le caprice de quelques hommes fera loyalement égorger des milliers de nos frères, dit un écrivain philosophe, la partie du genre humain consacrée à l'héroïsme, sera ce qu'il y a de plus affreux dans la nature entière. » Sans doute ni la misère ni la faim même ne peuvent excuser l'action de celui qui, soit comme bourreau, soit comme soldat, s'engage volontairement, et pour un salaire quelconque, à tuer des hommes qui ne lui ont rien fait. Mais cette action n'est-elle pas plus criminelle encore de la part de ceux que le cruel instinct de la vie ne pousse pas à la ravir à leurs semblables ; qui se consacrent à cette profession barbare par vanité ou par le plaisir affreux de verser le sang des hommes ; pour acquérir de la réputation, des honneurs, ou sous prétexte de s'instruire dans ce détestable métier ? Aussitôt qu'il s'élève une querelle politique en Europe, on voit des hommes étrangers à ces débats accourir, épouser les intérêts d'un des deux partis, briguer l'honneur de combattre avec ses défenseurs contre les défenseurs du parti opposé, dans les rangs desquels ils auraient combattu avec la même indifférence. Ces hommes, qui vont cherchant par-tout des occasions de tuer, ces gladiateurs politiques, sortent des familles les plus considérées de la vieille Europe; presque tous sont de race patricienne. Tels furent les Eugène, les Berwick, les Maurice. Cet honneur est en contradiction manifeste avec la morale : il n'est pas plus innocent d'aller tuer des Italiens, des Grecs, des Allemands, ou des Russes, pour apprendre à devenir bon général, qu'il ne le serait d'appeler en duel des Espagnols, des Anglais, ou des Italiens, pour s'exercer au maniement de l'épée. Cette grande perfection dans l'art de tuer est abominable, affreuse, puisqu'elle ne s'acquiert que par le meurtre. Le dernier degré de l'extravagance humaine a été d'honorer jusqu'ici ce qui devrait n'exciter que l'horreur la plus vive, que le mépris le plus profond.

Les hommes qui vont chez l'étranger se former dans l'art de tuer, rapportent dans leur patrie le desir de montrer qu'ils y sont habiles, et comme, par le rang qu'ils occupent dans le monde, ils ont presque toujours part aux affaires publiques, si les occasions manquent à leur ambition, ils savent les faire naître.

« Dans les guerres les plus heureuses, dit Voltaire,

il n'y a rien à gagner que pour un petit nombre de généraux et de ministres. » C'est donc pour ce petit nombre d'hommes avides et féroces que coulent à grands flots l'or et le sang des nations ; c'est par eux que les guerres commencent, c'est par eux qu'elles se prolongent, alors même qu'il semble que tout le sang, que tous les trésors soient épuisés. La fortune de l'un a encore besoin de la rançon d'une ville : la réputation de l'autre est incomplète; il lui faut encore le gain d'une bataille.

La jalousie, sœur de l'ambition, divise les chefs qui combattent pour la même cause. Celui-ci attaque avec précipitation et sans attendre le concours d'un rival de gloire, afin de remporter seul les honneurs du triomphe: plutôt que de consentir à partager cet honneur, il préfère courir les chances d'un revers, et ses troupes sont écrasées. Le bruit du canon annonce à cet autre qu'un de ses émules est aux prises avec l'ennemi commun ; il connaît ses forces, ses moyens, sa position; il sait qu'il sera accablé: il pourrait venir à son secours, assurer la défaite de l'ennemi...... Il reste immobile; il sacrifie les intérêts de sa patrie au honteux besoin d'une basse jalousie: il n'aurait pu s'élever à la hauteur des triomphes de son rival ; il le laisse descendre au niveau de ses revers: son pays succombe ; qu'importe ? il conserve ses grades, ses honneurs et ses distinctions.

Les premiers qui de l'armée de Vitellius passèrent

dans celle de Vespasien, furent les tribuns et les centurions.

En 1798, les généraux et les colonels de l'armée napolitaine abandonnèrent les premiers les drapeaux de Ferdinand; les premiers, ils ont abandonné ceux de Joachim en 1815; les premiers, en 1821, ils ont transigé pour livrer à l'étranger l'indépendance napolitaine.

Dans tous les pays où la liberté a péri, elle est tombée sous les coups des chefs militaires. Les gardes de Pisistrate et de Denys l'enchaînèrent à Athènes et à Syracuse; elle fut bannie de Rome par César, de Milan par François Sforza, de l'Angleterre par Monck; Philippe la ravit aux Thébains qui l'avaient choisi pour général à la mort d'Épaminondas; avant César, Marius et Sylla étant entrés dans Rome à main armée, c'est ce dernier qui enseigna aux généraux romains à violer l'asile de la liberté. Pour porter les soldats à ce grand attentat politique, il les corrompit en leur donnant les terres des citoyens, s'inquiétant peu si, par des largesses spoliatrices, il introduisait dans les armées deux fléaux destructeurs de toutes les garanties sociales: l'avidité et la violence. Les soldats qui avaient commencé par vendre la liberté, finirent par mettre le trône à l'encan. Après avoir tué les citoyens pour s'emparer de leur héritage, ils égorgèrent les empereurs pour se partager leurs trésors et vendre leur couronne.

Avoir en vue la conservation de la république et du prince, de préférence à celle de ses biens, de sa femme, de ses enfants, et de sa propre vie; réprimer les fautes et punir les crimes de ses subordonnés; avoir pour les vaincus les égards qu'on doit au malheur; traiter les peuples conquis avec douceur, avec équité; se montrer patient dans les travaux et les fatigues, modeste dans les succès, courageux dans les revers; n'avoir pour but que le bien, la liberté, la gloire de son pays, mais refuser de les lui procurer, si ces biens ne peuvent être acquis ou conservés qu'au prix d'un crime ou d'une injustice; tel doit être un général: l'histoire ancienne en offre cinq ou six exemples; les temps modernes n'en présentent que deux: Washington et Bolivar.]

CHAPITRE XII.

De l'obéissance.

Le soldat ne doit avoir ni réflexion ni volonté; il faut que son obéissance soit aveugle, entière, absolue, disent les partisans de l'arbitraire et de la tyrannie. La morale condamne hautement cette maxime plus propre à faire des bourreaux que des soldats.

Qu'un chef en démence ordonne à ses subordonnés d'attaquer le palais du prince, de mettre le feu aux maisons de la ville, de se ruer sur les passants, d'enchaîner, de tuer les citoyens paisibles et désarmés ; quel apôtre de l'obéissance aveugle osera soutenir qu'en pareil cas le soldat doit exécuter l'ordre qu'il reçoit? *Mandelot, de Gordes, Saint-Héran, de Caronge, le comte de Tende, le comte de Charny,* refusèrent de faire exécuter, dans leurs gouvernements, l'ordre donné par Charles IX de massacrer les huguenots. Le vicomte d'Hortez, gouverneur de Bayonne, eut assez de fermeté, dit Sully, pour répondre au roi, *qui lui en avait écrit de sa propre main,* qu'il n'obéirait pas à un pareil commandement: cette vertueuse résistance a été consacrée par l'admiration et les éloges de la postérité.

Les gentilshommes suédois qui, sur un ordre de Christine, tuèrent son amant Monaldeschi ; les gentilshommes français qui, sur un ordre de Henri III, tuèrent à coups d'épée le duc de Guise dans les appartements mêmes du roi, étaient des assassins et non des soldats. Les apologistes de ce crime, à la tête desquels se plaça le cardinal de Joyeuse, ne sont point parvenus à justifier cette exécrable obéissance.

Elle ne saurait être excusée, même dans certaines actions de guerre que le vieux droit public de l'Europe semble avoir autorisées. Turenne devait son bras à son pays et à son prince, mais pour choses utiles et honorables : quand il incendiait les hameaux, quand il réduisait en cendres les cabanes des paysans du Palatinat, ce n'était plus à l'électeur, à des ennemis de la France, qu'il faisait la guerre; il n'était plus que l'exécuteur des vengeances d'un ministre courtisan; et la postérité, en flétrissant une action si barbare, n'en a point absous la mémoire de ce grand capitaine.

Le général d'une armée auxiliaire n'a pas le droit de juger si le gouvernement de son pays a fait une chose juste en venant au secours d'une puissance plutôt que d'une autre; son devoir est d'obéir et de combattre, même à regret, dans les rangs de la nation avec laquelle la sienne a fait alliance; mais que, sur le champ de bataille, il reçoive de son gouvernement l'ordre de tourner à l'instant ses armes contre l'allié qu'il venait défendre, qui se repose sur sa fidélité, sur sa reconnaissance des bienfaits qu'il a reçus; l'obéissance en pareil cas est une infame trahison, un crime odieux que la fortune peut récompenser, mais que la justice universelle finira par atteindre, et qui restera flétri du sceau du déshonneur dans la mémoire des hommes.

CHAPITRE XIII.

Des déclarations de guerre

Il ne faut pas moins de douze jurés et de sept juges pour prononcer sur la vie d'un homme : il ne faut que la volonté d'un seul homme pour décider du pillage des champs, de la destruction des villes, et du renversement des empires : ce devrait être au moins un tiers indifférent, dit Pascal.

On assemble des cortès, des parlements, des chambres, pour régler la portion d'argent dont chacun doit contribuer aux charges de l'état. On n'assemble personne pour fixer la contribution du sang, pour décider quand on doit commencer à le répandre, quand on doit en faire cesser l'effusion.

Dans les républiques anciennes, le peuple en corps était appelé à prononcer sur cette terrible question de la guerre : à Rome on ne pouvait la déclarer sans le ministère des prêtres appelés *feciales*.

L'Angleterre et la Turquie font la guerre, même avant de la déclarer. Les Anglais s'emparent sur toutes les mers des bâtiments qui naviguaient sur la foi des traités; les Turcs font jeter dans les cachots des Sept-Tours les ambassadeurs des princes chrétiens; les corsaires barbaresques attaquent en tout temps les navigateurs chrétiens et les réduisent en esclavage : ce qui n'empêche pas les princes chrétiens de payer tribut aux puissances barbaresques, et, chaque année, de leur envoyer des présents.

« Les déclarations de guerre, dit J. J. Rousseau, « sont moins des avertissements aux puissances qu'à « leurs sujets. L'étranger, soit roi, soit particulier, « soit peuple, qui vole, tue, ou détruit les sujets sans « déclarer la guerre au prince, n'est pas un ennemi, « c'est un brigand. »

LA MORALE

APPLIQUÉE

A LA POLITIQUE.

SECONDE PARTIE.

LIVRE VIII.

Application de la morale à la politique intérieure.

CHAPITRE PREMIER.

Considérations générales.

Pour apprécier tant de maximes lâches et cruelles qui font de la vieille politique la plus immorale des sciences, il suffirait de connaître la source d'où elles sortent, les contrées où elles sont en honneur. C'est dans le pays de l'Europe où l'esclavage existe encore dans toute son abjection; ce sont des *visirs* et des *cadis* qui ont posé en principe que le grandseigneur n'était point obligé de tenir son serment, parcequ'il bornait par-là son autorité.

A qui doit-on cette autre maxime de la tyrannie, *diviser pour régner?*

Un homme a dit : *Qui ne sait pas dissimuler n'est pas digne du trône.* Mais cet homme était le Néron de la France, l'odieux Louis XI.

Un autre a dit : *Tout ce qui tend à diviser les citoyens est contraire au vœu de la nature : la vérité n'a jamais fait de mal à personne; la perfidie est le plus grand crime des rois.* Cet homme était la gloire du trône, l'honneur de Rome, le divin Marc-Aurèle, et sa vie entière fut conforme à ces mémorables paroles.

L'histoire n'a offert qu'une fois au monde, sous le règne des Antonins, l'alliance de la liberté et du pouvoir absolu.

La liberté est l'état naturel de l'homme; l'asservissement est son état forcé; et comme tout être travaille sans cesse à rentrer dans l'état qui lui est propre, on a senti le besoin d'une puissance supérieure qui le maintînt et le pliât au joug. Mais la tendance vers la liberté est permanente, tandis que l'action du gouvernement ne saurait être continuellement oppressive. Le desir d'être libre agit incessamment en nous, indépendamment de notre volonté, tandis que le gouvernement, dont la force n'est pas en lui-même, n'a pas toujours les moyens de la déployer.

Voilà pourquoi la liberté finit toujours par triompher de la tyrannie.

Pour retarder sa défaite, que fait le despotisme? il cherche à tromper les hommes. Au Mexique, il proclame que le prince est fils du soleil; sur le Bosphore, qu'il descend de la famille d'un prophète; en Europe, qu'il existe de droit divin; au Thibet, qu'il est dieu lui-même. Mais chaque fraction du genre humain finit par retrouver ses titres; l'esclave alors se change en citoyen, et l'on voit enfin que toute domination se fonde sur un contrat primordial, et que ce contrat est synallagmatique. La force, le mensonge, essaieront-ils d'étouffer ce grand principe de toute morale législative? La force, le mensonge, passeront; ce qui restera, c'est la justice, c'est la vérité.

Si l'art de la politique, que sa réunion à la morale peut seule élever à la dignité de science, cesse enfin d'être un art occulte et mystérieux, ses progrès ont été bien lents et bien chèrement achetés. Avant le douzième siècle on n'en découvre pas la moindre trace : les moines gouvernaient les esprits; l'aristocratie féodale opprimait les corps; les savants n'étaient occupés qu'à fonder, sur Platon et Xénophon, leurs allégories chrétiennes, à subtiliser le subtil Aristote, et à chercher dans ses rêveries métaphysiques l'explication des mystères orthodoxes dont la croyance intime repousse toute espèce de discussion.

Au douzième siècle, un code fut retrouvé; cette découverte jeta les esprits dans des spéculations d'un ordre plus utile, et les lança, pour ainsi dire, tout armés au milieu du schisme qui ne tarda pas à partager le monde chrétien.

L'aristocratie nobiliaire et sacerdotale s'empara de ce mouvement, et les rois se virent obligés de briser les liens qui enchaînaient les peuples, pour s'en faire un rempart contre la ligue formidable qui menaçait leurs trônes.

De l'alliance des peuples et des rois est née la sécurité et la force des rois et des peuples : par conséquent, tous les actes qui tendent à resserrer cette union sont conformes à-la-fois, et à la morale, puisqu'ils entretiennent la paix et la concorde dans l'état, et à la politique, puisqu'ils donnent aux gouvernements plus de stabilité et de puissance. Mais, dans presque toutes les monarchies, il existe des familles avides et oppressives qui prétendent avoir une origine distincte et un sang différent de celui des autres hommes. Ceux qui n'ont jamais rien conquis réclament, en vertu de je ne sais quel droit de conquête, le privilége d'occuper toutes les places, et de former exclusivement le conseil des rois. Ils se présentent comme des intermédiaires nécessaires, inévitables, entre les rois et les nations, pour arrêter d'un côté les envahissements du pouvoir, et de l'autre les efforts de la licence. Le but de ce double effort est de s'emparer des richesses des peuples et de la puissance des rois, de jeter ceux-là dans les fers, et ceux-ci dans les couvents. Les peuples ne se sont jamais mépris sur les intentions de ces prétendus défenseurs de leurs libertés : malheureusement les princes sont plus faciles à tromper.

CHAPITRE II.

Division des citoyens en classes différentes.

Dieu n'a point divisé la race humaine en nobles et en roturiers, en citoyens libres et en esclaves. La nature ne fait point des familles de beaux, des familles de spirituels, des familles de forts, des familles de courageux; elle sème dans tous les rangs le courage et la pusillanimité, la force et la faiblesse, l'esprit et la sottise, la beauté et la laideur.

La politique devrait se borner à dire : Les choses sont ainsi parceque je ne veux pas qu'elles soient autrement, parcequ'ainsi le veulent mes intérêts, mes préjugés, mon orgueil, enfin *parceque tel est mon plaisir*. Ce langage de la violence serait du moins conséquent; il sied à la force injuste, tant qu'elle n'est pas surmontée et vaincue par une force plus grande et plus juste; mais la folie de ceux qui parlent en faveur du despotisme, et de ceux qui exercent l'arbitraire, est de vouloir justifier par le raisonnement ce qui est l'opposé de toute raison ; de poser des principes, et de déduire des conséquences quand tout est inconséquence et contradiction entre leurs actes et leurs discours. C'est ainsi qu'ils disent : « Des bonnes mœurs de la famille naissent les bonnes mœurs de l'état ; le père doit amour, bienveillance, protection égale à tous ses enfants ; c'est par l'union que la famille existe, que les vertus s'y conservent et s'y fortifient ; tout ce qui tend à altérer cette union, à diviser les frères entre eux, à donner aux uns des intérêts opposés à ceux des autres, à faire naître entre les fils du même père l'orgueil que donnent les préférences, la jalousie, et la haine, filles des privations, doit en être écarté comme injuste, immoral, et aussi contraire à la loi naturelle qu'à la loi religieuse, aux devoirs du père qu'aux devoirs du chrétien. » Ils disent encore que « l'état est l'image de la famille, et le roi celle du père de famille ; qu'il a pour tous ses sujets un amour paternel, des entrailles paternelles, qu'il les porte également tous dans son cœur ; mais ils prétendent que cette paternité politique ne se manifeste jamais mieux que lorsqu'elle accorde les trésors, les emplois, les dignités, les graces, les faveurs à un petit nombre, et qu'elle accable le reste de charges, de travaux, d'obligations de tous les genres, d'humiliations de toutes les espèces : ils veulent que le père commun divise tous ses enfants en castes, en ordres, en corporations, qu'il les oppose les uns aux autres ; et les mêmes hommes qui reconnaissent dans l'unité de sentiments et d'intérêts la force de la famille, voient celle du gouvernement de l'état dans l'opposition des intérêts et des sentiments des sujets, et dans je ne sais quel équilibre de rivalités et de haines qui ne leur semble contraire ni à la morale philosophique, ni à la morale religieuse.

Depuis les temps historiques les plus reculés jusqu'au moment où Franklin et Washington rétablirent la race humaine dans sa dignité primitive, les hommes furent presque sur toute la terre gouvernés par cette politique oppressive et immorale. Sparte eut une famille royale, des citoyens et des esclaves ; le roi Thésée, qui abolit la royauté à Athènes, y laissa subsister la division des habitants en hommes libres et en esclaves. Rome eut ses patriciens, ses chevaliers, ses bourgeois (*quirites*), ses affranchis, ses esclaves. Dans la plupart des états modernes, les hommes sont encore divisés en nobles, en bourgeois, en paysans, et en serfs. Dans quelques uns, le clergé est séparé de la noblesse, la noblesse de la roture, et celle-ci, qui forme les dix-neuf vingtièmes de la population, est désignée et comptée comme n'en composant que le tiers ; et cette grande masse de la population, qui fournit les dix-neuf vingtièmes des impôts, les dix-neuf vingtièmes des soldats, n'a pas même le tiers des emplois, des pensions, des dignités, des titres, et ne jouit pas du tiers de la protection accordée aux deux autres ordres.

Les législateurs religieux et politiques de l'Inde ont aussi divisé les hommes en cinq classes ou castes; mais, plus conséquents en cela que les législateurs européens, ils ne les font pas tous naître du même limon : les prêtres sont sortis de la tête de Brama, et les *parias* de la poussière de ses pieds. Le sage Fénélon lui-même, dans un de ses rêves politiques, divise les sujets d'Idoménée en huit classes, en y comprenant les esclaves; car ne fallait-il pas qu'il y eût aussi des esclaves dans le petit royaume de Salente? Il est vrai que quand il parle des heureux habitants de la Bétique, Fénélon les représente tous libres, tous égaux, n'ayant d'autre prééminence que celle qu'obtient la vertu, que donnent la sagesse et l'expérience des vieillards. Dans ce pays favorisé des dieux, où il n'y avait ni roi, ni nobles, ni prêtres, où chaque père de famille en était le chef, le juge, et le ministre, « jamais, dit l'auteur de *Télémaque*, la fraude, la violence, le parjure, la chicane, et la guerre ne firent entendre leur barbare voix; jamais la terre ne fut humectée de sang humain; à peine y vit-on couler celui des agneaux. »

« Les dignités, la noblesse, sont des *grandeurs d'établissement*. Les grandeurs naturelles sont celles qui sont indépendantes de la fantaisie des hommes, parcequ'elles consistent dans des qualités effectives de l'ame et du corps, comme la science, les lumières, l'esprit, la vertu, la santé, la force. Aux grandeurs de convention nous devons des respects de convention, c'est-à-dire certaines cérémonies extérieures qui ne nous font concevoir aucune qualité réelle en ceux que nous honorons de la sorte. Dans plusieurs pays, il faut parler aux rois à genoux ; il faut se tenir debout dans la chambre des princes. Mais les respects naturels, qui consistent dans l'estime, nous ne les donnons qu'aux grandeurs naturelles : il n'est pas nécessaire que j'estime ceux que je salue. Si vous êtes prince et honnête homme, je ne vous refuserai point les respects que mérite votre qualité de prince, ni l'estime que mérite celle d'honnête homme : mais si vous êtes prince sans être honnête homme, je m'en tiendrai au cérémonial, je vous accorderai le salut, tout en vous refusant l'estime ; j'aurai même pour vous le mépris qu'inspirent les vices du cœur, la bassesse des sentiments, et la perversité de l'esprit.

« Qu'est-ce, à votre avis, que d'être grand seigneur ? c'est être maître de plusieurs objets de la concupiscence des hommes, et pouvoir ainsi satisfaire aux besoins et aux desirs de plusieurs. Ce sont ces besoins et ces desirs qui les attirent auprès de vous, et qui vous les assujettissent ; les devoirs qu'ils vous rendent ont pour but d'obtenir quelque part de ces biens qu'ils desirent, et dont ils voient que vous disposez.

« Votre ame et votre corps sont d'eux-mêmes indifférents à l'état de batelier ou à celui de duc. Il n'y a nul lien naturel qui les attache à une condition plutôt qu'à une autre. Si donc vous agissez extérieurement avec les autres hommes selon votre rang, vous devez connaître, par une pensée plus cachée, mais plus véritable, que vous n'avez rien naturellement au-dessus d'eux; car votre état naturel est d'être dans une égalité parfaite avec les autres hommes. Le peuple ne connaît peut-être pas ce secret : ne le lui découvrez pas si vous voulez, mais n'abusez pas de son erreur, et sur-tout ne vous méconnaissez pas vous-mêmes en croyant que votre être a quelque chose de plus élevé que celui des autres. Toute la violence, tous les emportements, toute la fierté des grands, viennent de ce qu'ils ne connaissent pas ce qu'ils sont, et que les autres l'ignorent. »

J'avais pensé ces choses, mais Pascal les avait pensées et dites avant moi; j'ai conservé l'autorité de ses paroles. J'ajoute que l'adoration, les génuflexions, le respect sans limites, l'obéissance aveugle ne peuvent plus se commander : il faut les obtenir, non par la force et la violence, mais par la bonté, par la vertu, par la sincérité et la fidélité aux promesses faites, aux engagements pris. La force n'est maîtresse que des corps, la pensée lui échappe; elle se joue des plus féroces tyrans; et toute la dignité de l'homme, dit encore Pascal, consiste dans la pensée.

CHAPITRE III.

Les divisions, les haines, employées comme moyens de gouvernement.

C'est d'être forts, et non d'être justes, que les gouvernements se montrent jaloux, comme si les gouvernements les plus justes n'avaient pas toujours été les gouvernements les plus forts. Il n'y a pas dans l'histoire un seul exemple de sujets qui se soient révoltés contre un prince qui régnait par la justice [1]. Si quelques uns ont péri pour avoir voulu ramener l'ordre et la discipline parmi des troupes factieuses et insubordonnées, leur mort fut le crime des soldats, et non celui des citoyens.

Diviser les provinces d'un même empire, opposer les Gascons aux Normands, les Dauphinois aux Provençaux, les Bretons aux Angevins, fut long-temps une des plus sublimes combinaisons de l'art de gou-

[1] Les révolutions ne sont pas des révoltes

verner les Français. Dans un pays, les catholiques sont mis aux prises avec les protestants, et dans un autre, les protestants sont armés contre les catholiques. Un ministre anglais a été hautement accusé d'avoir excité, même par des ordres écrits, les protestants d'Irlande à attaquer des catholiques du même pays, afin de porter ceux-ci à des représailles dont on pût leur faire un crime, et s'autoriser pour les persécuter et les affaiblir. L'auteur de cette accusation, traduit devant les magistrats, répétait en vain à chaque chef : « *J'affirme et j'offre de prouver.* — Votre affirmation et votre offre ne seront pas admises, » répondait le juge ministériel ; car, même en Angleterre, les ministres ne sont pas de ces personnes contre lesquelles il soit permis de déposer en justice et de fournir des preuves.

Tacite, en rendant compte de la mort d'Agrippa Posthume, tué par ordre de Tibère ou de sa mère, et peut-être de tous deux, dit que Sallustius Crispus avertit Livie qu'il n'était pas prudent de divulguer les services et les conseils secrets des ministres et des agents de l'autorité. *Monuit Liviam ne arcana domus, ne consilia amicorum, ne ministeria militum vulgarentur.*

Jusqu'ici le ministère anglais n'a point connu, pour régir l'Irlande, de moyen plus juste et plus humain que de l'appauvrir et de la dépeupler par les supplices ; de maintenir parmi les paysans l'ignorance et la barbarie ; de refuser l'admission aux emplois et à la représentation parlementaire aux catholiques, dont on exige de l'argent et des soldats. Pour distraire le peuple de Londres de sa misère, le manufacturier et le cultivateur des provinces, de la persécution des taxes, tantôt les ministres jettent le cri, *Point de papisme!* et pendant quelque temps les esprits sont occupés uniquement de ce bruit, que répètent en frémissant tous les échos *torys* de la vieille Angleterre : tantôt l'attention publique est portée vers l'Irlande, toujours prête à devenir un théâtre d'anarchie et de sanglants désordres ; car pour les faire éclater il suffit d'un degré d'oppression de plus, et d'une injustice nouvelle ajoutée à l'énorme masse des iniquités anciennes.

Ces odieuses et sanglantes pratiques furent celles des gouverneurs des Pays-Bas, et des vice-rois de Naples, quand ces pays étaient soumis à la domination espagnole. Les Génois en usaient ainsi à l'égard des Corses, quand l'île de Corse dépendait de la république de Gênes. Je ne prétends pas que ces crimes soient d'invention nouvelle ; mais je répète que diviser et opprimer les peuples pour les gouverner avec plus de facilité, est la maxime des tyrans ; que les détestables fauteurs de cette politique criminelle, pour être presque toujours impunis, n'en sont pas moins toujours dignes d'opprobre et de châtiment.

CHAPITRE IV.

Des moyens occultes.

Il n'y a point de secrets en morale, il ne doit point y en avoir en politique : tout ce qui se trouve de mystérieux dans l'une et l'autre science est l'œuvre des fourbes et des charlatans. Ce Romain qui desirait que sa maison fût de verre formait le vœu d'un homme de bien. Comme maxime publique, *Cache ta vie*, est le conseil de l'hypocrisie ou le trait de la satire : pourquoi voiler des actions qui doivent être conformes à la vertu ?

Quel est le devoir des gouvernements et des princes ? De protéger les sujets, de maintenir égales les balances de la justice, et de régner par les lois. Est-il, pour atteindre à ce but honorable, un seul acte, un seul effort, une seule pensée même qui ait besoin de mystère, ou plutôt qui n'appelle pas l'éclat et la publicité ? Quelle fin glorieuse pourrait être obtenue par des moyens honteux ? C'est le vice, c'est le crime, qui agissent dans l'ombre ; et il y a vice ou crime là où ce qui devrait être avoué devient secret et mystérieux.

Je ne connais dans l'histoire aucun fait qui démente ce grand principe. Depuis les forfaits les plus atroces jusqu'aux atteintes portées aux mœurs, tout ce qui est mal a été tramé dans l'ombre. C'est dans l'ombre, c'est au milieu de la nuit, que les assassins de Catherine et de Charles égorgèrent les protestants de France. Les ordres secrets, les instructions secrètes, donnés aux agents de l'autorité, ont toujours eu pour but des mesures illégales et oppressives, la violation des droits des citoyens, les dilapidations des trésors de l'état, ou le vol des libertés publiques. Tout gouvernement dont la marche n'est pas franche, avouée, connue, qui s'engage dans des voies tortueuses, qui met en jeu des ressorts cachés et des agents secrets, médite la ruine des lois et des garanties sociales : mandataire infidèle, il sacrifie les intérêts généraux, dont la garde lui fut remise, à ses intérêts particuliers ou à des intérêts ennemis dont il s'est fait en secret l'unique représentant.

Si tous les actes de l'autorité doivent être publics, tous ses agents doivent être connus. Quelle honte d'employer des hommes que l'on n'ose avouer; qui sont tellement indignes de foi, que la justice récuse leur témoignage! Quel outrage à la morale publique que de produire de tels hommes devant les tribunaux, pour faire condamner, par leur déposition, ceux qu'ils ont poussés au crime par leurs conseils!

Mais, je le dis en rougissant, c'est en parlant des tribunaux qu'il faudra m'occuper des délateurs et des fabricants de complots; de cette alliance si récente et si monstrueuse de ce qu'il y a de plus respectable au monde, la morale, la justice, avec ce qu'il y a de plus vil, l'espionnage.

Je me contente de redire ici, après Montesquieu : « Ce n'est pas la pratique des bons princes d'em- « ployer des espions; ce fut celle des Tibère, des « Domitien, des Louis XI, et de leurs semblables. »

CHAPITRE V.

Des promesses et des serments.

Aussitôt que la liberté est établie dans un pays, ses faveurs sont si grandes, qu'elles excitent des transports d'amour parmi les peuples qui en jouissent. Les autres nations l'appellent de toute la puissance de leurs vœux secrets, et la saluent par des acclamations. Les princes eux-mêmes la respectent et la craignent. Quand la main des dieux s'appesantit sur eux, lorsque leur sûreté est menacée au-dehors par un conquérant étranger, ou au-dedans par les grands et les nobles, ils appellent le peuple à leur secours. Comme ils reçoivent tout de lui, ils n'ont à lui donner rien qui leur soit propre. Mais de tant de droits et de biens qui lui furent ravis, la liberté est le seul que le peuple regrette, et c'est toujours la liberté que les monarques en péril promettent de lui rendre en invoquant son assistance. Mais, le péril passé, c'est toujours contre la liberté des peuples que les ministres des rois dressent des ordonnances et des tables de proscription. Que de mensonges, de subterfuges, sont d'abord employés pour différer l'accomplissement de promesses si saintes, si récentes, qu'on n'ose encore les désavouer ni les méconnaître! Tantôt l'importance d'une si grande mesure exige que son exécution ne soit confiée qu'à des hommes d'un profond savoir, d'une longue expérience, d'une sagesse éprouvée; et ils ne sauraient prendre trop de soins, agir avec trop de prudence, pour ne pas se tromper dans le choix de tels hommes : aujourd'hui quelques uns sont désignés, et demain d'autres paraissent mériter plus de confiance ; tantôt les besoins de l'état, les embarras journaliers, et l'action quotidienne du gouvernement, les forcent de s'occuper tout entiers de soins plus pressants. Cependant les mois succèdent aux mois, les années aux années, et, au lieu de cette liberté tant promise, les artisans du despotisme ont ajouté quelques anneaux de plus à la chaîne qui lie les peuples. Les promesses, éludées dans le principe, finissent par être effrontément méconnues. Ceux qui, aux premiers jours, demandèrent que ce qui avait été promis fût accordé se virent d'abord doucement éconduire; puis des avis secrets leur apprirent qu'une nouvelle tentative serait importune; puis, les menaces succédant aux avis, réclamer la foi jurée devint un acte de rébellion. Cependant les hommes qui ont manqué aux engagements les plus solennels n'ont pas cessé d'être de légitimes possesseurs de la puissance absolue, et les peuples, replacés entre l'esclavage et la révolte, sont réduits, ou à traîner encore durant plusieurs siècles les vieilles chaînes de la servitude, ou, en les brisant eux-mêmes, à recevoir, sans l'avoir mérité, le nom de séditieux et de rebelles.

En 1814, un général anglais, lord William Bentinck, débarque en Toscane, et par une proclamation qu'il adresse aux Italiens, il les invite à prendre les armes, à agir de concert avec les troupes anglaises, *pour ressaisir leurs droits et rétablir leur indépendance nationale*. Il engage l'honneur et la foi de la Grande-Bretagne; il donne pour exemple sa conduite envers l'Espagne et le Portugal. Le même lord prend possession de Gênes, et, dans la proclamation qu'il adresse aux Génois, il promet, toujours au nom de la Grande-Bretagne, de leur rendre leur ancienne constitution; au jour fixé pour cette restitution si solennellement promise, un messager arrive, et un autre général anglais, Dalrymple, annonce aux habitants de Gênes qu'ils ne sont plus une nation indépendante, que toutes les déclarations faites à Paris par les puissances alliées sont vaines et frivoles.

Les Génois sont les premières victimes de la règle de spoliation et de démembrement que ces puissances viennent d'établir, et les autres peuples de l'Italie sont replacés sous un joug plus pesant, plus humiliant, plus dur que celui qu'ils avaient porté jusque-là; ce joug leur est imposé par les mêmes hommes qui, la veille, les appelaient à la liberté, et leur en garantissaient la jouissance en étalant des exemples et en donnant pour gage la foi britannique.

La religion est appelée au secours, non des peuples, mais de la politique : les princes qui avaient fait de saintes promesses, et prononcé des serments inviolables, en sont relevés par une puissance qui n'a point encore renoncé au scandaleux privilége de sanctifier la perfidie, méprisant cette maxime huguenote du grand Sully : « *Si la religion peut venir au secours de la politique, ce ne doit être que d'une politique simple, droite, et pure comme elle.* »

CHAPITRE VI.

Du prince.

Il faut renoncer à être roi, ou se soumettre aux conditions de la royauté. Celui qui est exposé aux regards de tous doit à tous l'exemple de la fidélité en ses promesses, de son respect pour les serments qu'il a prononcés, pour les lois qu'il a faites ou consenties. Il faut que ses actions soient toujours conformes à ses discours; il lui importe d'être cru stable dans ses desseins et sincère dans ses paroles. Le choix de ses familiers, de ses ministres, de ses généraux, de ses agents dans toutes les branches de l'administration, ne doit tomber que sur des hommes dont les vues, les sentiments, les intérêts, et les discours, soient aussi sincères que les siens; car quoi de plus propre à mettre en doute de sa foi, s'il gouverne un peuple libre et régi par des lois, que de le voir confier le soin de leur conservation et de leur exécution aux partisans de l'arbitraire et de la servitude?

Le banquier, le négociant qui prendrait pour commis des banqueroutiers frauduleux, des hommes d'une mauvaise foi reconnue, protesterait vainement de sa loyauté dans les affaires, de la sûreté de ses engagements; la confiance publique se retirerait de lui.

Il importe plus particulièrement encore que des hommes qui représentent le prince au-dehors soient connus par leur attachement aux institutions et à la forme du gouvernement établi dans leur pays: non seulement ils ne doivent pas être soupçonnés de calomnier ces institutions chez l'étranger, mais leur devoir est d'en prendre hautement la défense en toute occasion. L'honneur de la nation et l'honneur du prince demandent qu'il ne soit élevé aucun doute sur leur confiance réciproque, sur la volonté ferme, constante, inébranlable du monarque et des sujets de garder leurs serments.

Mais, dira-t-on, les ministres d'un roi sont responsables! Cette responsabilité peut être une garantie contre eux et non une justification pour lui; car s'ils résistent à sa volonté d'être juste, de ne régner que par les lois, pourquoi les conserverait-il? et s'il arrive que, sous des apparences trompeuses et les dehors d'une feinte obéissance, ils traversent secrètement ses desseins, n'est-il pas de son devoir de les faire punir aussitôt qu'il en est averti par la voix de ses sujets?

« Malheureusement, dit Sully, lorsque les princes
« renvoient leurs ministres ou changent leurs agents,
« ce n'est presque jamais pour les fautes que ces mi-
« nistres ont commises; ils font par caprice, par lé-
« gèreté, par mauvaise humeur, par orgueil, ce qu'il
« ne tiendrait qu'à eux de faire par le seul motif de
« la justice. »

LIVRE IX.

De la morale dans les lois.

CHAPITRE PREMIER.

Des lois en général

Je n'examine point par qui les lois doivent être faites; cette question est exclusivement du ressort de cette ancienne politique à laquelle la morale était étrangère.

Les anciens ont très souvent fait intervenir les dieux dans l'œuvre de la législation. Cette intervention vaut mieux que celle des héros; c'est peut-être le seul cas où la ruse soit préférable à la force.

J. J. Rousseau reconnaît les lois à ce caractère, qu'elles ont été faites par tous et pour tous. Il importe peu qui les a faites, pourvu qu'elles obligent tous les sujets et le législateur lui-même. Car, du moment où il y a quelqu'un au-dessus des lois, leur puissance est détruite; la soumission n'a plus alor l'effet de la volonté, mais de la contrainte; nul ne se fait scrupule d'éluder leur autorité dès qu'il peut s'y soustraire, et il y a désobéissance toutes les fois qu'il y a espoir d'impunité.

Les législateurs de Locres et de Thurium ont laissé au monde deux exemples immortels de respect pour leurs propres lois. D'après celles de Zaleucus, un homme convaincu d'adultère devait avoir les deux yeux crevés : son fils se rendit coupable de ce crime, et tous les Locriens, émus de compassion, demandèrent la grace du coupable avec tant d'instances que Zaleucus, se laissant fléchir, ne fit arracher qu'un œil à son fils; mais, en même temps, il s'en fit arracher un à lui-même, afin de satisfaire à-la-fois à ce qu'exigeaient la tendresse paternelle et la loi qu'il avait rendue.

Charondas fit plus, il scella ses lois de son propre sang. Pour prévenir les meurtres, qui avaient trop souvent lieu dans les assemblées publiques, il avait défendu d'y paraître armé, sous peine de mort. Un jour, revenant de la campagne, il apprit que le peuple était convoqué, et se rendit à l'assemblée sans songer qu'il portait une arme : un citoyen lui en fit l'observation, en disant qu'il violait la loi que lui-même avait portée : « Au contraire, dit Charondas, je l'approuve et la confirme à jamais. » En disant ces mots, il tire son épée, s'en frappe, et meurt aussitôt.

Ces exemples feront sourire de pitié tant de législateurs courtisans qui, semblables aux lâches flatteurs dont parle Racine, vont répétant chaque jour,

.... Que les plus saintes lois,
Maîtresses du vil peuple, obéissent aux rois;
Qu'un roi n'a d'autre frein que sa volonté même,
Qu'il doit immoler tout à sa grandeur suprême:
Qu'aux larmes, au travail, le peuple est condamné,
Et d'un sceptre de fer veut être gouverné.

Les lois ont été établies pour maintenir la justice parmi les hommes, pour mettre le faible à l'abri des violences du fort, et protéger la force elle-même contre les ruses et les piéges de la faiblesse.

La conscience a dicté les premières lois; simples et pures comme leur source, elles ne furent d'abord que le commentaire et l'application de cette maxime de la morale universelle: *Ne fais pas à autrui ce que tu ne voudrais pas qui te fût fait à toi-même.* Pour s'y conformer, l'homme n'avait besoin que de consulter son propre cœur. Mais lorsque l'ambition et l'avarice eurent armé les hommes les uns contre les autres, et que, tantôt sous le nom de *justice*, tantôt sous le nom de *guerre*, le meurtre fut érigé en droit, tout devint incertain, et la vie même parut n'avoir été donnée aux uns que pour faire jouir les autres du barbare plaisir de la leur arracher. L'orgueil, la superstition, et l'ignorance, devinrent les seuls législateurs des nations; le fort dit au faible: « La nature ne t'a donné aucun droit qui ne m'ait été transmis par la conquête. Si tu reçus des dieux un guide secret que tu nommes conscience, ces mêmes dieux t'ordonnent de ne l'écouter que par la voix de mes ministres. Travailler, te dépouiller pour moi, me livrer ta femme et tes filles, faire tuer tes fils pour ma cause, et mourir toi-même quand je l'ai prononcé, voilà la loi : hors de là, tout est rébellion, révolte, et crime de lèse-majesté.

Les lois se ressentent des mœurs des gens qui les font. Si les vautours et les pigeons devenaient tour-à-tour législateurs, leurs lois seraient probablement différentes. Malheureusement les mœurs des hommes qui se sont arrogé le droit de faire des lois tenaient plus du naturel des oiseaux de proie que de celui des colombes.

Les lois ont été faites selon les temps et les besoins; quand les temps sont changés, ces lois du moment doivent faire place aux lois éternelles de la morale et de la raison. « Voyez Paris, dit Voltaire : le quartier de Saint-Pierre-aux-Bœufs, celui de la Halle, contrastent avec le Louvre et les Tuileries. Voilà l'image des lois dans la plupart des états modernes; on les a faites à mesure, au hasard, irrégulièrement, comme on bâtissait les villes, comme Londres avait été construite avant d'être brûlée : elle n'est devenue une ville régulière et habitable que depuis ce grand désastre. » La révolution de France a détruit le gothique édifice de la vieille jurisprudence de cette monarchie. Cent coutumes bizarres, mille lois contradictoires ont été dévorées dans cette grande conflagration politique. Les partisans du quartier Saint-Pierre-aux-Bœufs s'efforcent de relever ce monument gothique; mais Dieu leur a envoyé la confusion des langues. La tour des fous ne sera point réédifiée.

Il ne peut exister de société sans lois; il ne peut y avoir de lois sans morale.

Soit que, réglant les rapports des nations entre elles, les lois constituent *le droit des gens;* soit que, réglant les devoirs réciproques du prince et des sujets, elles constituent *le droit politique;* soit enfin que, réglant les intérêts des citoyens entre eux, elles constituent *le droit civil,* leur objet unique, invariable, est la justice; mais ces lois, expression de la morale universelle et de la conscience publique, ces lois, établies pour la sécurité des bons et leffroi des méchants, viciées dans leur source par les passions des hommes, n'ont été presque par-tout que des instruments d'oppression, qu'un glaive à deux tranchants entre les mains de la vengeance ou de la tyrannie.

J'ouvre l'un après l'autre les codes de justice imposés aux diverses nations; il n'en est aucun où la morale ne soit indignement outragée: ici la prostitution est mise en honneur; là le meurtre est protégé. Parmi nous, pendant plusieurs siècles, la force et la richesse réglèrent le tarif des délits et des peines; à quinze sous de notre monnaie par coup, un homme riche du onzième siècle pouvait briser sous le bâton le pauvre ou le faible; il est vrai qu'il en coûtait vingt-cinq sous pour avoir le droit de verser son sang, et à-peu-près trois francs, s'il n'était pas noble, pour lui ôter la vie.

Les outrages à la pudeur des femmes n'étaient pas un objet de grandes dépenses, et, dans ce genre, les derniers excès avaient été mis à un taux assez bas pour qu'un gentilhomme un peu à son aise pût, sans se gêner, s'en passer la fantaisie.

Des lois dictées par l'avarice sacerdotale n'imposaient aux crimes les plus atroces que des réparations pécuniaires : les empoisonnements, les parricides s'expiaient au prix de quelques ducats payés au saint-siège, et le tarif des absolutions aurait peuplé le ciel des plus infames scélérats, si la justice de Dieu pouvait s'acheter comme celle des papes.

Dans le même pays, et à la même époque, la distribution de la justice était soumise aux plus bizarres épreuves, ou confiée, sous le nom de *jugement de Dieu*, à l'adresse des spadassins de profession : la loi conférait au bâton et à l'épée le pouvoir de décider si celui qui avait été volé ou battu avait le droit de se plaindre : le moins fort ou le moins heureux était déclaré coupable. Qui croirait que de pareilles lois sont encore en vigueur dans les sociétés modernes; qu'elles y sont enseignées non plus par des docteurs en droit, mais par des maîtres en fait d'armes ?

La variété des lois humaines est un grand sujet de douleur pour le philosophe; elle est pour le moraliste la preuve que la morale et la justice universelles n'ont jamais présidé à leur rédaction. « Justice, dit Pascal, en-deçà des Alpes, injustice « au-delà : la morale des tribunaux semble dépendre « des climats; elle change avec les latitudes, et les « peuples sont obligés de subir l'ancien oracle d'A- « pollon : *Obéir sans examen à ce qui est établi.* »

Cette règle est simple et facile; par faiblesse ou par lassitude, les nations ont consenti à s'y soumettre. Mais quand ce qui est établi aujourd'hui ne le sera plus demain; quand l'état change d'intérêt en changeant de chef; quand l'édifice des lois anciennes, tombé de faiblesse et de vétusté, a été reconstruit à neuf, et que les habitants qui se sont enfuis pendant sa chute veulent prouver aux autres qu'ils étaient mieux logés sous leurs vieux débris; quand le juste et l'injuste, l'usurpation et la légitimité se confondent tellement dans les esprits, que ce qui est réputé crime dans une maison est réputé vertu dans une autre; quand le magistrat cesse d'être *une loi vivante,* comme dit Julien le philosophe, et se proclame lui-même l'instrument des passions et l'auxiliaire de la puissance, toute morale est bannie, toute justice est inconnue, la société rentre dans le chaos.

Quels objets plus hideux au monde que les abus qui naissent des choses les plus sacrées! *De la plus subtile sagesse à la plus subtile folie,* dit Montaigne, *il n'y a souvent qu'un tour de cheville.*

La religion, messagère de paix et d'amour entre les hommes, n'a-t-elle pas été le prétexte des plus affreux ravages; et, nouveau Brennus, le crime puissant n'a-t-il pas, plus d'une fois, fait pencher la balance de la justice en y plaçant son glaive?

Si l'on en excepte quelques olympiades des républiques de la Grèce, quelques jours vertueux de la république romaine, le siècle entier des Antonins, et les règnes trop courts de quelques princes des temps modernes, les annales de tous les peuples de la terre nous montrent par-tout des lois impuissantes, corrompues, ou dénaturées, plus fécondes en calamités, en maux de toute espèce, que les crimes mêmes qu'elles étaient chargées de réprimer ou de punir.

CHAPITRE II.

De la rédaction et du style des lois.

Blackstone définit la loi *la règle de l'action*. Cette règle étant la limite où s'arrête le droit naturel, et commence le droit civil, les termes n'en sauraient être trop clairs, trop précis; car celui qui la violerait, en pensant l'observer, ne pourrait être puni, sans iniquité, d'une action qu'il aurait crue innocente. J'ai recueilli dans Montesquieu ces maximes, qui doivent être celles de tous les législateurs hommes de bien : « Le style des lois doit être concis, « mais *plein de clarté, simple, et propre à réveiller* « *chez tous les hommes les mêmes idées*. L'expression « directe s'entend toujours mieux que l'expression « réfléchie. Faites plus encore pour les gens de mé- « diocre entendement que pour les hommes d'un « esprit pénétrant, *elles ne doivent renfermer rien* « *de subtil;* ce n'est pas un art de logique, mais la « raison simple d'un père de famille. » Lorsque dans les lois on a bien fixé les idées des choses, il ne faut point revenir à des expressions vagues. Dans l'ordonnance criminelle de Louis XIV, après qu'on a fait l'énumération des cas royaux, on ajoute « *Et* « *ceux dont, dans tous les temps, les juges royaux ont*

« *jugé;* » ce qui fait rentrer dans l'arbitraire dont on venait de sortir. Le cardinal de Richelieu convient (comme les hommes d'état de nos jours) qu'on peut accuser un ministre devant le roi ; mais (aussi comme eux) il voulait que l'on fût puni si les choses que l'on prouvait n'étaient pas *considérables :* ce qui devait empêcher tout le monde de dire quelque vérité que ce fût, puisqu'une chose considérable est entièrement relative, et que ce qui est considérable pour quelqu'un ne l'est pas pour un autre. « Il faut « dans les lois une certaine candeur, dit encore Mon-« tesquieu ; *faites pour punir la méchanceté des* « *hommes, elles doivent avoir elles-mêmes la plus* « *grande innocence.* »

L'art d'introduire dans la rédaction des lois des termes vagues, des expressions obscures et équivoques, que des juges, transformés en commissaires, puissent interpréter d'une manière favorable ou pernicieuse, selon le rang de l'accusateur ou les principes politiques de l'accusé, est l'art des Tibère et des Séjan. Que, dans les temps modernes, il se soit trouvé des ministres d'une ame assez corrompue pour puiser dans le code monstrueux de la tyrannie romaine des modèles de ces lois d'exécration, et d'une effronterie assez odieuse pour oser proposer aux sénats des monarchies constitutionnelles d'adopter de telles lois, voilà sans doute ce qui a le droit d'étonner, de confondre même les hommes qui pensaient, comme Salomon, qu'il ne fallait plus s'étonner de rien. Quel crime peut être comparé à celui de ces législateurs assassins qui sèment de piéges les avenues du temple de la justice, et qui rendent son sanctuaire aussi redoutable que l'antre de Polyphème?

Il en est des lois comme de tout ce qui existe au monde : pour qu'elles soient respectées, il faut qu'elles soient respectables. Les lois injustes et tyranniques inspirent les mêmes sentiments que l'injustice et la tyrannie, c'est-à-dire le mépris et la haine.

CHAPITRE III.

Lois d'exception ou de colère.

La justice n'est ni ordinaire ni extraordinaire; elle est la justice.

Les lois et les tribunaux d'exception ne sont nécessaires que pour une justice exceptionnelle qui, presque toujours, n'a rien de commun avec l'équité.

Dans la plupart des états, les gouvernements ont eu trop de part à la confection des lois pour que celles qui sont relatives à leur propre sûreté aient été négligées : on pourrait se plaindre au contraire de la trop grande prodigalité des dispositions pénales contre les auteurs d'attentats et de complots politiques.

Les bourreaux sont tout prêts quand le soupçon commence.

Croirait-on que sur quatre cent dix articles du Code pénal français, relatifs aux délits et aux peines, cent vingt-un ont pour objet spécial les délits contre la chose publique. *Crimes contre la sûreté extérieure et intérieure de l'état; crimes tendant à troubler l'état par la guerre civile; crimes et délits contre la charte constitutionnelle; attentats à la liberté; coalition de fonctionnaires; crimes et délits contre la paix publique; associations et réunions illicites; délits commis par la voie d'écrits, images, ou gravures.* Tout est prévu, tout est puni, même la NON RÉVÉLATION.

Dans les crimes contre les particuliers, la peine de mort n'est infligée que pour le parricide, l'infanticide, l'empoisonnement, l'assassinat, ou le meurtre avec préméditation ou guet-apens, le faux témoignage lorsqu'il a pour objet un crime emportant la peine capitale, et la destruction, par le feu, d'édifices, bâtiments, etc. : ce qui réduit à huit ou dix les cas où cette peine peut être appliquée. Dans les délits politiques, outre le bannissement, la déportation, la réclusion, et les fers, soit temporaires, soit perpétuels, la peine de mort peut être prononcée dans plus de cinquante circonstances différentes, dont la gravité, peu sensible dans la balance de la morale, paraît d'un très grand poids dans celle de l'autorité.

En fait de délits politiques, un commencement d'exécution équivaut à un attentat consommé. Il y a complot dès que la résolution d'agir est concertée entre deux conspirateurs seulement, quoiqu'il n'y ait pas eu d'attentat.

Ce luxe de précautions et de supplices ne paraît-il pas suffisant? Rédigez un code criminel à part, mais que ce code ne varie pas avec les circonstances, et n'établisse pas une double législation. Est-il donc si difficile de calculer à l'avance tous les besoins de la politique, et même tous ceux de la peur?

Les lois ordinaires veulent que l'action des tribunaux soit sage et mesurée. Les annales de la justice attestent de combien d'erreurs fatales à l'innocence ses ministres se sont rendus coupables. Les auteurs des législations d'exception sont ennemis de toute mesure, de toute sagesse, et le déclarent dans leurs lois. Comme, sous prétexte de rétablir l'ordre, ces lois ont été faites pour fonder l'obéissance passive, c'est particulièrement contre ce qui peut tendre à dévoiler l'injustice des commandements et la servilité de l'obéissance qu'elles sont armées de menaces et de supplices. Des écrits, des images, des discours, qui ne seraient pas même des fautes aux yeux de la morale, sont considérés et punis comme les attentats les plus criminels par les législateurs de circonstance. L'emprisonnement, si inhumainement prodigué par les criminalistes, est du moins considéré par eux comme une peine que les tribunaux seuls peuvent prononcer. Ainsi le veulent la justice et les lois ordinaires. Les lois extraordinaires donnent ce droit à des ministres et même à des agents secondaires de l'autorité. La veille, il fallait une instruction préalable, un débat public, et un jugement solennel pour condamner un citoyen à l'emprisonnement : le jour où les lois d'exception sont mises en vigueur, cet acte devient une œuvre de ténèbres, tramée dans l'ombre, presque toujours dictée par la haine, et surprise à l'inattention ou à la légèreté d'un administrateur, occupé d'autres soins, par l'adresse d'un commis complaisant ou suborné.

Les lettres de cachet, cette arme clandestine, que le pouvoir absolu tenait en réserve pour l'usage des favoris ou des courtisans, a vainement été brisée entre les mains du despotisme. Elle sort, plus terrible que jamais, de l'arsenal des lois d'exception, à la voix d'un des dix mille agents de l'autorité souveraine.

Tout est prétexte suffisant, tout est motif légal, pour ces condamnations arbitraires qu'on décore, ou plutôt qu'on dégrade du nom de *mesure de haute police*. Les juges de l'intention secrète et des pensées intimes trouvent criminels de certains discours qu'ils estiment propres à alarmer sur le maintien de certaines institutions ou le retour de certaines choses. Les interprétations sont illimitées, ou plutôt limitées par l'acception des personnes. On reconnaît des provocations indirectes où il n'y en a pas de directes; des allusions injurieuses où il n'y a pas d'injures. Enfin les lois d'exception semblent n'avoir qu'un but, comme elles n'ont qu'un résultat, celui de substituer le caprice de l'homme à la règle de la loi.

CHAPITRE IV.

Lois de lèse-majesté.

Au temps de la république, le sénat de Rome fit une loi de lèse-majesté portant des peines contre ceux qui auraient trahi dans le commandement des armées, qui auraient excité le peuple à la révolte, ou enfin qui, dans les emplois publics, auraient affaibli la majesté romaine, punissant, dit Tacite, les actions et les faits, non les paroles et les pensées. Octave, le premier, détournant l'esprit de cette loi, s'en servit pour faire condamner Cassius Sévérus, auteur d'écrits satiriques contre lui et ses familiers. Tibère, surpassant Octave Auguste dans les voies de la tyrannie, fit condamner les paroles, les soupirs, les larmes, et le silence même, toujours au nom de cette loi de lèse-majesté établie seulement pour la punition des actions criminelles.

La personne des tribuns, chargés de défendre les intérêts du peuple, avait été déclarée sacrée et inviolable pour mettre ces magistrats à l'abri des coups de l'autorité consulaire. Les empereurs s'arrogent la puissance tribunitienne, afin que les intérêts du peuple demeurent sans défenseurs, et qu'il n'y ait de personne inviolable et sacrée que celle des Césars. Octave ôte au peuple la puissance de faire des lois, et de juger les délits publics; Tibère renvoie au sénat le jugement des accusations de lèse-majesté.

« Il n'arrive jamais, dit Montesquieu, qu'un tyran
« manque d'instruments de sa tyrannie; un scélé-
« rat couronné voit bientôt accourir de toutes parts
« des scélérats subalternes qui briguent l'exécrable
« honneur d'être les ministres de ses cruautés; mais,
« par un raffinement digne de lui, Tibère voulut
« que le premier corps de l'état devînt cet instru-
« ment de mort et de proscription. »

Le crime de lèse-majesté, que Pline définit *le délit de ceux à qui l'on n'en saurait imputer d'autres*, devint une imputation banale; et pour perdre les personnes accusées d'un délit quelconque, on y joignit toujours l'accusation de lèse-majesté.

Dans ces sortes d'accusations, plus le prévenu est innocent, plus la haine du despote est furieuse; car alors la tyrannie est forcée de se montrer à découvert et dans toute son horreur. Quand les prétextes plausibles défaillent, il faut bien en employer de tels, qu'il soit manifeste à tous que ce n'est point par justice, mais par cruauté, par haine de la vertu, que le tyran poursuit les gens de bien, et fait verser le sang de l'innocence.

Octave avait exilé la liberté de Rome. Tibère la bannit du commerce de l'amitié, des affections de la famille; après la mort de Séjan, il ne souffrit plus aucune entrave à sa cruauté, et sembla puiser dans chaque supplice le besoin de supplices nouveaux. Il fit massacrer, comme complices de son favori Séjan, tous ceux qui alors se trouvaient détenus pour une cause quelconque. On ne voyait que des cadavres de personnes de tout âge, de tout sexe, de toute condition, là épars, ici amoncelés, sans que leurs parents ou leurs amis osassent en approcher, ni pleurer, ni même les regarder avec quelque attention; car des gardes, placés auprès, épiaient avec soin la douleur de chacun, et pouvaient en tenir registre. Leur élever un bûcher ou leur ouvrir la terre était encore un crime de lèse-majesté. « La force et la peur, dit Tacite,

« avaient rompu tout commerce entre les vivants
« et avec les morts; la compassion s'éteignait dans
« le cœur des citoyens à mesure que la cruauté
« augmentait dans l'ame féroce de l'impitoyable Ti-
« bère. »

Dans la crainte d'être considérés comme ses complices, les parents, les amis d'un accusé se retiraient de lui; les délateurs, les témoins qui le chargeaient étaient seuls entendus avec faveur, et récompensés : la disgrace et la mort frappaient bientôt ceux qui avaient osé parler pour les accusés, et déposer selon la vérité. Les accusateurs abondent; les défenseurs disparaissent : des bourreaux et des victimes, voilà tout ce qui reste en face de ces tribunaux dont la justice est bannie.

Tout devint crime de lèse-majesté sous le règne de cet exécrable Tibère et de ses infames successeurs. Drusus Libon périt pour avoir consulté les devins ; Scaurus, parcequ'il était auteur d'une tragédie d'*Atrée*; Fusius Géminus et sa famille entière périrent parceque l'auteur de cette famille avait été autrefois ami de Pompée.

Un citoyen est mis à mort pour avoir manqué de respect au *divin Auguste*, en frappant un esclave auprès de sa statue; un autre subit le même supplice pour avoir changé d'habits dans une chambre où se trouvait le *buste du divin Auguste*. Un personnage consulaire est jeté aux gémonies pour avoir accepté une magistrature dont le *divin Auguste* avait été investi à pareil jour.

Pleurer un fils, un frère, ou un ami; la pâleur, la tristesse étaient des crimes de lèse-majesté. Cependant l'auteur de ces abominables catégories recevait dans le sénat les noms de *clément*, de *miséricordieux*. Lorsqu'il apprit que Libon avait, par une mort volontaire, devancé son jugement, il se plaignit de ce que ce jeune homme lui avait ravi le plaisir de solliciter sa grace, même lorsqu'il aurait été reconnu coupable. Détestable hypocrisie!

Cependant, il ne faut pas le taire, c'est moins encore à la férocité des tyrans qu'à la lâcheté des juges qu'il faut attribuer tant d'assassinats juridiques pour ces prétendus crimes de lèse-majesté, et Tibère lui-même lâcha sa proie lorsqu'une voix courageuse osa lui reprocher sa fureur. Granius Marcellus fut accusé d'avoir placé sa statue plus haut que celles des Césars, et mis sur un buste d'Auguste une tête de Tibère; cet empereur, ordinairement si retenu, si habile à dissimuler ses sentiments secrets, transporté par la colère, s'écria: *Je veux, dans une telle cause, voter moi-même à haute voix et avec serment.* Mais, selon l'expression de Tacite, il restait encore debout quelques unes des vertus de la liberté mourante. Cn. Pison dit: *Quand donneras-tu ton vote, ô César! Si c'est le premier, il ne me restera qu'à te suivre: mais si c'est le dernier, je crains de me trouver, par erreur, d'un avis différent du tien.* Ces paroles firent rentrer le tyran en lui-même; il eut honte de s'être découvert, et Marcellus fut renvoyé absous.

Puisque les princes veulent être appelés *bons* et *cléments,* que ne sont-ils cléments et bons? ce moyen est si doux et si facile! Le secret d'empêcher que nul ne se plaigne de leur autorité est de régner par les lois. Que leurs mœurs soient pures, que leur vie soit innocente, et personne ne sera tenté de médire d'eux, ou ils auront rendu la calomnie si infame que le mépris et l'indignation générale en feront plus promptement justice que des juges et des bourreaux.

Mais c'est en vain que de lâches courtisans, que d'indignes sénateurs, prodiguent les noms de *clément* et de *miséricordieux* aux monarques qui s'engagent dans les voies de la tyrannie. Les dieux ne permettront pas qu'ils évitent la destinée des tyrans : ils seront haïs, leur pouvoir sera détesté. Pour hâter le jour où le pouvoir doit leur échapper, les peuples fatigueront le ciel de prières et de vœux; ces vœux secrets seront entendus par la conscience des oppresseurs; ils passeront les jours entre la fureur et le crime, les nuits entre la terreur et les remords; ils périront enfin étouffés par un Macron ou poignardés par un Stéphanus. Au bruit de leur trépas, les peuples couronnés de fleurs, comme les Romains à la nouvelle de la mort de Néron, inonderont en foule les portiques des temples pour rendre graces aux dieux de leur délivrance. Il éclatera aux funérailles des tyrans des imprécations et des joies d'autant plus grandes que leur fin aura été plus tragique; leurs mânes seront voués aux dieux infernaux, et leur nom, inscrit dans l'histoire à côté de celui des Caligula et des Domitien, deviendra l'impérissable objet de l'horreur et des malédictions des races futures.

CHAPITRE V.

Contradiction dans les lois

Quand il y a contradiction dans les lois, il y a évidemment injustice dans l'une ou l'autre des dispositions opposées.

Lorsque des châtiments sont infligés pour des actes qui ne blessent en rien la morale, non seulement l'humanité se révolte et la raison se soulève, mais les notions du juste et de l'injuste s'obscurcissent. Le meurtre volontaire n'est-il pas le plus grand des crimes? Je commence à en douter, car je vois des actions qui me semblaient moins criminelles punies de châtiments plus cruels. Ainsi donc, voler les biens d'autrui, attenter à la pudeur des vierges, souiller le lit conjugal, est moins contraire à la justice universelle que de lire des livres qui attaquent de certains dogmes et de certaines opinions, dont la raison ne reconnaît pas bien l'importance; car dans les pays soumis à l'autorité directe du chef de l'Église, cette lecture est punie plus rigoureusement que le vol et l'adultère.

Le meurtre est puni dans tel homme, et récompensé dans tel autre. Les bourreaux reçoivent le prix du sang; ils sont payés pour tuer d'autres hommes. Chez les Éthiopiens, les criminels condamnés à mort ne la recevaient point, ils se la donnaient. Diodore, qui nous apprend ce fait, ne dit pas si les lois d'Éthiopie punissaient le suicide lorsque les juges ne l'avaient pas ordonné.

Diodore nous apprend encore qu'en Égypte on pouvait saisir les biens d'un débiteur, mais qu'il n'y avait jamais de prise de corps contre lui; jugeant que les hommes appartenaient à la patrie, qui seule pouvait en disposer pour les besoins de la paix et de la guerre.

Dans la plupart des législations modernes, il est défendu de saisir les instruments aratoires du laboureur et les outils de l'ouvrier; mais, par la plus immorale des contradictions, les mêmes lois autorisent à séquestrer la personne du débiteur dont elles ordonnent de respecter les instruments : le bras peut être enchaîné, mais l'outil doit rester libre.

Un coupable de vingt ans est condamné aux fers à *perpétuité.* S'il obéit à la loi, il peut, dans un demi-siècle encore, traîner sa pesante chaîne; mais si, avant l'exécution, il parvient à s'échapper, si sa désobéissance dure vingt années, à quarante ans il reparaîtra dans la société qu'il a bravée, marqué seulement de la flétrissure morale, à laquelle il parviendra peut-être encore à se soustraire.

Après vingt ans, l'homme condamné à mort ne peut plus être recherché; la loi ne pardonne pas, mais elle oublie.

Cet inconvénient est fort grave, me dira-t-on, mais qu'y faire? Je le saurais peut-être, si j'étais ministre ou législateur; j'appellerais sans pudeur les lumières d'autrui au secours des miennes, et si je ne pouvais parvenir en ce genre à la gloire de quelque invention nouvelle, je me contenterais d'être utile, et de faire adopter dans mon pays ce que la sagesse de quelque gouvernement étranger a fait établir chez eux. Rome envoya dans la Grèce plusieurs de ses magistrats pour recueillir les lois de Solon et de Lycurgue.

CHAPITRE VI.

Moyens employés par la tyrannie pour corrompre les lois.

Lorsqu'enfin une lueur de raison vint à briller au milieu des siècles de barbarie, on eut recours au code romain, dont quelques parties étaient du moins conformes à la morale universelle; mais le pouvoir, impatient du joug que lui imposaient ces lois nouvelles, s'empressa de corrompre le principe d'égalité sur lequel elles reposent, par les commentaires et les interprétations dont le texte fut surchargé.

Un ministre a dit, il est vrai : « Si ce pays obser- « vait rigoureusement les lois de la justice, il ces- « serait bientôt d'exister. » Mais ces paroles naïves sont sorties de la bouche d'un ministre anglais, et le pays dont il parlait était la Grande-Bretagne.

C'est sur-tout aux époques de la conquête et dans les temps voisins des révolutions que le pouvoir s'empresse de dénaturer ou de méconnaître le principe des lois, qu'il les corrompt ou les viole avec le plus d'impudence, parcequ'il croit pouvoir le faire avec plus d'impunité, et que le besoin de ramener l'ordre lui fournit chaque jour de nouveaux prétextes pour colorer sa tyrannie.

Pisistrate forme le projet d'asservir les Athéniens: il lui faut des soldats pour opprimer la liberté; mais il a besoin de motifs pour demander des soldats; le plus simple, le plus sûr est d'émouvoir le peuple. Il suppose une conspiration contre ses jours, un attentat contre sa personne; car les conspirations supposées ne sont pas d'invention moderne : il paraît au milieu de la place publique, meurtri, le visage déchiré, couvert de son propre sang; il exalte le plus généreux des sentiments, la pitié, obtient des gardes, et dès le lendemain Pisistrate donne des fers à ses compatriotes, et tourne contre eux les armes qu'ils lui avaient accordées la veille.

La route est tracée; Denys renouvelle à Syracuse l'imposture de Pisistrate. Il habite ses jardins non loin des murs de la ville; là, feignant d'avoir été attaqué pendant la nuit, il fait jeter l'alarme par ses domestiques, se réfugie dans la citadelle, et implore le secours et la pitié du peuple. Non moins imprudents que les citoyens d'Athènes, les Syracusains autorisent la formation d'un corps de six cents hommes d'élite que Denys compose, à son choix, de soldats étrangers, suivant l'usage immémorial des tyrans; et, fort de l'appui de ses nouveaux satellites, il suspend, il révoque, il détruit les lois, et fonde le despotisme sur les ruines des institutions qu'il renverse.

Combien de fois, dans le cours des siècles, ce piége sanglant n'a-t-il pas été tendu à la crédulité des peuples, sans que la répétition des mêmes moyens et les nombreuses leçons du passé aient jamais pu les en garantir?

L'histoire de la tyrannie est par-tout la même; les exemples donnés par les empereurs romains et cités par Montesquieu se reproduisent à toutes les époques et semblent toujours puisés dans l'histoire contemporaine.

Par-tout ceux qui ont voulu détruire la liberté ont commencé par faire taire la justice; par-tout ils ont appelé troubles, complots, révoltes, les efforts des citoyens pour s'opposer à l'établissement ou au rétablissement du pouvoir arbitraire.

Prolonger, alimenter les troubles civils, et se faire remettre en main la force nécessaire pour détruire les lois en réprimant les désordres; déchaîner une populace de caserne contre les magistrats et les citoyens, sont des moyens usés par les ambitieux de tous les âges, et dont ils continuent néanmoins à se servir.

La guerre entretient le sentiment de la gloire, incompatible avec l'esclavage; Auguste s'empresse de fermer les portes du temple de Janus.

Le droit d'élire ses magistrats conserve-t-il à un grand peuple quelque garantie contre l'arbitraire, le vaillant César et le lâche Octave ont appris comment on détournait les suffrages par la violence ou la corruption; Tibère enseigne de quelle manière on élude la loi, en conférant pour plusieurs années les magistratures dont elle ordonne le renouvellement annuel.

Les lois romaines défendaient de faire subir la torture aux esclaves pour les porter à déposer contre leurs maîtres. Tibère fit vendre ceux de Libon, afin que, dans les douleurs de la question, on pût les forcer à déposer, lorsqu'ils appartiendraient à un autre maître, contre celui qu'ils servaient la veille.

Les édits de Domitien étaient écrits en caractères si fins, et il les faisait afficher si haut, qu'il était impossible de les lire; ce qui lui donnait l'occasion de punir ceux qui, faute de les connaître, ne s'y étaient pas conformés. Les gouvernements modernes n'ont pas encore employé ce moyen; c'est une justice qu'il faut leur rendre : il est vrai que la découverte de l'imprimerie ne le rend plus praticable.

CHAPITRE VII.

De la révélation et de la non-révélation.

La charité est le principe et la base de la loi religieuse, dans les pays où la religion chrétienne est professée; c'est aussi le premier précepte de la morale. L'éducation fortifie ce principe dans l'ame des citoyens; elle enseigne l'horreur des délations et le mépris des délateurs. Il paraît que la loi politique n'est fondée ni sur la morale, ni sur la religion; car elle ordonne la révélation des complots et des crimes projetés contre la sûreté intérieure et extérieure de l'état, dans vingt-quatre heures pour tout délai, et sous peine de réclusion.

Je n'examine pas si la sûreté des gouvernements exige ce grand sacrifice de la pensée morale et religieuse; je craindrais de n'être pas d'accord avec les criminalistes aux gages de l'autorité. Mais ajouter: *Celui qui aura eu connaissance des crimes ou complots non révélés, ne sera point admis à excuse sur le fondement qu'il ne les aurait point approuvés*, OU MÊME QU'IL S'Y SERAIT OPPOSÉ ET QU'IL SERAIT PARVENU A EN DISSUADER LES AUTEURS; c'est porter la prévoyance jusqu'à la plus absurde injustice; car il est certain que celui qui s'est efficacement opposé à un complot, qui est parvenu à en dissuader les auteurs, a satisfait, dans toute leur étendue, à ses devoirs d'homme, de chrétien, et même de sujet fidèle.

CHAPITRE VIII.

Des supplices.

Les premiers navigateurs qui, vers la fin du quinzième siècle, abordèrent aux Canaries, étaient des Européens civilisés, sujets de Ferdinand V, roi d'Espagne. Ils trouvèrent dans ces îles les plus barbares des hommes, les Guanches, peuple si sauvage, dirent-ils à leur retour, qu'ils avaient horreur du sang et ne faisaient mourir personne. Ah! combien sont différents des Guanches certains hommes qui se donnent pour des modèles de politesse et de civilisation! Le moindre prétexte suffit à leur orgueil pour élever des échafauds, ouvrir des prisons, prononcer des arrêts, ordonner des exécutions. Les instruments de torture, les potences, les roues, les bûchers, voilà ce qu'ils regrettent, ce qu'ils se promettent, ce qu'ils menacent sans cesse de rétablir: on dirait qu'ils ont soif du sang humain.

En considérant la législation de tous les peuples, Voltaire disait que les lois criminelles, faites au profit des bourreaux, semblaient avoir été écrites par eux.

Pour rendre l'obéissance plus prompte et plus aveugle, les hommes du pouvoir ont inventé des supplices qui semblent sortis du conseil des démons.

Jeter leurs semblables au fond des cachots; leur peser l'air, le pain, et l'eau; les priver de feu, de sommeil; couper le nez, les oreilles, les jarrets; crever les yeux; tuer à coups de pierres, à coups de flèches, à coups de fusil; précipiter du haut d'une tour ou d'un rocher; étrangler; décapiter; jeter dans la mer ou dans les flammes; écraser sous les pieds des chevaux, des éléphants, sous les roues des chars; crucifier; rompre; scier entre deux planches; faire déchirer par des bêtes féroces ou avec des crocs de fer; verser lentement de l'huile bouillante, de la poix enflammée sur les chairs palpitantes : voilà ce qui s'est appelé jusqu'à présent, et presque par toute la terre, gouverner et *faire justice*. Les animaux les plus féroces n'ont qu'une manière de tuer leur proie; l'homme en a mille, et chaque jour il en invente de nouvelles. Le lion respecte le lion, le tigre épargne le tigre, la hyène elle-même se détourne de la hyène: l'homme, plus implacable que les tigres, plus lâchement cruel que les hyènes, s'est fait l'ennemi de l'homme et le poursuit par-tout; par-tout il l'attaque, par-tout il se plaît à faire couler son sang, à déchirer sa chair, à briser ses os; et, pour comble de frénésie, presque par-tout les opprimés se sont unis aux oppresseurs, et les victimes aux bourreaux, pour étouffer la voix des écrivains courageux, des philosophes intrépides, qui se sont jetés entre eux afin d'arrêter cet effroyable abus de la force, cette inconcevable résignation de la faiblesse. Ils prêchent la révolte, disent les bourreaux; nos pères souffraient bien ces choses sans se plaindre, disent les victimes.

Chez les Assyriens, la famille entière d'un condamné subissait le même supplice que lui. On faisait mourir les enfants en présence de leur père : parmi nous on a vu toute une classe de citoyens livrée aux bourreaux, et des peuples mis hors la loi.

Il le faut avouer, l'homme dégradé par le pouvoir et la servitude est de tous les animaux le plus stupide, le plus lâche, et le plus cruel.

« Dans un état, les peines, plus ou moins cruelles, « dit Montesquieu, ne font pas que l'on obéisse plus « aux lois. » Dans les pays où les châtiments sont modérés, on les craint comme dans ceux où ils sont atroces et tyranniques. Il est prouvé, par le petit nombre de législations philanthropiques et de princes philosophes qui ont paru sur la terre, que la douceur des peines amène celle des mœurs, et diminue le nombre des délits. Zaleucus, législateur de Locres, porta ces lois conservatrices des mœurs : « Une femme libre ne pourra se faire accompagner « par plus d'une suivante, à moins qu'elle ne soit « ivre ; nulle femme ne pourra sortir de la ville la « nuit, à moins que ce ne soit pour un rendez-vous « de galanterie; les courtisanes seules auront le droit « de porter des habits brodés et des ornements d'or;

« il est interdit à tout homme de porter une bague
« d'or ou une étoffe de Milet, s'il n'entretient un
« commerce impudique. » Personne n'osa braver la
honte publique en usant de ces exceptions flétrissantes, en profitant d'un privilége qui n'était attaché
qu'à l'infamie.

Ce que fit Zaleucus pour la conservation des
mœurs ne peut-il être fait pour la conservation des
biens et de la vie? Souriez de pitié à cette question,
législateurs endurcis par le spectacle du sang, et
vieillis dans l'habitude des supplices! Mais la philosophie a vu naître des peuples nouveaux; l'Amérique,
long-temps vaste théâtre de servitude et de destruction, a brisé ses fers, et sort de ses ruines. O législateurs de ce monde affranchi! faites des lois pour
les citoyens et non pour le pouvoir; pour corriger,
et non pour punir; suivez Zaleucus et non Dracon.
N'oubliez pas que la cruauté des châtiments ne donne
ni plus de crainte aux sujets, ni plus de sûreté aux
gouvernements. Que les crimes et les révolutions
des états despotiques ne soient pas des leçons perdues pour vous, comme elles le sont pour les législateurs européens. Souvenez-vous que vous êtes
hommes, et que c'est de la destinée d'autres hommes
que vos lois auront à répondre.

CHAPITRE IX.

De la torture et du secret.

Le motif qui fit abolir la torture est celui pour lequel les partisans du pouvoir absolu la regrettent, et sont tout prêts à la redemander ; *car c'est le moyen de sauver les coupables et de perdre les innocents.*

A Rome, l'esclave d'un certain Marcus Agrius fut soupçonné d'avoir tué un esclave de Titus Fannius. Dans les douleurs de la torture, l'esclave d'Agrius convint qu'en effet il avait tué l'homme dont on l'accusait d'être le meurtrier, et il fut condamné à perdre la vie. Peu de jours après son supplice, l'esclave que l'on croyait mort reparut ; il n'avait été ni assailli ni même insulté par celui qui venait d'être exécuté comme son assassin.

Cet esclave de Fannius tua, par la suite, un chevalier romain, et, mis sept fois aux épreuves de la torture, sept fois il les soutint avec constance, et finit par échapper à la punition d'un crime avéré.

Dans ces luttes odieuses, entre la douleur qui presse un homme de s'accuser lui-même, et la conscience de l'accusé qui refuse de trahir la vérité, ou le sentiment de sa conservation qui le porte à la cacher, la résistance paraît aux bourreaux un défi à l'art détestable qu'ils exercent, aux juges une insulte à leur autorité; plus l'innocent résiste, plus leur cruauté redouble; ce qui n'était d'abord qu'une froide barbarie éclate bientôt en rage furieuse, et les supplices secrets qui précèdent le jugement surpassent en horreur le supplice public qui suit la condamnation.

Qu'exigez-vous de moi, monstres exécrables? que j'avoue un crime que je n'ai pas commis: j'ai pris le ciel et ma vie entière à témoin de mon innocence; mais vous disloquez mes membres, vous déchirez mes chairs, et vous me faites envier la mort où doit me conduire l'aveu que vous voulez m'arracher : eh bien! oui, je suis coupable; hâtez-vous de m'ôter la vie, et délivrez-moi de l'horreur de votre présence.... Eh quoi! votre cruauté n'est point satisfaite? vous voulez que je nomme mes complices!... que j'accuse à mon tour des innocents!... Non, l'eau, les chevalets, les tenailles ardentes m'interrogeront en vain; j'expirerai en silence plutôt que de mentir à l'humanité, en permettant que la douleur m'associe un moment à vos bourreaux.

C'est avec un sentiment d'orgueil national que je m'applaudis du triomphe que la morale et la justice ont remporté parmi nous sur la barbarie des siècles, par l'abolition du plus abominable usage qui ait jamais déshonoré la nature humaine.

Jusqu'à ces derniers temps encore, l'Europe civilisée avait vu sans horreur les chevalets sanglants de la torture. Le peuple français est le premier qui les ait légalement abolis. Chez une nation fière, à si juste titre, d'avoir donné au monde l'exemple du gouvernement représentatif, chez les Anglais, la torture légale existe encore.

Pourquoi cet homme est-il jeté nu dans un cachot étroit et infect? pour quel crime épouvantable est-il enchaîné sur cette pierre froide et anguleuse? quels sauvages placent sur sa poitrine un poids énorme qui la brise, et sous lequel s'exhale en longs gémissements sa respiration sanglante? Il meurt enfin : quel était son crime? de se taire ; et les barbares qui punissent ainsi le silence sont des Anglais.

Blackstone, dont l'autorité ne sera pas récusée, m'a fait connaître cette loi atroce, qui est encore en vigueur, et qui s'appelle *loi de penance*.

J'ouvre notre code pénal et je lis :

« Nulle contravention, nul délit, nul crime ne
« peuvent être punis de peines qui n'étaient pas
« prononcées par la loi avant qu'ils fussent com-
« mis.

« L'emprisonnement est une peine en matière
« correctionnelle; quiconque aura été *condamné à*
« *la peine d'emprisonnement*, sera enfermé dans une
« maison de correction ; il y sera employé à l'un

« des travaux établis dans cette maison, *selon son*
« *choix.* »

L'emprisonnement est donc une *peine*? Cette peine est prononcée par les tribunaux correctionnels. L'homme condamné à l'emprisonnement doit être détenu dans une maison où il puisse se livrer à des travaux *selon son choix.*

Mais dans un autre code, celui d'instruction criminelle, le droit de faire arrêter et mettre en dépôt, dans des maisons d'arrêt, les personnes prevenues de crimes ou de délits, est donné aux procureurs du roi et aux juges d'instruction. Voilà donc deux espèces de magistrats revêtus du droit de punir pour interroger, pour connaître; de punir avant le jugement; de punir des innocents, et par conséquent de commettre des injustices, car tous les jours les tribunaux renvoient absous et font mettre en liberté des hommes que les procureurs du roi avaient accusés, et qui subissaient la peine de l'emprisonnement par ordre d'un juge d'instruction. Ce sont, dit-on, des malheurs inévitables, le résultat de l'infirmité des lois, une des conditions nécessaires de l'état social. Je ne sais si ce mal est inévitable, mais je sais qu'il existe, et je le signale pour qu'on en cherche le reméde; car si la conséquence rigoureuse de la société était la punition des innocents, il faudrait renoncer à l'état social et rentrer dans le droit naturel.

Notre code d'instruction criminelle contient cette disposition pénale : « Si quelque prisonnier use « de menaces, injures, ou violences, à l'égard des « gardiens préposés ou des autres prisonniers, il « pourra être resserré plus étroitement, *enfermé* « *seul*, même mis aux fers en cas de fureur ou vio- « lence. » Un prisonnier peut être *enfermé seul* en punition d'un délit; mais enfermer seul un prisonnier pour le contraindre à des aveux qu'il ne veut pas faire, ou lui arracher des réponses quand il garde le silence, c'est violer la loi, c'est rétablir la torture sous le nom hypocrite de *secret*.

Les écrivains doivent dénoncer au monde cette nouvelle violation des droits de l'humanité. « Plon- « ger un homme dans un cachot, a dit le philosophe « de Ferney, l'y laisser en proie à son désespoir, « l'interroger seul quand sa mémoire doit être éga- « rée par les angoisses de la crainte et du trouble « entier de la machine, c'est attirer un voyageur « dans une caverne pour l'y assassiner : c'est la mé- « thode de l'inquisition; ce mot imprime l'horreur. » Qu'aurait dit Voltaire, si de son temps la torture du secret eût acquis le degré de perfection qu'elle a reçu de nos jours; si dans la nuit d'un souterrain, où le sommeil vient un moment suspendre les tourments d'un détenu, il eût vu tout-à-coup briller au pied de son grabat la lumière ardente d'un réverbère qui brûle ses faibles yeux; s'il eût vu serrer ses chaînes au point de faire jaillir le sang des membres qu'elles compriment; s'il eût vu mesurer l'eau fangeuse et le pain d'avoine qu'on lui accorde au poids rigoureusement nécessaire pour anéantir ses forces physiques et morales, sans le priver entièrement de la vie? Voltaire continuerait à nous appeler des Welches, et dirait encore que notre code criminel a été dicté par le bourreau.

CHAPITRE X.

Têtes mises à prix.

On doit cette justice au pouvoir absolu, que c'est celui qui s'entend le mieux au commerce des têtes humaines. Le prix de cette parure des palais du despotisme est très bien réglé en Turquie; il varie peu, et la Sublime-Porte s'en fournit à bon compte.

Elles coûtent plus cher dans nos états d'Occident. Outre l'argent qu'il faut donner, les monarques sont quelquefois obligés d'ajouter des titres de noblesse, comme fit le roi d'Espagne, Philippe IV, pour avoir celle du prince d'Orange, qu'il n'eut cependant pas la satisfaction de se procurer par ce moyen.

Il y a peu de délais entre la condamnation et le

supplice dans la plupart des législations modernes. Cependant, pour abréger ces délais trop longs encore au gré de leur impatience sanguinaire, les criminalistes de révolution et de circonstance ont mis les têtes à prix, tantôt avant, tantôt après le jugement. Le bras de chaque citoyen a été légalement armé par eux de la hache du bourreau ou du poignard de l'assassin, et si l'usage du poison ne leur a pas été ordonné, du moins ne leur a-t-il pas été interdit formellement.

De cette faculté législative de *mise hors la loi*, est né ce droit prétendu de tuer l'homme qui fuit devant la force armée; droit exécrable qui rend tout sbire, tout alguazil, tout suppôt de justice juge des circonstances dans lesquelles il lui est permis de donner la mort, et d'abréger toutes les procédures en les remplaçant par un procès-verbal.

Si les Cannibales ont une législation criminelle, il est impossible qu'elle renferme des dispositions à-la-fois plus atroces et plus immorales que celle de la plupart des peuples civilisés de l'Europe.

CHAPITRE XI.

Des peines irréparables.

Il est incontestable que la nécessité de réprimer le crime suppose le droit de le punir, droit imprescriptible que la raison reconnaît et que la morale avoue; mais ce droit a ses limites dans la nature de l'homme et dans la fragilité de ses jugements : la société punit, elle ne se venge pas; et cette loi du talion, que plusieurs criminalistes regardent comme le fondement de toute justice, n'est à mes yeux qu'un outrage sanglant fait à la morale et à l'humanité : voler le voleur, tuer le meurtrier, c'est rendre crime pour crime, ce n'est pas faire justice.

Cette vérité me conduit à l'examen d'une question de tout temps résolue par le fait, mais dans laquelle je ne crains pas d'émettre une opinion directement contraire à celle que les législateurs de tous les peuples ont fait prévaloir. La justice humaine a-t-elle le droit d'infliger la peine capitale? Je ne sais si mon cœur trompe en ce moment mon esprit, mais je suis si loin de le croire, que la proposition contraire me paraît d'une évidence incontestable.

Les hommes, en se réunissant en société, n'ont pu mettre en commun que ce qui leur appartient:

moralistes et philosophes s'accordent à refuser à chacun des membres de la société le droit de disposer de sa propre vie; comment pourrait-il conférer à ses semblables un droit qu'il n'a pas lui-même? Séquestrer les malfaiteurs, les mettre dans l'impossibilité de violer de nouveau les lois de la nature et de la cité, telles sont les seules rigueurs que la morale autorise.

Eh quoi! cette société, dont les institutions si long-temps barbares, dont les jugements si souvent faux sont exposés à toute l'inconstance, à toute la variété des mœurs, des préjugés et des coutumes, punira de la mort une infraction à l'ordre qu'elle aura établi; cette société ôtera la vie à qui elle ne l'a pas donnée, à qui elle ne saurait la rendre.

Législateurs inconséquents et cruels, verser le sang des hommes est un crime irrémissible, un crime irréparable; et, par la plus inconcevable contradiction, vous vous en rendez coupables au moment où vous le punissez; vous vengez le meurtre par le meurtre, vous lavez le sang avec le sang : vous ressemblez à cet abominable Vincent Valverde, qui criait à *l'homicide!* en enfonçant le poignard dans le cœur d'un malheureux Indien. Ouvrez les annales des tribunaux, et voyez combien de pages sont rougies du sang de l'innocence. Comment le premier avis d'une si lamentable infortune n'a-t-il pas brisé le glaive aux mains tremblantes du magistrat? comment se trouve-t-il encore dans les sociétés policées de l'Europe, dans les états des princes chrétiens, des hommes salariés pour tuer d'autres hommes. « L'horreur que les « bourreaux inspirent, dit Beccaria, fait assez con- « naître ce que les peuples pensent de la peine de « mort. »

La pitié n'est pas la justice, je le sais ; et ce n'est plus au cœur, c'est à la raison des législateurs que je m'adresse. Ne vous trompez-vous pas, leur dirai-je, en regardant la mort comme le dernier des supplices? Elle n'a d'effroyable que sa pompe ; elle n'a de pénible, dans le cours ordinaire de la nature, que les longues douleurs qui la précèdent, et vous les épargnez à celui qui passe tout-à-coup de l'être au néant. On a vu souvent le crime et la vertu, le courage et la faiblesse, porter sur l'échafaud une égale indifférence : après tout, on n'y trouve qu'une seule mort ; et si vous croyez nécessaire de raffiner sur les misères humaines, c'est dans les cachots, c'est sous le joug de la honte, c'est sur la terre étrangère, que vous devez chercher la longue et terrible agonie de l'ame et du corps.

C'est sur-tout pour les délits étrangers à la morale, pour les crimes de convention, sur lesquels la fortune prononce avant la justice, que la peine de mort devrait être à jamais abolie. La haine a ses lassitudes, la vengeance a ses retours à l'humanité : le jour de la clémence peut luire sur les cachots, sur les pontons, sur les déserts de Sinamari ; mais, ô douleurs immortelles! il s'est éteint pour jamais sur la tombe de l'homme vertueux que la hache a frappé, sur le laurier qui couvre la cendre du héros qu'un plomb meurtrier atteint au sein de sa patrie.

Que ne puis-je évoquer les ombres vertueuses de tant de victimes de l'erreur, de la cruauté, ou de la corruption des tribunaux! Combien de voix rompraient tout-à-coup le silence de la tombe pour faire entendre ces paroles : « Juges de la terre, vous êtes « sujets à l'erreur; trop souvent le préjugé vous « aveugle, la passion vous égare : songez que le « sang innocent laisse une tache indélébile aux mains « qui l'ont versé; ne vous préparez pas des regrets « ou des remords éternels. »

Tout ce que je dis ici sur la peine de mort est également applicable aux autres peines irréparables, aux mutilations, à la marque, à toutes les flétrissures indélébiles.

CHAPITRE XII.

Délais et droit de grace

L'état fédératif de l'Amérique septentrionale est le seul où la morale semble avoir été consultée dans la rédaction du code de justice criminelle. Dans cet état, fondé par la philosophie, et constitué par la liberté, la dignité de l'homme n'est pas dégradée par les lois; elles n'admettent ni galères, ni carcan, ni flétrissures; la peine de mort est conservée, mais seulement pour l'assassin et l'incendiaire pris en flagrant délit; la détention est le seul châtiment de tous les autres crimes, et (je me hâte de le dire à ceux qui voient dans la rigueur des supplices la garantie la plus certaine de la sûreté publique) dans aucun lieu de la terre les crimes ne sont aussi rares.

Dans le cas extraordinaire de la condamnation à mort, la loi veut qu'il s'écoule entre la sentence et l'exécution un temps assez considérable pour reconnaître et réparer l'erreur que les juges auraient pu commettre; supposition moins probable que par-tout ailleurs, dans un pays où ces juges sont des jurés choisis par le sort, dont l'impartialité est mieux reconnue que celle des préfets; dans un pays où le prévenu passe par la double épreuve d'un jury d'accusation et d'un jury de jugement.

En Angleterre même, où les lois criminelles se ressentent de la barbarie des temps où elles ont été faites, le législateur a voulu laisser un délai suffisant pour reconnaître et dénoncer l'erreur avant qu'elle soit devenue irréparable. Nul arrêt de mort ne reçoit son exécution avant d'avoir été sanctionné par le roi : c'est un premier appel à la clémence.

En France, la loi ne laisse que vingt-quatre heures entre la condamnation et le supplice !

CHAPITRE XIII.

Des amnisties

Quand les vengeances sont assouvies, et que les bras sont las de frapper ; lorsque l'horreur des supplices a rempli tous les cœurs d'une vive indignation, et que la patience des peuples paraît épuisée, la politique fait succéder aux proscriptions générales les proscriptions individuelles, et les amnisties aux lois de colère. Ainsi la cour d'Espagne et son bourreau militaire et diplomatique, le duc d'Albe, ayant fait périr par l'épée des soldats et la hache des bourreaux un grand nombre des habitants des provinces belgiques, qu'ils avaient soulevées par des impôts excessifs et d'intolérables exactions, publient une amnistie (*perdona*) pour tous ceux qui avaient pris part à ces soulèvements. Mais *les ministres du culte protestant, ceux qui les avaient introduits dans les Pays-Bas, ceux qui les avaient logés, ceux qui avaient assisté à leurs prédications ; tous les bannis pour rébellion, tous ceux qui avaient donné leur assentiment aux requêtes dressées par le passé contre la religion catholique et le service du roi; tous ceux qui avaient été, au temps des révoltes, ou conseillers, ou sénateurs, ou syndics, ou magistrats, ou gouverneurs, ou secrétaires, ou procureurs, ou avocats des villes*, FURENT EXCLUS DE CE PARDON GÉNÉRAL; le roi se réservant en outre de confirmer ou d'infirmer à sa volonté, de maintenir ou d'abolir les priviléges des états, ordres, colléges, corporations et cités : ce dont le duc d'Albe, son lieutenant-général, serait légitime juge. Après des dispositions si clémentes, et chacun devant être satisfait, il était bien juste que *les femmes qui écrivaient à leurs maris pour les aider; les pères qui se mettaient en devoir de secourir leurs enfants* déclarés rebelles, soit en les recevant ou retirant dans leur maison, soit en leur facilitant les moyens de se sauver en Angleterre, *fussent condamnés à* MORT *et leurs biens acquis au fisc*.

Ces dérisions du pouvoir, cet usage horrible, impie, des mots de *clémence* et de *miséricorde* pour exercer, sous des apparences de douceur, des actes de vengeance et de sévérité, nous les avons vus se renouveler de nos jours; l'époque n'est pas éloignée; des montagnes seules séparent de nous le royaume où il a été dit : « Amnistie pleine et entière est ac-
« cordée : les peines sont remises à ceux qui ont pris
« part aux excès qui ont eu pour but de renverser
« le gouvernement établi dans ce pays..... Mais,
« *ceux dans la maison desquels il a été tenu des assem-*

« blées ; ceux qui ont ébranlé la fidélité des troupes
« par de l'argent, des promesses ou de fausses nouvelles;
« ceux qui, par des écrits, tant imprimés que manu-
« scrits, ont insinué le mépris des lois anciennes et
« proposé de nouvelles formes de gouvernement ; ceux
« qui, par une insubordination manifeste, prirent le
« commandement des corps ou des places fortes, ou se
« sont opposés, par la force et la violence, à la publi-
« cation de nos ordonnances ; ceux qui se déclarèrent
« chefs directs ou membres du conseil des rebelles ;
« ceux qui, préposés à l'instruction et à la surveillance
« de la jeunesse, l'ont égarée et lui ont fait prendre
« part aux attroupements; enfin ceux qui, pour pro-
« longer et soutenir la révolte, se seraient rendus cou-
« pables d'extorsions de deniers des caisses publiques
« ou d'impositions arbitraires, sont exclus du bénéfice
« de ce pardon général, et des poursuites continueront
« d'être exercées contre eux. Le prince, écoutant POUR
« TOUS LES AUTRES les sentiments de son cœur pa-
« ternel, mû par l'espérance de remettre, par ses
« bienfaits, sur le chemin de l'honneur les hommes
« égarés, couvre leur faute par un généreux pardon.
« EN CONSÉQUENCE, les employés, tant civils que mili-
« taires, admis à jouir de l'amnistie sont déchus de
« leurs charges, emplois, et déclarés pour l'avenir
« incapables d'occuper aucune fonction publique ; et
« les étudiants des universités, admis également au
« bénéfice de la LOI DE PARDON, sont exclus de ces

« *universités, et déclarés inhabiles à y continuer leurs*
« *études.* »

Ainsi, par-tout la douceur est dans les paroles, et la dureté dans les actes ; la vengeance s'y déguise sous le nom de justice. Dans l'impuissance d'exterminer un peuple entier, on établit des catégories, des classes de proscrits ; et, sous prétexte de ne frapper que quelques uns, tous continuent d'être menacés et frappés.

L'objet des lois pénales doit être le crime ; les personnes ne peuvent être que l'objet des jugements. Lorsque les lois s'attaquent aux individus, c'est la déclaration de guerre d'un parti qui donne à cette guerre le nom d'*amnistie*. Celui qui a dit : « Il est des
« circonstances fatales où les gouvernements doivent
« s'élever au-dessus des lois, frapper, s'il en est
« besoin, ceux qu'elles épargnent ; épargner ceux
« qu'elles frappent, séparer le fait du droit, et la
« justice de ses formes, » n'a professé que des maximes à l'usage de la tyrannie. Vouloir faire succéder au déluge de maux qu'entraînent les dissensions civiles un débordement de supplices, c'est le désir insensé d'un fou furieux.

Qu'est-ce qu'une amnistie ? c'est un pardon général ; c'est, de la part de celui qui l'accorde, la déclaration formelle qu'il oublie le passé, qu'il le tient comme non avenu, et qu'il ne permet d'en faire aucune recherche. Le jour de son entrée à Paris,

Henri IV promit solennellement l'oubli du passé, et, le soir même, il joua aux cartes avec la duchesse de Montpensier, qui s'était montrée sa plus cruelle ennemie : voilà le roi. Personne ne fut excepté du bénéfice de la clémence royale : voilà l'amnistie.

CHAPITRE XIV.

De la justice, ou du sentiment du juste et de l'injuste.

La justice est la suprême loi : c'est le premier besoin des hommes réunis en société.

Le fondement de toute justice est la bonne foi, et ce mot doit s'entendre de la franchise dans les discours, de la sincérité dans les actions, de la fidélité dans les promesses ; ce qui porte l'orateur romain à croire que *foi* dérive de *faire* : *Ex quo credamus quia fiat quod dictum est appellatam fidem.*

La justice est la première vertu que la morale impose au cœur de l'homme ; elle lui apprend à distinguer les actions bonnes et mauvaises, celles qui sont dignes de louanges ou de blâme, permises ou défendues, utiles ou dangereuses, en les soumettant à la conscience, tout à-la-fois juge infaillible et témoin irrécusable. Jupiter, disent les anciens philosophes, n'est point escorté par l'équité et la justice : ce dieu est lui-même la justice et l'équité.

Ne nuire à personne est la première règle de la justice; rendre à chacun ce qui lui appartient est son premier devoir

Un philosophe donne de la justice cette définition, que j'adopte d'autant plus volontiers qu'il fait dériver cette vertu de l'*amour de soi*, où j'ai placé la source de la morale : *La justice est l'intérêt d'autrui respecté par notre intérêt;* d'où il suit que la justice pour autrui est une charité pour soi-même.

Ce serait une belle chose que d'acquérir un royaume par la justice; mais ce serait une chose plus belle encore que de préférer la justice à un royaume.

Agésilas regardait la justice comme la première de toutes les vertus; « car, disait-il, la valeur est « dangereuse si elle n'est réglée par la justice; et si « tous les hommes étaient justes, la valeur serait « oisive. » On nommait le roi de Perse *le grand roi;* « En quoi, dit Agésilas, est-il plus grand que moi, « s'il n'est pas plus juste? » « Ayant eu, dit Plutarque, « la bonne opinion qu'il fallait prendre la différence « du grand au petit roi, dans leur amour pour la « justice, comme étant la mesure royale. » Que de princes, qui ont reçu le surnom de grands, seraient de petits rois s'ils étaient mesurés d'après cette règle !

La vertu dont le peuple est le meilleur juge, celle dont l'exercice lui est le plus profitable, c'est la justice. Il dispense les princes de clémence et de générosité, vertus qu'ils n'exercent guère qu'au profit de leurs courtisans ; mais la justice est le besoin de tous, et sur-tout du pauvre et du faible.

La justice est si nécessaire aux hommes, que ceux-là même qui vivent dans le crime ont senti qu'elle est entre eux une des conditions de leur coupable existence.

Parmi les brigands, celui qui dérobe quelque chose à son complice est flétri du nom de voleur et chassé de la bande.

Un chef de pirates qui ferait un partage frauduleux des prises serait mis à mort, ou du moins abandonné par les siens. Cicéron nous apprend que Bardylis, fameux brigand d'Illyrie, n'amassa d'immenses richesses que parcequ'il fut constamment juste dans le partage du butin.

Tant que la voix de la raison et les sentiments humains ne sont pas étouffés par les cris de l'intérêt et de l'orgueil, le spectacle de l'injustice enflamme les cœurs les plus indifférents d'une vive et profonde indignation. « Quand la tyrannie enrichirait plus « d'hommes qu'elle n'en ruine, ceux-là ne seraient « pas encore les plus forts, dit Cicéron; car alors « on ne compte pas, mais on pèse, on apprécie. »

Les sophistes ont soutenu que rien n'était juste de soi; que le législateur fait la justice; que ce qui est établi pour la commodité du souverain et de ses

ministres est toujours équitable. « Ainsi, dit Pascal,
« trois degrés d'élévation du pôle renversent toute
« jurisprudence ; un méridien décide de la vérité ;
« et comme la justice est une force spirituelle dont
« on peut disposer lorsqu'on en est maître, on l'a
« mise entre les mains de la puissance, et l'on appelle
« justice ce qu'on est forcé d'observer.

« Sans doute, la justice sans la force est impuis-
« sante, mais la force sans la justice est tyrannique.
« Ne pouvant faire que ce qui est juste fût fort, on
« a fait que ce qui est fort fût juste. »

Ce que le despotisme souffre avec le plus d'impatience, c'est la vérité, c'est la justice. Réduit à conserver les noms, il détruit les choses ; et appelle vérité ce qui est mensonge, justice ce qui est violence.

M. Guizot, dans un très bon écrit sur la justice politique, a montré, d'une manière aussi lumineuse qu'effrayante, comment la justice a été envahie par la politique, et comment leur rapprochement est également fatal à l'une et à l'autre. « En le recherchant, dit-il, la politique s'accuse ;
« en s'y prêtant, la justice se perd. Cette alliance
« monstrueuse est révélée par des conspirations fré-
« quentes, par l'existence d'agents provocateurs,
« par le caractère des accusations. Les faits géné-
« raux remplacent les faits particuliers et personnels,
« dont la justice seule doit connaître, tant que la

« politique ne l'a pas forcée à descendre dans l'arène
« des partis.

« Ce qui importe le plus, dit très bien encore
« M. Guizot, c'est de mettre dans tout son jour cet
« envahissement de la justice par la politique,
« comme étant la source la plus féconde des mal-
« heurs que peut produire la tyrannie; car alors Thé-
« mis a deux balances, deux poids, deux glaives;
« ce qui est équité pour les uns devient iniquité
« pour les autres : les crimes ne sont pas des crimes
« pour tous; d'infâmes assassins deviennent des hé-
« ros pour ceux qui les salarient et les emploient. »

CHAPITRE XV.

De quelques exemples de justice trop vantés.

Camille, consul, assiégeait la ville des Falisques;
un maître d'école, sous prétexte de mener ses élèves
à la promenade, conduisit dans le camp des Romains les enfants des principales familles de la ville,
ce qui l'eût obligée à capituler si ces enfants eussent été retenus par le consul. Camille en référa au
sénat, qui ordonna qu'ils fussent rendus à leurs
pères, et que le maître fût reconduit et frappé par
ses élèves armés de verges. Les Falisques, qui, jusque-là, avaient résisté à la force des armes, furent

vaincus par ce grand acte d'équité, et se soumirent volontairement à la puissance romaine.

Valère Maxime, qui raconte ce fait, rappelle aussi celui d'Aristide, qui fit rejeter la proposition par laquelle Thémistocle voulait assurer à Athènes la supériorité sur la Grèce, et loue également le peuple athénien pour n'avoir pas voulu écouter une proposition injuste, et le sénat romain pour avoir refusé de profiter d'une trahison. Eh quoi! l'action de ce maître d'école n'était-elle pas infame? et peut-il y avoir quelque gloire à ne pas profiter d'une infamie? Si le sénat eût accepté la trahison, ne lui aurait-il pas fallu aussi accepter le traître, lui accorder des récompenses; et s'il entrait en partage de son crime, pouvait-il en récuser la honte?

Accepter la proposition de Thémistocle n'était-ce pas commettre une action plus odieuse encore? De quoi s'agissait-il? de brûler la flotte des Spartiates, de réduire en cendre des vaisseaux qui avaient concouru avec ceux d'Athènes à détruire la flotte des Perses à Salamine, ces vaisseaux qui étaient encore teints du sang lacédémonien versé pour la défense commune de la Grèce? Certes, il n'était pas nécessaire d'être le juste Aristide pour rejeter avec horreur une si détestable proposition. Aristide dit que le projet de Thémistocle était *utile, mais injuste;* le peuple ne voulut pas le connaître, estimant que ce qui est injuste ne saurait être utile. Il est à remarquer que jamais proposition injuste n'a été acceptée dans aucune assemblée du peuple. C'est dans le secret des cabinets que se proposèrent le bombardement de Cadix, où régnait la peste, l'incendie de Washington, l'enlèvement de la flotte danoise, et que des ordres furent donnés pour l'exécution de ces crimes politiques.

CHAPITRE XVI.

Les Bédas, ou la justice naturelle.

J'ai habité pendant quelques années cette île de Ceylan

> Où dom Calmet, rêveur bénédictin,
> Met le berceau du triste genre humain.

Je ne suis pas bien sûr que cette île soit l'antique Tapobrane; je le suis encore moins qu'elle ait jamais été le paradis terrestre; mais je sais qu'elle est habitée par trois espèces d'homme en qui l'on reconnaît plus distinctement que par-tout ailleurs les trois degrés de la civilisation : les Européens, établis sur les côtes; les Chingulais, devenus maîtres de l'intérieur de l'île par la conquête, et les Aborigènes, que l'on nomme Bédas; ceux-ci, retirés aux environs de Trinquemale dans une enceinte inaccessible de montagnes et de forêts, y vivent indépendants de toute espèce de joug, sans lois, sans chefs, sans religion; en un mot, sans aucun autre lien social qu'un sentiment inné de justice qui suffit à leur conservation.

Une course que j'avais entreprise dans l'intérieur de l'île de Ceylan m'avait conduit dans le voisinage de la contrée qu'occupent les Bédas. Un matin, en sortant de ma tente, je trouvai une sagaie (espèce de lance de ces sauvages) plantée à ma porte, et à laquelle étaient suspendues quelques pièces de gibier; un Chingulais, que j'avais à mon service, et que j'interrogeai pour savoir à qui je devais ce présent, me montra, en tremblant de tout son corps, la trace des pas d'une foule de Bédas qui s'étaient approchés de mon habitation pendant la nuit, et m'apprit que le but de leur visite était de me proposer un échange de leurs provisions contre quelques petits morceaux de fer, seule richesse qu'ils envient; ils reviendront la nuit suivante, continua-t-il, et, s'ils ne trouvent pas à la même place où ils ont déposé leur présent celui qu'ils exigent de vous, ils mettront le feu à votre habitation, et nous tueront s'ils nous rencontrent.

Quelque irrégulière que me parût cette manière de commercer, je me rendis cependant à la raison, sinon la meilleure, comme l'appelle par dérision notre grand fabuliste, du moins la plus incontestable, celle de la force et de la nécessité; je brisai une vieille lame de sabre, et j'en suspendis les morceaux à la sagaie des Bédas. Ils arrivèrent pendant la nuit en beaucoup plus grand nombre que la veille, et je fus témoin des transports de joie qu'excita parmi eux la vue du trésor dont je payais leurs soins hospitaliers. Tels furent les témoignages de leur reconnaissance, que je ne balançai point à accepter l'offre qu'ils me firent de parcourir avec eux leurs montagnes; c'est à cette circonstance que je dois l'avantage d'avoir visité cette partie de l'île de Ceylan, où je ne pense pas qu'aucun Européen ait pénétré avant moi.

Qui n'aperçoit dans la conduite de cette peuplade les principes de cette justice naturelle que je mets au nombre des vertus innées? Tout ne prouve-t-il pas que ces sauvages raisonnent ainsi : Les hommes se doivent mutuellement des secours; celui qui possède est débiteur de celui qui n'a pas? Vous avez du fer de trop, et j'en manque, dit le sauvage à l'homme civilisé; j'ai des provisions en abondance dont je suppose que vous avez besoin; nous nous devons réciproquement une partie de notre superflu; que si vous refusez de partager le vôtre avec moi, quand je vous donne une part du mien, vous êtes un homme injuste, et vous me donnez le droit de me saisir par la force de ce que je ne voulais tenir que de votre justice.

LIVRE X.

De la morale dans les tribunaux et les magistrats.

CHAPITRE PREMIER.

De la puissance de juger

« La puissance de juger, si terrible parmi les « hommes, doit-elle être attachée à un certain état, « être le partage exclusif de certaine profession? les « juges doivent-ils être d'une autre profession que « l'accusé? » Ces questions, si délicates à l'époque où Montesquieu écrivait, se trouvent résolues par l'établissement du jury, dans tous les pays où cette institution est autre chose qu'une vaine théorie.

La balance de la justice doit être maintenue par la morale dans un équilibre parfait entre les citoyens, et sur-tout entre les partis. Justinien, qui favorisa la faction des *bleus*, et refusa toute justice aux *verts*, fortifia ces deux factions, et des flots de sang inondèrent le Cirque. Les *bleus* ne craignaient pas les lois, parceque le prince les protégeait contre elles; les *verts* cessèrent de les respecter, parcequ'elles ne pouvaient plus les défendre.

Autrefois *juger* s'appelait *rendre raison* : nous avons conservé cette locution dans les affaires d'honneur, où elle signifie encore abandonner au hasard, à l'adresse, à la vengeance, la réparation d'un dommage sur lequel la loi seule devrait prononcer.

De même qu'il n'y a pas de plus intolérable tyrannie que celle qui s'exerce à l'ombre des lois, il n'est pas d'assassins plus odieux que des juges qui frappent leur victime avec le glaive de la justice. Quand je traverse une forêt dangereuse, je suis en garde contre les brigands qui l'infestent; je puis défendre ma vie contre ceux qui l'attaquent : mais au sein de la société, où il se croit en sûreté sous la sauvegarde des lois qu'il respecte, quel espoir, quel recours reste-t-il au plus paisible, au plus vertueux citoyen, si la puissance de juger est aux mains de ceux qui l'oppriment; si l'acte d'accusation dressé contre lui dans l'ombre devient un libelle diffamatoire; si, comme au temps de ce Jacques II d'Angleterre, tous les moyens sont mis en usage pour corrompre le jury, pour calomnier, pour flétrir la réputation de l'homme que l'on accuse devant ceux qui sont appelés à prononcer sur son sort? « Quelle « barbarie, dit Cicéron, que d'employer à la perte « des gens de bien les armes de la parole, qui ne « nous ont été données que pour la défense du faible « et la conservation de l'humanité ! »

« Dans les temps où les peuples étaient gouvernés « en république, dit fort bien Machiavel, on avait « pensé que *peu pouvant être corrompus par peu*, il

« était nécessaire, quand il s'agissait de la vie ou de
« l'honneur d'un citoyen, que la cité tout entière fût
« appelée à prononcer sur son sort; car alors on
« estimait la vie d'un homme d'un prix assez haut
« pour ne pas l'abandonner aux passions ou à la
« légèreté meurtrière d'un petit nombre de juges. »

Dans la plupart des états modernes, la puissance qui nomme les magistrats est aussi celle qui accuse et qui poursuit : ne semble-t-il pas qu'il y ait dans cette cumulation quelque chose qui répugne à la la morale?

Montesquieu en jugeait ainsi : « Dans les états
« monarchiques, dit-il, le prince est la partie qui
« poursuit les accusés, qui les fait punir ou absoudre :
« s'il jugeait lui-même, il serait juge et partie. » Mais où donc est la différence, demanderons-nous à ce grand jurisconsulte, entre juger soi-même, ou faire juger par des magistrats que l'on a choisis?

Dans les premiers âges du monde, les pères faisaient les fonctions de juges dans leur famille, et lorsque la réunion d'un grand nombre de familles eut rendu nécessaire l'établissement d'une puissance souveraine, les chefs auxquels les peuples la confièrent prirent le nom de *suffètes*, d'*éphores*, de *juges*. Chez les Juifs, chez les Tyriens, chez les Lacédémoniens, chez les Carthaginois, le pouvoir suprême fut d'abord exercé par l'autorité judiciaire.

Au rapport de Grotius, le gouvernement des Gaulois et des Germains, avant la conquête des Romains qui le changèrent, était à beaucoup d'égards semblable à celui des Hébreux sous les juges.

Au commencement du quatrième siècle, à l'époque où les Goths se formèrent en corps de nation, Athanaric, leur premier chef, refusa de prendre le nom de roi, où il ne voyait, dit-il, qu'un titre d'autorité : il accepta celui de *juge*, qui lui faisait un devoir de la sagesse et de la justice.

Chez les peuples où le perfectionnement de l'état politique amena la séparation des pouvoirs, la puissance judiciaire fut déléguée par le prince, qui en était investi, à quelques hommes chargés de rendre la justice en son nom, en partant du principe que toute justice émane du roi. Montesquieu, sans contester ce principe, prouve assez qu'il ne l'admet pas, quand il fait, de la puissance de juger, un des trois pouvoirs parallèles des états légalement constitués.

J'imiterai sa réserve, et je n'examinerai pas si le droit d'élire ses juges n'appartient pas au peuple, au même titre que le droit d'élire ses députés, et, sans remonter aux premières clauses du contrat social, sans rechercher péniblement à qui ce droit appartient, j'examine quels sont les devoirs imposés aux hommes qui l'exercent; quelle influence heureuse ou funeste leurs vertus ou leurs vices doivent avoir sur le corps social.

CHAPITRE II.

Des tribunaux

Avant d'entrer dans le temple de la justice, arrêtons-nous sous le péristyle, et portons nos regards sur la statue de la déesse. Je la vois armée d'un glaive contre le crime, d'un bandeau contre la séduction, et d'une balance contre la fraude ; la vérité, la simplicité, le courage, sont ses attributs : égale pour tous, les portes de son temple sont ouvertes jour et nuit ; il suffit d'être homme pour y avoir accès, et le faible comme le fort trouvent un refuge au pied de ses autels. « Les Mèdes, dit Hérodote, élevaient « sur le trône des hommes sages, afin de jouir de la « justice. » Depuis que les rois naissent sur le trône, les peuples ont été souvent forcés de se procurer d'autres jouissances. Je me représente la justice telle que Dieu l'a faite, telle que la conscience la révèle ; nous verrons bientôt quelle odieuse furie a, d'un bout de la terre à l'autre, usurpé ses honneurs, et s'est assise sur ses autels.

La publicité est la condition nécessaire de toute procédure qui a pour objet de découvrir la vérité. Les procédures et les jugements secrets sont l'œuvre de la tyrannie : les hommes qui siégent dans ces tribunaux ne sont point des juges, mais des bourreaux; leurs condamnations ne sont point des jugements, mais des assassinats, d'autant plus odieux qu'ils sont ordonnés au nom de la justice, et exécutés avec le fer des lois. Pour croire à la justice, il faut la comprendre, il faut la connaître. Comment connaître ce qui se fait dans l'ombre ? Ce qui est soustrait à la connaissance du peuple n'est point la justice, c'est la politique, c'est l'iniquité.

« La publicité des débats judiciaires a bien moins
« pour objet, dit M. Guizot, de faire siéger les juges
« en présence de quelques hommes, que de mettre
« la conduite des procès et les jugements eux-mêmes
« sous les yeux de tous les citoyens. C'est par-là
« qu'on apprend si les formes ont été respectées ou
« violées, si le vœu des lois est rempli, quel esprit
« a présidé aux débats, sur quelles preuves a eu
« lieu la condamnation ou l'acquittement. Les tyrans
« de 1793 ne donnaient pour défenseurs aux *patriotes*
« que des jurés *patriotes*, et n'en accordaient point
« aux *aristocrates*. Dans d'autres temps, il a été donné
« aux *accusés aristocrates* des *jurés aristocrates*; et si
« les avocats ont conservé le droit d'élever la parole
« en faveur des *accusés patriotes*, ce droit a été sou-
« vent gêné par des interruptions, des réprimandes,
« et des interdictions. L'accusation et le jugement
« ont retenti dans tout le pays; les journaux les ont
« répétés et portés au loin; la défense n'a pu sortir

« de la salle d'audience : il n'a été permis qu'aux « assistants de savoir ce que l'accusé pouvait alléguer « pour sa justification ; nul autre n'a pu savoir *si les* « *formes avaient été respectées ou violées, et si le vœu* « *de la loi avait été rempli.*

« Dans l'affaire de juin, dit encore M. Guizot, la « publicité de la procédure et du jugement ont af- « faibli plus d'une crainte, et donné lieu d'espérer « que toutes les garanties n'étaient pas perdues. » Que penser de l'état politique et moral d'une société chez laquelle l'acte de justice qui renvoie absous quelques hommes innocents, est cité avec complaisance et comme une preuve de l'espoir consolant que toutes les garanties de la sûreté individuelle ne sont pas à jamais perdues?

Le temple de la justice, selon la belle expression de l'auteur que je viens de citer, *doit être un asile inviolable à tous les vainqueurs.*

CHAPITRE III.

Des juges.

On a dit qu'un juge devait faire provision d'éloquence, de science, et sur-tout de bonne conscience.

C'est particulièrement à ces époques terribles où

les états ébranlés par de violentes secousses cherchent à se raffermir sur des bases constitutionnelles, que du courage ou de la lâcheté des juges, de leur corruption ou de leur intégrité, dépend le sort des empires. Tant de vengeances à exercer, tant d'intérêts froissés dont les passions s'emparent, tant de fortunes déplacées qui réclament des restitutions impossibles, tant d'autorités qui se détruisent, tant de souvenirs qui se raniment, de haines qui se rallument! Les listes de proscriptions se déroulent, les catégories s'établissent ; vengez-moi, vengez-nous, s'écrie-t-on de toute part. Dès-lors tout est perdu si la magistrature, dépositaire des lois qui sont au-dessus des trônes, n'oppose le droit à la force, la justice à l'arbitraire.

« Le parlement, dit un savant évêque (Claude de
« Seyssel), a le droit de s'opposer au roi, si le roi
« ordonne une chose déshonnête. » Ce vertueux prélat ne disait point avec certains publicistes d'antichambre : *Si veut le roi, si veut la loi;* mais bien *si veut la loi, si veut le roi.* « Tout ce que la loi
« ordonne, continue l'habile jurisconsulte, le roi le
« commande; tout ce que veut la justice est voulu
« par le roi; et si quelque iniquité paraît émaner du
« trône, je ne veux y voir qu'une fausse apparence,
« et je n'obéis pas à ceux qui commandent le crime
« au nom de celui qui ne peut *mal faire.* »

A Rome, dans chaque affaire, les juges faisaient

serment de juger selon les lois avant que d'entendre les parties.

Les rois d'Egypte faisaient jurer aux juges, non d'être fidèles à la personne du prince, mais à la justice, et de ne prononcer jamais de sentence injuste, alors même qu'ils en recevraient l'ordre du monarque. Que Dieu fasse paix aux rois d'Egypte, tout despotes qu'ils ont été !

Leur exemple prouve que, sous le gouvernement le plus absolu, la justice a pu s'asseoir sur le trône : on l'a vue même une fois confier sans crainte son glaive au despotisme ; cette exception, peut-être unique dans l'histoire, mérite d'être citée.

On lit dans les chroniques arabes que Hamin-Schah, sophi de Perse, fut averti par un des officiers du palais qu'au milieu de la nuit deux inconnus s'étaient introduits dans la maison d'un particulier, où ils commettaient les violences les plus criminelles.

Etonné de tant d'audace, le sultan ne doute pas que les coupables n'occupent un rang très élevé dans l'état, et qu'ils ne se croient par-là hors de l'atteinte des lois ordinaires. Il se transporte sur le lieu même du délit ; mais, avant d'entrer dans la maison, il en fait éteindre toutes les lumières, et ordonne que les criminels pris en flagrant délit soient amenés devant lui, bâillonnés et couverts d'un voile : dans cet état il les fait à l'instant mettre à mort.

L'exécution terminée, il fait rallumer les flambeaux et découvrir le corps des deux coupables dont il approche en tremblant; il les regarde, lève les yeux au ciel, et rend grace à Mahomet: « Quelle « faveur avez-vous donc reçue du prophète, lui de- « mande son vizir? — J'ai cru mes fils auteurs du « crime que je viens de punir, répondit Hamin- « Schah; et craignant que la tendresse paternelle ne « me fît manquer à la justice, je n'ai voulu con- « naître les criminels qu'après leur châtiment; jugez « si je dois remercier le ciel, il m'a permis d'être « juste sans être parricide. »

Telle était l'idée que les Grecs se faisaient de la vertu d'un juge, qu'ils attribuaient une origine céleste aux trois grands hommes qui en avaient été sur la terre les modèles accomplis. Rhadamante, Eaque, et Minos, étaient les fils du souverain des dieux, et la profonde sagesse de ce dernier l'avait mis dans la confidence intime de Jupiter: *Et Jovis arcanis Minos admissus.*

Pour les récompenser de leurs vertus, ces trois rois, après leur mort, furent chargés de juger aux enfers tous les pâles humains: on a vu depuis beaucoup de juges dignes de figurer à un pareil tribunal; mais ce n'est pas au même titre que la voix publique les y appelait.

Un jour que l'on récitait au théâtre certains vers de l'une des tragédies d'Eschyle, faits en l'honneur du divin Amphiarus, et dont le sens était, *qu'il ne se souciait pas de paraître juste, mais de l'être ; aimant la vertu pour elle-même, sans songer aux louanges qu'elle procure, et à donner des avis utiles sans craindre de déplaire à ceux auxquels il les adresse ;* tout le monde jeta aussitôt les yeux sur Aristide comme celui à qui appartenaient de si nobles louanges ; car il était connu pour résister également à la faveur et aux louanges, comme à la colère et à la haine. Quand il était question de justice, l'amitié ne lui faisait rien faire pour ses amis, ni la haine contre ses ennemis. Ayant mis en cause un de ses ennemis et exposé au tribunal les motifs de l'accusation, les juges en furent si irrités qu'ils voulaient aller aux opinions sans écouter l'accusé ; mais Aristide se joignit aussitôt à son ennemi pour demander qu'il fût entendu, afin qu'il pût se justifier et se défendre, ainsi que le prescrivent les lois. Un autre jour, faisant lui-même les fonctions de juge, l'une des deux parties se prit à dire que son adversaire avait fait beaucoup de tort à Aristide. « Mon ami, répondit Aristide, « prouve seulement qu'il t'a fait tort à toi-même, car « je suis ici pour juger ta cause et non pas la mienne. »

Il vaut mieux renoncer à toute justice que de faire de ceux qui doivent la rendre des instruments d'oppression et d'iniquité. « La suprématie exercée « par le prince sur le pouvoir judiciaire, est, dit « M. Pastoret, le complément du despotisme et la « plus grande preuve de son existence. »

Chez les peuples libres, la juste crainte de cette pernicieuse influence a été portée si loin, qu'on les a vus absoudre des coupables plutôt que de paraître céder aux desirs d'un accusateur puissant. Scipion Émilien porta plainte devant le peuple contre Cotta, dont la conduite avait été très coupable; cependant Cotta fut renvoyé absous. Nous ne voulons pas, dirent les juges, que celui qui vient ici présenter une accusation puisse l'appuyer de l'autorité d'un grand nom ou de l'éclat et de la faveur de ses victoires.

Dans l'oraison pour Cluentius Avitus, Cicéron dit que tout juge doit se souvenir qu'il peut absoudre celui qu'il hait, et doit condamner celui qu'il aime lorsqu'il est coupable; qu'il faut se décider, non d'après ce qu'on souhaite, mais d'après ce que la conscience et la justice exigent; que l'on doit prendre garde, en vertu de quelle loi on cite l'accusé; quel accusateur le poursuit; pour quelle espèce de délit il est traduit devant les tribunaux : enfin le juge, dans la délibération, ne doit jamais perdre de vue la loi, l'équité, la sincérité; il doit repousser loin de lui toute influence étrangère, la haine, l'envie, l'ambition, la cupidité, la crainte de déplaire, non seulement à ceux qui récompensent les juges iniques, mais même à ceux qui punissent les magistrats intègres. « En quoi donc consiste la « sagesse d'un juge, dit ailleurs Cicéron ? A ne pas

« seulement examiner ce qu'il peut, mais ce qu'il
« doit; à ne pas seulement se souvenir combien a
« d'étendue son autorité, mais jusqu'à quel point il
« lui est permis d'en faire usage. »

CHAPITRE IV.

Des mœurs des juges.

Même au sein des sociétés corrompues par le luxe de la civilisation, la morale d'un juge devrait être le dernier asile de la sainteté des mœurs. On ne m'accusera pas de regretter les anciennes institutions : je dois le dire, cependant, sous le rapport des mœurs domestiques et du respect de la morale dans la vie civile, les membres des anciennes cours de parlement ont laissé d'admirables modèles et de justes regrets; sur ce point, la révolution est complète, et l'on ne reprochera plus à nos magistrats cette austérité d'habitudes et de langage qui distinguaient en France les anciennes familles de robe. Toutes les réflexions que je pourrais me permettre à cet égard sont comprises dans les plaintes que m'adressait, il y a quelques années, un négociant américain, arrivé des États-Unis pour recueillir en France une succession qui lui était échue : qu'il me soit permis

de citer ses propres paroles. « Un de mes oncles
« paternels, me disait-il, est mort dans ce pays, et m'a
« laissé par testament une terre de 30,000 fr. de re-
« venus; l'héritage est ouvert, et je dois croire qu'il
« suffit de me présenter pour être mis en posses-
« sion; mais une foule de collatéraux s'y opposent.
« Votre Code civil est excellent, l'article qui con-
« state mes droits est clair et précis, j'en invoque
« l'exécution; les hommes de loi s'en mêlent, des
« discussions s'élèvent, on demande à éclaircir l'évi-
« dence elle-même; il faut plaider, je plaide.

« Me voilà engagé dans les détours obscurs de la
« chicane subalterne, et, pour m'y reconnaître, je
« sème à pleines mains l'argent sur ma route. Je
« remplirais, comme Rabelais dans son Pantagruel,
« deux pages et demie des seuls noms baroques des
« actes qu'on me fait signer, et des officiers de jus-
« tice qui me les délivrent moyennant finance; à Phi-
« ladelphie cela ne m'eût rien coûté.

« Au moment où ma cause allait être plaidée, on
« me conseille d'aller voir mes juges; je réponds que
« cette coutume impertinente n'existe pas en Amé-
« rique : on me fait observer que c'est l'usage en
« France.

« Je me rends d'abord chez le président; je ne le
« cherche pas, comme autrefois, dans un gothique
« hôtel du Marais, mais dans un joli appartement
« de la Chaussée-d'Antin. Les laquais, qui jouaient

« au boston dans l'anti-chambre, m'apprennent,
« sans se déranger, que leur maître assiste en ce mo-
« ment à la répétition d'un grand concert qu'il doit
« donner chez lui le lendemain.

« Je m'achemine vers la demeure d'un autre juge;
« il partait pour la chasse.

« Un troisième, distingué par son talent pour la
« peinture, s'occupait à décorer lui-même le boudoir
« de sa femme; il ne put me recevoir.

« J'achève ma tournée chez mon rapporteur,
« homme de beaucoup d'esprit, à ce qu'on assure,
« et qui ne peut manquer d'être un jour un des or-
« nements de l'Académie; il ne me permit pas de
« lui parler de mon affaire (et j'appréciai très bien
« tout ce qu'il y avait de délicatesse dans cette ré-
« serve); mais il me lut les trois derniers chapitres
« d'un poême en prose poétique qui doit mettre le
« sceau à sa réputation littéraire. »

Je n'achèverai pas l'histoire du procès de l'Américain; je craindrais d'être accusé de manquer au
respect exigé pour la chose jugée; mais je terminerai, comme lui, par une réflexion qu'il empruntait
au plus grand poëte tragique de l'Angleterre : « Un
« juge doit être irréprochable, s'il veut être sévère;
« et je ne vois qu'un organe incomplet de la loi dans
« l'interprète de la morale publique, s'il n'en est pas
« aussi l'exemple. »

J'ajoute avec d'Aguesseau, « qu'un juge qui n'est

« pas un modèle de probité, n'est pas même un
« honnête homme. »

CHAPITRE V.

Des jurés.

J'appelle *juges* les *jurés*. En effet, ceux qui prononcent s'il a été commis un délit, et si l'accusé présent en est l'auteur, sont les véritables juges. Le reste est l'œuvre de la loi, dont les magistrats doivent se borner à faire l'application dans les cas spécifiés et déterminés par les jurés. C'est donc en ceux-ci que réside la véritable puissance de juger ; de là tant d'efforts pour soustraire à la discussion des jurés toutes les matières sur lesquelles la puissance veut, non pas que justice soit faite, mais que condamnation soit prononcée ; de là, tant de sophismes, de subterfuges, de mensonges, pour dénaturer cette institution salutaire, dernière garantie de la vie et de l'honneur des citoyens contre les envahissements du despotisme, et les vengeances de la tyrannie ; de là, tant de ruses et de fraudes, de manœuvres ténébreuses pour violer la conscience des jurés et corrompre l'équité de leurs jugements.

Le jury véritable, le jury tel que le conçoit la

raison, tel que le veut la justice, tel que la morale l'avoue, est la réunion d'un certain nombre de citoyens possédant les qualités déterminées par les lois, et désignés *par le sort*, pour décider, d'après leur conscience et les lumières de leur esprit, si un fait réputé criminel a été commis, et si un prévenu accusé de ce fait en est l'auteur. Plus les hommes appelés à prononcer sur ces deux questions seront dégagés de toute influence étrangère, plus leur décision sera sûre et droite. Cette rectitude ne peut être mise en doute que par ceux qui ont intérêt à la fausser. On cite quelques erreurs des jurés, comme s'il n'avait pas été commis par les juges en robe des erreurs cent fois plus funestes et plus nombreuses.

Dans le pays où le mépris des hommes n'est pas le principe du gouvernement, en Amérique, et même en Angleterre, le législateur n'a pas voulu que la liberté des citoyens fût à la merci d'un officier de justice[1]. Tout homme arrêté a le droit de réclamer contre sa détention, et elle ne peut être maintenue que par jugement. Le droit de poursuite n'est donné qu'à la partie offensée, et le mot de

---

[1] En Angleterre, les juges de paix ont le droit d'envoyer en prison les personnes qui leur paraissent dangereuses à la tranquillité publique. Mais ce droit est soumis à une responsabilité qui n'est pas illusoire, et ils ne peuvent l'exercer qu'envers ceux qui ne veulent pas donner caution.

vindicte publique ne souille pas la législation de ces peuples.

Avant qu'un jury prononce si le prévenu est coupable, un autre jury doit décider s'il y a motif suffisant pour l'accuser. Ces deux degrés de juridiction avaient été établis en France par l'assemblée constituante; mais des législateurs pressés du besoin de tuer l'ont réduite à un seul, et ce degré unique déplaît encore à leur impatience meurtrière; tous leurs efforts tendent à le détruire. Il y a des cours d'appel pour les biens; il n'y en a pas pour la vie. Nos criminalistes semblent vouloir réduire toutes leurs formules à celle des proscripteurs romains : *Il faut mourir*.

En Angleterre, le schérif nomme les jurés : c'est un vice dans la législation criminelle de ce pays, mais moins dangereux dans la Grande-Bretagne qu'en France, parceque les fonctions de schérif ne durent qu'une année, et que celui qui y est appelé ne peut être nommé de nouveau pour l'année suivante. Autrefois ce magistat était élu par les habitants; aujourd'hui il est nommé par le roi, sur la proposition des douzes grands juges, qui sont tenus de ne présenter que des sujets portés sur les listes qui leur sont remises par les schérifs en exercice.

Quoique toutes ces circonstances et les formalités établissent une grande différence entre les préfets et les schérifs, il en est une plus rassurante pour les

Anglais, c'est que tout l'avantage que ces magistratures offrent à ceux qui les remplissent est d'augmenter leur considération dans la province. Le moindre esprit de partialité dans le choix des jurés serait pour un schérif un moyen aussi infaillible de perdre tout le droit à l'estime publique, que l'impartialité en pareille matière est trop souvent ailleurs une cause de défaveur et de disgrace.

« En France, dit M. Béranger, la formation des
« listes de jurés, leur réduction au nombre de trente-
« six, tout se fait dans l'ombre. L'autorité a pu long-
« temps méditer ses choix, même s'assurer de la
« docilité des hommes qui vont en être l'objet. Elle
« a pu s'entendre avec le président des assises; et si
« celui-ci n'a que vingt-quatre heures pour réduire
« sa liste, la connaissance qu'il a des hommes et du
« département rend ce temps suffisant pour lui per-
« mettre de conformer cette rédaction aux intérêts
« qu'il peut vouloir servir. »

Chez les Anglais, la liste des citoyens qui ont les qualités requises pour être jurés est affichée, afin que chacun puisse en prendre connaissance et s'assurer que le gouvernement ne s'arroge pas l'odieux privilége de créer des jurés de circonstance. Chez nous l'accusé ignore jusqu'au dernier moment quels seront ses juges; la liste ne lui en est notifiée que la veille du jour déterminé pour la formation du tableau. « Tandis que les agents de l'autorité, dit en-

« core M. Béranger, usent de tous les moyens que
« la loi met à leur disposition pour composer un
« jury dévoué, le malheureux qu'il poursuit est privé
« de toute possibilité d'annuler les effets de l'in-
« trigue ; il promène ses regards sur cette liste dont
« les noms sont nouveaux pour lui. Si, au milieu des
« factions, il est accusé de délits politiques, com-
« ment reconnaîtra-t-il, parmi les hommes chargés
« de prononcer sur son sort, ceux qui ont arboré
« des couleurs contraires aux siennes? » Tous peuvent avoir été pris dans ce parti contraire; et, par
une ironie cruelle, on ne lui permet de choisir
qu'entre ses ennemis. « Ainsi, ajoute M. Béranger,
« le gouvernement, par le moyen de ses agents,
« accuse, poursuit; et, dans les causes politiques,
« est à-la-fois plaignant et juge, puisqu'il ne remet
« le droit de prononcer qu'à des hommes dont l'opi-
« nion lui était connue d'avance. » Tout le monde
sait la réponse du moine de Marcoussi à Fran-
çois Ier : *Ce n'est pas par justice, c'est par* COMMIS-
SAIRES *que Montagu fut condamné à mort.*

Des condamnations prononcées par des commissaires ne le sont donc pas par *justice*. Mais qu'est-ce
que des commissaires, sinon des hommes désignés
par l'autorité pour condamner un homme que la
justice ordinaire absoudrait peut-être? Qu'est-ce que
des jurés choisis par l'autorité, sinon des hommes en
qui elle a plus de confiance pour faire condamner

les personnes des accusés, que des jurés désignés par le sort pourraient reconnaître et déclarer innocents?

Sous les règnes de Charles II et de son frère Jacques II, l'institution du jury fut totalement corrompue en Angleterre; des schérifs, vendus au pouvoir, choisissaient les jurés parmi les employés du gouvernement et les fournisseurs de la cour. Les mots *religion* et *morale* étaient sans cesse dans la bouche des agents du pouvoir; mais ce que ces hommes si religieux redoutaient le plus, c'était la conscience des gens de bien. La cour tenait à honneur de dominer, de vaincre toutes les résistances, et non pas d'être juste. Ne pouvant compter sur les bons, elle fit un appel aux méchants, et fonda ses triomphes sur le concours des scélérats. Il fut défendu de publier les noms des jurés, non seulement parceque ses choix étaient si honteux qu'elle n'osait les avouer, mais aussi afin que la crainte de l'opinion publique ne fût pas un frein pour ces *jurés-commissaires*. Pour obtenir la condamnation du lord Lorn, elle fut obligée de composer un jury de quinze nobles. « Tous les détails de cette procédure, dit
« Hume, furent infames et incompatibles, non seu-
« lement avec un gouvernement libre, mais avec un
« gouvernement civilisé. La cour chercha et trouva
« des jurés pour condamner un vieillard écossais
« dont l'âge et les infirmités avaient aliéné la raison,

« et dont le seul crime était d'avoir fait partie de
« la chambre haute formée par Cromwel. » Ce
système affreux dura pendant les régnes sanglants
de Charles et de Jacques, jusqu'à ce que la tyrannie,
étant mûre, tomba à la première secousse de l'indignation publique. Les Stuarts, chassés par le peuple,
furent à jamais bannis de l'Angleterre; une famille
étrangère, amie de Dieu et des hommes, y rétablit
l'autorité des lois, le régne de la justice, et la sainte
institution du jury.

Je ne suis pas l'apologiste de l'Angleterre : ses
lois criminelles sont encore atroces; la corruption
régne dans ses villes, la perfidie siége dans ses conseils, l'avarice et la violence règlent trop souvent
ses rapports avec les autres nations; mais on ne peut
nier que depuis l'expulsion des Stuarts, la morale,
bannie de toutes ses autres institutions, ne se soit
réfugiée dans ses tribunaux. Que de touchantes précautions pour protéger la vie des citoyens contre
l'erreur et l'arbitraire! combien de garanties pour
l'innocence! que d'égards et de pitié, même pour
les criminels! Là, chacun se souvient des paroles
de l'Évangile : « Je veux miséricorde, et non pas
« sacrifice; ne condamnez point, et vous ne serez
« pas condamné; acquittez, et on vous acquittera. »

Là, le ministère favorable à l'iniquité est repoussé
avec horreur; la publicité environne de toutes parts
les accusés et les juges; les listes des individus arrêtés

sont imprimées et affichées aux époques des assises ; on y fait connaître la cause de la détention : nul ne peut être mis en accusation que par une décision du grand jury.

Enfin l'accusé est en présence du tribunal; il n'y paraît pas en criminel convaincu, mais en homme contre lequel la justice élève des soupçons : il n'y rencontre que des regards amis. *Que Dieu vous accorde une heureuse délivrance*; tel est le premier souhait, telles sont les premières paroles qu'il entend sortir de la bouche de son juge.

Les personnes qui composent l'auditoire sont invitées à se joindre aux témoins pour donner sur le prisonnier les renseignements favorables qu'elles peuvent avoir.

L'acte d'accusation n'est qu'un simple énoncé du fait, isolé de tout antécédent, de toute réflexion, de toute insinuation. La partie publique s'interdit toute recherche, tout commentaire sur les mœurs et sur la conduite antérieure du prévenu ; c'est la punition d'un crime qu'elle poursuit, ce n'est pas un acte de vengeance qu'elle exerce. Succombe-t-il ? l'accusé retrouve encore la pitié au fond des cœurs; la religion accourt pour sanctifier ses remords, et les témoignages de la compassion publique qui l'accompagnent jusque sur l'échafaud adoucissent l'horreur du supplice.

Si tant d'arrêts iniques flétrissent les annales de la

justice humaine, c'est moins les lois que les juges qu'il faut en accuser : combien de fois les a-t-on vus torturer une loi de grace pour en extraire une sentence de mort!

Il ne suffit pas que les jugements soient équitables, il faut que la nation, que le condamné lui-même demeurent convaincus que justice a été faite.

« Les commissions, a dit Jacques Molé, sont « établies par une politique inhumaine qui a moins « pour objet de punir des crimes que de dé- « cerner des peines arbitraires pour des offenses « particulières. Ce n'est point juger, c'est assassiner « des prévenus que de les mettre à la discrétion « d'hommes qui attendent de la fortune ou des hon- « neurs de leur vénalité, et qui prononcent, non « à raison des crimes, mais à raison des per- « sonnes. »

Quand l'autorité ne gouverne plus pour tous les sujets, mais seulement pour quelques uns, elle ne peut imposer silence aux intérêts généraux sacrifiés à des intérêts de castes ou de corporations, que par la terreur, et établir la terreur que par des supplices. Les lois et les tribunaux d'exception, les condamnations iniques, sont des moyens que, dans tous les temps, la tyrannie, soit populaire, soit aristocratique, soit monarchique, a employés pour y parvenir; mais ces moyens sanglants sont aussi ceux qui la poussent le plus rapidement à sa perte; car personne ne pouvant plus être rassuré sur ses biens par la légitimité des titres, sur sa vie par l'innocence des actions, se voit réduit à la défense naturelle. La force ayant été substituée au droit, tous les hommes qu'elle menace sont à leur tour obligés de renoncer au droit pour recourir à la force, et la société rentre dans le chaos.

M. Boulay de la Meurthe place au premier rang des causes qui amenèrent la révolution d'Angleterre de 1649, l'influence de la cour sur les juges et les jurés, et sur-tout la création de la *haute commission*, au moyen de laquelle, sous prétexte de réprimer l'hérésie et le fanatisme, l'inquisition la plus révoltante fut exercée sur les opinions religieuses ; de la *chambre étoilée*, qui poursuivait avec la même tyrannie les opinions politiques, et des *commissions militaires* chargées d'appliquer la loi martiale étendue à tous les cas que l'on voulait comprendre sous les termes vagues de *troubles* et de *séditions*.

« Le prince qui substitue des juges forcés aux or-
« ganes ordinaires de la loi, annonce le besoin de
« satisfaire des vengeances, dit M. Béranger, et la
« seule différence qu'on puisse apercevoir entre les
« juges qu'il nomme et des assassins, c'est que les
« premiers se chargent d'infliger la mort en la fai-
« sant précéder de la cérémonie d'une sentence, et
« que les derniers la donnent eux-mêmes, et sur-le-
« champ. »

En effet, n'étaient-ils pas des assassins ces *commissaires* choisis par le tyran Louis XI, pour être les ministres de ses vengeances contre les grands? Quel autre nom que celui d'assassins peut être donné aux membres des *chambres ardentes* qui, sous François II, firent impitoyablement brûler les calvinistes et toutes les personnes accusées de n'être pas catholiques? Les *commissaires* nommés par Richelieu pour condamner le comte de Chalais, le maréchal de Marilhac, le duc de la Vallette, Cinq-Mars, de Thou, ne furent-ils pas les assassins de ces victimes de la férocité d'un digne ministre du roi qui fit entendre ces paroles : « *Ceux qui disent que je ne puis « pas donner à mes sujets les juges qu'il me plaît sont « des ignorants indignes de posséder leurs charges!* » Étaient-ils des juges ou des assassins ceux qu'on vit siéger dans les *commissions* d'Orange, dans les *tribunaux révolutionnaires* de Nantes, de Lyon, d'Avignon, de Paris?

« Des volontés et des commissaires, dit fort bien « M. Guizot, sont les conditions du pouvoir ab- « solu. » O malheureux! qui acceptez ces abominables fonctions, la robe qui vous couvre, ou l'épée que vous portez, ne vous défendra ni des remords, ni de la honte; vous repoussez en vain ce nom d'*assassins* qui vous poursuit, que vous lisez dans tous les regards; il est à jamais inséparable de celui que vous reçûtes de vos aïeux : il y restera attaché tant que le souvenir de vos crimes vivra dans la mémoire des hommes.

CHAPITRE VI.

Des magistrats pervers ou corrompus.

Tous les pays ont eu leurs Jefferies : à Athènes, ils versèrent la ciguë dans la coupe de Socrate; à Rome, ils jetèrent aux gémonies le corps de Titus Sabinus; ils ont dressé l'échafaud de Barnevelt en Hollande; ils ont peuplé l'Espagne de veuves et d'orphelins; en Italie, ils se réveillent à la vue des baïonnettes étrangères; et la France, au souvenir de tous les siens, est encore glacée d'horreur et d'épouvante.

Cependant une vérité consolante se manifeste au milieu de tant d'horreurs, la justice, indignement outragée dans son propre temple, y conserve ses droits méconnus, et sa voix, étouffée par les cris de la rage et du désespoir, parvient encore à s'y faire entendre. C'est à l'époque où l'affreux Jefferies inondait l'Angleterre de sang et de larmes qu'on vit un des juges de la cour sanglante qu'il présidait donner un exemple mémorable de cette fermeté courageuse, de ce respect des lois, qui suffiraient partout pour arrêter les excès de la tyrannie, s'il trouvait des imitateurs.

Un colonel à demi-paie, du nom de Torton, prévenu d'*indépendance*, avait été mis en jugement, et sa condamnation promise au parti royaliste : Jefferies, dans le cours des débats, s'aperçoit que les questions, telles qu'il les a posées lui-même, peuvent amener l'acquittement de celui dont il a juré la mort; il interrompt l'audience, se retire avec les autres juges, et leur propose de changer l'ordre et même la nature des questions. Un seul juge s'y refuse avec une indignation qu'il exprime de toute la chaleur de son ame, de toute la force de sa conscience; il invoque la sainteté des lois, depuis trop long-temps violées dans leur sanctuaire; et, désespérant de ramener à son avis un tribunal qui avait déja reçu le prix du sang qu'il voulait répandre : « Je déclare, dit-il à ses collègues avant qu'ils allas- « sent aux voix, que si vous prenez la détermination « qu'on vous propose, je ne reparais à l'audience « que pour y déchirer ma toge, pour y prendre le « ciel et les hommes à témoin que je n'ai point de « part à cette infame délibération, et que je déserte « à jamais un tribunal où les lois sont foulées aux « pieds des juges, où l'innocence n'a plus d'appui, « où la justice n'a plus d'organe. » Jefferies lui-même fut obligé cette fois de céder à l'influence d'une si haute vertu : Torton fut acquitté.

A-peu-près dans le même temps, le juge de paix Salmon fut cité au *banc du roi* pour avoir révélé, dans une pétition aux chambres, la cause et les agents secrets des crimes épouvantables qui avaient été commis en Irlande. Ce vertueux citoyen parut au tribunal accompagné de son vieux père, connu par son dévouement à Charles Ier; l'avocat-général, accoutumé qu'il était au spectacle de l'injustice opprimant la vertu, ne put soutenir les regards de celui qu'il osait accuser. Pour la première fois peut-être, dans ces temps de crimes et d'oppression, on vit un généreux citoyen armé de l'irrésistible éloquence du patriotisme et de la vérité, changer de rôle avec son juge, glacer sa langue accusatrice, et, du banc des criminels, prononcer en magistrat suprême la condamnation de son accusateur.

Il est une justice céleste à laquelle n'échappent jamais ceux qui ont déshonoré son nom sur la terre. En vain les Jefferies de tous les âges ont espéré enfouir au sein de la terre la renommée avec les ossements de leurs victimes : le premier parlement libre d'Angleterre a réhabilité la mémoire des Sidney et des Russel.

Un décret défendait sous peine de mort de prononcer le nom de Socrate; Euripide respecte la loi, mais il fait dire à un des personnages de ses tragédies : *Athéniens, vous avez fait périr le meilleur des Grecs.* A ce vers, la douleur publique éclate de toutes parts; toutes les bouches bénissent le nom de Socrate, toutes les bouches vouent aux furies vengeresses les Jefferies athéniens.

Le sang humain est un breuvage amer: il brûle il dévore les entrailles qui l'ont reçu. Honte et malheur à quiconque se désaltèrera dans la coupe homicide; la liqueur qu'elle contient reviendra sans cesse sur ses lèvres impies; elle menacera incessamment de briser les faibles vaisseaux de sa poitrine, et de s'écouler avec ses paroles.

La vieillesse de Jefferies fut anticipée; la crainte et les remords assiégeaient sa vie, et bien avant le temps sillonnèrent ses joues de rides profondes. Ce front qu'aux jours de ses fureurs il élevait avec tant d'audace, s'inclinait alors vers la terre, et semblait vouloir y cacher le signe de la réprobation qu'une main vengeresse y avait fortement empreint. Même au temps de sa faveur, jamais les caresses de deux rois ne lui avaient procuré de joies comparables au trouble, aux cuisantes douleurs que lui faisait éprouver l'aspect imprévu du fils, du frère, de l'ami, de la veuve de celui qu'il avait immolé. Si ses yeux rencontraient un de ces regards qui lancent le reproche et le mépris, il se sentait frappé au cœur et demeurait anéanti. Le grand chancelier d'Angleterre, le lord chef de la justice, portait par-tout dans son sein un juge, des témoins, des bourreaux plus impitoyables qu'il ne l'avait été lui-même; et toute la puissance des Stuarts ne le pouvait mettre à l'abri de leurs coups.

Si quelquefois la justice du ciel échappe à nos regards, et semble remonter vers sa source divine, chaque nuit elle redescend sur la terre, s'assied au chevet du magistrat, et le récompense ou le punit selon ses œuvres. Quand l'univers était muet et prosterné devant Sylla, sa conscience restait inflexible; sans cesse elle lui faisait entendre ces mots: *Tu ne dormiras pas;* et Sylla ne ferma plus les yeux que pour mourir.

CHAPITRE VII.

Des conspirations et des crimes supposés

Depuis cette longue suite de monstres couronnés sous le nom d'empereurs romains, les annales de la magistrature n'offrent rien de plus odieux que l'histoire des tribunaux sous les règnes des derniers rois de la maison des Stuarts. Charles II se mit lui-même à la tête des fabricateurs de conspirations.

La cour de ce prince, de concert avec lui sans doute, imagina de faire publier contre le roi, contre son frère et contre la famille royale, des pamphlets injurieux, et de les imputer aux défenseurs des libertés nationales, pour se ménager les moyens de les perdre.

Un catholique irlandais nommé *Fitz-Harris*, attaché à la cour, protégé par la duchesse de Portsmouth, et qui venait de recevoir du roi même une somme considérable, se lia avec *Everard*, un des chefs du parti populaire, et lui proposa de travailler avec lui à un écrit contre la famille régnante. Everard, qui se défiait de Fitz-Harris, lui assigna un rendez-vous dans un lieu où se trouvait caché le juge-de-paix Waller.

L'agent de la cour y vint, et indiqua sommairement les principaux points qui devaient être traités dans le libelle dont il apporta le projet. Il s'agissait d'y établir que le roi était papiste; qu'il avait, ainsi que son père, favorisé la rébellion de l'Irlande; qu'il était au pouvoir du peuple de détrôner un roi papiste, et que la nation, ne pouvant compter sur le parlement, devait pourvoir elle-même à sa sûreté.

Fitz-Harris fut arrêté; on trouva sur lui la copie du projet de libelle; il avoua qu'il avait agi par ordre supérieur, et dévoila cette perfide intrigue. On sut que le projet était d'envoyer des copies de cet écrit séditieux chez les principaux *Whigs*, de les y faire saisir, et de profiter d'une semblable preuve pour leur imputer le projet de détrôner le roi, et de renverser le gouvernement.

Le piège tendu par Fitz-Harris contre Everard, le fut à son tour contre ce dernier par un ministre anglican nommé *Hawkins*: à la sollicitation de celui-ci, chapelain à la tour de Londres, Fitz-Harris fit une nouvelle déclaration, et soutint que ce libelle était bien véritablement l'ouvrage des ennemis du roi. Sa grace lui avait été promise à ce prix : l'échafaud fut sa récompense, et Hawkins fut payé du sang de Fitz-Harris par un bénéfice de 3,000 liv. sterling de revenu. Telles étaient les machinations infernales que, du temps de Charles II, on ne rougissait pas d'appeler des *combinaisons politiques*. Nous avons peine à y ajouter foi, tant nous avons profité des leçons de l'histoire. Continuons donc à l'interroger, pour y trouver de nouvelles raisons d'applaudir aux progrès que la justice et la morale ont faits parmi nous.

Plunket, évêque catholique et primat d'Irlande, fut arrêté et condamné à mort, comme prévenu d'une conspiration papiste à laquelle le roi ne croyait pas, que la cour elle-même tournait en ridicule : c'était, dit l'historien Hume, le quinzième complot inventé depuis la restauration.

Dans tous ceux qui suivirent, le gouvernement, auquel la magistrature était vendue, descendit jusque dans les plus ignobles tavernes pour y suborner des témoins en sa faveur. Le faux témoignage devint une fonction publique : ceux qui l'exerçaient avec privilége, après avoir été entendus contre les catholiques, le furent ensuite contre les protestants.

On produisit contre Colledge, citoyen de Londres connu sous le nom de *menuisier protestant,* les trois mêmes hommes dont le témoignage avait conduit à la mort le vicomte de Stalford, membre catholique de la chambre haute : les jurés apprécièrent à leur juste valeur la déposition de ces misérables ; Colledge fut déclaré innocent ; mais, au mépris de toutes les lois divines et humaines, il fut remis en jugement à Oxford, dont le schérif, notoirement dévoué à la cour, eut soin de ne nommer que des jurés de son parti, et de les choisir parmi les employés, les fournisseurs et les marchands des princes, dont ils conservèrent la faveur au prix d'un *verdict,* en vertu duquel l'infortuné Colledge fut envoyé à l'échafaud. Je ne dois pas oublier de dire qu'il fut, à cette occasion, et pour la première fois, fait défense de publier le nom des jurés, afin de ne pas décourager les autres.

Je ne rappellerai pas ici les noms de tant de victimes immolées, à cette fatale époque, au démon de la vengeance et du pouvoir ; je n'entrerai point dans les détails de tant de complots imaginaires où l'on parvint à réunir deux choses jusque-là réputées incompatibles, le ridicule et l'atrocité ; mais le sujet que je traite me fait un devoir d'arrêter plus particulièrement les regards du lecteur sur l'affreuse machination connue sous le nom de complot de *Rye-House*, et sur l'accusateur public Jefferies, monstre d'impudence et d'atrocité, qui fit planer la mort sur toutes les têtes, qui remplit de deuil toutes les familles de la Grande-Bretagne, et fut peut-être la cause la plus immédiate, bien que la plus éloignée, de ce débordement de haine qui précipita pour jamais les Stuarts du trône d'Angleterre.

Un scélérat (il s'appelait Hosward) avait dit: « *Je n'attends de pardon du roi qu'en lui rendant* « *quelque grand service, qu'en faisant pour lui le* « *métier de faussaire.* » Les complots étaient à la mode; il inventa la conspiration de *Rye-House*, dans laquelle il enveloppa le colonel *Rumbole*, le duc *de Montmouth, Walcote, Hone, Ross, Hampden, Essex, Sidney*, et son propre parent lord *Russel*. De ces neuf illustres citoyens, deux seuls échappèrent, l'un en prenant la fuite, l'autre par jugement; le hasard lui avait donné des jurés.

Essex fut trouvé égorgé dans la tour de Londres, le jour même où le roi et le duc d'Yorck avaient été dans cette tour qu'ils n'avaient pas visitée depuis quinze ans; tous les autres périrent de la mort des criminels.

Sidney avait refusé d'être un des juges de Charles Ier, et de prendre part à son jugement. Lorsque Charles II vivait dans l'exil, Sidney avait fait échouer plusieurs entreprises formées contre la personne de ce prince; il fut un de ceux qui s'opposèrent le plus fortement au despotisme de Cromwel : il avait même mérité la disgrace du protecteur, pour avoir porté à Charles de l'argent fourni par ses amis et par lui-même; quand la restauration arriva, il était encore réfugié sur une terre étrangère. Quelques uns de ses amis le pressaient de revenir en Angleterre, et lui faisaient même espérer les faveurs de la cour. « Tant que je serai sur la terre, leur répondit-il, je « tâcherai de conserver ma liberté, ou du moins de « ne pas consentir à la perdre : j'aime ma patrie, il « m'est bien pénible d'en être séparé; mais quand « j'y vois la liberté opprimée, les plus honnêtes gens « en proie aux plus méchants, nul homme en sûreté « que par les lâches moyens de la flatterie et de la « corruption, abandonnerais-je mes anciens prin- « cipes pour apprendre les viles pratiques des cour- « tisans? Non! je ne veux pas déshonorer le passé « en cherchant à pourvoir à l'avenir. »

Ces généreuses résolutions furent tout le crime de Sidney. Il avait déja passé seize ans dans l'exil, lorsqu'il apprit que son père était atteint d'une maladie mortelle; la piété filiale le ramena en Angleterre, la vengeance l'y attendait. Howard l'enlaça dans les filets de *Rye-House*, et Jefferies prononça contre lui la sentence mortelle. Sidney s'étant écrié: « O Dieu! s'il faut que l'effusion du sang innocent « soit vengée, que ta vengeance ne tombe que sur

« ceux qui me persécutent méchamment pour la
« cause de la justice. » Jefferies, hors de lui-même,
se leva en disant que le prisonnier était en délire :
« Regardez, dit froidement Sidney, en avançant le
« bras, si mon pouls bat plus fort qu'à l'ordinaire; »
puis il ajouta : « Je rends grace à Dieu de ce que je
« meurs pour cette bonne vieille cause dans laquelle
« je me suis engagé dès ma jeunesse. »

Quand les schérifs vinrent le chercher, il leur
dit : « Par complaisance pour la cour, vous avez
« nommé des jurés iniques et corrompus; songez
« que mon sang, et tout celui que de tels jurés font
« verser, retombera sur vos têtes. »

Sidney était âgé de soixante-six ans; ses cheveux
étaient blancs, mais son corps faible, usé par les
travaux et l'étude, était soutenu par une ame intrépide : il voulut aller à pied au lieu de son supplice;
il y marcha d'un pas ferme, d'une contenance assurée, au milieu d'une foule saisie de terreur, d'étonnement et d'admiration.

La fin de lord Russel ne fut pas moins héroïque;
mais des circonstances plus touchantes encore environnèrent son illustre trépas. Fils du comte de
Bedfort, pair d'Angleterre; appelé à recueillir, avec
la pairie, la succession la plus opulente du royaume;
ami sincère de la liberté, doux, humain, populaire, l'opinion de sa droiture et de sa probité était
généralement établie; il avait épousé la fille de ce

Southampton, grand-trésorier, qui, lors du désastre de la famille royale, lui avait prodigué sa fortune. Au milieu des dépravations de la cour, Russel avait donné l'exemple des vertus les plus austères.

Amené devant ses juges, il demanda que la cause fût remise au lendemain, quelques uns de ses témoins n'étant pas encore arrivés. Cette demande lui fut durement refusée. « L'Europe nous presse, « répondit Jefferies ; elle est impatiente de voir « couler le sang d'un traître. » L'illustre accusé exprima ensuite le desir qu'il lui fût permis d'employer une autre main que la sienne pour recueillir les notes des dépositions. « Vous pouvez vous servir « de la main d'un de vos domestiques, dit l'avo- « cat-général. — Je n'en veux pas d'autres que celle « de la dame qui est à côté de moi, répondit Rus- « sel (c'était celle de son épouse). » Tous les regards se portèrent sur cette femme héroïque, et sa présence porta au plus haut degré l'attendrissement de l'auditoire ; Jefferies et ses complices y parurent seuls insensibles.

Hosward, l'indigne parent de Russel, l'auteur et le dénonciateur du prétendu complot de *Rye-House*, parut comme témoin ; deux autres délateurs plus obscurs, et non moins infames, furent entendus.

Le conseil et l'intention suffisaient, d'après une loi nouvelle, pour constituer le crime de haute trahison; mais cette loi voulait que le crime fût poursuivi dans les six mois, et il y en avait onze que le fait allégué par les trois misérables s'était passé; on eut recours à un statut d'Édouard III, qui ne prononçait de peine que contre le commencement d'exécution, *l'acte ouvert*, mais qui ne déterminait pas un temps pour les poursuites. Les intentions de la loi nouvelle furent cousues à l'indétermination du temps de la loi ancienne; et, de cette union monstrueuse, sortit pour lord Russel une condamnation à mort.

Il reçut avec sang-froid sa sentence. L'épouse de Russel courut implorer la clémence du monarque : Charles répondit en signant l'arrêt de mort, et porta l'oubli de tout sentiment humain jusqu'à insulter à sa victime.

Les parents, les amis, et la noble épouse de cet illustre martyr de la liberté furent du moins admis à lui faire leurs derniers adieux.

Lady Russel entra sur le soir, tenant par la main ses deux enfants encore en bas âge : « Vous me con-« naissez, dit-elle à son époux; si ma vie n'apparte-« nait qu'à vous seul, votre arrêt disposerait de mon « sort : mais je suis mère, j'aurai le courage de vous « survivre.... » Leur séparation fut déchirante. Quand sa femme fut sortie, « Le sacrifice est con-« sommé, dit Russel en essuyant ses yeux, *l'amer-« tume du calice est passée*, » et il s'endormit plus paisiblement dans sa prison que Charles et le duc d'Yorck dans leur palais de Windsor. On vint l'éveiller; il prit sa montre, regarda l'heure, et la remit à l'un de ses gardiens en lui disant : *Le temps est passé pour moi.*

A la porte de la prison, lord Cavendish, son ami, l'attendait; ils s'embrassèrent pour la dernière fois. Russel traversa une foule immense, attendrie, consternée, dont le silence n'était interrompu que par des sanglots. Quel spectacle! quel crime! c'était le courage, la bonté, la vertu, la liberté, qu'on allait frapper dans un seul citoyen!

Après tant d'assassinats juridiques commis à Londres, Jefferies n'ayant plus personne à immoler dans la capitale, se disposait à faire sa tournée dans le royaume comme chef de la justice..... Chef de la justice!!! Jefferies vint prendre les ordres du roi son maître. Charles s'avança vers lui d'un air satisfait et gracieux, lui mit au doigt un anneau qu'il tira du sien, et lui dit avec cette grâce qui le distinguait : « Ne buvez pas trop dans votre tournée, « car les chaleurs sont bien grandes. » Quel juge! quel roi! quel temps!

CHAPITRE VIII.

Des délateurs et des témoins

« Selon la règle de nos anciens, disait Cicéron, « que je me contente de citer dans notre langue, il « fallait, pour être admis à déposer devant les ma- « gistrats, jouir d'une réputation irréprochable : « dans les moindres affaires, les hommes les plus « estimés ne pouvaient rendre témoignage si la sen- « tence à intervenir devait favoriser ou contrarier « leurs intérêts les plus éloignés, ou même leur opi- « nion politique notoirement connue. »

Jusqu'au dernier jour de la république, les Romains auraient cru violer tous les principes de la morale, toutes les idées de justice et de vertu, en permettant que des esclaves, que de misérables espions, que d'infames délateurs, parussent au prétoire pour porter témoignage contre des citoyens. Ce fut sous les règnes éternellement maudits des Tibère, des Caligula, des Néron, que ces hommes dégradés profanèrent de leur souffle impur le temple de la justice; que l'on vit naître une espèce de monstres plus odieux encore, qui vendaient, au prix de l'or ou des emplois, les pensées les plus secrètes de leurs proches; qui, non contents de donner à des actions indifférentes les couleurs du crime, créaient le crime même, allaient aigrir le ressentiment au fond des cœurs, pleuraient pour arracher des larmes, se répandaient en plaintes pour exciter des murmures, et porter aux pieds de ceux qui leur en assuraient le salaire la trame d'iniquité qu'ils avaient ourdie.

« Quiconque, dit Montesquieu, avait bien des « vices et bien des talents, une ame basse et un es- « prit ambitieux, cherchait un criminel dont la « condamnation pût plaire au prince : c'était la voie « pour aller aux honneurs et à la fortune. »

Cécilius Cornutus, accusé d'avoir donné de l'argent pour soulever les Gaules, n'attendit pas son jugement, et se donna la mort; car alors être accusé ou être condamné était une même chose. Cette mort anticipée donna lieu de proposer de ne pas accorder de récompense aux accusateurs du crime de lèse-majesté, lorsque l'accusé aurait cessé de vivre avant le jugement ; mais Tibère s'éleva contre cette proposition, et, contre sa coutume, dit Tacite, il prit ouvertement le parti des délateurs. Ainsi ces hommes pervers, nés pour l'extermination des gens de bien, et qui jusque-là avaient semblé ne pouvoir être trop réprimés par la sévérité des peines, furent alors déchaînés et excités par l'appât des récompenses.

Charles II épouvanta l'Angleterre du spectacle

qui avait effrayé les Romains sous le troisième des Césars. « La horde nombreuse des espions, des té-
« moins, des délateurs et des suborneurs, s'aperce-
« vant, dit Hume, que la puissance était tout entière
« entre les mains du roi, se tourna tout-à-coup
« contre ses anciens maîtres, *et offrit ses services*
« *aux ministres.* A la honte de la cour, ils furent
« reçus avec empressement, et leur témoignage, ou,
« pour mieux dire, leurs parjures furent employés
« à légaliser des assassinats. » Ces témoins étaient, la plupart, des hommes qui, auparavant, n'avaient comparu devant la justice que comme accusés de vol, de faux ou de délits plus grands encore, et pour lesquels ils avaient subi de flétrissantes condamnations. Cependant ces hommes infames étaient logés au palais de Whitehall, entourés de gardes, comblés de pensions, de graces, d'honneurs. Les délateurs se contredisaient, se rétractaient, selon les instructions qu'ils avaient reçues; et toutes ces dépositions contradictoires contre des malheureux, que le plus souvent ils ne connaissaient pas, en les accusant d'avoir conspiré avec eux, étaient précédées du serment, sur l'Évangile, de dire la vérité, rien que la vérité. Les tribunaux étaient dignes des témoins: l'ordre judiciaire tout avili, tout corrompu qu'il était, ne fournissant pas assez de gens sans honneur et sans pudeur pour condamner tous les innocents que la cour voulait faire mourir, elle des-

cendait dans les prisons pour y faire grace à des scélérats souillés de sang : des assassins obtinrent le pardon du roi, qui les plaça ensuite parmi les juges, afin qu'ils pussent continuer à assassiner sous un autre habit et avec d'autres armes.

Dans les pays où les lois et la pudeur publique ne permettent pas d'entendre, comme témoins, des délateurs, des agents provocateurs, des espions, ils ne sont pas admis, il est vrai, à prêter serment et à déposer selon les régles ordinaires de la justice ; mais, en vertu d'un pouvoir nouveau qu'on appelle *discrétionnaire*, les présidents des tribunaux font appeler ces témoins notés d'infamie ; ils sont entendus, non pour déposer, mais pour *donner des renseignements*.

L'opinion des jurés ne se forme-t-elle pas par des renseignements? Faut-il donc que cette dégradante hypocrisie de langage se retrouve aussi dans la bouche et dans les actions des dépositaires des lois, de ceux à qui la garde des biens, de l'honneur et de la vie des citoyens a été confiée?

Dans les accusations pour un crime privé, le magistrat demande aux témoins s'ils ne sont pas parents, alliés, serviteurs ou agents salariés des parties. Dans les accusations pour délits politiques, lorsque l'autorité qui se croit menacée se porte accusatrice, ses agents salariés doivent-ils être produits par elle comme témoins à charge des accusés?

Plutarque dit : « Je trouverais fort honnête que « l'homme de gouvernement portât témoignage en « choses justes, à ses adversaires, voire qu'il les « honorât, en jugement, s'il advenait qu'ils fussent « travaillés en justice par des calomniateurs. » Je suis entièrement de l'avis de Plutarque.

CHAPITRE IX.

Récompenses accordées aux délateurs.

Il suffit de nommer les princes sous lesquels la délation fut encouragée et récompensée, pour montrer combien elle est odieuse et méprisable. Chez les Romains Tibère, chez les Anglais Charles et Jacques, chez les Espagnols Philippe II, Jeanne à Naples, Alexandre VI dans la capitale du monde chrétien, Louis XI en France, c'est-à-dire les plus méchants des hommes, furent les protecteurs des plus abominables valets de la tyrannie, les délateurs. Ils mirent la trahison au concours; le plus perfide, le plus adroit à surprendre la foi, à tromper la confiance, le moins scrupuleux à sacrifier ses amis et ses parents, fut celui qui obtint le premier prix. Ils répandirent entre les citoyens les méfiances, les soupçons, la dissimulation, et opérèrent dans les ames une dégradation si profonde, que le plus courageux effort de la vertu fut de ne pas sourire au vice puissant, de garder le silence et de détourner les yeux à son aspect.

CHAPITRE X.

De l'accusation et des condamnations.

L'accusation doit-elle être une déclamation diffamatoire, un cri de proscription et de mort? Est-ce de la bouche d'un magistrat ou de celle d'une Euménide que sortent ces accents de la haine, ces paroles outrageantes, ces menaces et ces fureurs?

C'est dans les faits généraux que l'art funeste des rédacteurs d'actes d'accusation va chercher la preuve des faits qu'ils veulent imputer à des particuliers. Ce qu'ils s'efforcent de prouver ce n'est pas que tel homme est un conspirateur, mais qu'il a existé une conspiration; et ce fait général une fois établi ou seulement rendu vraisemblable, ils raisonnent ainsi : Puisqu'il y a eu conspiration, il y a eu des conspirateurs : la conspiration avait pour but de favoriser tel parti; donc c'est dans les hommes de ce parti, ou qui sont soupçonnés d'en être, que se trouvent ces conspirateurs; les hommes que nous avons fait arrêter appartiennent à ce parti, donc ils ont conspiré.

En Angleterre, tous les conspirateurs étaient autrefois papistes ou presbytériens ; aujourd'hui ils sont whigs ou radicaux. En France, sous la convention, les conspirateurs étaient tous royalistes ou aristocrates ; sous le directoire et le consulat, ils étaient jacobins ; aujourd'hui ils sont libéraux ou bonapartistes ; en Italie, tous sont *carbonari;* en Espagne, ils ne se trouvent plus que dans les rangs des *serviles*, ou des *afrancezados* (¹).

Qu'ont de commun les soulèvements des nègres, les prétentions des mulâtres et l'incendie de quelques habitations des blancs en 1792, avec les faits particuliers imputés au gouverneur de Saint-Domingue en 1788, à ce Blanchelande, dont vous demandez la tête? Vous parlez de conspirations contre l'unité et l'indivisibilité de la république, contre la liberté, contre l'égalité. A qui? à cette maréchale de Mouchy, octogénaire et sourde, qui ne vous entend pas, qui ne saurait vous comprendre ; vous portez sur l'échafaud, parcequ'ils n'ont pas la force d'y monter, ces vieillards que vous accusez de s'être armés contre vous.

« Ainsi, dit Barnett, les partis opposés se servent
« tour-à-tour des armes dont ils reprochaient l'usage
« à leurs adversaires, et considèrent comme légi-

---

¹ Il faut se rappeler que cet écrit fut publié en 1822 pour la première fois.

« times dans leur cause les moyens qu'ils regar-
« daient comme abominables dans la cause de leurs
« ennemis. Bientôt le mérite des accusations dis-
« paraît devant celui des condamnations ; il s'établit
« une sanglante émulation entre les hommes qui
« accusent et les hommes qui jugent. Ceux-là
« veulent se faire remarquer par la dureté de leurs
« paroles, et ceux-ci par la rigueur de leurs sen-
« tences. C'est à qui, sous la toge de Jefferies, ob-
« tiendra, par de serviles condamnations, le titre
« et l'emploi de lord chef de la justice. »

CHAPITRE XI.

De l'interprétation des lois.

Dans tout état libre, disent Voltaire et Montesquieu, il n'y a point de citoyen contre qui on puisse, sans crime, interpréter la loi. Les Anglais seuls ont connu tout le respect que l'on doit à la sainteté du texte des lois, lorsqu'ils ont permis que le crime lui-même en abusât : l'art perfide d'en forcer le sens, d'en rechercher l'esprit, est le crime des juges pervers et des temps d'oppression.

C'est alors que l'on voit une jurisprudence équivoque où la même action trouve, d'un jour à l'autre, son châtiment ou sa récompense ; où le crime est souvent puni par le crime; où vous êtes jugé, non comme prévenu d'un délit, mais d'une opinion; non comme factieux, mais comme fils, gendre ou ami d'un factieux; non comme perturbateur du repos public, mais comme fauteur de telle doctrine politique, laquelle, interprétée de telle manière, appliquée à tel événement, pourrait en telle circonstance causer tel dommage.

Il est pénible de le dire, tous les peuples de la terre ont subi cette justice affreuse. Qu'on me cite un seul tribunal en Europe dont les siéges ne fussent hideusement couverts si dans chaque pays un nouveau Cambyse eût fait écorcher vifs les juges prévaricateurs, et revêtir de leur peau les chaises curules où siégèrent les Torquemada, les Jefferies, les Fouquier-Tinville, et tant d'autres monstres qui souillèrent leur toge du sang de l'innocence, et transformèrent en poignard le glaive de Thémis.

Les lois éternelles de la morale suffisent à tous les besoins de la justice : tout voile jeté sur sa statue est un voile funèbre.

Les juges, en termes de jurisprudence, doivent *dire droit*, et non *faire droit*, car le droit est fait : les juges sont les organes et non les arbitres des lois. Une sentence arbitraire, de quelque nom qu'on la décore, quelque intérêt qui la dicte, fût-ce le salut de l'état ou celui du prince, est le plus grand et le plus irréparable des attentats, puisqu'il tend à corrompre la source même de la justice ; c'est, dit énergiquement l'illustre chancelier d'Aguesseau, le crime du faux monnoyeur, qui attaque à-la-fois l'état, le prince et le peuple.

Nul n'oserait dire : *J'ai le droit de faire périr qui il me plaît;* la fureur des partis ou l'audace des tyrans n'a pas encore été jusque-là. Mais ce qu'ils n'osent dire, ils ne craignent pas de le faire en travestissant les vertus en crimes, et les innocents en coupables : détestable mensonge auquel on a vu s'exercer tant d'avocats sans pudeur, de juges sans foi, et d'orateurs sans probité.

CHAPITRE XII.

La décision prise et la chose jugée.

Errare humanum est. Si cet axiome latin est vrai, il faut en conclure que nos juges et nos ministres n'appartiennent pas à l'humanité ; les uns ne se trompent jamais dans leurs décisions, jamais les autres n'ont erré dans leurs jugements, car tous exigent le respect le plus profond pour *la décision prise* et *la chose jugée.*

Cependant ces ministres infaillibles sont fréquemment remplacés par des ministres plus infaillibles encore, puisque leur première opération est presque toujours de rapporter les décisions de leurs prédécesseurs par des décisions nouvelles, qui seront annulées à leur tour par les décisions de leurs successeurs. L'infaillible de la veille est réformé par l'infaillible du lendemain, et, en définitive, le respect de la décision prise n'est obligatoire que pour le malheureux dont elle lèse les droits et compromet les intérêts.

Les hommes dont le métier est de juger permettent bien moins encore de mettre en question leur infaillibilité; ils peuvent se tromper sur la forme, mais jamais sur le fond : la condamnation est toujours juste, le châtiment toujours mérité. On répond au condamné qui réclame : *Si ce n'est pas toi, c'est ton frère ou quelqu'un des tiens.* Toute punition est juste; il ne peut y avoir d'irrégularité que dans la manière dont elle est ordonnée. Chaque juge semble dire comme ce médecin de Molière : « Un « homme mort n'est qu'un homme mort, cela ne « fait point de conséquence; mais les règles ne doi- « vent pas être violées. »

Un homme accusé d'avoir commis un assassinat est arrêté, jugé, condamné et mis à mort. Peu de temps après, un autre homme avoue qu'il est le véritable auteur de l'assassinat; la sincérité de ses aveux est confirmé par la déposition de plusieurs témoins irrécusables : à son tour il est condamné et exécuté, comme coupable du meurtre pour lequel un autre a déjà subi l'irréparable peine de mort. Voilà deux jugements, deux condamnations capitales pour un même crime; cependant il n'y avait qu'un coupable. Un innocent a donc péri victime des erreurs de la justice? Cette question est indiscrète, ce doute est téméraire, s'écrient les magistrats! les premiers juges n'eurent pas tort, et les derniers ont eu raison : *respect à la chose jugée.*

« Il y a peu d'années, dit Voltaire en parlant de
« la justice de son temps, où quelques juges de pro-
« vince ne condamnent à une mort affreuse plu-
« sieurs pères de famille innocents, et cela *tranquille-*
« *ment, gaiement même,* comme on égorge des
« poulets dans une basse-cour. On a vu plusieurs
« fois la même chose à Paris. » Serait-ce donc pour ne pas troubler cette *tranquillité,* cette *gaieté* des juges, que le respect de la chose jugée est si rigoureusement imposé?

Jamais les déceptions de l'intrigue, jamais l'entraînement des opinions et de l'esprit de parti, jamais les douces amorces de la faveur, jamais les sourdes menaces du pouvoir, n'ont fait, dites-vous, vaciller entre vos mains incorruptibles les balances de Thémis! — Du fond de leurs tombeaux, les ombres sanglantes de Calas, Sirven, Lally, Lesurques et mille autres, se lèvent pour vous démentir. — Mais l'intérêt social est lié à l'irrévocabilité des jugements.
— Non; l'intérêt de la société est de prévenir ou de

punir les juges iniques, de rechercher, de casser, de réprouver les condamnations injustes : l'intérêt de la société est moins encore de perdre les coupables que de conserver les innocents.

La loi attache, dites-vous encore, une présomption de vérité aux jugements légalement rendus. — Qu'est-ce qu'une présomption de droit auprès d'une vérité de fait?

La hache a frappé la tête de l'innocent, la tombe s'est refermée sur sa cendre, l'erreur n'est plus réparable; gardons-nous, disent les faiseurs de lois criminelles, d'ouvrir aux réclamations d'indiscrètes issues; *respect à la chose jugée*. Quoi! respect au mensonge, à l'erreur, à l'homicide! non, respect à la vérité, à l'innocence, à la justice! Parcequ'un arrêt cruel aura été rendu, la honte restera éternellement assise sur la tombe de l'innocent tombé sous le fer de la loi. Son ombre restera pour jamais ensevelie sous le poids d'une condamnation infamante, de peur que la *tranquillité* et la *gaieté* des juges ne soient un moment troublées! Mais les larmes de la veuve, les cris des enfants, pourraient aussi jeter quelques nuages sur cette douce sérénité; leur défendez-vous de pleurer? c'était un crime à Rome sous les empereurs : est-ce donc vers ce temps d'odieuse mémoire qu'on prétendrait ramener les peuples modernes?

Tentative aussi vaine que criminelle : la morale ne sera pas étouffée par l'argumentation et les sophismes; tous les vains prestiges, toutes les illusions sont à jamais détruites, et rien ne sera respecté que ce qui est véritablement respectable.

Est-ce la lumière, est-ce la vérité que vous cherchez; est-ce la justice que vous voulez rendre, ne vous lassez pas d'interroger tous les faits, d'écouter toutes les voix avant le jugement, pendant que l'accusé est en face de la justice, et même après qu'elle a prononcé sur son sort; et si, malgré toutes vos recherches, tous vos scrupules, l'innocent a péri victime d'une erreur fatale, déchirez votre robe, descendez de votre siége, et loin de crier : *Respect à la chose jugée!* maudissez-la, car cette chose est votre ouvrage, et le sang répandu par votre ordre est retombé sur votre tête.

CHAPITRE XIII.

De la police considérée comme auxiliaire de la justice.

JUSTICE et POLICE ! quelle alliance de mots et d'idées qui se repoussent et s'excluent mutuellement ! Il n'a pas fallu moins que la puissance et le cruel génie du plus odieux des empereurs romains pour opérer cette union monstrueuse, ce prodige d'immoralité et de tyrannie.

C'est à Tibère que remonte l'invention de la police, de ce grand corps invisible, qui était par-tout, et ne se trouvait nulle part; qui frappait en secret, qui enveloppait tout, comme ce dieu de la fable, d'un réseau qui échappait à la vue; de cette police, reine des tripots et des mauvais lieux, qui ne respectait ni le secret des familles, ni le foyer domestique, ni les épanchements de l'amitié; de cette police, indigne auxiliaire de la justice, sans cesse occupée à combattre les monstres qu'elle enfantait, à déjouer les complots qu'elle imaginait, à corrompre les mœurs confiées à sa garde. *Caveant consules,* criait-elle avec Sylla, que l'on prenne garde! et prendre garde c'était épier, dénoncer, prononcer, égorger.

Sur l'égide de cette fausse Minerve était écrit le mot *protection*; elle portait dans sa maison un flambeau dont la lueur incertaine conduisait à un labyrinthe légal, où le Minotaure de la tyrannie dévorait tour-à-tour ses victimes.

Peut-être trouvera-t-on que je m'écarte de mon sujet en rappelant de honteux souvenirs que les progrès de nos institutions politiques ont entièrement effacés. Que nous importent en effet, à nous qui avons le bonheur de vivre sous un gouvernement constitutionnel, les maux que la tyrannie a faits aux Romains? Quel rapport peut-il y avoir entre la police inventée par Tibère et perfectionnée par Louis XI, et cette police si douce, dont les ressorts *huilés* se meuvent au milieu de nous sans frottement, sans secousse, sans autre force que celle que la loi leur imprime. Aussi n'ai-je d'autre but, en ramenant l'attention du lecteur sur des maux si loin de nous, que d'établir entre le passé et le présent un parallèle dont nous avons tant de raison de nous glorifier.

La politique admet encore l'usage des espions, comme la médecine celui des poisons; mais c'est pour guérir, assure-t-elle, et non pour tuer. Si les poisons et les espions agissent quelquefois selon leur nature, c'est contre l'intention bien connue de ceux qui les emploient; c'est le remède qui a tort, et non le médecin.

Les espions sont désavoués par la morale; ils brisent ce qu'il y a de plus doux dans le lien social, la confiance entre les citoyens : l'autorité, en les élevant vers elle, ne peut les ennoblir, et elle s'avilit en descendant vers eux. Mais on dirait qu'il ne s'agit plus de morale, de confiance, d'estime : *gouverner*, voilà la question; est-ce à l'aide des espions qu'on espère la résoudre?

La main du temps se fait sentir dans le bien comme dans le mal; tout se perfectionne. Le sombre, le dissimulé, le cruel Tibère lui-même ne voulait pas qu'un homme pût être recherché pour les paroles qu'il avait dites à table parmi ses amis, dans la chaleur et la liberté des festins. Un tyran trouvait une telle recherche inquisitoriale et tyrannique. Les peuples modernes ont eu affaire à des princes moins scrupuleux que Tibère. Sous le masque de l'amitié, des délateurs se sont assis à des banquets fraternels; les plaintes hypocrites, les questions, les propositions perfides, ont provoqué des réponses imprudentes; et les accusations les plus terribles ont été fondées sur des propos de table.

« Qu'y a-t-il de plus inviolable, dit Cicéron, de « mieux fortifié par toutes les lois divines et humai- « nes, que la maison de chaque citoyen? » Les délateurs n'osaient y pénétrer, même sous les empereurs : ils sont moins timides aujourd'hui; ils brisent les verrous, ils enfoncent les portes, ils forcent les armoires et les secrétaires pour y chercher matière à délation, et par conséquent à récompense. Ce qu'il faut craindre le plus n'est pas ce qu'ils trouvent, mais ce qu'ils apportent.

Les misérables qui vivent de révélations et vont à la recherche des victimes, quand la vérité leur manque, vendent le mensonge et la calomnie. Un officier de marine napolitain, frappé d'un coup mortel, et sentant sa fin approcher, fit venir un de ses anciens amis, et, étant restés seuls, il avoua qu'il avait remis à la police un rapport secret, dans lequel cet ami et un grand nombre d'autres personnes étaient dénoncés comme *carbonari*, quoiqu'il n'eût contre eux aucune preuve de cette accusation. Il avait pris ce moyen comme le plus sûr et le plus prompt pour obtenir de l'avancement. Cette déclaration tardive fut reçue par un notaire, et quelques individus lui durent d'être déchargés d'une accusation capitale.

L'art cruel des délateurs cherche des accusations vraisemblables, et, par cette raison, presque impossibles à détruire. Sous les derniers princes de la maison des Stuarts, tous les prévenus étaient accusés d'avoir dit que Charles et Jacques manquaient à leurs promesses, violaient leurs serments, étaient les ennemis de la liberté, et voulaient, à l'aide du papisme, fonder le pouvoir absolu sur la ruine et l'anéantissement des lois.

Les lois mêmes ne promettent-elles pas l'impunité aux criminels qui dénoncent leurs complices; et, par la plus immorale des combinaisons, l'absolution du premier forfait n'est-elle pas promise au prix d'un second crime? Ainsi celui qui a violé la foi publique est invité, par le plus puissant des intérêts, par le sentiment de sa conservation, à violer la foi particulière; et le législateur enseigne qu'il est des cas où la délation et la perfidie méritent récompense! Honteux aveu de l'infirmité des lois ou de l'invalidité des magistrats.

« Vos agents secrets, disait-on à un lieutenant gé-
« néral de police, sont tous des misérables pris par-

« mi les filous, les voleurs, les vagabonds, et les
« gens repris de justice.—Trouvez-moi, répondit-il,
« des honnêtes gens qui veuillent faire un pareil mé-
« tier. » Mais si les agents sont infames, que penser
de ceux qui les emploient, et d'une justice qui admet les misérables qu'elle a flétris, à dénoncer les citoyens irréprochables, et à venir déposer contre eux en face des mêmes tribunaux qui les ont notés d'infamie?

LIVRE XI.

De la morale dans les institutions et les établissements publics.

CHAPITRE PREMIER.

Considérations générales

Après l'éducation, ce qui influe davantage sur la morale d'un peuple, ce sont ses institutions.

Les lois les plus justes cessent de l'être à l'application, dans tout pays où le gouvernement donne l'exemple des vices qu'il punit dans les particuliers.

De quel droit sévira-t-on contre les transactions de la mauvaise foi, dans un état où les actes de l'autorité paraîtraient toujours dictés par le mensonge et la ruse? contre les progrès de l'usure et de l'agiotage, sous un gouvernement dont le ministère se déclarerait lui-même complice des agioteurs et des usuriers? contre le déréglement des mœurs domestiques, chez un peuple où la débauche et la galanterie seraient mises au nombre des vertus des grands? contre les malversations d'un tuteur infidéle, dans un état où la fortune publique serait impunément dilapidée par ceux qui l'administrent? contre l'oubli de la morale dans les actions de la vie privée, là où le vice trouverait refuge et protection dans les établissements publics?

La morale n'avoue que trois sortes d'établissemens : ceux qui portent les citoyens au travail; ceux qui leur offrent un asile contre l'excès de l'indigence, et des secours contre la maladie; ceux enfin où la société séquestre pour un temps des hommes qui ont violé ses lois.

CHAPITRE II.

De la mendicité

Les mêmes institutions qui font des riches font en même temps des pauvres; dans les pays où il y a beaucoup de palais, on est sûr de trouver beaucoup de chaumières : par-tout les murs d'argile touchent aux parvis de marbre; le luxe et la misère sont de la même famille : « J'ai lu quelque part, di-« sait Diderot, que les mendiants sont une vermine « qui s'attache aux riches. N'est-il pas naturel, ajou-« tait-il, que les enfants s'attachent aux pères. » De là ces associations antisociales où le fléau de la mendicité a pris naissance; ces distributions d'aumônes sur le parvis des temples, au parloir des monastères, sur le seuil des palais épiscopaux; ces *sportules* que des valets assouvis partagent entre les animaux et les mendiants du logis.

Nous avons vu se former sur tous les points de la France des établissements publics sur le plan de ceux dont jouissaient la Toscane et la Belgique; l'extinction de la mendicité devait en être le résultat infaillible. Qui le croirait? presque toutes ces écoles d'industrie, presque toutes ces maisons d'épuration, où les mendiants se transformaient en artisans laborieux, ont été fermées ou ont changé de destination. Aurait-on pensé que les mendiants sont aussi une de ces corporations du bon vieux temps, qu'il est nécessaire de rétablir pour compléter l'œuvre de cette régénération gothique, à laquelle, depuis quelques années, on travaille avec tant d'ardeur? Les mendiants réunis dans les dépôts étaient les pauvres de l'état, et nos dames de charité veulent avoir les leurs; c'est une des coquetteries des dévotes à la mode, et de leurs missionnaires, qui vont prêchant de ville en ville une nouvelle croisade contre la liberté, la philosophie et la Bible.

Mais il ne faut pas croire qu'il suffit d'être dans l'indigence pour avoir droit à leurs charités; la misère a aussi sa noblesse. Pour mendier avec profit, il faut d'abord prouver que l'on pense bien, et l'on reconnaît les bons pauvres à la porte de nos églises, au certificat d'incivisme dont certains dévots exigent qu'ils soient munis.

L'hypocrisie et le mensonge sont devenus les conditions de la mendicité : courtisans de la plus basse et non de la plus vile espèce, les mendiants privilégiés portent, pour la plupart, les signes extérieurs des infirmités qu'ils n'ont pas; ils étalent avec une sorte d'orgueil la livrée de la misère, et font avec la bienfaisance calculée qui les soudoie, un commerce profane de démonstrations pieuses, de génuflexions tarifées, et d'oraisons labiales.

Il faut pourtant le dire à ceux qui paraissent effrayés de l'accroissement rapide de la population; il y a aujourd'hui beaucoup moins de pauvres en France qu'on n'en comptait avant la révolution.

En 1767, leur nombre s'était si prodigieusement accru, que le gouvernement effrayé crut devoir les traiter en ennemis; plus de cinquante mille furent arrêtés dans les différentes parties du royaume; on les entassa dans des maisons où rien n'avait été préparé pour les recevoir; la plupart y périrent.

Si les exemples qu'on offre à des rois doivent nécessairement être pris sur le trône, je leur citerai celui de Léopold, grand-duc de Toscane, prince sage et législateur moral; il ne permit pas que, dans ses états, aucun citoyen, quels que fussent son rang et sa fortune, vécût oisif et sans profit pour la société; tout homme parvenu à l'âge où l'on peut remplir un emploi, exercer une profession, un art, un métier, était obligé de faire connaître celui auquel il se destinait, et les magistrats veillaient à ce qu'il ne pût se soustraire à cet engagement. Ainsi tout citoyen était utile à la société; et, pour exercer des droits, il fallait accomplir des devoirs.

Faites des ouvriers, et non des mendiants; donnez aux pauvres du travail et non du pain: ils ne vous demandent l'un que parceque vous leur refusez l'autre.

L'aspect d'un mendiant accuse, je ne dis pas la police qui le tolère, qui peut-être l'emploie, et par conséquent achève de le corrompre, mais le gouvernement qui lui doit des secours s'il est infirme, et de l'occupation s'il est en état de travailler.

J'ai souvent entendu répéter que la mendicité était une de ces maladies du corps social qu'il était souvent dangereux de pallier, et toujours impossible de guérir dans un grand état. A cela je réponds par des faits dont j'ai été témoin, et que peuvent attester les nombreux habitants d'une des plus belles cités de l'Europe.

En 1801, à l'époque où M. de Pontécoulant, aujourd'hui pair de France, prit en main les rênes de l'administration du département de la Dyle, telle était dans ce pays l'intensité du fléau de la mendicité, qu'on ne croyait point exagérer en disant qu'une moitié de la population demandait l'aumône à l'autre: deux ans après, la mendicité était entièrement détruite dans toute l'étendue de ce département.

Dans le plan que cet habile administrateur s'était proposé, et dont le succès surpassa ses espérances, il était parti du principe que l'humanité a ses droits avant tout; que ces droits imposent à la société l'obligation d'accorder secours et protection à l'indigence honnête; mais qu'en même temps la morale publique exige que l'on sévisse contre la mendicité lorsqu'elle n'a plus d'excuse.

Ces réflexions préliminaires le conduisirent à partager les mendiants en trois classes:

1º Ceux qui, pouvant travailler, mendient faute d'ouvrage;

2º Ceux que l'âge ou les infirmités mettent dans l'impossibilité de pourvoir par le travail à leur existence;

3º Ceux enfin qui mendient par fainéantise avec la faculté et les moyens de travailler pour vivre.

Les moyens à prendre pour éteindre la mendicité n'étaient plus que les conséquences à déduire de cette classification.

Ouvrir des *ateliers publics* pour les mendiants de la première classe; des *asiles* pour ceux de la seconde; des *maisons de réclusion* pour les autres.

C'est par l'exécution de pareilles mesures, mises en œuvre par un magistrat dont la volonté persévérante et le dévouement au bien public ne se sont jamais démentis, que la Belgique se vit délivrée d'un mal hideux contre lequel avoient échoué tous les efforts de l'ancien gouvernement.

« Le but des fondateurs des établissements de « charité à Hambourg, dit madame de Staël, a été « moins de rendre les hommes utiles, que de les « rendre meilleurs. » C'est ce haut point de vue philosophique qui caractérise l'esprit de sagesse et de liberté de cette ancienne ville anséatique.

CHAPITRE IV.

Maisons de prêt. — Monts-de-Piété.

Parmi les établissements publics utiles et honorables dans leurs principes, il en est dont les abus ont tellement vicié l'institution, que la morale ne balance pas à les classer au nombre des fléaux les plus à craindre pour la société qu'ils dévorent, et les plus honteux pour les gouvernements qui les autorisent.

Toute institution qui tend à éteindre l'amour du travail est immorale; elle augmente la misère et conseille le crime.

Combien parmi nous en existe-t-il encore de ce genre?

Je n'hésite point à placer l'établissement des monts-de-piété au rang des institutions immorales, sans respect du nom respectable dont on les a couverts.

Je n'accuse pas l'intention de leurs fondateurs; leur but était louable, je dois le croire : ils fondèrent le prêt public pour détruire le prêt clandestin ; ils s'arrogèrent le privilége de l'usure à dix pour cent pour en arrêter les progrès ; ils crurent sanctifier des bénéfices usuraires en les abandonnant à l'hôpital général ; c'est-à-dire qu'ils dépouillèrent les pauvres au profit des pauvres : voilà l'excuse ; mais où est la charité ?

La femme de l'ouvrier malade ou sans travail, qui ôte les draps de son lit et va les déposer dans un mont-de-piété, afin d'en tirer quelques écus pour acheter du pain à ses enfants, ne devrait-elle pas trouver un établissement où l'on eût assez de piété et de pitié pour ne pas exiger d'elle douze pour cent d'intérêt ?

La plus grande partie de ces effets, qui ne peuvent être retirés, sont vendus presque toujours au-dessous de leur valeur réelle, et les frais de vente absorbent ce que l'intérêt n'a pas dévoré.

Loin d'être secourables aux pauvres, les monts-de-piété accroissent donc leur misère et favorisent un établissement beaucoup plus immoral encore, LA LOTERIE, la plus vile, la plus odieuse conception de ce génie fiscal qui préside aux gouvernements modernes.

CHAPITRE V.

Maisons de jeu.

Le jeu n'est pas seulement un défaut, c'est un vice; la chaire, le barreau, la tribune l'appellent de ce nom, et les hommes qui gouvernent ne le désignent pas autrement dans leurs ordonnances. Mais pourquoi ces défenses, ces recherches de la police contre les jeux de hasard, dans des pays où le gouvernement lui-même, par l'intermédiaire de ses ministres, s'associe à l'entreprise de toutes les maisons de jeu dont il s'approprie le quart des bénéfices? Cet homme traduit devant les tribunaux, comme prévenu de tenir un jeu clandestin, sera-t-il puni pour avoir violé les lois, blessé la morale, porté la corruption dans le cœur de la société? non, car il pourrait s'autoriser de trop grands exemples; mais il sera condamné pour avoir lésé les intérêts d'un autre honnête homme qui a le privilège exclusif de la ruine des familles, qui a pris à ferme le scandale d'un gain énorme, fondé sur l'imprudence, le vice et le malheur, et qui exerce avec brevet ce trafic infame.

Ce serait manquer à la probité politique et compromettre l'honneur du gouvernement, de permettre qu'il fût soustrait à un si galant homme la moindre part d'un bénéfice aussi légitime.

CHAPITRE VI.

Jeu de la bourse.

Sortirai-je d'une caverne pour entrer dans une autre? Oui. Caton le censeur ne craignit point de se présenter dans l'enceinte où des citoyens dégradés se livraient à toutes les turpitudes de leurs saturnales. Sans doute il y a loin de Caton à moi, mais peut-être y a-t-il plus loin encore des folies de la Bourse aux saturnales romaines.

Quels sont ces gens sombres et préoccupés qui se promènent dans cette vaste enceinte, qui se rassemblent en groupe, se parlent bas et se précipitent sous ces voûtes, où de temps à autre j'entends pousser des cris en chiffre, qui font pâlir les uns et rougir les autres?

Un courrier a paru; il était porteur d'une lettre que personne n'a lue; on n'en fait pas moins circuler la nouvelle qu'elle renferme: c'est une bataille perdue par un peuple ami. A l'instant chacun spécule sur ce désastre présumé: une bataille perdue équivaut pour ceux-ci à une pension gagnée; l'oscillation des événements publics est la base de la fortune de ceux-là.

La journée est-elle stérile en nouvelles? on en fabrique; celle qui vient d'être apportée n'est pas vraie: elle est contredite par une autre également fausse: toutes deux auront enrichi ou ruiné en quelques heures ceux qui les ont données et ceux qui les ont reçues.

L'esprit de l'homme, rebelle à la vérité, se soumet aux plus monstrueuses erreurs avec une facilité merveilleuse; insensiblement il se familiarise avec les disparates, les dissonnances, les contradictions les plus choquantes, avec tout ce que les difformités morales et physiques ont de plus repoussant; il finit même par y voir de certaines compensations harmoniques, qui doivent entrer comme éléments nécessaires dans l'ensemble des choses.

Cette disposition vicieuse, qui semble appartenir plus particulièrement à l'esprit français, peut seule expliquer comment il est, dans ce pays, pour les hommes et les affaires publiques, des principes, des règles, des mœurs entièrement opposés aux principes, aux mœurs, aux usages qui règlent la conduite des particuliers.

Le commerçant qui, après avoir mis des effets sur la place, emploierait constamment le mensonge et la ruse, tantôt pour augmenter, tantôt pour affaiblir la confiance publique et trafiquer de son propre crédit, serait bientôt et infailliblement déshonoré par de pareilles manœuvres. Cette crainte bourgeoise n'arrête pas nos hommes d'état : placés au-dessus et plus souvent au-dessous de l'opinion publique, ils ont anobli l'agiotage, et parodiant un mot de Louis XIV, ils ont déclaré que la patrie c'était la Bourse. De si hauts, de si nobles exemples, ne pouvaient être stériles ; ils appelaient des imitateurs, et les imitateurs sont accourus en foule : le négociant qui n'oserait spéculer sur son crédit, ni étaler sur un tapis vert son or et ses billets, va les exposer au grand tripot de la Bourse ; là tous les sentiments sont confondus : dans les biens, dans les maux publics, on ne voit que matière à spéculation ; l'égoisme est la seule loi, l'amour du gain la seule passion.

Le royalisme de l'un, le libéralisme de l'autre, suivent les fluctuations de la hausse et de la baisse : le même homme, comme citoyen, forme des vœux que, comme joueur, il serait au désespoir de voir exaucés. Celui-ci tient pour les Turcs et le pouvoir absolu : mais ses calculs sont à la baisse ; il aspire après la capture du capitan-pacha et la défaite de Chursid : celui-là se déclare pour les peuples et la liberté ; dans les salons, il vante le patriotisme et le courage des Hellènes, l'ardeur d'Ypsilanti, la prudence d'Odisseus. Mais ses doutes naissent en entrant à la Bourse, il oublie Odisseus et Ypsilanti ; il se souvient de Bucharest et des massacres des Arnautes; il prévoit des revers, il a besoin d'une défaite : il joue à la hausse.

Il y a quelques années encore on appelait *faire fortune* acquérir des possessions, des dignités, gagner des grades sur le champ de bataille ; aujourd'hui on donne à ce mot une valeur plus positive ; faire fortune c'est tout simplement s'enrichir. Rien de plus honteux et de plus risible à-la-fois que la rapidité avec laquelle l'agiotage a dénaturé la langue : vous parlez à un nouveau général d'une *brillante affaire ;* il ne vous laisse pas achever, et croit qu'il est question de *l'emprunt d'Espagne* : le mot de *belle action* vous échappe ; un homme au collet fleurdelisé vous dit à l'oreille qu'il en a plusieurs de la Banque de France, et vous les offre à quelques centimes au-dessous du cours.

Chaque spéculateur a ses correspondants secrets, ses courriers particuliers : chaque parti fabrique ses bulletins et ses contre-bulletins ; on se glisse furtivement des billets ; quand on est sûr d'être regardé, on les lit avec mystère dans un petit groupe d'affidés. Un compère est détaché ; il s'avance avec une précipitation affectée vers les agents de change, achète ou vend selon le mouvement qu'on est convenu d'imprimer au cours du jour, et les agioteurs en chef établissent leurs bénéfices sur les terreurs des faibles et la crédulité des dupes. L'escroquerie, pour laquelle un pair d'Angleterre fut justement condamné au pilori, est renouvelée chaque jour par des hommes qui, de bonne foi peut-être, pensent être encore d'honnêtes gens, quand déja ils sont si éloignés des voies de l'honneur et de la probité.

Quel spectacle offre aujourd'hui la Bourse! Manufacturiers, propriétaires, conseillers d'état, généraux, gens de robe, gens d'église, gens de cour, comédiens, courtisans, se coudoient, se heurtent, se précipitent dans cette arène où les combattants se disputent les dépouilles de la patrie, où les fortunes sont fondées sur les ruines, et là joie des uns sur le désespoir des autres ; où des ministres eux-mêmes, succombant aux tentations de l'habitude, ne rougissent pas d'apporter le contingent de leur ancienne industrie. Tous attendent, dans des anxiétés et des angoisses inexprimables, le jour des liquidations, où il y aura des pleurs et des grincements de dents; les plus désintéressés dans cette grande crise répètent avec une froide indifférence : Il y aura bien des liquidations faites à coups de pistolet; car le suicide est aussi une des chances de ce terrible jeu.

Cependant que fait le ministère pour arrêter ce délire contagieux et insensé, qui rappelle les saturnales de la régence? Pour mettre un terme à cette déplorable fureur qui menace de convertir la nation tout entière en société de joueurs, c'est-à-dire de fripons et de dupes? Les maisons de jeu vont-elles être fermées? va-t-on proposer de supprimer la loterie, ou du moins d'interdire les mises à la portée de l'ouvrier, de l'artisan? Non; mais qui pourrait le croire, qui oserait le dire, si l'acte le plus solennel ne l'attestait à la France, à l'Europe, au monde entier? comme si c'était trop peu du *jeu des tontines*, du *jeu des rentes*, du *jeu des reconnaissances de la liquidation*, du *jeu des actions de la banque*, du *jeu des actions de la ville*, on a inventé, on a mis en action le *jeu des annuités*.

CHAPITRE VII.

Des hôpitaux.

Les recensements faits en 1788 prouvent qu'à cette époque quarante-huit mille infirmes ou vieillards trouvaient un asile dans les hôpitaux, et qu'un nombre à-peu-près égal d'enfants abandonnés y étaient reçus; vingt-cinq mille malades étaient accouplés, deux à deux, dans une couche étroite, où ils faisaient un triste échange de maux et de douleurs. A mesure que les palais, les couvents et les hôtels, se multiplient, il faut augmenter le nombre des hôpitaux : ces déplorables résultats de l'inégalité des conditions ont diminué avec la cause qui les avait fait naître.

Tout établissement dont le but tend à affaiblir le besoin du travail et de l'économie, est par cela même immoral: c'est à l'humble foyer de la misère que la charité véritable vient s'asseoir; sans doute elle s'impose alors des devoirs plus pénibles, des sacrifices plus grands; pour la plupart des hommes, soulager le malheur n'est qu'un moyen de s'en épargner la vue. « Il est, a dit Duclos, peu d'ames « assez dures pour n'être pas touchées des maux « d'autrui; mais il en est bien peu d'assez humaines « pour en être attendries. » Si cela n'était pas, détournerait-on si tôt les yeux de dessus l'infortuné souffrant; irait-on si vite en perdre l'idée dans des distractions frivoles? Vous l'avez vu avec émotion, vous avez été affecté jusqu'aux larmes; mais vous craignez qu'il ne vous fasse éprouver ce sentiment pénible une seconde fois, vous ne le verrez plus.

Quelques progrès que la société humaine ait faits parmi nous depuis un siècle, je la crois encore aussi loin du but où elle peut atteindre que du point d'où elle est partie; sans doute il est des maux qui sont les conditions de l'existence philosophique: la morale et la politique doivent se borner à limiter le champ où ils s'exercent, et peuvent même tirer parti de leur influence maligne pour en accroître le bien-être général.

En présence de toutes les douleurs réunies dans une même enceinte, en parcourant ces salles où tant de maladies sont classées dans un si bel ordre, que la médecine paraît craindre d'en guérir quelques unes qu'elle aurait de la peine à remplacer; en voyant le pauvre mourir seul, l'homme de génie s'éteindre sur un grabat, le jeune homme trahi par la fortune, dans les accès de la fièvre qui le dévore, demandant où sont ses amis; sans doute, disais-je, en présence de pareils objets, tout ami de l'humanité, après avoir reconnu le besoin des hôpitaux, s'affligera d'y trouver par-tout le contraste de l'ostentation, de la charité, et de la parcimonie des secours; il réclamera pour ces établissements une part plus forte dans le budget ministériel, il demandera pour eux, aux riches mourants, des dotations qui ne passent pas par la main des prêtres; mais il joindra en même temps sa voix à la mienne pour bénir cette commission des hospices de la ville de Paris, qui compte, comme Titus, ses jours par ses bienfaits, et dont le zèle modeste dérobe à la reconnaissance publique des soins et des travaux qui n'ont pourtant pas d'autre salaire.

CHAPITRE VIII.

Des prisons.

Il est un autre asile de la misère, où l'homme abandonné de ses semblables, reste tout-à-fait étranger à la pitié publique; je veux parler des prisons.

Elles ne sont plus comme autrefois, et je me hâte de le dire, des cloaques infects où les prisonniers, resserrés entre des murs humides, couchés sur la terre froide et mouillée, avaient pour toute nourriture vingt-deux onces d'un pain noir, et pour breuvage une eau fangeuse; où le pouvoir jetait indifféremment et pêle-mêle le débiteur inexact, l'étourdi contrevenant à quelque ordonnance de police, le voleur, et l'assassin couvert du sang de sa victime.

Qu'importait alors à l'autorité souveraine que l'inexpérience et le malheur vécussent dans une atmosphère corrompue par les exhalaisons contagieuses d'hommes vieillis dans le crime et abrutis dans la honte? n'existait-il pas des châteaux-forts, et de nobles prisons d'état pour les gentilshommes?

Cet affreux abandon a cessé; on est tout près de

croire que des prisonniers sont des hommes; mais qu'il y a loin des améliorations qu'ont reçues ces tristes demeures, à celles que réclament la morale et l'humanité!

Sur quel grabat dorment ces malheureux! quel échange de haine et de cruauté s'établit entre les gardiens de ces enfers terrestres et les misérables qui les habitent! tout se vend, tout s'achète; un rayon de lumière, une eau plus douce, un air plus pur, tout s'y mesure, et l'avarice est le seul recours contre les excès de la barbarie.

CHAPITRE IX.

Des prisonniers.

Dans la plupart des prisons, on voit encore les accusés des plus grands crimes mêlés avec les hommes arrêtés pour les délits les plus légers; des condamnés pour qui se dresse l'échafaud à côté des détenus qui seront solennellement acquittés le lendemain; les vaincus de la politique partagent le pain, la paille, le banc des filous et des escrocs : n'a-t-on pas essayé de leur en faire porter la livrée, et cette odieuse tentative, pour être demeurée sans succès, est-elle restée sans éloge?

Nous osons parler de civilisation, d'humanité, de

morale! Allons donc visiter les prisons, descendons dans ces repaires de vices plus odieux que ceux que la loi punit par cette réclusion même; le coupable s'y endurcit dans ses fers, et en sortira plus criminel qu'il n'y est entré : trop souvent l'innocence au désespoir y prononce le blasphème de Brutus : *La vertu n'est qu'un nom!*

Eh quoi! les fonctions de la magistrature dénaturent-elles à ce point le cœur de l'homme, que la pitié n'y puisse trouver place à côté de la justice! On doit le croire, s'il est vrai, comme je l'entends assurer tous les jours, que la conscience d'un juge soit en repos quand il a satisfait au texte de la loi. Qui donc est assez heureux pour pouvoir douter d'un fait dont je me contenterai de citer un seul exemple?

Un jeune homme de dix-sept ans alors est trouvé (je ne dirai point à quelle époque) dans la maison d'un ami, au moment où celui-ci est arrêté comme prévenu d'un complot contre l'état; sa présence paraît un indice suffisant de complicité. Cet enfant, qui ne connaît encore que le toit paternel, est traîné dans cette affreuse salle où tous les genres de perversité sont confondus; il y passe deux jours et deux nuits, sans prendre de nourriture. Une espèce d'inquisiteur l'interroge, le menace du cachot s'il ne révèle pas ce qu'il ignore; son trouble l'accuse; on prend pour des réponses les phrases sans suite qui lui échappent; on le conduit en prison; il est mis au *secret*: sa tête repose sur le même lit où l'un de ses cousins a reposé pour la dernière fois la sienne : son cerveau, naturellement exalté, se trouble; privé de l'entretien, de la vue de ses parents, ignorant la cause d'un traitement inconcevable, il nourrit dans cette affreuse solitude la mélancolie profonde qui doit flétrir le reste de ses jours : un incurable chagrin le dévore, et lorsque l'autorité reconnaît son erreur et lui ouvre les portes de sa prison, il en sort l'ame flétrie, la raison égarée, et portant sur son front le stigmate ineffaçable de la cruauté des hommes. La méprise ou la dureté d'un magistrat, en privant la société d'un citoyen, a détruit à jamais le bonheur d'une famille entière.

Les peines infligées aux criminels eux-mêmes ne le sont ni dans l'intérêt de l'autorité, ni dans un esprit de vengeance : la loi est sans passion. Si le pouvoir, armé de tribunaux, de baïonnettes, et de ses milliers de fonctionnaires, employait tant de moyens pour accabler un seul homme, quelque coupable qu'il fût, il y aurait lâcheté.

Le mot de *vindicte publique*, donné depuis quelques années aux poursuites exercées contre des individus prévenus de crimes, sur-tout dans les accusations pour délits politiques, a quelque chose de barbare qui semble annoncer que les volontés de la puissance ont remplacé la raison écrite, que le langage des passions a été substitué à celui des lois, et que, comme l'a très bien dit M. Guizot, la politique a envahi le domaine de la justice. Mais c'est en vain; cette grande iniquité ne prévaudra point contre le principe établi par les moralistes et les législateurs de tous les pays ; *les peines sont infligées pour l'exemple.* Le jugement le plus équitable, prononcé dans le secret d'un tribunal, exécuté dans le silence d'une prison, et à l'insu de la société, n'est plus un acte de justice, mais de vengeance. Les hommes qui ont prononcé la sentence ne sont plus des juges, mais des bourreaux.

« C'est à celui qui sonde le cœur humain, a dit
« un ministre philosophe, c'est à celui qui lit dans
« la pensée, qui discerne avec sûreté l'influence de
« l'éducation et du tempérament, l'empire du mo-
« ment et des circonstances, la mesure des séduc-
« tions, la durée des combats, la vérité des re-
« mords, c'est à cet être puissant et divin que seul
« il appartient de punir dans les ténèbres et d'exer-
« cer sa justice en secret. » L'emprisonnement étant une peine obscure, perdue pour l'exemple, est donc une peine d'autant plus immorale qu'on s'est accoutumé à la considérer comme une punition légère; dans leur aversion pour toute espèce de liberté, il semble à certains magistrats que la perte de la liberté individuelle est une privation peu sen-

sible. Quel homme de bien ne frémit d'horreur et de pitié en voyant avec quelle prodigalité cette peine est chaque jour prononcée? combien de prévenus la subissent par anticipation, pendant des mois, pendant des années entières, avant le jour où des jurés équitables déclarent que l'autorité s'est trompée, que l'homme arraché à sa famille, à ses amis, à ses affaires, quelquefois soumis à la longue torture du secret, est un citoyen innocent, un père de famille irréprochable? Pour toute excuse, pour toute réparation, un geôlier vient lui dire : *La porte est ouverte, vous pouvez sortir.* Mais pourquoi suis-je entré? pourquoi tes maîtres ont-ils altéré ma santé, détruit ma fortune, porté le deuil dans le cœur de ma femme et de mes enfants?

« Il serait parfaitement juste, dit encore M. Nec-« ker, d'accorder un dédommagement à ceux qui « ont été victimes d'une prévention mal fondée. » Ces vœux, formés en 1784 par un homme de bien, ne furent pas trouvés séditieux alors, et moi j'ose à peine les renouveler dans un temps où tous les sentiments généreux sont suspects de libéralisme et où l'appel aux lois peut être taxé de révolte.

CHAPITRE X.

Des bagnes et des forçats.

Il faut classer au rang des établissements publics, dans les états modernes, ces bagnes, ces galères, ces chiourmes, où les vices rapprochés semblent mis en contact et comme en fermentation pour produire le plus haut degré possible de dépravation morale.

Les hommes du pouvoir et de la faveur, incessamment occupés à ourdir des intrigues secrètes, à mettre en jeu des ressorts cachés pour procurer à ceux qui ont déja le superflu quelques jouissances de plus, croiraient perdre leur temps et leurs soins si, en se livrant à de charitables méditations, ils cherchaient, ils proposaient les moyens de rendre à la société, moins indignes d'y reparaître, sans danger pour elle, sans trop d'humiliation pour eux, ces êtres dégradés que les lois en ont séparés pour un temps, sans rien prévoir pour le jour où ils doivent y rentrer; ou plutôt après avoir tout préparé pour que, rejetés, humiliés, sans secours, sans consolations, poussés par la honte, par le besoin, ils s'engagent de nouveau dans les voies du crime, comme leur dernier, comme leur unique refuge.

Les hommes attachent les animaux avec des liens, et leurs semblables avec des chaînes; ils prononcent des peines pour l'exemple, et cet exemple est perdu pour ceux à qui il pourrait profiter. Placés dans des lieux séparés, reculés, il faut être riche pour aller à de grandes distances chercher cette leçon destinée pour les pauvres. Dans les lieux mêmes où se tiennent ces écoles de morale d'un genre si révoltant, l'habitude en détruit l'effet, l'oreille se familiarise avec ce bruit des fers, d'abord si effrayant; les yeux s'accoutument à ce spectacle, si monstrueux au premier aspect, de l'homme enchaîné par d'autres hommes; de l'ouvrier conduit au travail entre des glaives nus, et ramené du travail pour entrer dans une prison et coucher sur une planche. Cet appareil terrible, répété chaque jour, finit par ne plus produire aucun effet sur les sens, sur le cœur, sur la pensée; ainsi tout est perdu pour la morale, pour l'humanité : il n'y a là que quelques rares et chétifs profits pour le fisc.

Les États-Unis de l'Amérique, auxquels le monde doit déja plus d'un utile exemple, lui ont donné, depuis un certain nombre d'années, celui d'une maison de punition où chaque condamné est ramené à la vertu par des leçons, par des exhortations, par des habitudes régénératrices, sous l'influence desquelles s'effacent doucement les traces de la flétrissure qu'il a subie; par des occupations qui lui préparent des ressources pour le moment de son retour dans la société, et des moyens pour s'y maintenir par les produits honorables d'un travail utile. Je ne demanderai point aux gouvernements de l'Europe pourquoi ils ne fonderaient pas chez eux de semblables établissements, car je sais quelle serait leur réponse. Quand ils ont donné au soin de leur conservation, à l'agrandissement du pouvoir, à l'établissement de l'arbitraire, tout le temps qu'exigent de si hauts intérêts, il ne leur en reste plus pour ceux des peuples. D'ailleurs n'existe-t-il pas des républiques dans le Nouveau-Monde? les destinées de la race humaine les regardent : c'est à elles à stipuler pour l'humanité, à fonder des établissements propres à ramener les hommes au bonheur par la pratique des vertus morales : nos gens de gouvernement abandonnent cette tâche; ils en ont une toute différente à remplir.

CHAPITRE XI.

Maisons de débauche

Dans les pays où les femmes sont renfermées ou ne sortent jamais seules et sans voile, les lois et les mœurs s'opposent à ce que d'autres femmes, bravant la pudeur publique, provoquent les passants, et les arrêtent au détour des rues : on craint que l'aspect impur de ces femmes perdues ne souille les chastes regards des adolescents. En Italie même, où les mœurs sont peu sévères, les mères sortent sans danger avec leurs filles; elles ne craignent pas que la rencontre d'une autre personne de leur sexe puisse donner lieu à des questions auxquelles elles ne pourraient répondre sans rougir, ou qu'elles ne pourraient éluder sans faire naître des doutes, sans éveiller une curiosité périlleuse. Moins protégées par leurs magistrats, les vierges de la Gaule, de l'Angleterre et de la Germanie, ne peuvent sortir, même au milieu de leur famille, sans se voir initiées aux mystères du vice et de la débauche avant de l'être à ceux de l'hymen et de la maternité. Une scandaleuse magistrature qui, semblable aux reptiles, vit dans la fange et les ténèbres, et, comme eux, se nourrit de venin et de poison, la police, protectrice du jeu, est aussi protectrice du libertinage, et tire également de l'un et de l'autre un immonde salaire. Dirai-je sur quels honteux, sur quels misérables motifs se fonde le privilége des jeux et de la prostitution? Non : ma plume n'a pas appris, comme les magistrats de la corruption, à braver toute pudeur.

LIVRE XII.

De la morale dans les impôts et dans l'emploi des deniers publics.

CHAPITRE PREMIER.

Considérations générales.

Les richesses et la pauvreté poussent également les hommes à l'indépendance; mais les privations et les souffrances inspirent des résolutions plus soudaines et plus terribles dans leurs effets; le désespoir ne se contente pas de secouer le joug, il le rompt, il le brise en éclats, et ne s'apaise qu'après l'avoir réduit en cendres.

Les richesses font naître l'ambition dans les cœurs; mais cette ambition peut être éclairée, et, sans prétendre à des supériorités, à des distinctions qui humilient les autres, elle peut se contenter d'abaisser les supériorités qui l'humilient elle-même.

Il est difficile d'obtenir à-la-fois beaucoup de servitude et beaucoup d'impôts : l'indigent, il est vrai, plus humble, plus docile, est pendant quelque temps plus facile à gouverner que le riche; les hommes d'état le savent, et le secret de leur politique se réduit le plus souvent à trouver les moyens de faire disparaître l'aisance dont jouissent les classes inférieures de la société. Mais une autre difficulté s'élève : ceux qui n'ont rien ne peuvent rien donner; et plus d'une fois on s'est vu réduit à cette cruelle alternative, ou de les nourrir, ou de les faire périr par la famine et les révoltes : remèdes également dangereux pour le médecin et pour le malade. Mieux vaut encore soutenir la guerre du privilége contre l'égalité; cette guerre a aussi ses périls, mais du moins les frais en sont payés par ceux à qui on la déclare, et ces frais sont immenses.

« Règle générale, dit Montesquieu, on peut lever
« des tributs plus forts à proportion de la liberté
« des sujets ; le dédommagement à la pesanteur des
« impôts, c'est la liberté : la servitude et des im-
« pôts excessifs impliquent contradiction : il faut
« opter, car l'histoire atteste que la patience des
« peuples n'est pas inépuisable. »

CHAPITRE II.

Objets et mesures des impôts

Ce que le bien de l'état exige, telle est la mesure de l'impôt.

Le peuple donne un certain nombre d'hommes pour la sûreté de chaque individu ou pour sa défense contre l'ennemi extérieur, et une certaine portion du produit de ses terres, de son industrie ou de son travail, pour que la jouissance du surplus lui soit assurée.

L'impôt, pour être légitime, doit donc être établi d'après les besoins réels des peuples, et non d'après les besoins factices des cours. « Il doit se « surer, dit Montesquieu, non à ce que les sujets « peuvent donner, mais à ce qu'ils doivent donner « en effet. »

Je sais qu'il n'est pas permis aux peuples de se choisir des intendants pour gérer leurs affaires, et qu'ils doivent payer proportionnellement plus que les particuliers qui ont la liberté du choix; mais encore faudrait-il que l'entretien de ces gérants n'absorbât pas le revenu de plusieurs provinces, comme cela se voit, par exemple, en Turquie, dans la Perse et les Indes. Il ne faudrait pas que, pour maintenir dans l'oisiveté et les jouissances du luxe certains possesseurs de sinécures et des classes entières, on fût obligé de retrancher sur ce qui est nécessaire à la vie des classes vouées au travail et à la fatigue.

C'est d'après cette considération que les taxes doivent suivre l'échelle des besoins, et s'accroître dans une proportion plus forte que celle des fortunes, puisque moins les fortunes sont grandes et plus ce qu'on en retranche est pris sur le nécessaire, tandis que chez les riches l'impôt n'atteint que le superflu ou les besoins factices.

Il n'y a pas de lois qui agissent plus directement sur les mœurs que celles qui sont relatives aux impôts; il n'y en a pas non plus auxquelles la sûreté des gouvernements soit plus intimement liée. L'homme est façonné de telle sorte par les habitudes sociales, qu'il souffre plus patiemment le meurtre que le vol. Les édits bursaux ont occasioné plus de révolutions que les lois de lèse-majesté. C'est contre des taxes excessives et vexatoires que les Pays-Bas se révoltèrent en 1672, que deux fois les Napolitains coururent aux armes, et que tant de troubles ont agité tour-à-tour les divers états de l'Europe : l'édit du timbre ouvrit la révolution française.

Les gouvernements parlent sans cesse de leurs besoins, et trouvent toujours des gens prêts à les écouter : de temps à autre quelques citoyens généreux exposent les besoins des peuples; mais ceux-là ne sont jamais entendus avec faveur. Le gouvernement paie largement ses avocats; l'estime publique est l'unique salaire des défenseurs du peuple.

CHAPITRE III.

Anciens impôts; de la perception et du recouvrement.

Dans l'ancien régime le peuple était surchargé d'impôts; *la taille, le taillon, l'industrie, la capitation, la dîme, la corvée*, enlevaient aux riches plébéiens le superflu, fruit d'une honorable industrie, et aux pauvres le nécessaire que l'état doit à tous ses membres. Mais quelque onéreuses que fussent les taxes publiques, la manière de les recouvrer les rendait mille fois plus intolérables. En affermant à une compagnie de quarante traitants les *aides* et la *gabelle*, c'est-à-dire les impôts sur le sel et sur les boissons, le gouvernement avait fait de ce mode de perception une source de misère et de désespoir pour les contribuables : je ne résiste pas à citer le passage suivant, que j'extrais d'un mémoire judiciaire publié en 1783.

« Le tissu des manœuvres de cette régie (des aides) est un labyrinthe inextricable. Elle établit une perquisition continuelle dans les caves des particuliers, d'où vient à ses commis le nom de *rats de cave*, sous lequel la haine et le mépris public les poursuivent.

« Elle fixe à chacun la dose de vin qu'il doit boire

dans son année, et cette quantité est la même pour un seul homme et pour une nombreuse famille.

« Si vous en buvez davantage, vous devez payer le *trop bu;* si vous en buvez moins, vous aurez à payer le *trop plein.*

« Elle vous prescrit de ne boire que du vin nouveau, et vous payez pour boire votre vin vieux le même droit que si vous vendiez ce vin à un autre ; ainsi vous êtes obligé de déclarer que vous vous êtes acheté à vous-même une pièce de vin vieux.

« Entre mille autres droits dont le détail ferait un volume, il y en a un double; c'est celui du *courtier-jaugeur* et du jaugeur-courtier ; heureusement il n'a pas trois noms, car alors il pourrait se retourner de six façons différentes, et l'on paierait six fois le même droit.

« Si vos tonneaux se pourrissent, si votre vin se perd, vous payez le *gros manquant :* si votre vin ne se vend pas et qu'il fasse déchet en s'évaporant, vous payez le *gros manquant;* si des fripons, ou même *des rats de cave,* viennent boire votre vin en votre absence, vous payez à-la-fois le *trop bu* et le *gros manquant.*

« Si vous achetez le raisin sur pied, vous payez un droit, et vous payez un autre droit en vendant le vin que vous faites avec ce même raisin dont vous avez acquitté le droit.

« Si vous portez une bouteille de vin à un pauvre

malade, et que le commis des aides vous rencontre, il vous fera payer une forte amende, comme ayant vendu votre vin à *l'olus*, c'est-à-dire en fraude. »

Il résulte de tant d'odieuses exactions une guerre civile perpétuelle entre les commis qui font des poursuites, des commandements, des contraintes, des saisies, qui font vendre les meubles, les grabats des infortunés trouvés en faute, et ces mêmes contribuables, dont la vengeance s'exerce quelquefois avec d'autant plus de violence que les lois sont sans force contre le désespoir.

Ce fut sous Louis IX que commença l'impôt de la taille; le peuple y vit un bienfait, parcequ'il ne devait être que temporaire et qu'il emportait pendant sa durée l'exemption du logement des gens de guerre.

Ce ne fut que sous Charles VII que la taille devint perpétuelle, et fut substituée au produit plus immoral du changement, ou plutôt de l'altération des monnaies qui a toujours été un droit régalien.

Sous François Ier les tailles furent augmentées de dix millions; sous Henri III elles furent portées à trente-deux millions, et s'élevèrent successivement jusqu'à près de cent millions.

Lorsque Sully fut mis à la tête des finances, les taxes s'élevaient à près de cent cinquante millions, il n'en entrait que trente dans les coffres de l'état : les gens de finances absorbaient chaque année, en émoluments, gratifications, droits et rapines, cent vingt millions de la fortune publique, à vingt-huit francs le marc c'est-à-dire plus de deux cent trente millions de francs au taux actuel de l'argent. Tous les efforts de l'ami de Henri IV ne parvinrent à arracher que cinq millions des mains avides auxquelles le recouvrement des taxes avait été imprudemment confié. Cependant, avec ce revenu de trente-cinq millions, Sully parvint, dans l'espace de dix années, à éteindre deux cent millions de dettes, et à mettre en réserve dans les coffres du trésor royal trente millions de livres tournois.

Les impôts, si nombreux, si accablants sous le règne de Louis XIV, ne produisaient au trésor que cent millions, tout le reste était dévoré par les vampires du fisc et les mendiants de la cour.

Dans ce temps de dévotion et d'immoralité, la milice des traitants avait le droit de pénétrer dans tous les asiles, d'enfoncer toutes les portes qu'elle ne trouvait pas ouvertes. Avide de confiscations et d'amendes auxquelles elle avait part, elle venait saisir avec éclat ce qu'elle avait elle-même déposé secrétement et dans l'ombre; semblables aux agents provocateurs d'une autre époque, les soldats des fermiers-généraux poursuivaient le délit dont ils étaient les propres auteurs.

CHAPITRE IV.

De la contribution du sang.

L'ambition et l'orgueil se sont épuisées en combinaisons, tantôt atroces, tantôt ridicules, pour rendre l'homme inférieur à l'homme, et pour multiplier les anneaux de la chaîne des distinctions sociales. Les destructeurs de l'égalité naturelle n'ont point prévalu contre la puissance du créateur. Il a donné au berger les mêmes organes qu'au monarque; le sang plébéien n'est pas d'une couleur différente de celui des patriciens; et quand il s'agit de la défense du pays, le noble fils du premier baron chrétien a souvent des bras moins vigoureux, une poitrine moins forte, un cœur moins ferme à opposer à l'ennemi que le fils du dernier artisan.

Sur ces arènes sanglantes où se décide le sort des nations, tous apportent un tribut égal, celui de la vie et de la mort, qui frappe également le pauvre dont l'habit est de bure, et l'homme dont les vêtements étincellent d'or et d'acier.

Les rois d'Assyrie levaient aussi des contributions d'hommes pour faire la guerre; mais ensuite ils imposaient des taxes d'hommes et de femmes, pour rétablir la population dans les provinces que la guerre avait rendues désertes. Les gouvernements modernes ne songent qu'à la destruction, et abandonnent à la nature le soin de réparer ses pertes.

CHAPITRE V.

De quelques taxes immorales

Il est des revenus si honteux qu'on ose à peine en indiquer la source, et en faire connaître l'emploi. Dans quelques royaumes de l'Europe, des alchimistes du fisc mettent les vices en fermentation pour en extraire de l'or. On assure qu'ils tirent jusqu'à trois millions de francs des produits de la prostitution, ce qui ne les empêche pas de parler de vertu, de crier contre la corruption du siècle, de vanter leur probité, leur intégrité, d'aller à la messe et de faire leurs pâques.

Vespasien mit un impôt sur les urines; il disait que l'argent qui en provenait n'avait point d'odeur; les publicains de Rome trouvèrent cette raison excellente.

Nous avons vu des monarques européens se faire marchands de sel, marchands de tabac, marchands de poudre de guerre, en fixer eux-mêmes le prix, et défendre, sous des peines sévères, d'en acheter à ceux qui se chargeaient d'en vendre à meilleur marché.

Tout impôt sur les besoins naturels, toute taxe qui force un homme de retrancher de ce qui est nécessaire à son existence, est immorale. « Le vin
« est si cher à Paris, dit Montesquieu dans ses *Let-*
« *tres persanes*, qu'il semble qu'on ait entrepris de
« faire exécuter les préceptes du Coran, qui défend
« d'en boire. Mais ce dessein ne concerne que le
« peuple; car où le peuple paie moitié de la valeur,
« le riche ne paie qu'un vingtième. C'est le renver-
« sement du principe qui veut que les taxes portent
« sur le luxe et sur le superflu; ces taxes qui impo-
« sent des privations quotidiennes ramènent des
« excès périodiques; le peuple, qui ne boit pas as-
« sez pendant la semaine, boit trop le dimanche, et
« sanctifie le jour destiné à la prière par la crapule
« et l'ivrognerie; il va chercher à bas prix hors des
« barrières, dans ses jours de repos, ce qu'il devrait
« trouver à un prix modéré, pour réparer ses forces,
« dans les heures de travail et de fatigues. »

CHAPITRE VI.

Suite du même sujet. — La loterie.

Les gouvernements (par ce mot, dans les monarchies constitutionnelles, je n'entends jamais parler que des ministres; les rois ne peuvent mal faire), les gouvernements, si prodigues de bonnes paroles et de mauvais exemples, ne se bornent pas à donner à bail l'exploitation des vices des hautes et moyennes classes de la société; ils se réservent spécialement le droit de ruiner et de corrompre les classes inférieures. Ce droit est un jeu, et ce jeu se nomme *loterie;* c'est par ce moyen qu'on enlève aux ouvriers le fruit de leurs travaux, les modiques épargnes achetées au prix de tant de sueurs et de privations; qu'on berce les malheureux dans des rêves d'opulence, et qu'on les dégoûte du travail, en les amenant à regarder avec dédain ses faibles produits. Par ce jeu, le plus cruel et le plus immoral de tous, on prélève un impôt de quatorze ou quinze millions sur les premiers besoins de ceux à qui l'on doit des secours; on ruine par an deux ou trois cents familles, et l'on admet clandestinement des femmes, des enfants, des domestiques, à ce mystère de fraude et d'iniquité.

Que dirait-on d'un chef de manufacture, d'un père de famille, qui rassemblerait chaque soir autour d'une table de pharaon, ou de tel autre jeu plus ruineux encore, ses enfants, ses neveux, ses ouvriers, ses domestiques, et les exciterait par toutes sortes de tentations, par toutes les séductions de l'espérance, à exposer chaque jour le fruit de leurs travaux sur des chances toutes infailliblement calculées à son avantage ? qui établirait pour ceux qui perdent, c'est-à-dire pour tous, une chambre de prêt, où, moyennant un pour cent par mois, et sur nantissement de leurs bijoux, de leur linge, et de leurs vêtements, il leur fournirait de l'argent pour aller de nouveau tenter les chances du jeu ? Peut-on douter que l'autorité des magistrats ne s'interposât entre le fripon et les dupes, ou qu'à défaut de loi, la censure publique ne vengeât l'outrage fait aux mœurs et à la probité.

Agrandissons le cercle, et étendons la famille à la société entière : cette figure est familière dans la langue politique ; n'y dit-on pas que tout gouvernement est paternel, que tout prince a pour ses sujets des entrailles paternelles, des soins paternels, des intentions paternelles; il est vrai que ce luxe de paternité n'en impose plus à personne.

CHAPITRE VII.

De l'emploi des deniers publics.

Montesquieu fait dire à Rica, dans ses *Lettres persanes* : « Nous autres Orientaux nous croyons « qu'il n'y a pas plus de différence entre l'administra- « tion du revenu d'un prince et celle des biens d'un « particulier, qu'il n'y en a entre compter cent mille « tomans et en compter cent. » Mais il y a cette différence entre les revenus d'un prince et les revenus d'un particulier, que celui-ci les tire ou de son industrie ou de ses biens, tandis que les revenus de prince sont prélevés sur les produits des biens ou de l'industrie des sujets, c'est-à-dire sur un fonds qui ne lui appartient pas; les revenus mêmes ne sont pas à lui, il n'en est que le dépositaire, le dispensateur; ils lui ont été remis pour les besoins de la société; il ne peut, sans devenir un dépositaire infidèle, les employer à un autre usage.

Splendeur du trône, dignité de la couronne, expressions de courtisan; comme si la splendeur n'était pas l'éclat que donnent les hautes vertus unies au pouvoir d'être l'appui de la faiblesse et le frein de la force. Le luxe des cours annonce bien plus la mollesse et l'orgueil des monarques que leur grandeur véritable. Les nababs de l'Asie sont environnés de gardiens, de femmes, d'eunuques chargés d'or et de rubis; mais le premier audacieux qui tire l'épée contre ces colosses resplendissants les renverse dans la poussière.

Auguste (seul exemple historique d'un homme que le pouvoir ait rendu meilleur), devenu le maître du monde, habitait une maison petite et peu commode, qui avait appartenu à l'orateur Hortensius : sa table était frugale, ses habillements modestes, ses tuniques avaient été tissues par les femmes de sa maison. Cet empereur avait un sentiment trop juste de la dignité de sa couronne et de la splendeur de son trône, pour les faire consister dans le nombre et le luxe de ses esclaves de palais qu'on appelle courtisans, et dont l'entretien est si ruineux et si funeste aux peuples.

Charlemagne ne dédaignait pas d'entrer dans le détail de ses dépenses privées; la reine sa femme faisait acheter elle-même les légumes de sa cuisine et les fruits de sa table. Cependant Charlemagne était empereur d'Occident; il recevait les ambassadeurs des princes d'Orient, il avait été couronné par le pape; personne, même aujourd'hui, ne s'est avisé de trouver que la couronne de ce prince manquât de splendeur.

Frédéric, que l'histoire a aussi surnommé le Grand, mettait au nombre de ses plus rigoureux devoirs le soin de ménager l'argent de ses sujets; il ne le prodigua ni à des maîtresses, ni à des favoris, ni à des ministres; et si ce prince eut peu de scrupules en matière de religion et même de politique, il en eut beaucoup en fait de probité.

Les gens qui veulent que la justice soit savante et non pas équitable, soutiennent que les jurés n'ont pas assez de lumières pour prononcer sur les questions qui leur sont soumises. A leur exemple, les financiers de cour sont prêts à prouver que les hommes appelés à discuter les budgets n'ont pas les connaissances requises pour apprécier les ressources et les besoins de l'état. Ce n'est pas assez pour eux des condamnations sans jurés, il leur faut des recettes sans contrôle et des dépenses sans justification.

Un prince a dit : *L'état c'est moi;* et ils vont répétant : *L'état c'est le monarque.* Or, puisque l'état c'est lui, les revenus de l'état sont les siens; il a le droit d'en disposer comme il le juge convenable, de changer les gratifications en pensions, de donner aujourd'hui, demain, après-demain encore, à ceux auxquels il a donné hier et tous les jours précédents. Si l'aspect d'un autre Saint-Denis l'importune, il peut employer plusieurs années des revenus publics à bâtir un autre Versailles, à construire à grands frais des aqueducs pour faire *jouer les eaux* dans les lieux auxquels la nature en a refusé. S'il est dans l'âge des passions, nous lui fournirons des maîtresses; et quelques familles, déshonorées aux yeux de la loi sociale, deviendront puissantes et riches par ce commerce adultère. L'histoire ne dit-elle pas: « Le trésor royal fut ouvert à madame de Pompadour, qui, devenue ministre par le même moyen que le cardinal Dubois, nommait et déplaçait les contrôleurs généraux, et mit en crédit les *acquits de comptant,* genre de billets de notre invention, qui n'avaient besoin pour être payés que de la signature du roi, sans qu'il fût nécessaire de dire pour quelle espèce de service. Louis XV en signa plus de vingt mille. Lorsqu'en 1745 madame d'Etioles fut officiellement déclarée maîtresse du roi, ne reçut-elle pas, avec le marquisat de Pompadour, une pension de deux cent mille livres? Son royal amant ne lui donna-t-il pas depuis la terre de La Cellé, le château et la terre de Crécy, la terre de Menars, le château d'Aulnay, la terre de Saint-Remy-Brimborion, le château de Bellevue? Ne possédait-elle pas de beaux palais à Paris, à Versailles, à Compiègne, à Fontainebleau? Ne recevait-elle pas quinze ou dix-huit cent mille francs par année? ce qui porte à trente millions au moins la part qui lui fut faite des contributions du peuple, pendant l'espace de vingt ans qu'a duré sa faveur. Les dépenses du Parc-aux-Cerfs se payaient aussi avec des *acquits de comptant,* et coûtèrent plus de cent millions à l'état. Mais que sont ces munificences royales auprès de celles que Catherine-la-Grande prodiguait à ses amants? Des calculs, qu'on ne taxe pas d'exagération, les font monter à quatre cent soixante millions : il est vrai que le gouvernement russe est purement despotique, et que la France alors était une monarchie tempérée par des chansons. »

Cette source impure de mille fortunes insolentes, cette tache originelle est encore aujourd'hui le motif honteux et mal déguisé de tant de regrets sur l'ordre de choses qui permettait d'en renouveler incessamment le scandaleux spectacle. Les hommes qui demandent à grands cris l'arbitraire dans le pouvoir et le vague dans les lois, comme le seul moyen de gouvernement, sont pour la plupart les descendants et les héritiers de ceux qui, après la mort de Henri IV, se partagèrent, dans l'espace de six mois, les trente millions que les sages économies de ce prince avaient mis en réserve dans les coffres de l'état, et qui valaient presque soixante millions au taux actuel de l'argent. Les légitimes créanciers du gouvernement ne pouvaient plus être payés; mais soixante familles de courtisans avaient été enrichies.

Mazarin *amassa*, dans le cours de son ministère, une somme de deux cent millions; Fouquet fut plus économe des deniers publics, et se contenta d'une cinquantaine de millions. Dans ces temps si honteusement vantés, les peuples étaient écrasés d'impôts pour entretenir le luxe du monarque, et fournir aux rapines des courtisans. Si le hasard ou la droiture naturelle des princes remettait les clefs du trésor de l'état entre les mains d'un homme intègre, il était bientôt assailli par les orages de cour, si prompts à se former, si terribles dans leurs effets. « Il fallait, dit M. Necker, que le sentiment de ses devoirs donnât au ministre des finances la force de résister à l'ascendant même des princes du sang royal, et qu'appelé par eux, il eût recours à une fermeté respectueuse pour défendre tout ce qu'il croyait juste et raisonnable. » (*Administration de la France*, t. III, p. 140.) Ainsi, toutes les sollicitations avaient pour objet d'obtenir des choses déraisonnables et injustes. Réparer les pertes faites au jeu, avoir toujours pour les favoris et les favorites un domaine à leur convenance, une place commode et lucrative à offrir à leur protégé ; se montrer homme d'industrie et de ressources, c'est à ces qualités qu'on reconnaissait à la cour un grand ministre.

CHAPITRE VIII.

De la probité politique.

Tout gouvernement porte la peine de la violation de ses engagements. En 1771, l'abbé Terray ouvrit un emprunt de huit millions, et eut beaucoup de peine à le remplir. Ferdinand VI, roi d'Espagne, refusa de payer la dette de ses devanciers, en disant que l'état est un majorat dont l'usufruitier n'est obligé que par les dettes qu'il contracte lui-même. Dans les gouvernements absolus, tout le monde est en péril, mais nul n'est responsable, et le jour où il plaît au despote de ne pas payer ses dettes, il n'a plus de créanciers.

« Le système de la dette publique, disait l'abbé
« Terray aux membres du clergé, compromet l'au-
« torité souveraine; il est des cas où le gouverne-
« ment peut se constituer juge des engagements
« qu'il a été forcé de contracter: ce qu'il importe
« sur-tout, c'est d'affranchir l'autorité royale de la
« dépendance du besoin. »

Je ne sais si ces maximes ont quelque chose de commun avec le droit divin; mais j'affirme, sans crainte d'être démenti, qu'elles feraient la honte et le déshonneur d'un simple citoyen. S'il est des hommes privés assez corrompus pour les mettre secrétement en pratique, il n'en est aucun assez effronté pour oser avancer en public ces maximes honteuses, que professait jadis l'assemblée du clergé de France.

CHAPITRE IX.

Des banqueroutes

Selon nos lois, la *banqueroute simple* est un délit puni par l'emprisonnement ; la *banqueroute frauduleuse* est un crime qui mérite une peine infamante.

Avoir consommé de fortes sommes au jeu ou à des opérations de pur hasard, ou fait pour sa maison des dépenses excessives, et ne pouvoir les acquitter, est ce qui constitue la *banqueroute simple ;* ne pas justifier de l'emploi de ses recettes est un des caractères de la *banqueroute frauduleuse*.

Quel gouvernement de l'Europe n'est pas à-la-fois, d'après ces définitions de nos codes, banqueroutier frauduleux et par récidive? L'Ecossais Law, devenu contrôleur général des finances, fait faire au trésor royal une banqueroute, dans laquelle les créanciers de l'état perdent soixante-dix-neuf francs sur quatre-vingts. Un nombre effrayant de banqueroutes, de fraudes et de vols publics et particuliers furent la suite de cette banqueroute générale. Cinquante ans après, nouvelle banqueroute; celle-ci n'est que de moitié, et, par cette opération financière d'un membre du clergé, le gouvernement vole environ trois cent millions à des particuliers, pour leur apprendre qu'il ne faut pas prêter à ceux de qui toute justice émane, car aucune justice ne peut les atteindre.

Au bout de trente-six années, nouvelle banqueroute. Les hommes de 1796 allèrent plus loin que les ministres de 1770; la dette publique fut réduite au tiers de sa valeur. Cette banqueroute avait été précédée d'une autre de trente pour cent sur les assignats, lorsqu'ils furent échangés contre les mandats.

La branche autrichienne qui régnait en Espagne avait reçu de l'Amérique plus d'or et d'argent qu'il n'en circule aujourd'hui dans toute l'Europe, et cependant elle donna au monde, dans l'espace de moins d'un siècle, le spectacle de plusieurs banqueroutes scandaleuses.

Les codes fixent des délais après lesquels certaines créances ne sont plus légalement exigibles. Les gouvernements déterminent eux-mêmes ces délais, et font, sans pudeur, banqueroute à tous ceux de leurs créanciers qui ne peuvent produire leurs titres avant l'époque marquée pour la déchéance; la France a vu pendant vingt années le gouvernement faire des banqueroutes périodiques sous le nom d'*arriérés*.

« Le monarque qui acquitte ses dettes en donnant une monnaie dont il a haussé la valeur numéraire sans en augmenter le poids ou la valeur intrinsèque, autorise, dit Montesquieu, l'universalité des débiteurs à en agir de même envers leurs créanciers; l'infidélité du prince devient celle de la moitié des habitants du royaume envers l'autre moitié. » Quels troubles! quelle chaîne d'injustices et de manquements de foi, depuis l'anneau qui tient à la conscience du monarque jusqu'à celui qui s'attache à la conscience du dernier de ses sujets! et cependant le moteur de cette infidélité générale est celui-là même à qui la garde des lois et de la foi publique a été remise!

Dans presque tous les états de l'Europe, le crime de fausse monnaie est puni de mort. Mais en quoi consiste ce crime? à mêler à l'or ou à l'argent un métal de moindre prix, ou à donner un moindre poids aux pièces qu'on met en circulation.

Cependant, que font les gouvernements dans la fabrication des monnaies? ne mêlent-ils pas le cuivre avec l'or, avec l'argent, et ne le vendent-ils pas ensuite comme si la pureté de ces métaux n'était pas altérée? Les bénéfices de ce commerce entrent, dit-on, dans les coffres de l'état. Mais si cette fraude est permise aux gouvernements, pourquoi serait-elle défendue aux particuliers? Si c'est un délit si grave, osez-vous en donner l'exemple, et le poursuivre dans les autres? S'il est excusable, pourquoi le punir de mort? quelle proportion y a-t-il entre le châtiment et la faute?

LIVRE XIII.

De la morale dans la littérature, la philosophie, et l'éloquence positive.

CHAPITRE PREMIER.

Effets moraux de la découverte de l'imprimerie.

L'homme qui le premier grava sur un morceau de bois mobile une lettre de l'alphabet gothique ne se doutait pas que cette innovation dût changer la face du monde.

Depuis cette découverte si simple, et sur les bords de laquelle le génie des anciens s'était arrêté, la pensée de l'homme se multiplie au moment qu'elle s'exhale, et va révéler aux rives de l'Indus le sentiment qui lui a donné naissance au bord de la Seine. Cette puissance morale, que déjà le christianisme avait agrandie, ne connaît plus de bornes, et le philosophe répète avec l'apôtre :

« Aujourd'hui que l'esprit domine, n'éteignez pas
« l'esprit; examinez tout, et conservez ce qui est bon.
« *Spiritum nolite exstinguere; omnia autem probate,*
« *et quod bonum est servate.* »

L'art de l'imprimerie renouvelle chaque jour le miracle de la Pentecôte, et fait descendre la vérité en forme de langue de feu sur la tête de tous ses apôtres.

Un seul feuillet sorti des presses d'Angleterre ou de France suffit pour arracher un peuple entier à l'esclavage. Quelques Grecs réunis à Athènes, sur les ruines du temple de Thésée, assistent à la lecture d'un de ces écrits où sont consacrés les titres du genre humain, où l'éloquence rappelle aux descendants des Léonidas et des Thémistocle ce qu'ils furent jadis et ce qu'ils sont aujourd'hui : frappés de leur propre dégradation, ils rougissent du honteux esclavage où ils languissent depuis dix siècles; ils se disent, Et nous aussi nous sommes des hellènes ; cette idée, une fois entrée dans leur ame, ils se lèvent, ils courent demander à leurs barbares maîtres compte de l'abjection où ils sont tombés, et des maux qu'ils ont soufferts.

CHAPITRE II.

De la littérature en général.

La littérature est l'expression choisie de la pensée publique; les littérateurs ne sont que les interprètes de l'opinion de la société : plus la pensée d'un peuple acquiert de force, plus les littérateurs acquièrent d'influence; la morale, sous le nom de philosophie, en élevant un temple à la littérature, impose de grandes obligations aux hommes qu'elle investit du sacerdoce de la pensée.

L'état social suppose une lutte continuelle de la force morale contre la force physique, de l'intelligence contre la matière, de la raison contre le pouvoir.

Je me souviens d'avoir vu dans la Louisiane les habitants des rives du Meschacébée s'essayer à conquérir ce fleuve immense. Pour entraver son cours, pour resserrer son lit, ils entassent pierre sur pierre, ils multiplient les estacades en bois et les digues en terre. Quels fruits de tant de peines et de travaux? le fleuve grossit, et, s'irritant des obstacles qu'on lui oppose, s'élève en montagne, retombe en cataracte, et entraîne avec fracas les cabanes et les plantations qui s'élèvent sur ses rives.

Ce fleuve est l'image de la pensée: plus active, plus puissante par les entraves qu'on lui donne, elle brise ou franchit les barrières qu'on lui oppose, et poursuit son cours avec plus de rapidité.

Si j'osais suivre cette métaphore, je dirais que la pensée, comme les eaux du fleuve, s'empreint à sa surface des couleurs et des qualités du sol où elle a creusé son lit. En suivant le cours des siècles, on peut remarquer que les ouvrages littéraires portent par-tout l'empreinte du caractère moral de l'époque où ils ont paru et du peuple qui les a produits.

La liberté, idole des Grecs, respire dans tous leurs écrits.

La patrie est encore aujourd'hui vivante dans la littérature romaine.

Chez les peuples esclaves, le sentiment de l'oppression absorbe la pensée tout entière, et la plainte pour s'exhaler emprunte le langage timide de l'apologue.

A la renaissance des lettres dans l'Occident, l'Italie était en proie à la volupté, à la tyrannie, à la trahison. Boccace était l'historien des moines, Machiavel celui des princes, et le Dante, indigné, inventait un enfer nouveau pour punir les crimes de son âge.

La dépravation italienne passe les monts, et aux chants d'amour des troubadours provençaux succèdent les bouffonneries satiriques du curé de Meudon, les contes licencieux de la reine de Navarre, et le cynisme des satires de Régnier.

L'ardent et sombre fanatisme des ligueurs enfante ces ouvrages monstrueux où l'on enseigne l'empoisonnement et l'assassinat, où l'on sanctifie le régicide.

Si le siècle de Louis XIV, étranger à la liberté et au bonheur, fonda la gloire des lettres françaises, c'est que quatre grands écrivains, Corneille, Fénélon, Lafontaine et Molière, y semèrent les germes de ces vérités philosophiques que le siècle suivant a vues se développer.

Corneille fut à peine compris; l'action dramatique de la plupart de ses poëmes occupa trop exclusivement l'attention de ses auditeurs pour leur laisser la liberté d'examen qu'exigeait la profondeur de ses pensées : Fénélon s'entretenait de plus près avec ses élèves; ses leçons furent mieux saisies : la disgrace, l'exil en furent la récompense. Lafontaine mit trop souvent le lion en scène pour ne pas l'irriter ; mais l'auteur avait caché sa censure sous le voile de la fable; le monarque fut obligé de dissimuler son ressentiment sous le voile du dédain. Molière, observateur plus attentif, penseur plus profond, en signalant le ridicule des vanités bourgeoises, en démasquant la bassesse et l'orgueil des courtisans, l'hypocrisie des dévots de place, sut ménager l'excessif amour-propre du maître, et obtint, par ses respects pour l'idole, le droit de vouer au mépris ses vils adorateurs.

Les épigrammes licencieuses de Rousseau, les philippiques de Lagrange, et le théâtre de Dancourt, sont le manifeste des mœurs de la régence, dont le financier Law, le cardinal Dubois, et le régent lui-même, furent les représentants.

Sous le règne suivant, le torrent de corruption dont la cour était la source fut en quelque sorte refoulé sur lui-même par la digue puissante qu'élevait autour de lui l'esprit philosophique.

Loin de cette même cour, dont la chaleur contagieuse avait fait éclore les Collé, les Crébillon fils, et cet essaim d'auteurs de boudoirs pensionnés par les Pompadour et les Dubarry, un triumvirat d'écrivains philosophes, Voltaire, Montesquieu et Rousseau, attaquait à-la-fois tous les préjugés, et préparait de nouvelles mœurs en créant une littérature nouvelle.

CHAPITRE III.

Avantages moraux et philosophiques du progrès des lumières.

L'instruction n'est pas moins favorable aux mœurs privées qu'aux mœurs publiques, aux peuples qu'aux monarques. La lumière naturelle dissipe les ténèbres ; la lumière de l'esprit dissipe les erreurs.

L'étude modère les craintes excessives et les vastes desirs, en nous montrant les limites des biens et des maux ; en faisant connaître au cœur de l'homme des jouissances plus pures que celles du pouvoir ; en lui apprenant qu'il est, au fond de sa conscience et dans le secret de sa pensée, des résistances morales que ne pourrait vaincre le monarque aux douze cent mille soldats.

Le savoir, ennemi de toutes les superstitions, soumet l'esprit aux mystères que ne peut concevoir l'intelligence humaine : en découvrant les choses naturelles, il voile celles qui sont hors de la portée des sens, comme le soleil, en découvrant à nos yeux les objets terrestres, nous dérobe les étoiles du firmament.

La science admire et reconnaît dans les causes secondes l'intelligence créatrice des causes premières, et dans l'éternelle reproduction des êtres l'éternelle durée de leur auteur.

Anytus reprochait à Socrate d'affaiblir par le doute et par l'examen, dans l'esprit de la jeunesse, le respect des dieux et des lois. Socrate répondit en refusant de se soustraire par la fuite à une condamnation injuste; il accepta sa sentence de mort comme un acte de soumission aux lois de son pays.

C'est une vieille maxime tout nouvellement remise en crédit, que *l'amour des lettres est incompatible avec l'esprit des affaires*. Si, *par esprit des affaires*, on entend l'esprit d'intrigue, l'esprit de parti, l'esprit de corruption, je suis prêt à convenir que l'amour des lettres est incompatible avec cet esprit-là; mais si l'esprit des affaires suppose de la fermeté dans le caractère, de l'élévation dans la pensée, de la sévérité dans les principes, de la sagesse dans les vues, et de la justice dans le choix des moyens, l'homme de lettres, digne de ce nom, est sans doute plus propre qu'aucun autre à la direction des affaires publiques, s'il est en même temps doué du courage nécessaire pour supporter les dégoûts sans nombre dont l'homme de bien est abreuvé dans les cours.

« Il y a, dit Sénèque, des êtres tellement amis
« de l'ombre, qu'aussitôt qu'ils aperçoivent un rayon
« de lumière, ils le prennent pour un éclair précur-
« seur d'un violent orage. » Je ne cesserai de dire
à ces gens-là que l'ignorance rend les hommes soupçonneux, inquiets, indociles ; que les temps de barbarie ont été les plus sujets aux tumultes, aux boule-
versements, aux conspirations, et que Salomon,
dont ils ne récuseront pas l'autorité, affirme qu'il est
plus facile de gouverner un peuple éclairé qu'un
peuple ignorant.

Faut-il repousser sérieusement cette objection
hypocrite du danger des lumières, qui, d'un côté,
s'il faut en croire leurs détracteurs, amortissent les
courages, en montrant le péril ; et de l'autre, portent
les esprits à la résistance, en les investissant du droit
d'examen ? Je ne perdrai pas mon temps à prouver
que les hommes qui ont laissé sur la terre la plus
haute idée de ce courage qui consiste à braver la
mort, sont également renommés par l'étendue de
leurs lumières et la force de leur esprit. Les noms
d'Alexandre, de Scipion, de César, de Frédéric,
de Gustave-Adolphe, de Napoléon et de tant d'autres
Français, se présentent en foule à mon esprit ; mais
j'insisterai davantage sur la seconde partie de la
proposition que je combats.

La philosophie, objet de haine et d'effroi pour

tous ceux qui vivent d'abus et de préjugés, la philosophie, assise, pendant près d'un siécle, sur le trône avec les Antonins, y fut l'amour et les délices de la terre. Alors fut à jamais attestée la vérité de cet axiome, que les états seront heureux lorsque les philosophes seront rois, ou, ce qui me paraît moins facile, lorsque les rois seront philosophes.

Exemple unique dans l'histoire du monde! les princes qui régnèrent depuis le cruel Domitien jusqu'à l'infame Commode, ne se distinguèrent pas moins par leur amour des lettres que par leur génie et par leurs vertus. Le premier, ce Nerva, qui sut, dit Tacite, réunir deux choses qui jusqu'à lui avaient paru incompatibles, le pouvoir et la liberté, était disciple d'Apollonius, philosophe pithagoricien : le dernier de ses bienfaits fut l'adoption de Trajan.

Selon la parole de l'Écriture, celui qui aime les sages a déja fait de grands progrès dans la sagesse. Trajan, sans être lui-même un prince fort instruit, sentit tous les avantages de l'instruction : il fonda des bibliothéques et des écoles publiques ; il fut le protecteur et l'admirateur des lettres. Sa tolérance s'étendit sur les chrétiens, si cruellement persécutés jusqu'au regne de Nerva, et ses vertus trouvèrent dans Pline le jeune et dans saint Grégoire des apologistes dignes d'elles.

Adrien, qui déclarait que *l'empire n'était pas à lui*,

mais au peuple; dont les chrétiens, qu'il méprisait, se vengèrent en exagérant, peut-être même en calomniant ses faiblesses; Adrien cultivait tous les genres de littérature, et fit, pendant vingt ans, le bonheur des Romains.

Antonin, qui mérita de donner son nom à six empereurs, joignit au cœur le plus généreux, à l'ame la plus ferme, l'esprit le plus cultivé. Il fut, dit un écrivain, le meilleur écolier et le meilleur prince de son temps.

Marc Auréle, digne de l'adoption d'un tel père, ne lui fut inférieur ni dans l'art de gouverner, ni en grandeur d'ame, et le surpassa peut-être en sagesse. Marc Auréle fut surnommé *le Philosophe,* titre d'honneur qu'il préférait à celui de maître de la terre. Les monarques de nos jours sont plus dédaigneux; aucun d'eux n'accepterait le surnom d'ami de la sagesse; et c'est un outrage, il est vrai, qu'on ne pensera jamais à leur faire.

CHAPITRE IV.

État actuel de la littérature sous le rapport moral.

La morale, par rapport aux écrivains, n'est pas seulement cette observation des lois de la décence que tout homme honorable s'impose également dans ses actions et dans ses ouvrages. Si la littérature, que je considère ici comme dominatrice de la pensée, comme interprète de l'opinion, se rendait l'organe du mensonge; si elle répandait chez un peuple le goût des lectures frivoles; enfin si, devenue indigne de sa haute destination, la littérature n'était plus que l'instrument du pouvoir et l'auxiliaire d'une faction, de quelque nom qu'une pareille littérature se décorât, elle n'aurait besoin que de grands talents pour attester la dégradation de la pensée publique : mais, je l'ai déja dit, la littérature d'un peuple est tout entière, à chaque époque, dans quelques esprits supérieurs, qui la dominent, et marquent irrévocablement sa place : examinons quelle est celle de la France.

Les grands intérêts de la patrie et de la liberté, les progrès des sciences et de la civilisation, le développement de l'industrie et des arts, tels sont les nobles, les utiles sujets que traitent à l'envi les écrivains philosophes, les orateurs et les poètes dont s'honore l'époque actuelle. Si quelques ouvrages honteux, tels que les *Mémoires de madame d'Épinay*, ceux du *baron de Bezenval*, ceux du *duc de Lauzun*, et *les Parvenus*, ont souillé la littérature contemporaine, on sait que ces tableaux de mœurs, qui ne sont pas les nôtres, ont été peints par des auteurs qui ont vu de près la corruption d'un autre âge, et qui ont subi l'influence du monde où ils ont vécu.

Long-temps la flatterie a déshonoré la littérature; c'est encore un des vices dont la révolution a fait justice; il nous reste bien quelques coureurs de bagues, quelques uns de ces turiféraires d'antichambres qui ne sortent guère de *la grace qui distingue,* de *la bonté qui caractérise,* de *l'inépuisable bienfaisance,* de *la clémence toute divine,* et d'une douzaine de formules semblables, qu'ils n'ont pas même l'esprit de rajeunir ou de varier.

On a vu paraître deux ou trois épîtres dédicatoires, où l'hyperbole de la louange passait les bornes du ridicule; il est douteux néanmoins que l'on parvienne à remettre en honneur cette mendicité littéraire qui répugne au caractère national. Quant au commerce d'encens qui se fait par la voie des journaux et de la tribune, il n'a rien de commun avec la littérature; et s'il procure à ceux qui exploitent cette branche d'industrie, des dignités, des pensions, de l'or et des places, on sait aussi quel salaire leur réserve l'opinion publique.

Les Lattaignant, les Crébillon fils, les Grécourt, et tous les auteurs frivoles ou licencieux, ne trouvèrent de lecteurs, même à l'époque où ils écrivirent, que parmi les libertins surannés et les femmes perdues.

Aujourd'hui l'auteur le plus mondain, eût-il encore la place de son ancienne tonsure, n'oserait avouer des productions semblables à celles qui faisaient la gloire des abbés d'autrefois; et si la philosophie n'a pu parvenir à bannir tout-à-fait le fanatisme de l'église, du moins l'a-t-elle purgée du scandale des mauvaises mœurs et des mauvais exemples.

 Les fictions mêmes des romanciers n'ont plus de charme que par la vérité des sentiments et la décence de l'expression. Le mépris et l'oubli frappent impitoyablement tout ce que la raison et la morale réprouvent. Au théâtre, si les spectateurs se montrent plus indifférents qu'autrefois aux malheurs de la race perfide des Atrides, et à la fatalité qui pèse sur l'incestueuse famille de Laïus, on est plus sûr de les intéresser en débattant devant eux les grands intérêts de la patrie et de la liberté. Que n'est-il permis à nos poëtes de répondre entièrement à cet appel de l'opinion, et de présenter à des spectateurs capables d'apprécier les hautes vertus des grands citoyens de la Grèce et de Rome, Thémistocle oubliant son injure, résistant à toutes les séductions, à toutes les menaces des ministres du roi de Perse, et se donnant la mort plutôt que de tourner vers sa patrie un fer parricide; Thrasybule chassant les trente tyrans d'Athènes; Virginius payant du sang de sa fille la délivrance de Rome et la chute des décemvirs; Timoléon affranchissant du joug de Timophane Corinthe sa patrie, faisant raser la citadelle et le palais de Denys, vieux repaires des tyrans de Syracuse!

Pour égayer la gravité de ces hautes leçons, heureux si nos poètes comiques, comme autrefois Molière, pouvaient livrer à la risée publique les travers et les ridicules de l'âge présent! mais dans ce siècle de liberté, la pensée humaine est livrée à des tortionnaires à gages, dont l'unique occupation est d'éjointer les ailes du génie.

Le dix-septième siècle fut celui des grands écrivains; le dix-huitième fut celui de la grande littérature, de celle où la pensée, ramenée par la philophie sur l'homme et la société, découvrit cette chaîne mystérieuse qui unit la morale, la religion et la politique. Au siècle de Louis XIV succéda le siècle de Voltaire. Au commencement de la régence, une sorte d'anarchie régnait dans la république des lettres : Voltaire s'en proclama le directeur, et le premier acte de sa toute-puissance littéraire fut dirigé contre le fanatisme et l'intolérance qui, depuis deux cents ans, couvraient la France de sang et de deuil; à sa voix la persécution s'arrête, les bûchers de l'inquisition s'éteignent, et la torture est abolie.

Montesquieu retrouve les titres du genre humain; et, en feignant de rechercher l'esprit des lois, fait connaître et chérir aux Français le gouvernement représentatif. Sous le voile ingénieux des *Lettres persanes*, il introduit les vérités les plus hardies de la politique et de la morale.

Rousseau assigne la cause et l'origine de l'inégalité parmi les hommes, et il a besoin de toute son éloquence pour leur persuader qu'un sang de même nature et de même couleur coule dans leurs veines; qu'ils sont sujets aux mêmes infirmités, aux mêmes besoins, qu'ils naissent libres, et que dans l'état social tous apportent des droits égaux.

De cette école normale d'une nouvelle littérature, sortent les d'Alembert, les Diderot, les Duclos, les Marmontel, les Thomas, les Helvétius, et cette foule d'écrivains philosophes qui répandent partout les lumières qu'ils ont été puiser à sa source.

La révolution commence, ou plutôt elle s'achève, et la régénération du peuple français semble être consommée.

Qui donc a changé tant de cris d'alégresse en longs gémissements? tant de jours de fête en jours de deuil? qui donc a couvert le champ de la liberté de débris et de cadavres? Les résistances de l'ambition, de la sottise et de l'orgueil. Je crois pouvoir me dispenser de répondre à ceux qui ont accusé la philosophie des crimes qu'elle abhorre, et qu'elle n'a jamais cessé de combattre; la philosophie repousse, il est vrai, l'arbitraire, mais elle demande des lois, elle veut la justice, elle invoque la morale, et plaide en faveur de la raison et de l'humanité.

Sur tous les débris qu'elle a pu sauver d'un grand

naufrage politique, on peut voir encore l'empreinte de ses vœux et de ses espérances.

A toutes les époques où l'iniquité des juges a banni Thémis de son temple, la voix courageuse de nos avocats a-t-elle cessé d'invoquer son auguste nom? Sous la république, les Tronçon Ducoudray, les Chauveau-Lagarde; sous l'empire, les Bellart, les Lamalle; et, dans ces derniers temps, les Dupin, les Mauguin, les Tripier, les Mérilhou, les Barthe, les Odillon-Barrot, n'ont-ils pas rappelé sans cesse, dans leurs éloquentes paraphrases, cet hémistiche fameux : *Des lois et non du sang?*

CHAPITRE V.

Des orateurs politiques

L'estime publique est la seule récompense des écrivains et des orateurs qui se dévouent à la cause de la patrie; la défense des principes et des opprimés ne procure ni emplois, ni pensions, ni dignités. Il n'y a pas loin de la tribune à la roche Tarpéienne, disait éloquemment le Démosthène français. En effet, toute proportion gardée, la tribune française a vu périr plus d'orateurs martyrs de la philosophie, que l'arme n'a vu tomber de généraux victimes de la gloire. Ne craignons pas que ces sanglantes catastrophes refroidissent parmi nous l'éloquence patriotique; elle a sa source dans un esprit éclairé et dans une ame généreuse; et l'on a remarqué de tout temps que les plus grands talents étaient l'apanage des plus beaux caractères.

J'avoue cependant que l'éloquence et la probité politiques peuvent encore avoir des mystères aux regards soupçonneux d'un moraliste. Je suis prêt à crier au miracle, chaque fois que j'entends certains orateurs confits en piété et en fidélité, dont les opinions, j'en suis sûr, ne sont dictées ni par des intérêts de fortune ou de vanité, ni par les impulsions de l'esprit de parti, puiser dans les propositions ministérielles une conviction toujours égale et si prompte, qu'elle n'attend jamais les lumières de la discussion; enfin une conviction si consciencieuse, qu'elle ne manque jamais de changer avec les ministres, et qu'elle les suit dans toutes les voies où ils s'engagent. C'est là sans doute une de ces graces d'état qui confondent la raison, étonnent la morale, et dont la philosophie, de sa nature un peu sceptique, s'empresse de se détourner.

CHAPITRE VI.

De Voltaire et de son influence sur les destinées des peuples.

Voltaire n'est point, comme ses ennemis l'en accusent, l'auteur d'une révolution politique qui est incontestablement l'ouvrage du temps et le résultat nécessaire des progrès de la raison humaine; mais Voltaire est en effet l'auteur de la révolution qui s'est faite dans nos mœurs et dans notre littérature, et c'est à ce titre que je crois devoir consacrer à ce grand homme les réflexions par lesquelles je terminerai ce livre.

On devrait croire, si l'on n'avait chaque jour sous les yeux la preuve du contraire, que l'erreur, la sottise, et la mauvaise foi s'épuisent, et qu'il vient à la fin un temps où l'on doit adopter certaines vérités trop généralement reconnues, pour qu'on puisse les contredire sans s'exposer au ridicule et au mépris des honnêtes gens. Près d'un demi-siècle a déjà passé sur la mémoire de Voltaire; et le monde, en se partageant l'immense héritage de son génie, l'a proclamé la lumière des âges et le bienfaiteur de l'humanité : il n'est pas un coin du globe où son nom n'ait retenti, où ses écrits ne soient parvenus et n'aient achevé d'acquérir à la France cette supériorité littéraire qui n'a rien à craindre de l'abus de la force et des revers de la fortune.

Que chez des nations rivales il s'élevât encore des détracteurs de ce grand homme ; que ce concert de louanges importunât des oreilles étrangères, et qu'il fût interrompu par des cris envieux partis de l'autre côté du Rhin ou des bords de la Tamise, il n'y aurait en cela rien qui dût nous surprendre ; l'admiration est aussi un tribut, on ne l'acquitte, comme les autres, qu'à la dernière extrémité : mais la gloire de Voltaire ! il n'est pas un Français qui ne doive en être fier, qui ne soit personnellement intéressé à la défendre. Et c'est parmi nous, à l'époque où la fortune, trahissant nos armes si long-temps victorieuses, ne nous a laissé que les paisibles conquêtes du génie, qu'il se trouve des hommes assez étrangers à l'honneur national et aux progrès de l'esprit humain, pour insulter à la nation entière, en prodiguant l'outrage à la mémoire du prince des philosophes et des écrivains français ! Je sais que l'on pourrait se contenter de rire

> De voir des nains mesurant un Atlas,
> Burlesquement raidir leurs petits bras
> Pour étouffer si haute renommée.

Mais il est des circonstances où le ressentiment de l'injure se mesure moins sur la faiblesse que sur l'intention, où le mal que l'on dit acquiert toute l'importance et toute la gravité du mal que l'on veut faire : c'est dans ce sens que j'examine sérieusement quel peut être le but de ces nouvelles attaques dirigées contre Voltaire.

La nature, qui semblait s'être épuisée à produire cette foule d'hommes supérieurs qui décorent le beau siécle de Louis XIV, voulut, en réunissant dans un seul écrivain tous les dons du génie, assigner elle-même des bornes à sa puissance. Je n'essaierai de prouver, ni à ceux qui sont dès long-temps convaincus de cette vérité, ni à quelques ennemis aveuglés par la haine, que Voltaire a conquis, par des chefs-d'œuvre dans tous les genres, ce titre d'*homme prodigieux* qui lui fut décerné par le grand Frédéric ; je n'établirai point de parallèle entre cet illustre écrivain et quelques autres phénomènes littéraires semés çà et là dans l'espace des lieux et des temps, pour avoir le droit d'en tirer cette conclusion irréfragable, que la France a la gloire d'avoir donné le jour à l'homme du génie le plus *excentrique*, de l'esprit le plus universel dont s'honore l'espéce humaine. Ce n'est point de la mesure du talent de Voltaire qu'il est question dans ce moment : la sottise et la méchanceté elle-même font à cet égard des concessions plus généreuses qu'on ne devait s'y attendre ; pour toute réponse à ses détracteurs, il suffit de les énoncer.

Ce n'est point sur quelques brillants écarts d'une imagination trop ardente, sur quelques saillies d'un esprit qui se joue de sa propre pensée, qu'il doit être permis de juger un pareil écrivain ; c'est sur l'ensemble de sa doctrine et de ses œuvres: or, je demande à tous ceux qui, nourris de la lecture de Voltaire, peuvent se rendre compte de l'influence morale qu'il exerce sur eux avec le plus d'empire, quels sont les traits sous lesquels il se présente à leur esprit ; quels sont les souvenirs qu'il a gravés dans leur mémoire. Tous me répondent que les écrits de ce grand homme attestent le véritable philosophe, ennemi de la superstition, du fanatisme, mais adorant Dieu en sage, mais pénétré d'une religion pure *dont tout bon esprit sent la force et chérit les consolations;* l'apôtre infatigable de la raison et de la vérité, le défenseur courageux de l'innocence, l'ami sincère d'une liberté sage, dont *il ne trouvait de garant assuré que dans une monarchie limitée par des lois.* En effet, quel moraliste traça jamais les devoirs de l'homme social avec plus d'éloquence et de sentiment que l'auteur des *Discours philosophiques?* quel historien éleva plus haut la gloire de sa patrie que l'auteur du *Siècle de Louis XIV?* quel poëte consacra par de plus beaux vers la mémoire d'un roi l'amour des peuples et l'honneur du trône, que le chantre de *la Henriade?* quel autre écrivain, en marquant sa carrière par de si nombreux et de si nobles travaux, mérita, comme lui, l'honneur de donner son nom à son siècle?

Quand la postérité a commencé pour cet homme illustre, quand les générations nouvelles, dont il est le bienfaiteur, ont recommencé son apothéose, d'où peuvent naître ces cris d'impuissance et de rage, ce déchaînement dont il est de nouveau l'objet? De l'espérance que quelques insensés ont un moment conçue de ranimer les discordes civiles, de réveiller le fanatisme, et d'étouffer la liberté publique.

S'ils se bornaient à condamner les emportements passagers qu'excita quelquefois en lui le sentiment de l'injustice, ces saillies d'imagination que l'esprit et la grace ne justifient pas toujours aux yeux de la pudeur, je me contenterais de blâmer, avec eux, dans Voltaire, ce que je blâme dans le sage Horace, dans le bon La Fontaine : mais quand ils exagèrent la rigueur, je puis à mon tour exagérer l'indulgence, et rejeter sur les persécutions, sur les calomnies auxquelles Voltaire fut en butte dans le cours de sa vie, le blâme de quelques pages de ses écrits où *l'humeur*, et plus souvent l'indignation, l'emportent au-delà des bornes.

Qu'on se mette un moment, par la pensée, à la place de ce grand homme, forcé, avant trente ans, après avoir produit *la Henriade* et plusieurs chefs-d'œuvre tragiques, de se bannir de son pays pour échapper à la ligue du fanatisme et de l'envie ; qu'on se trouve armé, dans cet honorable exil, de toute la force du génie, de l'amitié des deux plus grands souverains de l'Europe, du ressentiment des plus cruelles injures, et qu'on réponde ensuite de mesurer toujours juste l'expression de son mépris ou de sa haine pour d'ignobles persécuteurs. Je ne balancerai point à le dire : Si Voltaire eût continué à vivre à Paris, honoré comme il devait l'être, nous aurions de lui trois ou quatre volumes de moins, qui n'ajoutent rien à sa gloire ; mais probablement aussi l'Arioste n'aurait pas eu de rival.

Pour enchérir sur les fausses accusations intentées à Voltaire pendant sa vie, ses ennemis actuels n'ont pas craint de se montrer absurdes, en signalant, comme un professeur de *démagogie* et *d'athéisme*, celui dans les œuvres duquel on serait peut-être embarrassé de trouver une seule page où ne se manifeste pas une aversion, quelquefois même irréfléchie, pour le gouvernement populaire, et, par-dessus tout, un respect si profond pour la Divinité, une conviction si intime de l'existence de Dieu, qu'il voit, dans l'opinion contraire, la preuve infaillible d'un cerveau malade. Il est vrai qu'il répète en plusieurs endroits qu'il *vaudrait mieux ne pas reconnaître de Dieu, que d'en adorer un barbare auquel on sacrifierait des hommes.* Sincère adorateur d'un Dieu maître et conservateur du monde, zélé défenseur des droits du trône et de la liberté des peuples, Voltaire, il faut bien en convenir, avait le malheur de ne point aimer les moines, de ne pas sentir toute l'utilité des couvents, de penser que l'éducation publique pouvait être confiée à des mains plus pures que celles des jésuites, et de rire quelquefois des décisions de la Sorbonne. Voilà ses torts : je ne prétends pas nier l'influence qu'ils peuvent avoir eue sur la destinée de ces mêmes objets, que Rabelais, Boccace, et La Fontaine ont néanmoins traités avec plus d'irrévérence encore ; mais je pense qu'il est juste de faire entrer, en compensation de ces griefs, le *peu de bien qu'il a fait*, et qu'il appelait son *meilleur ouvrage*.

Ferney, qu'il fonda dans son exil, où plus de cent familles nourries, logées, entretenues par ses soins, bénissent encore aujourd'hui la mémoire de leur bienfaiteur ; l'affranchissement des serfs du Mont-Jura ; la mémoire de Calas réhabilitée ; Sirven arraché à l'échafaud ; la nièce du grand Corneille, recueillie dans sa maison, et dotée des fruits de son génie ; l'assassinat judiciaire du jeune et infortuné Labarre, et la sentence inique du général Lalli, dénoncés à l'opinion publique ; tant d'innocents vengés, d'infortunés secourus, de gens de lettres protégés ; tant de traits de courage, de générosité, dont un seul suffirait à la gloire d'un autre homme, ne sauraient-ils racheter l'erreur, quelque grave qu'elle puisse être, d'avoir pensé qu'un état pouvait exister sans monastères, et que la France et la religion n'ont rien gagné à la révocation de l'édit de Nantes ?

LIVRE XIV.

De la morale dans l'éducation et dans l'instruction publique.

CHAPITRE PREMIER.

Rapports entre la morale et l'éducation.

Si j'avais le malheur d'être né sujet d'un de ces monarques paternels, comme les appellent leurs flatteurs, qui ont horreur des lumières, qui déclarent aux hommes dont la profession est d'instruire, qu'ils seront punis de l'exil s'ils s'acquittent des devoirs qui leur sont imposés, je me garderais bien de rechercher quels rapports existent entre la morale et l'instruction ; car toute la moralité d'une action résultant, pour celui qui la commet, de la connaissance acquise des principes, qui font que cette action est bonne ou mauvaise, juste ou injuste, permise ou défendue, il est évident que ceux à qui cette connaissance est refusée ne sont plus justiciables de la morale publique. Indifférents par ignorance, entre le vice et la vertu, ils obéiront à la force, et ne se décideront jamais que par intérêt ou par crainte : sentiments dont Montesquieu fait le seul ressort des gouvernements despotiques. Heureux habitant d'un pays où la culture de l'esprit n'a pas encore cessé d'être en honneur, où la science des hommes et des choses est encore l'occupation des races qui s'élèvent; où les premières pierres du temple de l'obscurité, posées par des mains honteuses, n'attesteront que les ridicules efforts des ennemis de la lumière, je n'arrive pas trop tard pour dire ce que la morale approuve et ce qu'elle condamne dans l'éducation publique.

L'éducation a deux objets : augmenter les lumières de l'esprit, développer les vertus du cœur; tous deux tendent au même but, l'accomplissement des devoirs. Or, il est des hommes qui ne veulent pas que l'éducation fasse des savants; ils le déclarent à la face du monde. Mais Aristote prétend que nulle vertu n'est propre aux esclaves; aussi ne veulent-ils pas que l'éducation fasse des hommes libres. D'où ils doivent conclure qu'elle est tout-à-fait inutile, et que l'économie consiste à supprimer les dépenses superflues qu'elle entraîne : c'est sans doute vers ce but que tendent ceux qui retranchent de l'éducation publique le culte de la patrie, et qui bannissent des écoles jusqu'au nom de liberté. Qu'importent ces puérils efforts ? le temps emporte, grace au ciel, les restes d'une génération vieillie dans l'enfance des préjugés, et en ramène une autre brillante de jeunesse, et riche de tous les biens que nous aurons acquis pour elle.

Les sages de tous les temps et de tous les pays ont fait de l'éducation l'objet de leurs plus hautes méditations ; les uns l'ont considérée uniquement sous le rapport physique ; persuadés que tout vice est issu de faiblesse, ils ont cru que pour avoir des hommes vertueux il suffisait de les rendre robustes.

D'autres, après avoir créé des utopies, les ont peuplées d'habitants imaginaires, qu'ils ont dotés àloisir de toutes les qualités et de toutes les vertus.

D'autres enfin n'ont vu dans l'enfance qu'une pépinière de savants, d'artistes, et d'érudits, et se sont imaginé que l'éducation devait se borner à cultiver ces jeunes plantes dans l'intérêt des sciences et des arts. Très peu de philosophes ont envisagé l'éducation sous le triple rapport qui la constitue : la famille, la société, l'état.

CHAPITRE II.

Des maîtres et des instituteurs.

Il faut un grand courage, beaucoup de qualités, de savoir, et encore plus de patience pour se dévouer à l'instruction de la jeunesse. Un long travail sans éclat, une considération médiocre dans le monde, et rarement un état d'aisance à la fin d'une carrière honorable, telles sont les récompenses du professorat.

Un homme[1] a étudié en philosophe les lois confuses et contradictoires des nations; dans les réglements de la justice criminelle, il a su démêler les vestiges de la barbarie gauloise, et les traces plus profondes du sceptre de fer sous lequel nos aïeux ont gémi. Cet habile et sage professeur recherche moins l'esprit que la morale des lois : ses jeunes auditeurs se pénétrent en l'écoutant des hautes vérités qu'il enseigne. « Le repos dans les lois est le « premier bien, mais la liberté périlleuse vaut mieux « que le calme dans l'esclavage. » Toute sa doctrine est renfermée dans ces paroles : des ames neuves, des esprits bien préparés les recueillent, et une génération nouvelle grandit et s'élève dans l'amour de la patrie, de la justice, et de la vérité. Mais la sottise et l'envie ont écouté aux portes; à leur voix l'autorité s'alarme, le vertueux professeur est arraché de sa chaire, et les jeunes gens qui étudient les lois apprennent comment on les outrage dans l'enceinte même où on les enseigne.

Qu'un autre professeur d'un talent reconnu, d'une ame forte, et d'un esprit élevé[2], se charge de déve-

---

[1] M. Bavoux, professeur de droit civil à l'École de Droit.

[2] M. Tissot, professeur de poésie ancienne au Collège de France.

lopper devant un jeune et nombreux auditoire les beautés sublimes des anciens poètes : si, ne se bornant pas à mesurer des spondées et des dactyles, il sent et cherche à faire sentir la poésie en vrai poète; s'il fait partager aux autres l'émotion profonde qui l'agite, toutes les fois qu'une grande pensée en beaux vers fait palpiter son cœur au nom de gloire et de patrie; s'il féconde ainsi le champ de la littérature ancienne, où la critique s'est trop long-temps amusée à ne chercher que des fleurs ; ses leçons, recueillies avec enthousiasme, seront dénoncées au pouvoir: il ne pourra pleurer, avec Ovide, sur les malheurs de l'exil, sans être accusé, comme lui, de manquer de respect à la personne d'Auguste; il ne pourra s'indigner, avec Juvénal, de la dégradation des ames romaines, sans voir se déchaîner contre lui les modernes *Crispins;* il ne pourra commenter les vers de Lucain sur le *génie de César*, sans soulever contre lui tous les ennemis de la gloire française, et sans se voir enlever, au déclin de l'âge, le fruit de vingt ans d'honorables travaux.

Où se précipite cette foule d'étudiants, grossie de tous les amis de la science et des lettres ? Un jeune professeur [1], doué d'une sagacité rare, d'une éloquence entraînante, applique aux recherches métaphysiques toute la force de son esprit, toute la

---

[1] M. Cousin, professeur de philosophie à la Faculté des lettres.

chaleur de son ame; placé au centre des différentes doctrines philosophiques dont il a su débrouiller le chaos, il a rassemblé sur un point les divers rayons lumineux qu'il en a fait jaillir, pour en composer un système ingénieux, qui satisfait à-la-fois aux vœux les plus ardents de l'imagination, et aux preuves qu'exige la raison la plus sévère. Ces hautes idées, ces principes lumineux, exprimés par des improvisations brillantes, attirent autour de cette chaire des flots d'auditeurs; tout-à-coup du volcan éteint de l'ancienne Sorbonne s'élève un nuage de cendre qui étouffe pour un moment la voix du célèbre professeur.

CHAPITRE III.

De l'instruction publique.

Le premier ouvrage du Créateur fut de séparer la lumière des ténèbres : rien d'utile, rien de bon ne se fait dans l'ombre.

Le génie du mal a été surnommé le prince des ténèbres. Je suis *la lumière*, a dit le législateur des chrétiens. Qui dénie la lumière aux peuples n'est donc ni chrétien ni philosophe, c'est l'ennemi des hommes, c'est l'ennemi de Dieu.

Par-tout où le principe de l'instruction des sociétés n'a pas été méconnu; par-tout où le bonheur de l'homme a été le but des législateurs, l'éducation de la jeunesse a été leur premier soin, et l'instruction publique l'objet principal des sollicitudes du gouvernement.

L'instruction est un levier moral qui centuple les forces d'un petit nombre d'hommes: Sparte, Athènes, Venise, Florence, se sont élevées par cette seule puissance à la dignité des plus grands états: l'ignorance, au contraire, réduit à rien les nations les plus populeuses. Les siècles de confusion et de barbarie, qui suivirent la destruction de l'empire romain, l'affaiblissement progressif de l'empire ottoman, rendront témoignage de cette vérité, aussi long-temps que le souvenir de cette longue et profonde dégradation de l'espèce humaine ne sera pas effacé de la mémoire des hommes.

« La plupart des peuples anciens, dit Montes-
« quieu, vivaient dans des gouvernements qui ont
« la vertu pour principe; leur éducation n'était ja-
« mais démentie: Épaminondas, la dernière année
« de sa vie, disait, écoutait, voyait les mêmes
« choses que dans l'âge où il avait commencé d'être
« instruit. » Ce qu'un citoyen disait, il était toujours prêt à le faire; ce qu'il faisait, il était toujours prêt à le dire : bien différent de nos professeurs religieux t politiques, qui ne font rien de ce qu'ils disent, et ne disent rien de ce qu'ils font.

Toutes les mœurs d'un peuple sont en germe dans les familles et dans les collèges; toutes les institutions sociales doivent avoir cette double éducation pour base, et c'est de leur harmonie que résulte l'éducation vraiment nationale dont la société même est la dernière école.

Sans doute nous sommes loin encore, depuis quelque temps même nous paraissons nous éloigner du véritable but de l'instruction publique, qui doit être de former des hommes et des citoyens. Cependant les contradictions entre les préceptes des maîtres et les exemples des livres sont aujourd'hui moins choquantes qu'elles ne l'étaient autrefois; il y a moins d'inconséquence, je ne dirai pas plus de franchise, à faire apprendre, discuter, traduire les œuvres de Tacite et de Xénophon par des enfants destinés à vivre sous un gouvernement constitutionnel, qu'il n'y en avait à mettre ces mêmes livres entre les mains de leurs pères, que l'on avait tant d'intérêt à façonner au joug despotique d'une société corrompue.

Les temps sont venus, où les peuples doivent s'occuper d'eux-mêmes, où la loi ripuaire doit cesser de peser sur la Gaule affranchie : nos mœurs, nos superstitions, nos coutumes, nos traditions, nos préjugés, attestent encore que les Gaulois furent jadis la conquête d'une peuplade barbare; une éducation nationale peut seule faire disparaître ces traces honteuses, en élevant pour la patrie des hommes instruits, libres et vertueux.

CHAPITRE IV.

Contradiction dans l'éducation de l'enfance

L'éducation commence dans la famille, se poursuit dans les écoles, et s'achève dans la société. Montesquieu observait que de son temps ces trois parties de l'éducation étaient contradictoires : nous aurons occasion d'examiner de quels moyens on se sert maintenant pour les mettre en harmonie. La Fontaine assure qu'à l'époque où il vivait la bonne ou la mauvaise éducation faisait des *Césars* ou des *Laridons :* nous avons vu nous-mêmes un temps où elle a fait beaucoup de *Césars ;* espérons que le temps des *Laridons* n'est pas encore venu.

Quoi qu'en puissent dire des hommes qui cherchent à combattre leur propre expérience, la révolution a beaucoup perfectionné l'éducation de la famille. Les liens du sang, honteusement relâchés, et trop souvent rompus dans les hautes classes de la société, ont repris leur force première (je parle ici de la règle, et je laisse à part les exceptions malheureusement devenues plus nombreuses depuis quelques années): le père vit au milieu de ses enfants, et veille sur leurs premières années avec une tendre sollicitude : la mère ne sacrifie pas à ses plaisirs les doux soins de la maternité; quand son sein ne trompe pas la destination de la nature, elle ne s'en repose plus sur une femme étrangère de l'accomplissement du premier de ses devoirs : alors même qu'une tendre intimité ne règne pas entre les époux, l'intérêt de leurs enfants devient un centre commun d'affection, où leurs cœurs se rencontrent encore. Le culte des vieux parents a repris ses honneurs.

Ainsi les premiers regards de l'enfance sont frappés par des exemples qu'elle doit imiter un jour, et dont elle apprend à apprécier le bienfait. Mais déja le jugement commence à se rendre compte des sensations, l'imitation à prendre conseil du raisonnement, et le besoin de l'éducation de l'école se fait sentir.

La nourriture développe le corps ; l'exercice donne aux membres toute la force, toute la souplesse qu'ils sont susceptibles d'acquérir; de même l'instruction donne à l'esprit cette hauteur, cette étendue, cette puissance, qui mesure les espaces du ciel et embrasse l'ensemble de l'univers. Sans nourriture, le corps languit et meurt ; sans exercice, les membres s'engourdissent ; sans éducation, les germes des vertus et des talents périssent ; sans instruction, l'esprit de l'homme ne s'élève guère au-dessus de l'instinct des brutes.

Mais la culture de l'esprit a sa règle dans la raison de l'homme social, et, comme elle, elle est sujette aux erreurs et aux préjugés, qui faussent la morale dans la source même de l'instruction : les premières prières de l'enfance sont en opposition avec les premiers exemples qu'elle a sous les yeux.

Loin de moi la pensée d'élever le moindre doute sur la divine sagesse du législateur des chrétiens; nul plus que moi ne révère le Dieu du pauvre, l'appui du faible, le consolateur de l'affligé; l'Évangile est sans doute le premier livre à l'usage de l'enfance, et le dernier que le chrétien mourant doive laisser échapper de sa main défaillante: mais écoutons l'Évangile, et voyons la conduite de ceux qui l'enseignent, et de ceux à qui il est enseigné.

Un enfant est né, l'airain tonne; la pourpre couvre son berceau; des courriers rapides s'élancent sur toutes les routes pour annoncer cette grande nouvelle aux princes de la terre; le faste de la cour se déploie; l'or et les pierreries brillent de toutes parts, et les feux de la nuit le disputent à la clarté du soleil : cet enfant est un roi; voilà le monde.

Un autre enfant, conçu dans le sein d'une vierge, naît dans une étable; une crèche est son berceau; sa naissance n'est révélée qu'à de pauvres bergers : cet enfant est un Dieu; voilà l'Évangile.

Une mère apprend à lire à son fils dans ce livre sacré, et bientôt s'établit entre eux le dialogue suivant :

L'enfant. Maman, Jésus était-il autant qu'un roi?

La mère. Mon fils, il est autant au-dessus des rois que le ciel est au-dessus de la terre.

L'enfant. Cependant j'ai lu par-tout dans son livre qu'il était humble, qu'il aimait les pauvres, qu'il repoussait les riches, qu'il recommandait le pardon des injures, et qu'il avait la flatterie et le mensonge en horreur.

La mère. Il joignit le précepte à l'exemple; et les hommes, les rois sur-tout, doivent, autant qu'il est permis à la nature humaine, chercher à marcher sur ses traces divines.

L'enfant. Pourquoi donc mon père me parle-t-il toujours de la majesté des rois, de la pompe de leur cour; pourquoi les pauvres sont-ils rebutés par-tout; pourquoi les riches sont-ils seuls admis à notre table? Jésus veut que l'on pardonne les offenses, et je n'entends parler que de rois qui font égorger des nations tout entières pour venger leurs injures. Jésus abhorre le mensonge, et mon père disait encore tout-à-l'heure que les rois ne veulent pas entendre la vérité.

La mère. Mon enfant, c'est que les affaires du monde ne se règlent pas d'après les mêmes principes que les choses du ciel.

L'enfant. Mais puisque tu m'as mis au monde, apprends-moi donc ce qu'il faut que je sache pour vivre avec des hommes.

La mère ne sait plus que répondre; elle va consulter son mari, et celui-ci ferme la bouche à l'enfant par sa phrase habituelle : « Mon fils, ce sont des « contradictions apparentes, que l'on vous expli- « quera plus tard. » Ces contradictions, qu'on ne lui explique pas, se multiplient à ses yeux, et tourmentent sa pensée.

Il n'entend sortir que des cris de persécution et de mort des mêmes bouches qui commandent sans cesse la miséricorde et la clémence infinies; il ne voit autour de lui que des gens qui prêchent l'humilité du cœur et la charité, en se livrant à tous les conseils de l'ambition, de la haine et de l'avarice.

CHAPITRE V.

Contradiction dans l'éducation des écoles.

Des inconséquences de l'éducation de famille, l'enfant, devenu plus grand, va passer aux contradictions bien plus choquantes des écoles publiques.

Destiné à devenir époux et père, c'est, dans presque tous les états catholiques de l'Europe, à des hommes voués au célibat que sera commis le soin de lui apprendre quels sont les devoirs et les vertus domestiques.

Les lois l'appelleront à venir à son tour remplir les cadres de l'armée, à combattre, à vaincre, à mourir pour la patrie; et ses instituteurs font profession d'abhorrer le glaive, et de ne plus combattre même avec la massue.

Une contradiction plus forte encore existe entre les maîtres et les livres classiques.

Les professeurs crient sans cesse : *Foi, soumission aveugle!* et les livres : *Raison, doute, examen!*

Les maîtres, semblables à des sentinelles qui reçoivent machinalement la consigne, répètent tour-à-tour : *Les gouvernés sont faits pour les gouvernements.* Les livres des philosophes, échos de la morale universelle, répondent dans toutes les langues : *Les gouvernements, quel que soit leur nom, sont faits pour les gouvernés, quel que soit leur nombre.*

Obéissez uniquement aux princes, disent les professeurs; *obéissez aux lois*, disent les livres. *Conformez-vous aux volontés d'un homme*, continuent les premiers; *conformez-vous à la règle générale*, poursuivent les seconds.

Dans cette controverse quotidienne, que fera le disciple? Il hésitera d'abord; mais il finira par en appeler à son propre jugement. Nul doute alors que l'autorité des siècles, de l'éloquence et de la morale ne l'emporte dans cette lutte ridicule de l'intérêt et de la raison, du privilége et de l'égalité, des préjugés et de la philosophie.

Les maîtres, soumis (comme s'exprimait naguère un ministre) *à une impulsion unique, à une surveillance de tous les instants, à une direction tout ecclésiastique, ne peuvent, sans provoquer contre eux des mesures sévères*, développer dans leurs élèves les passions généreuses qui font les vaillants capitaines, les ministres patriotes, et les citoyens courageux.

Mais les livres, que ces instituteurs sont néanmoins forcés de mettre entre les mains des élèves, ces livres grecs et romains respirent à chaque page l'amour de la liberté et l'horreur de la servitude.

Quels magnifiques éloges accompagnent les noms de Timoléon, qui ne put souffrir la tyrannie de son propre frère Timophanès, et qui délivra la Sicile des fers de Denys; des deux Brutus, dont l'un chassa les Tarquins, et dont l'autre frappa César; d'Agis et de Cléomène, dont la fin malheureuse n'affaiblit point la gloire d'une entreprise qui avait pour objet de rendre à Sparte la sainte égalité des lois de Lycurgue; de Thrasybule, qui renversa les trente tyrans d'Athènes, et rétablit la liberté!

Parmi les modernes, les livres réputés classiques ne sont-ils pas ceux où l'on applaudit aux généreux efforts des Guillaume Tell, des Guillaume de Nassau, des Franklin, des Washington, et même de ce prince d'Orange que l'on vit s'entourer, en débarquant en Angleterre, des parents et des amis des plus illustres victimes des Stuarts; de Henri Sidney, frère d'Algernon; de l'amiral Russel, frère de lord Russel; de Cavendish, son fidéle ami ; d'Argyle, dont le père et l'aïeul avaient été immolés par les deux derniers rois de la dynastie détrônée, et de tant d'autres soutiens de la vieille liberté britannique.

Les innombrables partisans de la liberté légale sont, dit-on, les élèves des philosophes du dix-huitième siècle ; mais par qui ces philosophes avaient-ils été élevés? par les jésuites, par les prêtres, par les congrégations religieuses. Les livres alors démentaient plus formellement encore les professeurs; les livres ont fait des philosophes, et ces philosophes sont devenus les professeurs des nations; et cette véritable université, dont ils sont les fondateurs, est désormais impérissable comme la vérité, la morale et le génie, qui l'ont créée.

Puisque j'ai proféré le mot d'université, je dois jeter un coup d'œil rapide sur cette absurde et gothique institution, dont on pourrait craindre le rétablissement, si les vœux de l'ignorance pouvaient prévaloir contre le bon sens et la volonté d'une nation entière.

Je n'examinerai pas si l'université de France était une aussi bonne nourrice des études grecques et latines que le soutenait un de ses recteurs; je ne prendrai point parti contre ceux qui la font remonter jusqu'à Charlemagne; je ne lui contesterai pas son titre de fille aînée de nos rois, bien que cette fille ait souvent manqué de respect à ses augustes aieux, en s'élevant contre François Ier; en défendant d'obéir à l'édit qui établissait le concordat; en déclarant Henri III déchu du trône; en empêchant qu'on ne priât Dieu pour Henri IV; ce sont là de ces démêlés de famille où je n'ai rien à voir. Ce qu'il importe de répéter, c'est que le système d'instruction de cette ancienne université était en contradiction perpétuelle avec la morale et le perfectionnement des facultés humaines : proposition hardie aux yeux de certaines gens, parmi lesquels le despotisme oriental, la folie, la peste, et Tibère ont trouvé des apologistes, et qui, pour être conséquents, proscrivent par catégorie la raison, le patriotisme, la philosophie, et la liberté. On me pardonnera si j'éprouve quelque répugnance à traiter gravement une pareille question.

Je venais de tirer de ma bibliothèque l'in-folio de *Matthieu Pâris*, et de secouer la docte poussière qui couvrait le livre des sentences de *Pierre Lombard*, le tout dans l'intention de connaître les causes d'un mal que je n'apercevais que par ses résultats, quand un vieux régent de collége, mon ami et mon compatriote, entra chez moi. Reconnaissant à leur fermoir en cuivre, et à leur reliure à la jésuite, les énormes bouquins que j'étais occupé à parcourir, il saisit le Lombard avec une sorte de ravissement : « Voilà, me dit-il, le véritable créateur de l'université, le Clovis de la théologie, le fondateur des bonnes doctrines et des bonnes lettres ; celui qui rassembla en un seul corps les quatre écoles de Paris ; *Parisiacam, Leucotitiam, Victorianam, et Dionysiacam.*

« L'université (comme l'appela depuis Matthieu Pâris, dont je vois sur votre pupitre l'édition de 1640), l'université, devenue l'arbitre de l'église et de l'état, est restée la même, immobile, inébranlable, à travers les variations des siècles. »

Charmé de voir que mon vieux régent allait m'apprendre tout ce que je n'aurais pu trouver dans mes livres qu'avec beaucoup de peine et de soin, je me gardai bien de l'interrompre.

« C'est, me dit-il, en l'an de grace 1169 que les fondements de ce temple de la science furent posés ; grace au ciel, et en dépit de vos prétendus progrès des lumières, il subsiste encore après six siècles et demi, aux calendes de mars de la présente année 1821.

« L'université n'a reçu ses statuts qu'en 1215 de Robert de Courçon, légat du saint-siége. »

D'où il suit, ai-je remarqué, que cette admirable institution est l'ouvrage de deux prêtres, du théologien Lombard, et du légat Robert.

«Sans doute, continua-t-il; et cela ne doit pas vous surprendre : de temps immémorial, l'instruction en France est entre les mains des prêtres. Jusqu'au seizième siècle, il n'y eut d'école que dans les cathédrales : on y apprenait à lire, à chanter au lutrin, et la connaissance des canons. »

Un de ces canons, lui dis-je, ne prescrivait-il pas à tout laïque à cheval de mettre pied à terre devant un ecclésiastique.

« Sans doute. » Et cet autre dont je crois me rappeler le texte : *Les puissances du monde traiteront les évêques avec toute sorte de respect, et n'auront jamais la hardiesse de s'asseoir devant eux, avant que ceux-ci ne l'exigent.*

« C'est le neuvième canon du concile de Trente... Mais revenons à l'université; vous ignorez, j'en suis sûr, comment on s'y prit pour classer dans les quatre facultés l'universalité des connaissances humaines.

« Pierre Lombard fit un gros livre sur la science de Dieu, et la *théologie* fut fondée. Les *Pandectes* de Justinien se retrouvèrent, voilà la *jurisprudence* toute faite. On apporta de Constantinople la *physique* et la *métaphysique* d'Aristote; Aristote fut le dieu de la *faculté des arts*. Quant à la *médecine*, empruntée tout entière aux Arabes, sans égard à la différence des climats et des habitudes, on la mit en pratique sans y rien changer. Dès-lors nous cûmes un corps d'instruction si parfaitement organisé qu'à l'exception de quelques légères réformes opérées sous Charles VII par Guillaume d'Estouville, autre légat du pape, le géant universitaire a fourni sans obstacle pendant plus de six cents ans sa glorieuse carrière. »

Beau géant m'écriai-je, aveugle comme Polyphème, et toujours prêt à lancer sa lourde roche sur le jugement et la raison!... Cette brusque sortie termina un entretien dont la suite aurait pu me fournir un surcroît de preuves de l'absurdité, de la barbarie, et de l'ignorance qui ont présidé en France à cette informe et gigantesque création.

CHAPITRE VI.

Contradiction dans l'éducation du monde.

Je quitte les contradictions du collége pour m'occuper de celles qui attendent parmi nous le jeune écolier dans la grande école du monde, où sa troisième éducation commence.

Malgré les vices d'un système où la connaissance des lois de leur pays est la dernière que l'on donne aux jeunes gens (connaissance où la plupart d'entre eux ne sont pas même initiés), je suppose, bien gratuitement peut-être, que tous ont entendu parler de la charte constitutionnelle et des codes qui règlent en France les affaires, tant au civil qu'au criminel : je suppose encore que le premier soin des parents est de mettre entre les mains de leurs fils cette charte et ces codes, où ils doivent apprendre quelles actions sont permises, quelles sont défendues, où s'étendent les devoirs, où s'arrêtent les droits des citoyens dont ils font partie.

La jeunesse est l'âge, le seul âge où le cœur de l'homme s'ouvre à-la-fois à tous les sentiments généreux, où le sentiment du juste et de l'injuste se montre avec le plus d'énergie.

Avec quel plaisir, avec quel orgueil un de ces jeunes gens, espoir d'une patrie nouvelle, lit ces premières lignes de notre pacte social : *Les Français sont égaux devant la loi, quels que soient d'ailleurs leurs titres et leurs rangs.* Mais un de ses condisciples vient d'être indignement outragé par un garde-chasse, lequel, grace à la protection de son maître, est l'adjoint du maire de sa commune. L'écolier porte sa plainte devant le procureur du roi. « *Je ne puis donner aucune suite à cette affaire*, dit le magistrat ; *il faut, pour mettre en jugement l'adversaire de votre ami, l'autorisation du conseil d'état.* — Quoi, monsieur, un Français ne peut être traduit devant les tribunaux si le conseil d'état ne le permet ? — Non pas un Français tel que vous, tel que les dix-neuf vingtièmes des citoyens, mais un des Français de l'autre vingtième; c'est-à-dire un fonctionnaire public. — Mais, monsieur, je n'ai pas lu un mot de cela dans la charte. — Je ne vous parle pas de la charte, mais de la constitution de l'an 8. — Qu'a de commun, je vous prie, avec la charte monarchique de 1814 la constitution républicaine de l'an 8? — Tout ce qui n'est pas abrogé existe de fait et de droit. — Même les décrets de la convention, et les arrêtés du comité de salut public? — Même les arrêtés du comité de salut public, et les décrets de la convention. » L'écolier retire sa plainte, et ne manque pas d'écrire sur ses tablettes: *Nota benè* que *l'égalité devant la loi a ses inégalités.*

Il va dîner chez un de ses voisins : c'est un des hommes les plus riches du département, et la conversation tombe sur les charges de l'état. « La quote de vos contributions doit être bien considérable, dit le jeune homme; l'article 2 de la charte porte textuellement que *les Français contribuent indistinctement, dans la proportion de leurs fortunes, aux charges de l'état*, et vous possédez soixante mille livres de rente? — J'en ai plus de cent mille. — Ainsi, d'après le rapport des contributions avec les revenus, vous en payez au moins vingt mille. — Je ne paie pas tout-à-fait six cents francs; ma fortune est en rentes : les rentes ne sont sujettes à aucune taxe; et l'on a fort bien senti que les charges de l'état ne devaient pas peser sur les portefeuilles. » Autre note sur les tablettes de l'écolier : « Contribuer également aux charges de l'état veut quelquefois dire, pour les gens les plus riches, n'y pas contribuer du tout. »

Il croit cependant que l'article 3 n'est susceptible d'aucune interprétation équivoque :

Tous les Français sont également admissibles aux emplois civils et militaires.

Il est riche. Dans le cours de ses études, il s'est plus particulièrement occupé des grands intérêts des peuples, et de la connaissance du droit des gens; il fait des démarches pour entrer dans la carrière diplomatique, et ne dissimule pas l'espoir qu'il a d'obtenir un jour quelque ambassade.

Le commis auquel il s'adresse le regarde avec un sourire presque moqueur, et lui demande ses titres. « Je n'en ai point encore, répond le jeune postulant; mais avec le temps, l'étude et le zèle..... »

Pour se faire comprendre le plus poliment possible, le commis diplomate prend l'almanach royal, et lit, en appuyant sur leurs titres de duc, de marquis, de vicomte, les noms des ambassadeurs ou ministres français dans les cours étrangères.......... « Je vous entends si bien, répond l'écolier solliciteur en saluant le chef de bureau, que je prends note de votre réponse : je suis, en ma qualité de Français, *admissible* à tous les emplois, à l'exception de ceux auxquels *je ne puis être admis.* »

Le jeune homme, en sortant, exhala son humeur un peu trop hautement; un affidé de la maison l'entendit et l'arrêta. Il savait la charte par cœur, et prétendit que *la liberté individuelle de tous les Français était également garantie; que nul ne pouvait être poursuivi ou arrêté que dans les cas prévus par la loi, et dans la forme qu'elle a prescrite.....*

On le conduisit à la préfecture de police. La journée était avancée; beaucoup d'arrestations avaient été faites, et le magistrat interrogateur était absent.

Il se vit donc forcé de passer la nuit dans une société nombreuse d'escrocs, de filous, et de quelques honnêtes gens victimes comme lui du zèle un peu trop empressé des agents de police. C'était en hiver; les nuits étaient longues, et il eut le temps de méditer sur les quatre premiers articles de la charte, qu'il avait si mal compris.

Le lendemain, un bon procès-verbal lui révèle tout ce qu'il y avait de séditieux dans quelques paroles qu'il ne se souvenait pas d'avoir dites. Néanmoins, comme ses murmures s'étaient exhalés dans un lieu qui n'était pas tout-à-fait public, attendu qu'on n'y pénètre qu'avec beaucoup de peine, *le prévenu d'être suspect* fut mis en liberté.

En sortant, il court chez un de ses amis, pressé d'épancher dans son sein la douleur et l'indignation qu'il éprouve; il apprend que cet ami est parti la veille pour rejoindre son vieux père sur la terre d'exil. Il allait s'écrier : *Mais l'article 11 de la charte!*..... Il se rappelle où il a passé la nuit, et s'arrête.

Au bas de l'escalier il rencontre un autre camarade d'études. « Vous alliez sans doute, lui dit-il, voir ce pauvre?... Vous l'aimiez tant! — Moi? non; j'ai cessé de le voir depuis que son père est exilé... — Je savais déjà que vous étiez un sot, lui dit le jeune homme en s'éloignant; vous m'apprenez que vous êtes un lâche. »

Le lendemain, le hasard met sous ses yeux une de ces feuilles qu'un honnête homme ne lit pas sans quelque pudeur; il y voit un long article où le vieillard exilé, son fils et lui-même étaient violemment insultés. Il court au bureau du journal, et n'y reçoit que des réponses évasives; il rédige à la hâte une réfutation qu'on lui promet d'insérer; elle ne paraît pas. Il s'adresse à l'une des deux feuilles où l'on défend encore les principes constitutionnels : le rédacteur lui fait entendre que si l'attaque est permise, il n'en est pas ainsi de la défense; mais cependant, disait ce bon jeune homme oppressé de douleur et d'étonnement, l'article 8 de la charte, de cette loi constituante sous laquelle nous vivons, dit en termes formels que les Français *ont le droit de faire imprimer et de publier leurs opinions.*

Il se mit à étudier les codes; il en était à cet article · *Tout Français qui aura porté les armes contre la France sera puni de mort;* lorsqu'il voit un matin entrer chez lui un homme qui, sous des cheveux blanchis, portait une de ces figures où l'orgueil fardé de politesse, où la misère de la veille associée à l'opulence du jour, formaient un mélange bizarre dont on avait peine à se rendre compte. Cet homme s'assied familièrement, et prenant à-la-fois un ton impertinent et protecteur: « Je suis, dit-il, un ancien officier général français; vous le voyez, je pense, aux nombreuses décorations que je porte; cette croix de Saint-Wladimir, je l'ai gagnée en Suisse, où je combattais dans les rangs de l'armée russe; cette autre est la croix de Marie-Thérèse: je l'ai obtenue pour avoir attaqué près de Novi, à la tête des tirailleurs autrichiens, une ambulance de l'armée française; cette troisième croix est l'ordre de l'Aigle-Rouge de Prusse: j'étais au service de cette puissance en 1814; je me suis distingué dans les plaines de la Champagne, où j'ai tué pour ma part bon nombre d'ennemis. Je jouis d'une pension que me fait le gouvernement anglais, auquel j'ai fourni dans le temps des cartes, des plans et des mémoires sur les places et les ports de France, qui ont été d'un grand secours à cette puissance.

« Tant de services n'auraient pas dû rester sans récompense dans mon pays. Mais l'ingratitude est l'essence de tout gouvernement, et j'ai dû m'attendre à l'oubli des services que j'ai rendus; bref, il me reste un cousin à pourvoir; brave garçon, qui n'a point émigré, il est vrai; mais il a combattu parmi les chouans avec infiniment de distinction, et dans les deux invasions il a servi de guide aux colonnes étrangères. Eh bien! le croiriez-vous, depuis six mois je sollicite pour lui un régiment, et ne puis l'obtenir; on s'obstine à maintenir en place, au détriment de nous autres serviteurs fidèles, quelques uns de ces hommes de Waterloo........ J'ai l'intention d'attaquer dans une brochure un système de modération aussi contraire à nos intérêts qu'à ceux du trône et de l'autel; mais je parle mieux que je n'écris....

« Vous avez fait d'assez bonnes études, vous avez de l'esprit; je vous donnerai des notes, et vous m'arrangerez cela, n'est-il pas vrai? » Le jeune homme rougit; je ne rapporte point sa réponse, elle fut courte et amère.

Désormais convaincu qu'il n'est pas doué du génie nécessaire pour comprendre *la monarchie selon la charte,* notre jeune homme se détermine à achever ses études et à suivre les principaux cours ouverts sur les différentes branches des connaissances humaines; d'autres déceptions l'y attendent.

CHAPITRE VII.

Conséquences et conclusion de ce livre.

Les écrivains qui ont osé dire que le cœur humain était sous l'empire d'une perversité naturelle ont étrangement calomnié la créature et le Créateur. De quel riche fonds de vertu l'homme au contraire n'a-t-il pas dû être doté, puisque tout ce qu'il voit, tout ce qu'il éprouve, les contradictions perpétuelles au milieu desquelles il naît, il vit et il meurt, n'ont pas entièrement obscurci les lumières de sa raison et les vérités morales dont sa conscience est le foyer. Ici le magistrat est le premier à violer les lois confiées à sa garde : là les actions des prêtres outragent la religion qu'ils prêchent. Quels exemples reçoivent les peuples de la part de ceux dont la vie est exposée à tous les regards, et dont les paroles frappent toutes les oreilles? des maximes toujours démenties, des promesses toujours éludées, des serments impuissants ou fallacieux. Par quel miracle l'autorité de tels instituteurs et la puissance de tels exemples n'ont-elles pu parvenir encore à changer toutes les nations modernes en sociétés de fourbes, d'hypocrites, chez lesquels tromper et trahir soient des titres d'honneur pour tous, comme ils le sont déja pour un grand nombre; où tous les voiles cachent des piéges, où tous les droits soient des priviléges, où tous les vices soient des distinctions? Cependant, malgré tant d'efforts, la contagion d'une si maligne perversité ne s'est pas même étendue à toutes les hautes classes, et des générations d'hypocrites ne se sont guère rencontrées encore que dans les races ministérielles. Faut-il faire entièrement honneur de cette généreuse résistance à la bonté native de l'homme?

Non, cette bonté a été grandement fortifiée par la simple et pure morale de l'Évangile, par la raison et l'équité des lois, lorsque ces lois ont été faites pour servir de bouclier aux citoyens et non de glaive à la puissance. Aussi, voyez avec quelle chaleur on s'élève contre les sociétés bibliques; avec quelle ardeur on poursuit le projet de corrompre l'équité des codes par des additions, des retranchements et des interprétations qui permettent aux magistrats de mettre leurs passions à la place des lois, et les intérêts de l'autorité à la place de la justice; mais vains efforts.

L'opinion, fille de la morale, est la croyance politique d'un peuple; c'est sa religion civile : loin de l'attirer, les moyens violents l'irritent, la corroborent, la grandissent à tous les yeux; et ce serait en pure perte qu'on lui donnerait les honneurs de la persécution, si la honte n'en restait pas à ses persécuteurs.

LIVRE XV.

État moral des différentes classes de la société.

CHAPITRE PREMIER.

Causes générales des révolutions

J'entends sans cesse louer ou accuser quelques hommes de ce que les uns appellent les bienfaits, et les autres les crimes de la révolution. Les hommes ne font pas plus les révolutions qu'ils ne font les tremblements de terre; ce sont les choses qui font crouler et qui relèvent les empires; c'est du choc imprévu des éléments hétérogènes qui fermentent pendant des siècles au cœur de l'état, que naissent ces grandes commotions politiques, dont les causes remontent toujours bien au-delà des générations qui en subissent les effets.

La révolution en France était faite moralement quand le grand monarque mourait seul dans son palais désert; elle était faite quand Richelieu s'emparait du pouvoir souverain, et laissait par dérision à Louis XIII les insignes de la royauté; elle était faite quand la sainte ligue déclarait Henri IV inhabile à régner; quand ses sujets catholiques le repoussaient d'un trône légitime où le placèrent ses sujets protestants.

Préparée par deux siècles de guerres intestines et de persécutions religieuses, par cette dégradation politique et morale où le règne de Louis XV avait plongé l'état, doit-on s'étonner qu'une révolution soit sortie tout armée d'un chaos politique où la philosophie luttait contre la corruption des mœurs, où la lumière combattait contre les ténèbres, où l'amour de la liberté fermentait dans des ames impatientes d'un despotisme sans repos et sans gloire.

Le corps social, comme le corps humain, est doué d'une ame; cette ame c'est l'esprit public. Cette ame, vive, indépendante et impétueuse chez les Grecs; libre, énergique et dominatrice chez les Romains; fougueuse, insouciante et légère chez les Français de l'ancienne monarchie, en se modifiant par les institutions et les habitudes, a fait l'histoire glorieuse et turbulente, superbe et terrible, barbare et brillante des trois peuples les mieux doués peut-être de tous ceux qui ont brillé sur la terre.

Quand l'ame romaine s'est corrompue avec les mœurs, il y a eu révolution au profit du despotisme, et l'étincelle de l'ame antique ne se retrouva bientôt plus que dans les Helvidius, les Tacite, et quelques hommes supérieurs à leur siècle.

En vain accusa-t-on César d'avoir usurpé l'empire, la république était détruite : la révolution était faite quand Scipion, au lieu de rendre ses comptes, proposait au peuple d'aller au temple de Jupiter lui rendre grace des victoires qu'il avait remportées; lorsque les patriciens firent assassiner les Gracques pour éluder le partage des terres conquises, accordées par une loi aux plus pauvres citoyens. La révolution était faite quand Marius entra dans Rome à la tête d'une armée pour y égorger la noblesse; quand Sylla, plus grand, plus habile, mais non moins révolutionnaire, se proclama lui-même dictateur, et vengea la noblesse par le massacre et les proscriptions; la révolution était accomplie, alors même que Cicéron, père de la patrie, faisait mettre à mort sans jugement les complices de Catilina.

La république avait cessé d'exister pour les Romains, qui ne pouvaient plus vivre qu'au milieu des festins, des plaisirs, des favoris, et des courtisans: accoutumés aux mets dépravés et délicats d'un luxe sensuel, leurs estomacs débiles ne supportaient plus l'aliment pur de la liberté.

La liberté ne peut se maintenir ou s'établir que chez un peuple vertueux; cet amour, comme tous les autres, est moins une persuasion de l'esprit qu'une croyance du cœur, et c'est sur-tout aux nations qui ont vieilli dans l'esclavage qu'il faut répéter ces paroles de Platon: « Voulez-vous être libres, « changez vos mœurs en changeant vos institutions;

« les jeux du cirque, les spectacles, sont les jouets
« de ces nations frivoles qui dansent au bruit de leurs
« fers, et qui paient pourvu qu'elles dansent : Athé-
« niens! votre amour pour le plaisir est votre pre-
« mière chaîne; un peuple facile à amuser est tou-
« jours un peuple facile à asservir. »

Les colonies anglaises du nord de l'Amérique étaient commerçantes, façonnées aux habitudes de l'Europe, sans aucun sentiment de liberté, sans aucune connaissance de leurs droits; mais l'oppression de la métropole y développe tout-à-coup un nouvel esprit public; la guerre éclate, et les mœurs des colons américains ne sont plus les mêmes. Ce peuple marchand, devenu guerrier, brûle ses magasins et ses vaisseaux; des hommes habitués à l'aisance, à la vie sédentaire, se vouent aux fatigues des camps, aux périls de la guerre; leurs femmes, jusque-là les plus timides, les plus indolentes de toutes les femmes, partagent leurs glorieux travaux; on en voit un grand nombre charger leurs débiles épaules du pesant mousquet qu'un mois avant elles n'auraient pu soulever, combattre avec leurs maris, vaincre ou tomber avec eux sur le champ de bataille.

Dès-lors les Américains sont dignes de fonder une république; elle est dans leurs mœurs, dans leur ame, dans leur sang.

Si la révolution française, qui avait commencé sous des auspices plus heureux encore, n'a pas eu le même résultat, c'est qu'elle n'a point été faite par ceux qui l'avaient conçue; c'est qu'elle avait eu pour objet, dans le principe, de fonder la liberté à l'abri d'un trône constitutionnel, et qu'en renversant ce trône, contre la volonté nationale, contre le vœu de l'esprit public, les hommes qui s'emparèrent violemment de la révolution en détruisirent le principe, et substituèrent à des mœurs corrompues, où déja la philosophie avait opéré d'heureux changements, des mœurs sauvages qu'ils appelaient républicaines, et qui, sans aucune analogie avec le caractère français, ne pouvaient avoir de durée que celle de la terreur dont elles étaient l'ouvrage.

CHAPITRE II.

Mœurs avant la révolution

Les classes moyennes de la société sont toujours, et par-tout, les conservatrices des mœurs; mais tandis que les classes inférieures tentent, en s'épurant, de s'élever jusqu'à elles, les hautes classes de la société n'y descendent que pour les corrompre, tantôt en y déposant les germes d'une ambition à-la-fois funeste et ridicule, tantôt en y infiltrant le venin d'une dépravation sublimée aux creusets des cours.

Depuis la mort de Louis XIV jusqu'à celle de Louis XV, c'est-à-dire dans un espace de soixante années, la corruption, descendant à flots, inonda Paris et les provinces de vices, de turpitudes, et de bassesses dont la peinture ferait rougir les hommes les plus effrontés de l'âge présent; tout en fut infecté, le commerce, la finance, les lettres, l'armée, la magistrature, et l'église.

Émule du riche financier, l'indolent créole passait les mers pour venir exposer ses filles dans les bazars de la cour, et acheter, au prix de leurs attraits et de leurs richesses, des titres et des humiliations..... Mais je m'arrête ; tant de douleurs ont payé ces vanités, tant de larmes ont succédé à ces folles joies, que la morale et la pitié leur doivent des consolations et non pas des censures.

CHAPITRE III.

État des mœurs au moment de la révolution

Tout homme de mon âge a connu en France une autre société que celle au milieu de laquelle nous vivons; pères de la génération qui grandit encore sous nos yeux, c'est de nous que nos enfants et que nos élèves doivent apprendre la vérité sur un temps que l'on ne voudrait offrir à leur admiration que pour les replacer sous le joug honteux dont nous les avons affranchis au prix de tant de périls et de sacrifices.

C'est à nous qu'il appartient de le dire, la société reposait alors, non sur la pratique des vertus, mais sur le respect des convenances; non sur l'amour des lois, mais sur la superstition des préjugés; non sur la connaissance des droits du citoyen, mais sur la soumission aveugle aux devoirs du sujet.

Là n'était point honorée comme une bonne mère de famille, dans le grand monde, celle qui nourrissait ses enfants, qui les élevait sous ses yeux; mais celle qui payait généreusement le lait d'une femme étrangère, qui confiait à des femmes vouées à la retraite et au célibat le soin d'élever ses filles destinées à devenir épouses et mères, et qui les retirait du couvent pour leur faire épouser un homme riche ou titré, qu'elles voyaient pour la première fois le jour où se passait le contrat de mariage.

« Les pères de nos jours, écrivait en 1780 un vertueux ministre (M. Turgot), mériteraient un châtiment public quand on les voit, par indifférence ou par mépris des mœurs, confier leurs fils à des gouverneurs aussi dépravés qu'ignorants. Pour mieux me faire entendre, ajoute-t-il, je monterais volontiers à l'endroit le plus élevé de la ville, et là je crierais à pleine tête : O Parisiens, êtes-vous assez insensés, vous qui prenez tant de peine pour amasser des biens, et prenez si peu de soins de vos enfants, à qui vous devez les laisser! »

A cette époque, il était difficile de réunir cinquante personnes du grand monde sans trouver dans le nombre un excellent père qui avait fait enfermer son fils, une tendre épouse qui avait obtenu une lettre de cachet contre son mari, un grand homme d'état qui s'était vengé des plaisanteries d'un homme de lettres en l'envoyant à la Bastille.

Il était du bon ton alors de ne jamais paraître en public avec sa femme, d'habiter dans le même hôtel un corps de logis séparé, d'appeler son père *monsieur*, et de faire porter sa livrée aux gens de sa maîtresse.

Des apôtres religieux et politiques s'élèvent contre les mœurs nouvelles, où le respect de la foi conjugale et les doux liens de famille ont été remis en honneur; mais enfin les mœurs des temps où ces liens étaient brisés, où cette foi était un objet continuel de raillerie et de ridicule, ne sont encore que regrettées, et leur retour n'est peut-être pas aussi certain qu'on l'espère.

Le grand principe de la liberté des hommes, même de ceux dont l'épiderme est d'une autre couleur que la nôtre, est solennellement reconnu; celui de l'indépendance des nations ne tardera pas à l'être. Des soldats étrangers ont, il est vrai, trempé leurs armes homicides dans les eaux du Vulturne et de l'Éridan; mais on se contente de menacer l'Èbre et le Tage. Les espérances des peuples européens ont été trompées : les promesses d'une liberté constitutionnelle qui leur ont été faites n'ont pas été religieusement tenues; mais les traités garants de l'autorité des princes, des droits du sceptre et de l'encensoir, ne sont-ils pas maintenus avec une scrupuleuse fidélité? Ces droits font partie de ceux des peuples, et tout nous permet d'espérer que ceux-ci finiront par obtenir à leur tour un triomphe *légitime*.

CHAPITRE IV.

Passage des mœurs anciennes aux mœurs nouvelles.

Quand un chêne est mort, on voit naître autour du tronc qui se décompose une végétation éphémère; ainsi, quand la corruption atteint les racines de l'arbre social, des hypocrisies d'état, des dehors plâtrés, des vertus de circonstance et de convention remplacent dans les cœurs les vertus véritables, et dissimulent quelques jours la destruction à laquelle la société tout entière est en proie.

Il arrive un temps où la mousse des vieux préjugés disparaît, où le lierre, privé d'appui, laisse à découvert les traces hideuses de la destruction qu'il couvrait ; l'arbre tombe en poussière, mais une jeune semence a pris racine, elle croît, s'élève, et déja montre sa tige verdoyante au milieu des débris du vieux chêne.

Nous avons vu s'achever cette révolution dont la cause remonte à l'origine d'une monarchie corrompue dans son berceau.

« A la naissance des sociétés, dit Montesquieu, « ce sont les hommes qui font les institutions, et ce « sont ensuite les institutions qui font les hommes. » C'étaient donc les anciennes institutions de la vieille monarchie française qui avaient formé la race sans vertu, sans gloire et sans mœurs, qui occupait les hauts rangs de la société au moment où la révolution éclata.

CHAPITRE V.

Causes des changements opérés dans les mœurs par la révolution.

Lorsque le corps humain est chargé d'humeurs vicieuses, la fièvre les brûle, et l'individu se régénère s'il est assez fort pour supporter la crise. Les révolutions sont les fièvres politiques du corps social; la révolution française, que je ne considère ici que dans ces derniers résultats, a complétement opéré la régénération des mœurs; et si quelque scandale a remplacé ceux qu'elle a détruits sans retour, c'est celui des plaintes hypocrites que des hommes d'une immoralité révoltante font chaque jour entendre sur la dépravation de la société.

Les richesses excessives d'un petit nombre de familles ont été dans tous les temps, dans tous les pays, la ruine des mœurs, la cause des troubles et des séditions, en exaltant outre mesure, chez les uns, les sentiments d'orgueil et d'ambition, en abandonnant les autres aux inspirations trop souvent criminelles de la misère et de l'envie.

On le nierait vainement, la révolution a détruit ces inégalités immorales ; une plus grande et plus juste répartition des fortunes a épuré les mœurs, a multiplié les vertus privées, et fait naître les vertus publiques. Ils sont donc les ennemis des vertus et des mœurs ceux qui, sous le nom de *supériorités sociales*, demandent incessamment qu'on réunisse sur la tête d'un petit nombre d'individus ce que la sagesse des lois nouvelles voulait répartir entre tous les enfants de la famille politique, les emplois et les richesses.

La répartition des lumières n'est pas moins favorable aux mœurs que la division des richesses, car le vice ne choque pas moins la raison qu'il ne blesse la vertu, et peut-être même est-il plus fréquemment une erreur de l'esprit qu'une dépravation du cœur. L'ivrognerie, la débauche et les honteuses habitudes qui souillent les dernières classes de la société, en sont repoussées à mesure que ces classes s'instruisent et que la lumière y pénétre; partout elle porte avec elle le respect de soi-même et l'amour des actions honnêtes; c'est par elle que les esprits apprennent à distinguer le bien du mal ; la gloire et l'élévation de la vertu, de la honte et de la bassesse du vice. Les prédicateurs de l'ignorance sont donc aussi les apôtres de la corruption.

Au gré de nos modernes Dracon, les lois criminelles, déjà si dures, ne sont pas encore assez sévères; ils voudraient nous reporter au temps où, pour le vol de cinq sous, on pouvait faire pendre un malheureux. Il faut le redire, il faut le répéter sans cesse: les lois cruelles rendent les mœurs atroces, ou assurent l'impunité au crime : c'est un fait qu'il suffit d'énoncer ; il porte avec lui ses preuves.

La sévérité des lois fait la sûreté des malfaiteurs, et l'impunité en accroît le nombre. Mais en Angleterre, comme en France, les hommes qui demandent la réforme des lois criminelles sont, aux yeux du pouvoir, des *radicaux*, des *révolutionnaires*. « Jamais, dit un auteur anglais (Colqunburn), l'empire romain n'avait été si florissant que durant l'existence de la loi *Porcia*, qui abolissait la peine de mort pour toutes les espèces de crimes. » Les supplices inventés et multipliés par la cruauté des Césars achevèrent la dépravation des mœurs, et hâtèrent la décadence de l'empire.

La plus grande division possible des fortunes, les progrès de l'instruction et des lumières; des punitions proportionnées au degré de gravité de l'offense; des lois claires, simples, faites et exécutées de bonne foi; des formes qui soient des garanties et non des pièges; des magistrats qui appliquent les lois et ne les interprètent pas, c'est avec de tels moyens que les mœurs se régénèrent et se conservent. Par les résultats obtenus depuis vingt ans de l'emploi d'un petit nombre de ces moyens, on peut juger quels progrès la morale ferait en France, si les plus efficaces ne lui étaient pas opiniâtrément et impudemment refusés par les hypocrites louangeurs des temps passés.

En effet, les hommes qui ont vu les honteuses saturnales auxquelles on donnait autrefois le nom de *plaisirs du peuple,* les grossières livrées de l'indigence dont ce peuple était à peine couvert, ne doivent-ils pas reconnaître, au progrès de l'aisance et de la propreté que l'on remarque dans les dernières classes de la société, la preuve d'un bien-être plus général?

Qui ne remarque avec le même plaisir plus de dignité dans les manières, plus de correction dans le langage, plus d'urbanité et de douceur dans les habitudes, même chez les ouvriers les plus pauvres?

Comment, en contemplant cet heureux résultat de l'instruction populaire, ne pas former le vœu de voir augmenter cette somme dérisoire de 20,000 fr. destinée aux frais de l'enseignement mutuel, et traiter au moins les enfants du pauvre à l'égal des singes d'Afrique, pour l'achat et l'entretien desquels on compte 50,000 fr. dans le budget de la ménagerie? Si le Jardin des Plantes comptait quelques singes de moins, Paris aurait chaque année quelques bons et utiles citoyens de plus : nos hommes d'état ne trouveraient-ils pas qu'il y aurait compensation suffisante?

CHAPITRE VI.

De l'honneur et des honneurs.

Montesquieu a fait de l'honneur le principe du gouvernement monarchique; mais la distinction qu'il établit entre l'honneur et la vertu prouve qu'il attache à ces deux mots une idée très différente : sans les confondre tout-à-fait, les anciens Romains les rapprochaient davantage. Ils avaient fait élever à la vertu et à l'honneur deux temples séparés que réunissait un même péristyle; en sorte qu'on ne pouvait arriver au second qu'après avoir passé par le premier.

L'honneur est le desir d'être estimé des hommes : on l'a fort bien défini *le préjugé de chaque personne et de chaque condition*. Ce qu'on est convenu d'appeler honneur, en général, n'a qu'un objet certain, la crainte de la honte : les hommes le placent où ils veulent, et les femmes où l'on veut; en sorte qu'il y a peu d'actions honorables qui ne puissent devenir honteuses suivant le préjugé qui domine, puisque chacun fait consister l'honneur dans ce qu'il croit que les autres estiment le plus en lui.

Les mœurs qui ont pour base la morale, qui ne change pas, sont essentiellement meilleures que celles dont le principe est l'honneur, exposé sans cesse aux caprices de l'opinion.

L'amélioration que l'on remarque dans les mœurs actuelles est donc le fruit des progrès de la morale et de l'affaiblissement des préjugés dans chaque personne et dans chaque condition.

J'aurai achevé de démontrer cette proposition par les faits, en prouvant que les deux fléaux auxquels la société reste plus particulièrement en proie, sont les résultats nécessaires d'une lutte où l'honneur conserve encore, à quelques égards, tous les avantages sur la vertu; je veux parler du duel et du suicide, dont les exemples, il faut bien l'avouer, sont plus fréquents aujourd'hui qu'ils ne l'ont été à aucune autre époque.

CHAPITRE VII.

Mœurs nouvelles.

Au milieu des vicissitudes de malheurs et de prospérités, de gloire et de revers qui, depuis trente ans, ont retardé parmi nous le triomphe de la liberté politique, la révolution dans le caractère national et dans les mœurs s'est achevée sous l'influence des lumières et de la philosophie.

Les préjugés les plus nuisibles à la société sont irrévocablement détruits, et les efforts d'un petit nombre d'hommes personnellement intéressés à les faire revivre n'obtiendront pas un effet désormais sans cause.

Les Français admettent des distinctions sociales; ils ne reconnaissent plus de priviléges : plus véritablement religieux qu'à aucune autre époque, c'est dans leur conscience qu'ils puisent ce sentiment de tolérance universelle qui fait de tous les hommes un peuple d'amis, de tous les chrétiens un peuple de frères; c'est dans le livre de Dieu même qu'ils apprennent à mépriser ces menaces de la superstition, ces doctrines du fanatisme, qui, pendant deux siècles, ont fait de la France un champ de carnage et de destruction.

Si les progrès des vertus publiques ne sont pas encore très sensibles dans nos hommes d'état, les vertus naturelles ont un sanctuaire inviolable au sein des familles. Je n'oserais assurer qu'on soit en France meilleur ministre, meilleur conseiller d'état, meilleur administrateur qu'autrefois; mais on y est meilleur époux, meilleur père, meilleur ami.

Le respect des parents est mis au nombre des vertus qu'on peut avouer sans craindre le ridicule, et je ne crois pas que l'on trouvât aujourd'hui, même à la cour, un fils qui se permît impunément de chansonner son père et sa mère, et de leur dire :

> Vous nous fîtes pour vos péchés,
> Et vous vivez trop pour les nôtres.

Je ne prétends pas établir que les mœurs domestiques soient arrivées au degré de perfection où la stabilité des institutions politiques peut seule les amener : mais je pense que le maréchal de Saxe, à qui on demandait pourquoi il ne s'était pas marié, ne serait pas autorisé, dans l'état actuel de la société, à répondre aussi durement qu'autrefois : « Je « vois bien peu d'hommes dont je voulusse être le « père, et encore moins de femmes dont je vou- « lusse être l'époux. »

C'est sur-tout en comparant la société à elle-même à deux époques différentes, en établissant ce parallèle entre les divers états dont elle se compose, qu'on pourra juger d'un coup d'œil du prodigieux changement qui s'est opéré dans les mœurs.

Tels étaient en France la force et l'aveuglement de certains préjugés, que le commerce, le premier moyen et le plus sûr garant de la prospérité des états, la source de l'industrie, de l'abondance et de la paix, était frappé d'une sorte de réprobation, et que ceux qui l'exerçaient n'avaient d'autre but que d'y amasser le plus promptement possible l'argent nécessaire pour en sortir, et acheter, avec le titre d'*écuyer,* le droit de vivre noblement : ce qui voulait dire sans rien faire.

En vain les Anglais avaient donné l'exemple d'une politique plus habile, en relevant la dignité du commerce : les grands seigneurs, avides d'acquérir un grand crédit sur le peuple, étaient presque tous membres d'un corps de métier; et des ducs, des comtes, ne dédaignaient pas d'ajouter à leurs titres celui de *charpentier,* de *serrurier,* de *maçon.*

Parmi nous, la révolution n'a point popularisé la noblesse, mais elle a ennobli le commerce. Les négociants français ont pris un des premiers rangs dans cette grande république industrielle dont les membres, dispersés sur tous les points de l'Europe, y forment une chaîne de communication entre les différents peuples. Les spéculations du commerce, non seulement ne sont plus individuelles comme elles étaient jadis, mais presque toutes sont dirigées dans l'intérêt de la chose publique, et donnent à ceux qui les conduisent toute la considération qui s'attache à de grands services rendus à la patrie. On aurait de la peine à citer une seule entreprise utile aux arts, aux sciences et aux lettres, qui n'ait trouvé secours et protection dans le chef d'une des grandes maisons de Paris; on n'oubliera pas que c'est à M. Lafitte que la France littéraire est redevable de cette magnifique édition des classiques latins qui manquait à notre littérature.

Les gens de finances, que Henri IV avait surnommés les *croquants*, étaient la honte et la plaie de l'état; le fumier de leurs richesses, que les nobles répandaient à pleines mains sur leurs terres appauvries, n'avait servi qu'à fortifier la corruption. L'orage révolutionnaire a épuré les richesses aux mains de ceux qui les possèdent, et la plupart en font un noble usage.

Dans la robe, je dois en convenir, la comparaison est tout en faveur de l'ancienne magistrature: autrefois le vice était dans les lois, et la vertu dans leurs organes; autrefois les lois étaient effrayantes et les magistrats rassurants; autrefois la justice était rendue par des juges indépendants..... Aujourd'hui.....

Je n'établirai pas de parallèle entre les hommes d'épée de l'époque actuelle et ceux des temps qui ont précédé la révolution; il suffit de dire que nos guerriers contemporains ont acquis, en vingt ans, plus de gloire à nos armes qu'elles n'en avaient obtenu en dix siècles des exploits réunis de nos ancêtres.

L'esprit des gens d'église n'est point changé: même intolérance, même appétit du pouvoir temporel, même horreur des lumières, même disposition à se soustraire à la loi commune ; cependant le clergé d'aujourd'hui, en déclamant contre les plaisirs, ne donne pas comme autrefois l'exemple de la débauche et d'une effroyable corruption de mœurs; tous les évêques ne résident pas à Paris, et si les cardinaux ont des maîtresses, elles ne prennent pas le titre d'éminence.

Les courtisans sont identiquement les mêmes; ils ont acquis cette espèce de perfection que le régent définissait une manière d'être *sans honneur et sans humeur;* seulement leurs vices sont moins séduisants par la raison qu'ils sont plus vieux.

De ce coup d'œil rapide jeté sur la société, il est impossible de ne point conclure qu'un grand et salutaire changement s'est fait dans nos mœurs; que cette amélioration est le résultat du progrès des lumières, de la répartition plus égale des fortunes, des lois mises à l'abri de l'arbitraire, et de cet esprit du siècle, dont le triomphe complet a peut-être besoin de voir disparaître les restes d'une génération dont les préjugés seuls attestent l'existence; comme un lierre vivace laisse des traces de végétation sur l'arbre mort dont il embrasse le tronc dépouillé.

LIVRE XVI.

Influence des femmes sur les mœurs et le bonheur des nations.

CHAPITRE PREMIER.

La tyrannie corrompt les mœurs, la liberté les conserve

Comme les vertus sont sœurs, les vices sont frères; ils se soutiennent, ils sont enchaînés les uns aux autres. L'orgueil du maître veut commander à tout, même aux cœurs, même aux sens : la bassesse des esclaves ne s'arrête devant aucune humiliation, ne répugne à aucune honte; ceux qui disent sans cesse, *ma vie, mes biens, sont au prince,* pourraient-ils soustraire leurs femmes et leurs filles à ses desirs? Jamais tyrannie plus cruelle, plus outrageante que celle des Césars, n'a déshonoré, n'a avili l'espèce humaine; jamais corruption plus effroyable n'a souillé tout un peuple, que celle qui suivit la perte de la liberté à Rome. Ce qu'en dit Tacite et ce qu'en raconte Suétone, étonne et confond encore les hommes les plus familiarisés avec les histoires modernes du pape Alexandre VI, de Henri VIII, de Louis XV et de Catherine.

Dans tous les lieux où la liberté a trouvé un asile,

elle a ramené les mœurs avec elle : en Suisse, en Hollande, en Angleterre, en France, par-tout les mœurs ont suivi le sort de la liberté ; elles se sont affaiblies et corrompues avec elle : elles ont succombé où la liberté a été vaincue par l'aristocratie, par le pouvoir absolu ou par l'anarchie. Voyez aujourd'hui l'Angleterre : comme elle n'a plus qu'un simulacre de liberté, il n'y reste plus que l'ombre des mœurs.

CHAPITRE II.

Chasteté des femmes.

Il est une vérité morale qui n'a besoin que d'être énoncée pour être prouvée, c'est que toute action qui n'a pas été déterminée par une volonté libre, ne doit attirer ni blâme ni éloges à son auteur. On vante la pudeur et l'extrême chasteté des femmes de l'Orient ; mais où est le mérite d'une vertu qui se conserve comme la continence de leurs gardiens, par l'impuissance de se corrompre ? Dans ces contrées si peuplées et si vastes, la plus belle moitié de l'espèce humaine est sous les verroux. Montesquieu dit que le climat rend cette précaution nécessaire pour conserver la vertu des femmes et le repos des hommes. Oui, sans doute, des hommes et des femmes tels que les ont faits le despotisme et le Koran : chez des peuples où tout est crainte et soumission, où la variété naturelle des caractères individuels est effacée et perdue dans le caractère général, formé par une servitude qui remonte au berceau du monde.

Mais dans ces mêmes provinces, où maintenant l'islamisme a établi ses prisons perpétuelles appelées harems, long-temps les vierges de la Grèce, libres comme leur patrie, belles comme les fleurs du mont Taygète, et pures comme l'air qu'elles respiraient, apportaient à leurs époux des ames et des corps exempts de toute souillure.

Par-tout où les hommes ont une patrie et des lois, des vertus publiques naissent les vertus privées ; le citoyen courageux et dévoué a pour compagne la femme forte et fidèle ; un même sentiment les anime ; ils veulent tout ce qui honore la patrie, ils repoussent tout ce qui serait honteux pour elle. Tant que Rome fut libre, tant que les dépouilles des vaincus n'enrichirent que le trésor de la république, la modestie n'était pas moins générale parmi les femmes que le courage parmi les hommes ; déja la liberté avait péri sous la corruption des richesses et l'ambition de quelques familles patriciennes, mais les mœurs étaient encore pures. Jules, qui répudia Pompeia en disant que *la femme de César ne devait pas même être soupçonnée*, rendit un dernier hommage à la chasteté expirante des dames romaines.

Mais Octave et ses successeurs, qui craignaient le retour de la liberté, y mirent un obstacle insurmontable en renversant toutes les digues élevées par la sagesse des vieux républicains de Rome contre les débordements du luxe et de la débauche.

Au temps où l'on dit que nos aïeux étaient sauvages parcequ'ils étaient libres, les femmes des Gaulois n'étaient pas moins sages que leurs maris n'étaient vaillants; et comme elles avaient part aux vertus publiques, elles n'étaient point étrangères aux affaires de la patrie; elles étaient consultées dans les assemblées nationales, et plus d'une fois leur avis fut salutaire à la république; elles avaient donné l'exemple aux filles des Sabins de se jeter entre des armées qui avaient tiré le glaive exterminateur de la guerre civile; elles avaient ramené la concorde parmi des furieux prêts à s'égorger; elles étaient les médiatrices entre les Gaulois et leurs voisins : Annibal souscrivit à cette condition, « que si, pendant son voyage sur les terres de la Gaule, les Carthaginois croyaient avoir à se plaindre de quelque tort, les femmes gauloises en jugeraient, et qu'il se soumettrait à ce qu'elles auraient prononcé. »

La conquête des Gaules par les Romains y altéra les mœurs sans les changer entièrement: comme il restait quelque liberté, toute vertu ne fut point éteinte, et lors même que la liberté succomba sous les coups des hordes sicambres, les femmes, dans ce long cours de brigandage et d'horreurs qui forme les dix premiers siècles de la monarchie, conservèrent quelque empire sur le caractère national, et, plus d'une fois, préservèrent l'état d'une entière dissolution.

CHAPITRE III.

De l'influence des femmes sur l'existence politique et les mœurs des peuples.

C'est en parlant des Français que J. J. Rousseau a dit : « Les hommes seront toujours ce qu'il plaira « aux femmes ; si vous voulez qu'ils deviennent « grands et vertueux, apprenez aux femmes ce que « c'est que grandeur et vertu. »

Le bienfait de l'influence des femmes sur l'existence politique des peuples est une de ces vérités sur lesquelles l'histoire multiplie les preuves.

Chez la nation dont les traditions sacrées commencent les annales du monde chrétien, chez les Juifs, hommes sensuels et grossiers, les femmes seules tempérèrent, par le charme de leur innocence, des mœurs cruelles, fanatiques et indomptables.

Les femmes de Sion se montrèrent, suivant la comparaison biblique, ainsi que des sources d'eau vive dans les rochers de Ghizer: sans les Sara, les Ruth, les Rachel, ces hommes de sang, toujours à genoux devant un Dieu en fureur, eussent été des monstres de cruauté.

Tout ce qu'il y a de consolant, de tendre, d'aimable, dans l'histoire du peuple de Dieu, c'est aux femmes qu'on le doit: c'était une mère, cette Ethaïm « qui ne voulait pas qu'on la consolât de « la mort de ses enfants : elle vivait solitaire, et sa « douleur craignait d'être soulagée. »

C'étaient les filles d'Israël qui chantaient leur captivité en vers si touchants.

« Assises au bord des eaux sur la terre étrangère,
« nous avons pleuré en songeant au triste jour où
« l'ennemi, rouge de sang, entassa les cadavres sur
« les hauts lieux de Jérusalem; où les filles de Sion
« furent dispersées et s'exilèrent en gémissant.

« Nous regardions ces flots qui roulaient libres
« sous nos pieds; alors l'étranger nous demanda des
« chants; non, jamais il ne goûtera cet affreux plai-
« sir; que ma voix s'éteigne, que ma main se des-
« sèche avant qu'elle fasse entendre à nos tyrans un
« seul accord de la harpe d'Israël.

« Harpe sainte, je te suspends aux branches du
« saule; jamais, jamais avant d'être libre, tu ne se-
« ras détachée; non, la voix des cruels qui m'ac-
« compagnent ne se mêlera jamais à tes doux ac-
« cords. »

On peut douter qu'un homme eût trouvé des accents d'une aussi touchante simplicité.

Une seule remarque historique peut faire sentir l'influence des femmes chez les nations anciennes: les peuples furent vertueux par-tout où elles furent considérées, avilis par-tout où elles vécurent dans l'esclavage. Les femmes des Perses étaient esclaves de leurs maris, et ceux-ci étaient esclaves de tout le monde : les femmes de Sparte étaient libres et vénérées; elles avaient pour époux et pour fils des héros; toutes pouvaient répondre, comme la femme de Léonidas à un satrape qui lui témoignait sa surprise de l'égalité qui régnait dans cette république : « On n'oublie pas ici que nous mettons les hommes « au monde. »

Le génie de Sparte s'était créé une Vénus sans voile, mais aussi sans graces; belle d'austérité, de force, de candeur.

La Vénus d'Athènes, plus séduisante, n'eut pas moins de pouvoir; sous les traits d'Aspasie, on la vit gouverner la ville de Minerve.

Lucrèce, Cornélie, la fille de Virginius, influèrent sur les destinées du peuple romain, en réformant, ou du moins en signalant la corruption des mœurs de leur siècle.

CHAPITRE IV.

La puissance des femmes est fondée sur les mœurs

Il est remarquable que, sous l'empire, les femmes romaines, en perdant leurs mœurs, perdirent leur pouvoir; et les noms des Julie, des Agrippine, des Poppée, des Théodora, ne caractérisent pas moins que ceux des Tibère, des Néron et des Justinien, l'épouvantable corruption qui signala leurs règnes.

Les femmes avaient fondé dans la Gaule et dans la Germanie un empire plus durable : les peuples de ces contrées, berceau de nos ancêtres, rendaient aux femmes un véritable culte : ils avaient choisi l'innocence et la beauté pour représentant de l'intelligence suprême.

Quelles sont ces filles aux yeux bleus, qui, le front ceint d'une couronne de verveine, et appuyées sur un long sceptre d'or, président aux conseils des vieux Gaulois? ce sont les *visinda*, vierges saintes, auxquelles les Scandinaves ont élevé des autels.

Et ces vierges prophétiques, qu'une multitude religieuse entoure, et qui distribuent, avant le combat, le gui de chêne aux défenseurs de la patrie? ce sont des vierges de Sayne, les mystérieuses fées qui marchent sur les eaux, conjurent le tonnerre et remplissent les ames guerrières de courage et d'amour.

Les Francs s'établissent dans les Gaules; l'influence des femmes y reste toute-puissante : sûres de régner, que leur importe la loi salique qui les exclut du trône?

Dans la plus profonde obscurité de nos annales, où l'on a tant de peine à reconnaître les rois barbares qui se succèdent au trône qu'ils déshonorent, quelques noms de femmes brillent au milieu de ces ténèbres; vous ne serez pas oubliée, chaste Camina, Lucrèce des Gaules, qui vengeâtes l'honneur de votre époux en faisant rouler à ses pieds la tête du centurion qui avait osé souiller le lit conjugal.

Vêtues de noir, les cheveux épars, le sein nu, portant leurs enfants dans leurs bras, quelles euménides patriotiques s'élancent au milieu des guerriers? ce sont des Gauloises. Leurs maris vont fuir, elles jettent leurs enfants sous leurs pieds : « Écrasez-les, « s'écrient-elles, ou retournez à l'ennemi; » ils y volent, leurs femmes les suivent, combattent à leurs côtés, pansent leurs blessures, et les forcent à vaincre ou à mourir avec elles.

Parcourez la vieille Armorique : dans les antres, dans les bois, au sommet des rochers, vous trouvez encore ces pierres druidiques, monuments de la vénération de nos ancêtres pour les femmes; c'est au sein de cette grotte, sur cette pierre où vous voyez une branche de chêne, grossièrement sculptée, que la druidesse assise distribuait aux matelots les flèches qui calmaient les orages, le dictame salutaire qui guérissait les blessures.

CHAPITRE V.

Génie des Gauloises.

« Il y a, disait le pape Lambertini, une puissance politique qui soutient la France sur l'abîme, au moment où elle est près d'y tomber. » Cette puissance ne serait-elle pas le génie des femmes?

Le fléau de Dieu, le féroce Attila, s'avance vers la Seine; les Parisiens veulent quitter leur ville : Geneviève les rassure, et la puissance du roi des Huns cède à la voix de la vierge de Nanterre, comme l'orgueil des guerriers d'Albion devait s'abaisser quelques siècles plus tard devant le casque de l'héroïne de Domremi.

Ce furent les sœurs de Clovis, Arboflède et Lantelde qui préparèrent dans la Gaule le triomphe de la loi chrétienne sur le culte homicide de l'affreux Teutatès.

Ce ne fut point Clovis, ce fut Clotilde qui fonda la monarchie française; belle, modeste et chrétienne, elle subjugua les vainqueurs et les vaincus;

et le Dieu de Clotilde emprunta sa voix pour établir une religion de paix dont cette reine charmante était l'image et l'apôtre.

Batilde, dont la vie est si romanesque, cette jeune esclave que tous les historiens ont surnommée *la Belle*, honora par des vertus adorables le trône où l'avait élevée le second des Clovis; et quand la mort prématurée de ce prince laissa le sceptre entre ses mains, quel roi se montra jamais plus digne de le porter?

Si je disais que dans ces temps on trafiquait des Israélites comme des bêtes de somme, et qu'un roi, luttant seul contre la barbarie de son siècle, abolit cet infame trafic; qu'il supprima la moitié des impôts, qu'il força les évêques à ne point vendre les choses saintes, qu'il soulagea le peuple et fit bénir son règne; le lecteur serait surpris de ne point connaître le nom de cet Henri IV de la première race. Ce monarque était Batilde.

La nation a gardé l'honorable souvenir de cette reine Blanche, dont un poète du temps a dit si singulièrement:

Candida, candescens, candore, et cordis et oris.

Il est impossible de rendre exactement en français le charme de ces consonnances, mais on peut traduire par ces mots le sens de ce vers du moine Bigore: *Son ame est blanche comme son sein, et rien n'égale la candeur de ses pensées, si ce n'est la pureté de son teint.*

Blanche et l'amour fondèrent la poésie, j'ai presque dit la littérature française; c'est à sa louange que Thibault, comte de Champagne, éperduement amoureux de cette princesse, composa ces tensons, ces sirventes, qui l'ont fait surnommer *le roi des troubadours*. Blanche aimait les lettres, Thibault les cultiva pour lui plaire; c'est à elle que la France est redevable de la première académie. A son exemple, le comte de Champagne assembla les poètes les plus distingués de son temps, dans son château de Provins, sur les colonnes duquel il fit graver ses élégies et ses romances : on a fait honneur à François Ier de la renaissance des lettres, c'est à Blanche et à Thibault qu'il faut en rendre hommage. Cette belle reine exerça sur son siècle la plus aimable et la plus douce influence.

CHAPITRE VI.

Des femmes au temps de la chevalerie.

En continuant à parcourir ces premiers temps de notre histoire, qu'il faut compter comme les Gaulois comptaient leurs années, par nuits et non par jours, il serait aisé de prouver que si quelque trace de bonté, de générosité, de grandeur, se montre de loin à loin à ces tristes époques, c'est presque toujours à l'intervention d'une femme qu'on doit l'attribuer.

C'est sur-tout aux siècles déplorables de cette chevalerie, si ridiculement vantés, que l'influence des femmes sur les mœurs nationales devient plus nécessaire et plus sensible : l'amour se mêle au fanatisme pour en adoucir les fureurs ; la galanterie dans les mœurs en polit la grossièreté.

Les forteresses féodales hérissaient le sol, mais la beauté qu'elles renfermaient imposait des devoirs aux guerriers qui les défendaient et à ceux qui voulaient s'en rendre maîtres : c'était peu de combattre, il fallait vaincre ; c'était peu de vaincre, il fallait plaire, et l'on ne plaisait aux femmes de ce temps-là qu'avec de la valeur, de la franchise et de la gaieté.

La vengeance et la haine régnaient sur-tout dans les lieux d'où les femmes étaient bannies ; aussi Pepin d'Héristal ne trouva-t-il d'autre moyen de rendre la paix à un couvent de jeunes moines, que la discorde était au moment d'ensanglanter, qu'en mettant sa maîtresse Amazène à la tête de ces bons religieux.

Au milieu des croisades, sur la terre infidèle où leurs femmes ne les avaient pas suivis, celles-ci ne furent point étrangères à la conduite des guerriers français dans la Palestine.

Dans ce temps où la France n'était remplie, suivant l'expression de Suger, *que de veuves dont les maris vivaient encore*, ne voit-on pas le comte de Soissons et Joinville, au milieu du carnage de la bataille de la Massoure, appeler, en riant, leurs dames à leur secours ; déjà le premier était couvert de blessures : « *Sénéchal*, dit-il à Joinville, *si pouvons en échapper, parlerons vous et moi de cette journée en chambre devant les dames.* »

CHAPITRE VII.

Des femmes pendant les guerres civiles et les troubles politiques.

En suivant le cours orageux et sanglant des âges de la monarchie, on trouve encore çà et là sur la rive quelques fleurs qui l'embellissent.

C'est vous, Valentine, tendre compagne du duc d'Orléans, qui écrivez votre touchante épitaphe sur la tombe de votre époux assassiné :

> Rien ne m'est plus,
> Plus ne m'est rien.

et qui, après avoir épuisé votre vie dans les regrets, mourûtes en fournissant à un poëte étranger cette expression si énergique : *La douleur a bu mon sang.*

C'est à trois femmes que Charles VII dut la conservation de sa couronne; son épouse, fille de Louis II de Navarre, affermit son trône; sa maîtresse, Agnès Sorel, le rendit à l'honneur, et Jeanne d'Arc sauva la France.

Parlerai-je de Jeanne Hachette qui sauva Beauvais?

De la fameuse *Anne de Bretagne*, dont Brantôme a dit : « Tout le peuple de France ne peut se saouler
« de la pleurer? »

De cette *Marguerite d'Orléans*, non moins célèbre par ses graces que par sa bonté, et son amour pour la science?

De cette reine de Navarre, mère de Henri IV, dont d'Aubigné a fait ce magnifique éloge : « Esprit
« puissant aux grandes affaires, cœur invincible aux
« grandes adversités? »

Après avoir omis de parler des règnes exécrables de Charles IX, de Henri III, et de la ligue, dont l'horreur doit être imputée en partie à des femmes étrangères, jetons un coup d'œil sur la Fronde, où la galanterie vint du moins couvrir le ridicule, et la frivolité tempérer la révolte.

Les femmes rendirent plaisant ce qui, sans elles, eût été atroce. La duchesse de Montbazon recevait du maréchal d'Ocquincourt un billet conçu en ces termes: *Péronne est la belle des belles.* Tout le monde connaît les vers emphatiques de la Rochefoucault; Gaston d'Orléans souscrivait ainsi ses dépêches officielles : *A mesdames les comtesses maréchales-de-camp dans l'armée de ma fille contre le Mazarin.*

La bizarrerie et la grace, le ridicule et la sédition, la guerre civile et le calembourg : contrastes que les Français et les femmes peuvent seuls expliquer.

Si la galanterie des manières, mélange de politesse, d'amour, et d'enthousiasme, n'était venue tempérer le despotisme d'un prêtre, c'en était fait d'une monarchie où Richelieu disait en propres termes : « *Je renverse tout, je fauche tout, et ensuite je couvre tout de ma soutane rouge;* » où le sang des protestants à qui Henri avait dû sa couronne, coulait sous le sabre des dragons; quand cent mille familles françaises portaient chez l'étranger leurs découvertes, leurs arts, et leur industrie; quand les biens des proscrits devenaient la proie des courtisans; quand des missionnaires, précédés de canons, et suivis par la maréchaussée, allaient prêcher dans les villes et dans les campagnes la parole d'un Dieu d'indulgence et de paix; quand les temples hétérodoxes furent vidés à coups de fusil; quand le ministre Louvois écrivait aux commandants de place. *Sa Majesté veut qu'on fasse éprouver les dernières rigueurs à ceux qui ne voudront pas se faire de sa religion*, etc., etc.

Il est heureux sans doute qu'un tel monarque ait aimé avec la même passion la domination et les femmes, le despotisme et la gloire; il est heureux pour la monarchie et pour les sujets que les La Vallière, les Montespan, et même les Maintenon, aient du moins partagé avec des confesseurs, les pères La Chaise et Le Tellier, le cœur de Louis XIV.

Même à cette dernière époque, l'influence des femmes adoucissait ou détournait les traits de la puissance.

CHAPITRE VIII.

Différence morale des sexes

Considérée sous un point de vue général, il est incontestable que la nature a doué plus particulièrement les hommes des qualités physiques et morales qui constituent la puissance; mais il est également certain qu'une organisation plus délicate, une plus grande sensibilité, des passions plus vives, une imagination plus heureuse, donnent aux femmes, dans l'ordre social, une influence qui s'accroît avec la civilisation, et finit par leur assurer la souveraineté, qu'elles exercent, comme l'exerçait jadis le cardinal de Richelieu, en laissant à un autre le nom de roi.

Si cette vérité est plus sensible en France qu'en tout autre pays, c'est que les femmes y sont dotées plus généreusement qu'ailleurs des qualités sur lesquelles leur empire se fonde, et qu'elles jouissent d'une liberté plus étendue.

« Il y a trois choses, disait un bel esprit, que j'ai « toujours beaucoup aimées, sans jamais y rien « comprendre : la musique, la peinture, et les fem- « mes. » Il est vrai qu'il est plus facile de louer les femmes ou d'en médire, que d'en parler convenablement.

Aristote les appelle une belle erreur de la nature.

Pope croit que la femme est un sujet trop tendre pour conserver une impression durable; elles sont brunes ou blondes, ajoute-t-il, et ce n'est guère que par là qu'on les distingue.

Saint Cyprien en porte un jugement plus amer : il prétend que les femmes sont marquées au coin de Satan.

Croirait-on qu'un évêque a poussé l'impertinence jusqu'à soutenir en mauvais latin, dans le concile de Mâcon, *que la femme ne faisait pas partie de l'espèce humaine*. La question, s'il faut en croire Saint-Foix, fut agitée pendant plusieurs séances, et partagea les avis; mais je me hâte d'ajouter que l'hérésie d'une pareille doctrine fit frémir nos galants aïeux, et que l'indignation publique força le concile à prononcer que les femmes avaient une ame, à très peu de chose près semblable à celle des hommes.

Les panégyristes des femmes, à la tête desquels il faut placer l'éloquent Thomas, semblent avoir à leur tour passé la mesure de l'éloge, en leur donnant une ame plus parfaite que la nôtre, et en faisant honneur à leurs seules vertus d'un ascendant auquel leurs défauts n'ont peut-être pas une moindre part. Parmi nous, il faut en convenir, les femmes jouissent du privilége des héros; à l'abri de leur nom elles peuvent impunément commettre bien des fautes.

De tout temps on a dit qu'elles ne devaient paraître sur le théâtre du monde que pour y décorer la scène; en France elles se sont emparées du droit de distribuer et quelquefois de jouer les premiers rôles.

Qu'on ne se trompe point avec quelques moralistes, au nombre desquels je suis fâché de compter Fénélon: l'ignorance, chez les femmes sur tout, produit plus de vices que l'abus des lumières et des passions, et c'est parceque les Françaises sont généralement plus éclairées et plus spirituelles que les femmes des autres pays, qu'elles sont aussi meilleures.

Les hommes consument leur jeunesse à se former

un esprit que les femmes apportent en naissant: il leur vient avant la raison; elles aperçoivent plus vite, voient aussi bien; mais elles regardent moins long-temps.

Je ne dirai point, comme Beaumarchais, que les femmes ont sur les hommes un grand avantage pour devenir politiques, grace à leur penchant naturel pour la fausseté; mais je compterai volontiers leur finesse au nombre de leurs priviléges.

Toujours prêtes à faire à leur pouvoir le sacrifice de leur vanité, elles permettent aux hommes de dire d'elles ce qu'il leur plaît, en se réservant le droit de faire d'eux ce qu'elles veulent : la première chose qu'elles apprennent, c'est le parti qu'elles peuvent tirer de leurs perfections, et même de leurs imperfections.

CHAPITRE IX.

Influence des femmes sur la destinée des grands hommes.

L'influence que les femmes de ce pays ont de tout temps exercée sur les mœurs, tient sur-tout à celle qu'elles ont eue sur la destinée des grands hommes, et dont la source principale se trouve dans ce charme de la société, dont elles possèdent le secret, et qui n'a rien à redouter du temps, qui détruit tous les autres.

Douées d'un instinct merveilleux pour discerner le mérite, pour pressentir le talent, pour apprécier le génie, elles sont en quelque sorte le lien qui les tient unis, le ressort doux et caché qui les met en œuvre. Qui pourrait, en mesurant la hauteur où sont parvenus les grands hommes des deux derniers siècles, assigner la part que peuvent réclamer dans leur gloire les La Sablière, les du Châtelet, les d'Argental, les Luxembourg, les Geoffrin, les Dépinay, qui ont dirigé les efforts, embelli la vie, ou consolé l'infortune de La Fontaine, Voltaire, Rousseau, d'Alembert, et de tant d'autres.

CONCLUSION.

« L'âge et le pays où je vis, écrit lord Byron,
« sont ceux de l'hypocrisie, c'est-à-dire du plus
« haut degré de la corruption humaine; car l'imi-
« tation de la vertu est le dernier raffinement du
« vice. »

Il est d'autres contrées où des hommes, en s'annonçant comme des ministres de paix, vont semant par-tout le trouble et la discorde; où les agents du pouvoir parlent de modération en se livrant aux plus violents abus de la force; où les lois sont toutes dirigées contre les ennemis de l'arbitraire; où l'on se fait un jeu de la foi des serments en invoquant sans cesse la loyauté, la fidélité, la franchise.

Et cependant, me dira-t-on, c'est dans un pareil temps, c'est devant de tels hommes que vous osez rappeler aux principes de la morale ceux qui l'outragent chaque jour avec une si décourageante impunité! Que prétendez-vous? faire peser également, au poids de la justice et dans les balances de l'équité, les actes de l'homme privé et ceux de l'homme public? Vaincre par la seule puissance de la raison ceux qui disposent des trésors, des soldats, des juges et des bourreaux? Faut-il vous répéter ce que l'histoire enseigne à chaque page? Que, dans les temps où les Anitus, les Tigellin, les Jefferies et les Speziale sont les objets particuliers de la protection et de la faveur, les Socrate sont condamnés à boire la ciguë, les Sénèque à s'ouvrir les veines, les Sidney à porter leur tête sur un échafaud, et les Caraccioli à tendre le cou au lacet; que, dans ces pays, les ouvrages dans lesquels on recommande aux mères de nourrir leurs enfants, aux pères de présider à l'éducation de leurs fils, ont été lacérés par la main du bourreau et livrés aux flammes? — Je le sais; mais qu'importe? ces ouvrages ont triomphé du bûcher. La dernière heure a sonné pour les oppresseurs comme pour les opprimés, pour les bourreaux comme pour les victimes. Que sont quelques jours de plus dans cet espace si court entre la naissance et la mort? Celui qui le parcourt avec le plus d'éclat, que laisse-t-il? un nom. Mais si ce nom doit être répété par l'écho des siècles, qu'il ne réveille du moins que d'honorables souvenirs.

Les hommes qui combattent pour la cause sacrée de la justice et de la liberté ne considèrent ni les temps ni les lieux; leurs regards embrassent l'espace et la durée, traversent à-la-fois l'immensité des mers et l'immensité des âges: ils voient, au-delà de l'Océan, la jeune Amérique libre, sous le seul joug des lois; ils voient, au-delà du dix-neuvième siècle, l'Europe affranchie par l'Amérique; et, dans des siècles plus reculés, l'espèce humaine tout entière rendue à sa dignité native par la sainte alliance de l'Amérique et de l'Europe.

Le temps, où les espérances les plus légitimes étaient considérées comme les rêves d'un homme de bien, touche à son terme; le règne des illusions est passé, et rien ne restera debout que ce qui est fondé sur la justice et la raison.

Rappelons-nous qu'il y a moins d'un siècle les hommes les plus courageux osaient à peine faire entendre de timides plaintes contre l'inquisition et ses bûchers, contre la servitude et ses humiliations, contre la torture et ses chevalets; et que, dans ce laps de temps, l'Europe a vu abolir tour-à-tour et la servitude des blancs, et l'esclavage des noirs, et les tortures, et les confiscations, et la vénalité des charges, et la noblesse privilégiée, et les lettres de cachet. Si tous les hommes ne sont pas encore également protégés par les lois; si tous ne participent pas, dans une proportion égale, aux charges et aux bénéfices de la société, le droit que tous ont à cette égalité est universellement avoué, et si, de tant de droits politiques légitimement acquis, authentiquement reconnus, il ne nous reste plus à nous-mêmes que l'examen des dépenses et le pouvoir d'accorder ou de refuser l'impôt, l'existence de ce droit proteste contre l'abolition de tous les autres, et en amènera l'infaillible rétablissement.

Les mœurs se sont épurées à mesure que la société s'est affranchie; les fonctions de *maîtresse* ou d'*amant* d'un roi ou d'une impératrice ne sont plus des titres d'honneur et des charges de cour.

Qui pourrait, sans outrager à-la-fois la morale et la vérité, comparer les mœurs d'Alexandre Ier avec celles de Catherine II, de Louis XV avec celles de ses successeurs?

Les mœurs mêmes des courtisans sont moins dépravées à quelques égards, et je ne crois pas qu'on en trouvât aujourd'hui un seul qui consentît à épouser la prostituée placée par lui dans le lit de son maître.

Autrefois les courtisans n'approchaient des princes qu'en tendant la main; cet esprit de mendicité n'est pas changé; on ne voit pas même qu'ils en rougissent : mais la société en rougit pour eux, et le pernicieux exemple de leurs mœurs est aujourd'hui sans influence. Les classes inférieures ont appris à se connaître, à se respecter; elles se sont élevées par le sentiment de leur dignité morale, et regardent avec dédain les restes de la race des hommes du vieux temps s'agiter encore dans cette fange de la corruption des cours.

Tout en livrant aux outrages la mémoire d'un grand homme, la plupart des princes profitent des leçons qu'il a données. A son exemple ils ne font plus consister l'honneur de leur règne dans l'éclat de quelques fêtes passagères et dans les voyages d'étiquette. On les voit parcourir leurs provinces, visiter les ports, les chantiers, les arsenaux, faire creuser des canaux, tracer des routes, élever des phares sur les côtes, des ponts sur les fleuves, des magasins d'abondance dans les villes; ils encouragent l'agriculture, l'industrie, le commerce, les arts, véritables sources des richesses et de la gloire des nations. La science du gouvernement est ramenée à son principe, l'utilité et le bien-être des gouvernés.

Tant de victoires remportées dans l'espace d'un siècle par les lumières et la philosophie sur les préjugés, sur la superstition et la barbarie des vieux temps, ne sont que les préludes de victoires plus grandes et plus décisives. Quelques insensés se promettent vainement d'arrêter la marche triomphale de l'esprit humain, et prennent pour de la lassitude la halte qu'il fait pour recueillir ses forces. Entreprise insensée! espérance coupable! Artistes, écrivains, orateurs, vous tous qui influez sur l'ame de vos semblables; vous dont l'imagination et la pensée communiquent à la masse des hommes, par une sorte de commotion électrique, les sentiments qui vous pénètrent vous-mêmes; maîtres de la parole, de la lyre et du pinceau, consacrez vos veilles et vos talents à faire passer dans tous les cœurs, à imprimer dans tous les esprits l'amour de ces vérités sublimes : concertez vos efforts; que le marbre et la toile reproduisent, multiplient de toutes parts les actions vertueuses et les images des bienfaiteurs de l'humanité! Poètes, chantez les douleurs et les plaisirs du pauvre, le courage du héros citoyen, la mort paisible de l'homme vertueux. Orateurs, votre mission est plus directe : foudroyez le crime puissant, les erreurs consacrées; défendez les droits de l'espèce humaine; ne transigez avec aucun devoir : il s'agit de fonder le culte de la justice, de la morale et des lois.

Que les traits de la muse comique atteignent les ridicules et les vices dans tous les pays, dans tous les rangs; que Melpomène frappe du fouet sanglant des furies les oppresseurs du monde; qu'elle évoque les ombres des tyrans, et les appelle en jugement devant la génération vivante. Que la muse de l'histoire nous révèle leurs fureurs secrètes, leurs crimes cachés, les terreurs et les remords qui ont précédé, pour ces grands criminels, les supplices de l'autre vie. Que ceux qui, dans l'Europe, seraient tentés de mentir à des promesses solennelles, de forfaire à des serments sacrés, trouvent des accusateurs en Amérique; que les tribunes et les presses qui restent libres, réclament en faveur des tribunes et des presses asservies : que les orateurs français trouvent des soutiens dans les orateurs étrangers. Membres des cortès d'Espagne et du Portugal, du parlement britannique, du congrès américain, et des chambres législatives de France, vous êtes solidaires les uns des autres. Ce n'est plus la cause d'un peuple que vous plaidez, c'est celle du genre humain : formez une alliance plus juste, plus durable que celle des traités, fragile garantie de quelques intérêts privés.

Publicistes, journalistes de tous ces pays, élevez-vous au-dessus de ces préjugés nationaux, vieux enfants de la politique et de l'erreur, qui ont trop long-temps divisé les nations : vous êtes appelés à la défense de tous les droits par la publicité de toutes les injustices : qu'aucune violence, qu'aucun abus du pouvoir ne puisse rester secret : dénoncez tous les crimes, nommez tous les coupables. Si, au pied du Vésuve et de l'Etna, sur les bords du Tibre et de l'Arno, dans les plaines du Piémont et du Milanais, on parvenait à étouffer les cris des opprimés, que ces cris soient répétés par les échos du Tage, du Mançanarès, de la Seine, de la Tamise et de la Dellaware. Il est des hommes qui ne peuvent jamais être bons ; eh bien ! qu'ils soient du moins forcés d'être justes.

Enfin qu'un concert universel de toutes les voix, de toutes les plumes, répète d'un bout du monde à l'autre : Louanges, honneur, à la vertu, dans quelque condition qu'elle se trouve ; honte et malheur au crime, quels que soient le nom et le rang du criminel.

FIN DE LA MORALE
APPLIQUÉE A LA POLITIQUE.

NOTES.

LIVRE II.

Page 31. La prostitution fut ordonnée comme un acte de religion.

Une loi fondée sur un oracle obligeait toutes les femmes de Babylone à se rendre, une fois dans leur vie, au temple de Vénus, pour s'y livrer à un étranger. L'existence de cette loi est attestée par Hérodote, par Strabon, et même par Jérémie. Cette coutume fut établie par un oracle, c'est-à-dire par les prêtres, au nom de la divinité. « Eh! qui ne sait, s'écrie M. Pastoret (*Histoire de la Législation*, tome I, p. 169), combien la superstition a enfanté de coutumes bizarres, déshonnêtes ou cruelles? Les mœurs et l'humanité ne furent-elles pas mille fois outragées par les ministres des faux dieux (et par les ministres du vrai Dieu)? n'a-t-on pas vu la virginité devenir pour eux un objet d'offrande, souiller le temple au nom de la déesse impure de la volupté, ou ensanglanter les autels par des victimes humaines? »

A Héliopolis les femmes se prostituaient dans le temple de Vénus. Les Lydiennes faisaient de même avant leur mariage. En Chypre, avant de prendre un époux, les femmes allaient sur le rivage de la mer offrir leur virginité aux étrangers. (Voyez *Valère Maxime*.)

Page 36. Le prince Hohenlohe est venu trop tard.

Les hommes de bonne foi et de bon sens n'avaient pas besoin d'attendre que la triste vérité eût éclairé les malades qui avaient recours aux prières du conseiller ecclésiastique, prince de Hohenlohe, pour savoir à quoi s'en tenir sur les guérisons prétendues miraculeuses, opérées par ce prince et par son acolyte, le paysan Michel, et même par le mendiant Hofmann. Mais quelle pitié de voir l'esprit de parti s'emparer avidement des rêveries de quelques cerveaux malades pour essayer de ranimer les plus honteuses et les plus déplorables superstitions! Le temps des miracles était passé, même à l'époque de ceux qui se faisaient au nom du diacre Pâris; et quand on voit des ecclésiastiques publier des brochures, des journaux faire de longs articles, pour prouver la mission du prince de Hohenlohe et l'impiété de ceux qui refusent d'y croire, on ne sait ce qui doit étonner davantage, ou de l'hypocrisie de ces écrivains ou de l'intrépidité avec laquelle ils bravent le ridicule inévitable dans une entreprise plus folle encore qu'elle n'est criminelle. Les sourds, les aveugles, les boiteux, les manchots, sont retournés chez eux un peu plus malades qu'ils n'étaient venus auprès de M le conseiller ecclésiastique. Depuis que l'autorité a exigé que les guérisons se fissent en présence d'un médecin et d'un magistrat, Dieu a retiré au prince le don des plus simples cures, et le pape vient de lui écrire pour lui reprocher de vouloir démontrer la vérité de la religion par de nouveaux miracles. Que diront M. le vicaire Bauer et les journalistes de Paris qui se sont enrôlés sous les bannières de M. de Hohenlohe le prince, de M. Martin le précepteur, de M. Michel le paysan, et de M. Hofmann le mendiant?

Toutes les religions, toutes les sectes, ont eu des faiseurs de miracles, depuis Deucalion et Pyrrha qui repeuplèrent le monde à coups de pierre, jusqu'au Romain Atius Navius qui, devant Tarquin l'Ancien, coupa une pierre avec un rasoir, et depuis ce Navius jusqu'au bienheureux Pâris

Tant que la science des Charles et des Robertson n'a pas été populaire, elle a opéré des miracles; quand elle a cessé d'être occulte, elle a pris son véritable nom, on l'a appelée *physique expérimentale*.

Toutes les religions ont commencé par le merveilleux et fini par le naturel. Les Grecs eurent leurs colombes fatidiques, leurs chênes parlants, leurs antres mystérieux où l'on éprouvait des ravissements soudains, des extases où le ciel se faisait entendre. Les Romains eurent des poulets sacrés, des simulacres parlants, des pluies de sang et de pierres, l'antre d'Égérie, et les apparitions de spectres; les peuples du nord ont des ombres et des sorciers.

Page 42. *Un homme religieux est brûlé pour avoir dit: L'inégalité de puissance entre les apôtres est une invention hu-*

maine qui ne se trouve pas dans l'Évangile. Un philosophe périt du même supplice pour avoir écrit : *L'ame participe de Dieu et de sa substance.*

La liste des auteurs qui ont péri pour avoir soutenu des opinions aussi peu répréhensibles est assez longue; on y trouve :

PULIARIUS (Antoine), étranglé et brûlé à Rome en 1566; professeur de grec et de latin, et auteur d'un poeme sur l'immortalité de l'ame. Il fut condamné pour avoir réclamé la tolérance en faveur des luthériens, et écrit contre l'inquisition qu'il regardait comme un poignard dirigé sur la gorge des gens de lettres.

PALLAVICINI, décapité à Avignon pour avoir blâmé Urbain VIII de la guerre qu'il faisait à Edouard Farnèse, duc de Parme et de Plaisance; oubliant en cela ses devoirs de pape et de chrétien.

PETIT, pendu et brûlé pour avoir composé des vers moins licencieux que ceux de l'abbé Grécourt.

PRYNN (Guillaume-Antoine), Anglais, condamné à une prison perpétuelle, après avoir été mis au pilori et avoir eu les oreilles coupées, pour avoir écrit contre les comédiens, les bals et les mascarades. Sa sentence est du mois de janvier 1634.

SERVET, médecin et savant espagnol, brûlé à Genève le 27 octobre 1553. Parmi les propositions qu'on lui reprochait comme entachées d'hérésie, se trouvaient celles-ci : *L'ame participe de Dieu et de sa substance; l'ame se rend mortelle par le péché.* Son supplice dura plus de deux heures, parceque la flamme était détournée par le vent. *Malheureux!* s'écria-t-il, *ne pourrai-je donc mourir? Quoi! avec les cent pièces d'or et le riche collier qu'on m'a pris, ne pouvait-on acheter assez de bois pour me consumer plus promptement?*

DOMINIS (Marc-Antoine), archevêque, empoisonné au château Saint-Ange où il était détenu, et ensuite exhumé et brûlé pour son ouvrage intitulé : *De Republicâ ecclesiasticâ*, dans lequel il dit que l'Église, sous l'autorité du pape, n'est plus une Église, mais un corps politique, un état sous la monarchie temporelle du pontife; que l'Église ne doit point user de contrainte extérieure; que l'inégalité de puissance entre les apôtres est une invention humaine qui n'a aucun fondement dans l'Évangile; que Jésus-Christ a promis le Saint-Esprit à toute l'Église, sans l'attacher aux prêtres et aux évêques; que les ministres des autels ne sont pas obligés au célibat, etc.

BERQUIN, traducteur de la Complainte de la Paix, composée par

Érasme. Il fut brûlé vif en 1529, pour avoir ajouté à cet ouvrage quelques propositions qui furent taxées d'hérésie.

Jean Hus, arrêté malgré le sauf-conduit de l'empereur Sigismond, et brûlé vif, en 1415, par jugement, pour s'être élevé contre la dissolution des mœurs du clergé et la tyrannie de la cour de Rome.

Lizinski, gentilhomme polonais, accusé d'athéisme à la diète de Grodno par un évêque, et brûlé vif le 13 mars 1689.

Malagrida (Gabriel), auteur d'un Traité de la vie et du règne de l'Antechrist, et d'une Vie de sainte Anne; il fut condamné au feu par l'inquisition et brûlé vif, à l'âge de soixante-quinze ans, le 21 septembre 1761.

Morin (Simon), auteur d'un Recueil de pensées, de quatrains et de cantiques spirituels; ouvrage d'un cerveau malade, dans lequel il s'annonce lui-même comme un nouveau Messie. L'auteur pouvait être justement mis aux Petites-Maisons; il fut barbarement condamné au feu, et brûlé en place de Grève, avec tous les exemplaires de son livre, le 14 mars 1663. Desmarets Saint-Sorlin, son disciple et son ami, le dénonça, et vint déposer contre lui. Après la condamnation de ce déplorable fou, le président de Lamoignon eut la froide cruauté de lui demander s'il était écrit quelque part que le nouveau Messie dût subir le supplice du feu. Morin répondit avec calme à ce magistrat bourreau : *Me examinasti, et non est inventa in me iniquitas.*

Jacob van Liesvelt fut décapité pour avoir imprimé la Bible en hollandais.

François Stabili, connu sous le nom de Cecco, poète d'Ascoli, fut brûlé vif à Bologne, où il professait l'astrologie et la philosophie. C'était le plus innocent des fous; il avait soixante-dix ans; il fut condamné comme hérétique et prophète.

Brunus, auteur *della Spaccia della Bestia trionfante*, et le pasteur Bissendorp, auteur du Nœud Gordien dénoué, *Nodi Gordii resoluti*, subirent le même supplice.

Dolet, auteur et imprimeur, fut condamné à être pendu et brûlé comme pélagien. Son exécution eut lieu à Paris le 3 août 1546. Le véritable crime de Dolet était d'avoir raillé la Sorbonne et molesté les moines par de vives épigrammes.

Tindall, auteur d'une traduction en anglais de la Bible, fut condamné à être étranglé et brûlé; ce qui fut exécuté en 1536

Vallée, auteur de la *Béatitude du Chrétien*, fut pendu et brûlé le 9 septembre 1573, en place de Grève, pour une espèce de morale relâchée, dont l'abrégé se trouve dans la phrase qui termine son livre : *Sur-tout vivons, et ignorons tout avec tranquillité.*

VANINI (Jules-César). Tous ses ouvrages furent imprimés avec approbation et privilège; cependant ils furent trouvés ensuite si pleins d'hérésies, que le malheureux Vanini fut condamné comme athée, et brûlé vif à Toulouse le 19 février 1619, après avoir eu la langue coupée. Il était âgé de 34 ans.

JÉRÔME SAVONAROLA fut pendu et brûlé pour n'avoir pas, en prêchant contre les mauvaises mœurs, dissimulé les désordres du clergé, ni même ceux de la cour de Rome.

VIRGILE, prêtre irlandais, fut déposé par le pape Zacharie, et condamné pour avoir soutenu qu'il y avait des antipodes.

A la suite d'une vie de Spinosa, on trouve la liste de six auteurs brûlés en effigie, de huit brûlés après leur mort, et de cinquante-deux brûlés vivants.

La politique ne s'est pas toujours contentée de tenir les écrivains captifs; DURAND, et deux Florentins, frères, de la maison des *Patrici*, furent brûlés vifs à Paris le 16 juillet 1618, pour avoir écrit contre le roi.

NICOLO FRANCO, de Bénévent. Le spectacle du vice heureux lui inspira la même indignation qu'à Juvénal; il écrivit quelques satires contre les grands qui le firent condamner à être pendu. Il fut exécuté par ordre du pape Pie V.

Page 45. Le cardinal Bellarmin, dans son *Traité du Pouvoir pontifical*, etc.

Les rois de France ne se sont jamais soumis à la puissance et aux prétentions de la cour de Rome.

Vers la fin du quatorzième siècle, le pape Boniface VIII envoya à Paris l'évêque de Pamiers, pour ordonner au roi Philippe-le-Bel de faire le voyage de la Terre-Sainte. Philippe refuse d'obéir; l'évêque menace le roi des foudres du Vatican; Philippe fait mettre en prison le prélat factieux. Le pape dépêche, pour le roi, le légat Jacques de Kormans, pour lui commander de faire mettre en liberté l'évêque de Pamiers, et de se reconnaître sujet du saint-siège, au temporel comme au spirituel. Le légat était porteur d'une bulle dont voici la traduction :

« Boniface, serviteur des serviteurs de Dieu, à Philippe, *roi des*
« *Français.*

« Craignez le Seigneur et gardez ses commandements. Nous vou-
« lons que vous sachiez que vous *nous êtes soumis dans le temporel*
« *comme dans le spirituel*; que la collation des bénéfices et des pré-
« bendes ne vous appartient en aucune manière ; que si vous avez
« la garde des églises pendant la vacance, ce n'est que pour réserver
« les fruits à ceux qui en seront pourvus. Si vous avez conféré quel-
« ques bénéfices, nous déclarons cette collation nulle pour le droit
« et pour le fait; nous révoquons ce qui s'est passé en ce genre:
« *ceux qui croiront autrement seront réputés hérétiques.* »

Philippe fit à cette bulle la réponse que voici :

« Philippe, par la grace de Dieu, roi des Français,
  « A Boniface, prétendu pape, *peu ou point de salut.*

« Que votre *très grande fatuité* sache que nous ne sommes soumis
« à personne *pour le temporel;* que la collation des bénéfices, les
« sièges vacants, nous appartient par le droit de notre couronne;
« que les revenus des églises qui vaquent en régale sont à nous ; que
« les provisions que nous avons données et que nous donnerons
« sont valides, et pour le passé et pour l'avenir; et que nous main-
« tiendrons de tout notre pouvoir ceux que nous avons pour-
« vus et que nous pourvoirons : *ceux qui croiront autrement seront*
« *réputés fous et insensés.* »

Le 9 septembre 1585, Sixte-Quint lança une bulle dans laquelle, après avoir élevé la puissance et l'autorité pontificale au-dessus de celle des rois et des princes de la terre, il annonce qu'il s'arme du glaive apostolique contre *deux enfants de colère;* qu'il les proscrit comme hérétiques, relaps, fauteurs d'hérétiques, défenseurs publics et notoires d'hérésie, ennemis de Dieu et de la religion. L'un de ces enfants de colère était le prince de Condé, et l'autre le bon et clément Henri IV. C'est ce monarque qu'un pape, un Sixte-Quint, déclare déchu de tous ses droits sur le royaume de Navarre et la principauté de Béarn, incapable de succéder à la couronne de France et à aucune souveraineté, qu'il prive de tous droits et privilèges attachés à son rang, et dont les sujets sont absous du serment de fidélité! On sait que notre Henri fit afficher à la porte de tous les cardinaux à Rome, et même à celle du Vatican, une réponse dans laquelle on remarque les passages suivants : « Henri, par la grace

« de Dieu, roi de Navarre, prince souverain du Béarn, premier pair
« et prince de France, s'oppose à la déclaration et excommunication
« de Sixte-Quint, *soi-disant pape de Rome;* la maintient fausse, et en
« appelle comme d'abus... En ce qui le touche d'hérésie, de laquelle il
« est faussement accusé, dit et soutient que *monsieur* Sixte, *soi-*
« *disant pape,* sauf sa sainteté, *en a faussement et malicieusement*
« *menti,* et que lui-même est hérétique...; qu'il le tient et déclare *pour*
« *Antechrist et hérétique;* et, en cette qualité, veut avoir guerre per-
« pétuelle et irréconciliable avec lui...; que si par le passé, les rois
« et princes ses prédécesseurs ont bien su châtier la témérité *de tels*
« *galants,* comme est ce prétendu pape Sixte, lorsqu'ils se sont ou-
« bliés de leur devoir et passé les bornes de leur vocation, *confondant*
« *le temporel avec le spirituel;* ledit roi de Navarre, qui n'est en rien
« inférieur à eux, espère que Dieu lui fera la grace de venger l'injure
« faite à son royaume, à sa maison, à son sang, et à toutes les
« cours de parlement de France, sur lui et ses successeurs. »

Page 52. Un cardinal fut accusé d'avoir porté l'effronterie de ses desirs adultères jusqu'à la couche royale.

Le jour de l'Assomption, la cour présentait, à dix heures du
matin, l'aspect le plus imposant et le plus serein. Au milieu des
personnages distingués qui circulaient dans l'appartement du roi,
était le cardinal de Rohan, revêtu de ses habits pontificaux : il attendait les ordres du roi qui allait se rendre à la messe. Nulle espèce de rumeur, nul pronostic d'un grand orage n'avait averti les
courtisans d'examiner la contenance de ce prélat. Couvert d'éminentes dignités, *possédant, par l'accumulation de ses bénéfices, un*
revenu de huit cent mille livres; membre d'une famille ancienne et
renommée qui, depuis trois règnes, avait épuisé tous les genres
d'illustration sans rien ajouter à sa gloire; le prince Louis de Rohan,
cardinal, évêque de Strasbourg, GRAND-AUMÔNIER, était considéré
avec indifférence : il n'était point en faveur. Le roi s'était plaint
assez souvent des *prodigalités* du cardinal, et avait paru craindre
que *la maison de Rohan ne fournît un second exemple de la banque-*
route la plus ignominieuse. La reine, depuis long-temps, l'accablait
de tous les signes d'une aversion insurmontable. On prétendait que
le prince Louis, lorsqu'il était ambassadeur à Vienne, avait pré-

senté devant l'impératrice-reine la conduite de l'aimable dauphine sous des couleurs défavorables. Si les courtisans habiles s'éloignaient d'un homme qui portait à la cour un tel titre de réprobation, les seigneurs les plus respectés s'éloignaient encore plus d'*un prélat* qui, âgé de cinquante ans, était encore *sans frein dans ses penchants, sans délicatesse dans ses liaisons;* mais l'espèce d'isolement où il était laissé, il ne l'imputait qu'à la défaveur. En vain, depuis quelque temps, avait-il voulu persuader que cette disgrace avait cessé, et que la reine le regardait d'un œil plus favorable; on ne comprenait rien à des discours qu'aucune observation des habitués de Versailles ne venait confirmer. On le connaissait vain, susceptible de recevoir et de se faire beaucoup d'illusions; mais personne ne pouvait savoir quelle inconcevable crédulité fascinait les yeux, altérait l'entendement de ce prélat poli, né à la cour.

Le roi fait demander le cardinal de Rohan dans son cabinet intérieur. L'entretien se prolonge; la messe est retardée. Tout a pris un air sombre; on commence à soupçonner un mystère important. Déjà il court quelque rumeur d'*une grande indiscrétion commise*, d'*un nom auguste compromis*. Bientôt après on parle d'*un magnifique collier dérobé* sous d'INFAMES PRÉTEXTES, d'une escroquerie; et *c'est le cardinal de Rohan qui en est accusé.* On sait que la reine est présente à l'interrogatoire qu'il subit devant le roi. Alors se réveille dans tous les esprits l'idée du profond ressentiment qu'elle nourrit contre lui depuis plusieurs années. Cette princesse, vive, aimable, légère, sera-t-elle vindicative? osera-t-on sévir contre un cardinal, *braver la cour de Rome et le clergé de France*, désoler une illustre et puissante famille? On apprend qu'il est arrêté, qu'on le conduit à la Bastille, qu'on le livre au parlement. L'agitation redouble. Une révolution si subite à la cour paraît être une révolution dans l'état. Les courtisans se divisent : « Voilà donc, disent les uns, le roi qui « trahit le penchant à la sévérité que M. de Maurepas s'était étudié « à contenir en lui. Le roi, disent les autres, montre un respect « bien religieux pour les lois, puisqu'il leur confie le soin de punir « *une offense que chacun de ses prédécesseurs eût punie par lui-même.* « N'est-il pas temps d'étouffer, par un exemple éclatant, ces diffa- « mations par lesquelles on persécute une reine, modèle de grace « et de bonté? » Au milieu de ce tumulte d'opinions opposées, les amis du baron de Breteuil, ministre de la maison du roi, répandent que le cardinal est convaincu par ses propres aveux d'une intrigue coupable et déshonorante pour son caractère. Les amis de la reine annoncent que l'indignation de cette princesse est au comble et n'est que trop légitime; les amis du roi montrent une profonde tristesse. Transportons-nous dans les appartements du roi au moment où le cardinal y avait comparu. Il ne put cacher sa terreur quand il vit les regards sévères du roi et les regards courroucés de la reine. Après quelques moments d'un trouble réciproque: « Expli- « quez-vous avec franchise, lui dit le roi : qu'est-ce qu'un collier de « diamants acheté chez les joailliers Bœhemer et Bossange, *et que « vous dites avoir procuré à la reine?* » Le cardinal pâlit. « Ah! sire, « je vois trop tard qu'on m'a trompé. — Eh! pouviez-vous, dit la « reine, vous méprendre à une signature que sûrement vous con- « naissiez? » Sans répondre à la reine, le cardinal proteste de son innocence. Déja le roi craint d'être un juge trop rigoureux; il se ferait scrupule d'abuser de quelques mots qui échapperaient à la terreur du prélat humilié. « M. le cardinal, lui dit-il, il est très « simple que vous soyez un peu troublé de cette explication : remet- « tez-vous; et pour que la présence de la reine ni la mienne ne nui- « sent pas au calme qui vous est nécessaire, passez dans la pièce à « côté : vous y serez seul; écrivez-y votre déposition, que vous me « remettrez ensuite. »

Le cardinal obéit, resta à-peu-près un demi-quart d'heure, et remit un papier au roi, qui lui dit: « Je vous préviens que vous allez « être arrêté. — Ah! sire, j'obéirai toujours aux ordres de Votre « Majesté; mais qu'elle daigne m'épargner la douleur d'être arrêté « dans mes habits pontificaux, aux yeux de toute la cour. — Il faut « que cela soit ainsi, » reprit le roi. Comme le cardinal voulut insister, il le quitta brusquement.

Avec quelque sévérité que fût traité le cardinal, on laissa à ses hommes de confiance le temps de brûler les papiers qui pouvaient le compromettre, et à lui-même la permission de les leur indiquer. Les actes de rigueur contre les grands étaient tellement rares, que les agents auxquels l'exécution en était confiée remplissaient sans dureté et même sans vigilance des ordres qu'ils s'attendaient à voir bientôt révoqués.

Le procès s'instruisit : le besoin de sa justification força le cardinal à révéler la honte de ses liaisons, la sottise de ses espérances, la bassesse de ses intrigues.

Le roi, d'après les instances de la reine, se détermina à une mesure par laquelle il eût dû commencer : on voulut étouffer cette fatale affaire. Le baron de Breteuil, qui avait été chargé d'aller apprendre au cardinal qu'il était libre de sortir de la Bastille, revint quatre heures après le trouver au palais de Strasbourg, pour lui annoncer que le roi lui demandait sa démission de la charge de grand-aumônier de France, et qu'il l'exilait à son abbaye de la Chaise-Dieu. (LACRETELLE le jeune, *Histoire de France*.)

Page 64. En acquérant des richesses, le clergé perdit ses mœurs.

On trouve à la fin du premier volume des *Mémoires de M. le comte Orloff, sur le royaume de Naples*, la circulaire que le roi Alphonse écrivit aux archevêques et évêques de ce royaume, pour engager les prêtres, qui alors avaient des concubines reconnues, à payer l'impôt auquel avaient été taxés les autres citoyens. Ces femmes, dit M. le comte Orloff, fières d'appartenir à l'église, prétendaient n'être justiciables que des tribunaux ecclésiastiques, et même ne pas payer au fisc les contributions établies par un acte du parlement en 1446; elles étaient en si grand nombre que, si on eût transigé sur cet article, la perte eût été considérable pour le trésor public. Voici la circulaire du roi :

« Alphonsus, etc. reverendis in Christo patribus, episcopis civi-
« tatis Aversæ, Nolæ, Accerrarum, Alifæ et Aquini, consiliariis et
« fidelibus nostris dilectis, gratiam et bonam voluntatem.

« Quoniam in Parlamento generali dudum Neapoli celebrato cum
« principibus, ducibus, comitibus, baronibus, magnatibus hujus
« regni nostri Sicilie citra farum, decretum extitit et statutum solvi
« debere nobis et nostre curie anno quolibet in tribus terminis, sci-
« licet nativitatis et resurrectionis Dominisce ac in fine augusti cu-
« juslibet anni pro quolibet foculari ducatus unus prout in capitulis
« dicti Parlamenti facti plenius continetur. Nos certiorati quod *mu-*
« *lieres que sunt concubine quorumcumque sacerdotum seu clerica-*
« *lium* personarum non solverunt nobis et nostre curie dictum du-
« catum pro annis tribus proxime preteritis, in quibus fuit impositus
« dictus ducatus pro quolibet foculari. Et ob id intentionis nostre
« firmiter existat integre ab eisdem exigi facere ducati tres pro dictis
« tribus annis proxime preteritis et deinde in antea anno quolibet

« in futurum ducatum predictum. Eapropter vestras paternitates
« hortamur quatenus omnes predictas concubinas et clericorum
« sistentes in vestris diocesibus, quoniam sub tutela clericali sata-
« gunt se tueri ad solvendum dicta jura focularium vid. Ducatum
« unum pro qualibet earum pro unoquoque dictorum trium anno-
« rum pro qualibet earumdem dicte nostre curie debitum cogatis
« et compellatis per omnem coercitionis modum vobis visum ad
« omnem requisitionem commissarii super hoc per nostram curiam
« ordinati; Vid. Nicolai Marini de summa de Neapoli militis, vel al-
« terius ejus parte, ipsamque pecuniam focularium predictorum
« per dictas concubinas nostre curie debitam pro dictis annis dicto
« nostro commissario vel ejus substituto staturi, solvi et assignari
« faciatis.

« Datum in Castro Novo die 3 mensis februarii ix. Indit. 1446.
« Rex Alphonsus. »

Page 65. Après s'être soustrait aux devoirs de l'hymen et de la paternité, l'égoïsme a prétendu que cet état d'isolement et d'inutilité était l'état pur, l'état parfait.

Chez les Juifs, ceux qui se destinaient au service du temple et au culte de la loi étaient dispensés du mariage. Melchisédech fut un homme sans famille et sans généalogie ; Moïse congédia sa femme quand il reçut la loi de Dieu ; Élie, Élisée, Daniel, vécurent dans la continence.

La règle pour le célibat des évêques, des prêtres et des diacres est fort ancienne dans l'église catholique : cependant aucune loi divine ne défend d'ordonner prêtres les personnes mariées; aucune n'interdit aux prêtres de se marier. L'Évangile ne renferme aucun précepte contraire au mariage.

L'usage d'ordonner prêtres des personnes mariées a subsisté et subsiste encore dans l'église grecque, et n'a jamais été positivement improuvé par l'église latine. C'est le concubinage et non le mariage que le concile de Nicée a défendu aux clercs, et le mariage après l'ordination.

Dans son mémoire sur le mariage des prêtres, l'abbé de Saint-Pierre dit : « Si quarante mille curés avaient en France quatre-vingt « mille enfants, ces enfants étant bien élevés, l'état y gagnerait

« quatre-vingt mille citoyens honnêtes, et l'église quatre-vingt mille
« fidèles. Il y aurait, au lieu de quarante mille filles condamnées au
« célibat, quarante mille femmes vertueuses et heureuses. Les em-
« barras du mariage sont utiles à ceux qui les supportent, et les
« difficultés du célibat ne le sont à personne. Cent mille prêtres ma-
« riés formeraient cent mille familles, ce qui donnerait plus de dix
« mille sujets par an. »

LIVRE III.

Page 72. La liberté est la plus forte des garanties sociales.

« Dans un état établi en république, dit Pascal, ce serait un très grand mal de contribuer à y mettre un roi, et à opprimer la liberté des peuples à qui Dieu l'a donnée. » C'est cependant ce qui a été fait pour Gênes et pour Venise.

Page 72. La fameuse déclaration de l'assemblée constituante a rappelé aux hommes qu'ils naissent libres et égaux en droits.

On lit dans Diodore de Sicile (liv. II, §. 25) « que les plus anciens philosophes des Indiens leur ont laissé cette maxime, que tous les hommes sont égaux, et que nul ne doit être traité en esclave. » Diodore ajoute : « Rien ne dispose mieux les hommes à toutes sortes d'évènements que de se regarder comme n'étant ni supérieurs ni inférieurs à d'autres hommes. »

Page 75. La justice se sert encore des mêmes bancs pour tous les accusés, du même échafaud pour tous les condamnés.

Une des plus bizarres folies des hommes du privilège est d'avoir établi des distinctions jusque dans les supplices, non à raison de la différence des crimes, mais selon la qualité des criminels. L'historien des campagnes du dernier prince de Condé, après avoir rapporté, avec toute l'importance qu'il attache aux plus petits événements, les détails d'un procès où un gentilhomme fut condamné, *pour vol*, à être pendu, dit gravement que ce gentilhomme obtint de la bonté du prince la commutation de sa peine, et qu'au lieu d'être étranglé, il eut la satisfaction d'avoir la tête tranchée.

« Joseph-Antoine, *comte de Horne*, issu d'une des plus nobles familles du Brabant, allié des Montmorenci, et même du régent du côté de Madame, complétement déshonoré à vingt-deux ans par ses mœurs et les liaisons les plus infames, avait comploté, avec deux de ses compagnons de débauche et d'escroqueries, le *chevalier de Mille* et le *chevalier d'Étampes*, d'assassiner un riche agioteur pour s'emparer de son portefeuille. Ils l'attirèrent dans un cabaret, et le poignardèrent. Les cris de la victime furent entendus ; le *chevalier d'Étampes* parvint à se sauver ; *Mille* et le *comte de Horne* furent arrêtés, condamnés à mort et exécutés. *Toute la noblesse réclama pour les condamnés le privilège d'être affranchis d'un supplice infamant.* Le régent fut inflexible : le comte de Horne fut roué vif en place de Grève, le 26 mars 1720. *Les courtisans prétendirent que l'honneur de plusieurs grandes familles avait été sacrifié* A LA CRAINTE DE MÉCONTENTER DES AGIOTEURS ! »

(Lacretelle, *Histoire de France*, tome 1er, p. 325 et 326)

Page 76. Je me demande si le gouvernement qui ne surnage que sur des flots de sang humain, et n'offre à la soumission, au désespoir, qu'une seule tête à abattre, n'est pas le plus immoral de tous.

Ajoutons que c'est aussi celui où la vie des princes est environnée de plus de périls. Il serait trop long de citer tous les exemples que fournit l'histoire. L'empire fondé par les Césars fut le plus vaste, et celui dont la durée fut la plus longue. Voici la liste des chefs de cet empire qui périrent d'une manière tragique.

NOMS.	PEINES.	DATES.
		de J. C.
Tibère	étouffé par Macron	37
Caligula	assassiné par Chéréa	41
Claude	empoisonné par Agrippine	54
Néron	condamné à mort par le sénat	68
Galba	assassiné	69
Pison	égorgé	69
Othon	perd l'empire, et se tue	69
Vitellius	mort violente et infame	69
Domitien	assassiné	»
Commode	assassiné	192
Pertinax	assassiné	193
Didius Julianus	condamné à mort par le sénat	193
Caracalla	assassiné	217
Macrin	assassiné	218
Héliogabale	assassiné	222
Alex. Sévère	assassiné	235
Maximin	assassiné	236
Gordien le fils	tué	237
Gordien le père	s'étrangle	237
Maxime et Balbin	assassinés	238
Gordien III	assassiné	244
Philippe	assassiné	249
Philippe le fils	assassiné	249
Dèce	mort par la trahison de Gallus	251
Gallus	assassiné	253
Volusien, son fils	assassiné	253
Émilien	assassiné	253
Valérien	mort en prison	260
Gallien	assassiné	268
Aurélien	assassiné	275
Tacite	assassiné	276
Probus	assassiné	282
Carus	assassiné	283
Numérien } ses fils	assassinés	284
Carin		285
Dioclétien	forcé d'abdiquer l'empire	305
Sévère	s'ouvre les veines) poursuivis	»
Maximien	s'étrangle par	»
Maxence	se noie) Constantin	»

BAS-EMPIRE.

Constant, fils du grand Constantin	assassiné	350

NOMS.	PEINES	DATES.
		de J C.
Valentinien II	assassiné	392
Valentinien III	assassiné	455
Avitus	déposé	456
Majorien	assassiné	461
Sévère	empoisonné	465
Anthémius	assassiné	472
Glicérius	détrôné	474
Népos	détrôné	475
Augustule	tombe du trône, et l'empire d'Occident est détruit par Odoacre	476
Zénon	enterré vivant	492
Anastase	frappé du tonnerre d'après une prédiction	518
Maurice	massacré	602
Phocas	massacré	610
Héracléonas	mutilé	641
Constant II	assassiné	668
Justinien II	mutilé	694
Léonce	assassiné	711
Philippicus	les yeux crevés	711
Constantin (Porphirogénète)	mutilé	7..
Irène	déposée (c'est elle que Charlemagne voulait épouser)	802
Nicéphore	tué	811
Saturatius, son fils	déposé pour les crimes de son père	811
Léon IV	massacré	821
Michel II	assassiné	854
Michel III	massacré	867
Romain	détrôné	944
Constantin	empoisonné	959
Romain II	empoisonné	963
Nicéphore	assassiné	970
Zimiscès	empoisonné	976
Romain III	empoisonné	1034
Michel	on lui crève les yeux	1041
Michel Strot	détrôné	1057
Romain Diogène	on lui crève les yeux	1072
Michel Ducas	forcé d'abdiquer	1072
Michel Botomate	détrôné	1078
Alexis Comnène II	assassiné	1081
Andronic Comnène	mutilé	1084
Isaac Lage..n	on lui crève les yeux	1187

NOMS.	PEINES.	DATES.
		de J. C.
Alexis Lange........	détrôné....................	1196
Alexis Lange II.....	massacré...................	1203
EMPIRE LATIN.		
Beaudouin	mutilé....................	»

Je ne dis rien des empereurs latins, à la mort desquels la haine nationale a pu contribuer autant que leurs cruautés.

Jusqu'à la prise de Constantinople par Mahomet II, le trône, n'étant à personne, fut au premier occupant. Le cri d'un prêtre ou d'un soldat faisait un empereur. Chaque armée, chaque province, chaque patriarche, élevait des princes que le meurtre ou le poison faisait tomber le lendemain. Ces monarques d'un jour n'ayant pas eu le temps de développer leur caractère, on ne peut attribuer leur chute à leur cruauté. L'ambition, aidée de la corruption des soldats et des querelles de religion, semait seule les troubles, et en recueillait l'empire et la mort.

Je n'ai rien dit de tous ces petits tyrans, usurpateurs éphémères de quelques provinces, qui, depuis Jotapien (assassiné en 249) jusqu'à Valens (massacré par le grand Constantin en 331), et depuis celui-ci jusqu'à Alexis Philantropène (mutilé en 1200), ont rempli de meurtres les départements de l'empire, et ont successivement arrosé de leur sang les cadavres de leurs victimes : tant la politique machiavélique est utile pour conserver les princes et les états.

Il est facile de se convaincre, par le tableau suivant, que les princes qui, en France, ont eu à redouter leurs peuples sont en très grande partie ceux qui ont substitué leur volonté particulière au règne des lois.

NOMS.	CRIMES	PEINES.	DATES.
Chilpéric I.....	digne mari de Frédégonde..	assassiné.....	584
Frédégonde...	si fameuse par ses crimes ..	exilée, meurt de rage......	597
Brunehaut....	grand courage, grands crimes	mort violente et cruelle.......	613
Thierri II	cruautés, outrages, violences.	enfermé à Saint-Denis	668
Ebroin, son maire	....	chassé.......	668
Childeric II. ...	cruautés, outrages	assassiné ...	673
Dagobert, son fils.	victime de la haine qu'on portait à son père.........	assassiné	»
Thierri III...	le royaume d'Austrasie, ne voulant point être gouverné par la volonté arbitraire et violente de ce prince, ou plutôt du maire, se souleve, les chasse, et crée Pepin duc.	. ...	»
Ebroin, maire de Thierri III.....	met le comble à ses violences.	assassiné .	688
Bertaire, maire de Thierri III.....	suit la politique d'Ebroin...	assassiné	689
Louis I	cruautés et faiblesse; il creve les yeux a son frère.	enfermé deux fois dans un couvent	830 33
Charles II. ..	ses violences soulevent la Bretagne et l'Aquitaine, il enferme Pepin, il fait raser ses fils...............	empoisonné ..	877
Charles III ..... Haganon	assassinats, cruautés. Le duc de Saxe, voyant leurs violences, dit · « Ou Haganon sera bientôt roi avec Charles, ou Charles sera bientôt simple gentilhomme avec Haganon » Ils furent obligés de fuir. Charles mourut en prison............	. .	888
Lothaire	violences et faiblesses	empoisonné .	986
Louis V.......	cruautés et indolence. ...	empoisonné . .	987
Philippe I.....	actes arbitraires, enlevements	séditions ..	1107
Louis VIII	cruautés, sur-tout envers les Albigeois...........	empoisonné...	1225
Philippe IV.....	impôts, monnoie, cruautés, Templiers.	séditions, mort malheureuse et prédite	1306 1313
Louis X.......	violences, actes arbitraires, dilapidations..........	empoisonné. ..	1316
Jean	exécutions arbitraires, pouvoir trop absolu..	sédition, la jacquerie ..	1358
Louis XI ...	politique affreuse...	guerre du bien public ..	1464
Charles VIII,...	conduite absolue et arbitraire de la dame de Beaujeu, régente.	révoltes	1484

NOMS.	CRIMES.	PEINES.	DATES.
François I	belles qualités, pouvoir absolu	plusieurs provinces refusent des secours pour sa rançon.	1526
François II. Cath. de Médicis.	actes arbitraires, exécution de Dubourg.	conspiration d'Amboise	1560
Charles IX Cath. de Médicis.	politique machiavélique, Saint-Barthélemy	quatre guerres civiles, la faction des politiques	1573-74
Henri III Cath. de Médicis.	ligue, les seize, massacres, états de Blois.	chassé de Paris, assassiné	1589

Médicis, qui avait fait à Henri IV une guerre cruelle, recommande en mourant à Henri III de se réconcilier avec ce prince. Elle reconnaissait donc que son effroyable machiavélisme était déshonorant et nuisible au roi et à l'état.

Page 78. La tyrannie n'est point un gouvernement; c'est l'arbitraire substitué aux lois.

Ainsi la tyrannie peut être exercée aussi bien par la multitude, comme en France pendant le règne de la terreur, par plusieurs, comme à Venise au temps de la république, que par un seul, comme à Rome sous l'empire. Il y a tyrannie lorsque l'esprit des lois est méconnu, et que par des interprétations forcées, de protectrices qu'elles étaient, elles deviennent les instruments d'oppression.

Il y a tyrannie lorsqu'il est mis un prix aux condamnations, et que les juges reçoivent des récompenses pour les sentences qu'ils ont portées, ou les poursuites qu'ils ont exercées injustement.

Il y a tyrannie lorsque l'assassinat, par des spadassins enrégimentés, devient un moyen de gouvernement.

Il y a tyrannie lorsqu'une partie des revenus de l'état est employée à solder des armées occultes de délateurs et d'espions, à forger des conspirations, à donner à des attentats supposés une apparence de réalité.

Il y a tyrannie lorsque des hommes décriés par la corruption de leurs mœurs et la servile versatilité de leurs opinions ont le privilège d'outrager chaque jour les gens de bien, et que la défense est interdite à ceux que l'on calomnie.

Il y a tyrannie lorsque les hommes qui ne veulent rien faire contre l'honneur et la probité sont repoussés des emplois publics.

Il y a tyrannie lorsqu'il n'est plus permis de faire l'éloge de la vertu, de prendre la défense des opprimés, et de venir au secours des indigents.

Il y a tyrannie enfin lorsque les louanges de l'autorité ne sortent que de bouches mercenaires, et que les gens de bien se taisent.

La vie des tyrans populaires n'est pas plus en sûreté que celle des tyrans royaux : Marat périt par le poignard; Dioclès, fils et successeur de Pisistrate, avait subi le même châtiment. Les deux Robespierre, Danton, Saint-Just, Carrier, Lebon, Couthon, moururent sur l'échafaud.

L'établissement de la tyrannie est le plus funeste outrage qui puisse être fait à la morale et à l'humanité. Elle ne s'élève que sur la ruine des mœurs et des lois; elle vit au milieu des débauches et de la corruption; elle se soutient par la violence et le meurtre, en amollissant tous les courages, en détruisant tous les sentiments généreux. Les tyrans tombent presque toujours frappés de l'arme des assassins, ne laissant aux hommes d'autre voie que le crime pour se délivrer de leurs crimes.

Tendre des pièges, semer des espions, ouvrir des abîmes sur le chemin des citoyens, c'est l'œuvre de la tyrannie; tomber dans des pièges, être englouti dans des abîmes, c'est le destin des tyrans.

Page 79. Les occupations de l'esprit sont redoutables aux tyrans.

Le despotisme n'est pas moins ennemi de la philosophie que le fanatisme. « Dans tout pays, dit madame de Stael, où l'autorité publique met des bornes superstitieuses à la recherche des idées philosophiques, lorsque l'émulation s'est épuisée sur les beaux-arts, les hommes éclairés, n'ayant plus de route à suivre, plus de but, plus d'avenir, se laissent aller au découragement, et à peine reste-t-il assez de force à l'esprit humain pour inventer les amusements de ses loisirs. »

Quelquefois les sciences et les arts sont protégés ou au moins tolérés par la royauté absolue ou le pouvoir aristocratique. Toujours l'une et l'autre proscrivent avec une haine et une fureur égales l'indépendance philosophique.

Les précautions des tyrans pour éviter leur perte ne peuvent les en garantir, car il n'y a de solide que ce qui repose sur la vertu.

« Les serments sont une des ressources les plus vaines des despotes, dit M. Pastoret; plus ils se sentent indignes du pouvoir, plus ils les multiplient : ils semblent oublier qu'il est pour tous les peuples, comme pour tous les hommes, un serment plus ancien, plus inviolable, celui d'aimer la justice et la liberté.

« Ninias, dit le même auteur, entourait de soldats son palais et sa capitale, par une suite de ces défiances juste punition de la tyrannie, car la crainte est pour les tyrans le supplément des remords. »

(*Histoire de la Législation*, tome Ier, p. 88 et 89.)

Page 94. Si, à la mort de Henri IV, le pouvoir eût été partagé entre le prince et les chambres législatives.

Les discordes qui suivirent de si près la mort de ce prince suggérèrent sans doute à Sully les réflexions suivantes qui se trouvent dans ses Mémoires :

« Le plus ancien de tous les royaumes qui s'élevèrent sur les ruines de l'empire d'Occident, est sans contredit celui qui fut fondé dans les Gaules par les *Francs*, ainsi nommés de la Franconie. Ils en avaient été appelés par les Gaulois des environs de la Moselle, *pour leur aider à se délivrer de l'oppression des armées romaines.*

« La coutume de ces Francs ou Français était de donner le nom de *roi* à celui qu'ils choisissaient pour leur commander, si le premier et le second de ces chefs ne l'ont pas porté, il est certain du moins que le troisième, qui est Mérovée, et encore plus Clovis, qui fut le cinquième, en furent revêtus, et quelques uns d'eux le soutinrent avec tant de gloire, entre autres Pepin et Charles Martel, auxquels on ne peut le refuser sans injustice, que Charlemagne, leur digne héritier, parvint jusqu'à faire revivre dans la Gaule une image, imparfaite à la vérité, de cet empire d'Occident alors éteint; avantage auquel contribuaient naturellement une multitude infinie d'habitants très propres à la guerre, et une grande fertilité pour tout ce qui sert aux différents besoins des hommes, joint à une extrême commodité pour le commerce, la situation de la France la rendant le centre des quatre principales dominations de la chrétienté, l'Allemagne, l'Italie, l'Espagne et la Grande-Bretagne, avec les Pays-Bas.

« Disons un mot sur chacune des trois races qui composent la suite de nos rois. Je ne vois dans la première que Mérovée, Clovis Ier, et Clotaire II ; Charles Martel, Pepin-le-Bref et Charlemagne dans la seconde, qui se soient tirés du pair des rois. *Ces six ôtés de trente-cinq que l'on compte dans ces deux races, tous les autres furent, par leurs vices ou par leur incapacité, de méchants rois, ou des ombres de rois*, parmi lesquels encore on peut distinguer Sigebert et Dagobert par quelques bonnes qualités, et Louis-le-Débonnaire par une grande dévotion, qui n'aboutit pourtant qu'à lui faire regretter dans un cloître la perte de sa liberté, de son royaume et de l'empire.

« Cette race carlovingienne ayant régné obscurément et fini de même, la couronne passa dans une troisième, dont les quatre premiers rois sont, à mon sens, des modèles parfaits d'un bon et sage gouvernement. Le royaume qu'ils eurent à conduire avait beaucoup perdu de sa première splendeur, puisque, de l'immense étendue qu'il avait eue du temps de Charlemagne, il était réduit à-peu-près aux mêmes bornes dans lesquelles il est renfermé aujourd'hui, avec cette différence que, quand ils auraient eu la pensée de le rétablir, la forme de son gouvernement, qui les mettait à la merci des grands et du peuple (en possession de choisir et de maîtriser ses souverains), ne leur laissait aucun moyen d'y parvenir. *Le parti qu'ils prirent fut de condamner au silence le pouvoir arbitraire, et de faire régner en sa place l'équité elle-même, espèce de domination qui n'a jamais excité l'envie. Rien ne se fit plus sans y appeler les grands et les principales villes, et presque toujours par la décision des états assemblés.* Une conduite si modérée coupa pied à toutes les brigues, et étouffa toutes sortes de complots, toujours fâcheux pour l'état ou pour le souverain. *L'ordre, l'économie, la distinction du mérite, une justice exacte*, toutes les vertus qu'on cherche dans un chef de famille, caractérisèrent ce nouveau gouvernement, et produisirent ce qu'on n'a jamais vu, et ce qu'on ne verra peut-être jamais, je veux dire une paix de cent vingt-deux ans consécutifs. *Ce que ces princes y gagnèrent pour eux-mêmes en particulier*, et que toute l'autorité de la loi salique ne leur aurait jamais valu, *ce fut l'avantage d'introduire dans leur maison l'hérédité de la couronne.* Ils eurent encore besoin pour cela de recourir à la précaution de ne déclarer leurs fils aînés pour leurs successeurs *qu'après avoir modestement demandé le suffrage des peuples, avoir fait précéder une espèce d'élection, et ordinairement les avoir fait sacrer de leur vivant*, et asseoir à côté d'eux sur le trône.

« *Philippe II*, que Louis VII, son père, fit de même sacrer et régner avec lui, *fut le premier qui s'écarta de cette façon de procéder entre le souverain et son peuple.* Plusieurs victoires remportées sur *les étrangers et sur ses propres sujets, qui lui firent donner le surnom d'Auguste, lui servirent à s'ouvrir un chemin à l'autorité absolue*, et cette idée s'imprima ensuite si fortement dans l'esprit de ses successeurs, *à l'aide des favoris, des ministres et des principaux officiers de guerre, qu'ils crurent faire un coup de la plus profonde politique, en s'attachant à détruire des maximes dont l'utilité pour le bien général et particulier venait d'être encore si bien confirmée par l'expérience*, sans craindre ou peut-être sans prévoir toutes les suites malheureuses qu'une entreprise de cette nature, *contre une nation idolâtre de sa liberté*, pouvait et même devait nécessairement avoir. Il leur fut facile d'en juger par les remèdes auxquels le peuple eut aussitôt recours pour se soustraire au joug dont il se voyait menacé. *Jamais on n'obtint de lui que cette sorte d'obéissance forcée, qui fait embrasser avec plus d'avidité tous les moyens de désobéir.*

« *De là mille guerres cruelles. Celle qui livra la France en proie aux Anglais*, celles qu'on eut avec l'Italie, la Bourgogne, l'Espagne, ne peuvent être imputées qu'aux dissensions civiles qui les précédèrent, et dans lesquelles les plus faibles, étouffant la voix de l'honneur et de l'intérêt de la nation, appelèrent l'étranger au secours de leur liberté : *triste et honteux remède, employé constamment depuis ce temps-là, et de nos jours même par la maison de Lorraine, dans une ligue dont la religion ne fut que le prétexte.* Un second mal qui, pour paraître d'abord d'un genre différent, n'en part pas moins, selon moi, de la même source, c'est le *dérèglement des mœurs, la soif des richesses, la manie d'un luxe monstrueux*, causes et effets tour-à-tour, ou à-la-fois, de nos misères. Voilà quelles ont été les variations de notre malheureuse politique, soit quant à la forme de gouverner, successivement assujettie à la volonté du peuple, du soldat, des grands, des états, des rois ; soit quant à la personne même de ces derniers, dépendante, élective, héréditaire, absolue. On a vu d'avance, dans ce tableau, quel jugement on doit porter sur la troisième race de nos rois. Nous trouvons mille choses à admirer dans Philippe-Auguste, saint Louis, Philippe-le-Bel, Charles-le-Sage, Charles VII, Louis XII. Quel dommage que tant de vertus ou de grandes qualités n'aient pas porté sur d'autres fondements ! *qu'avec plaisir on leur donnerait le titre de grands rois, si l'on pouvait se cacher que les peuples ont été malheureux !* Que n'y aurait-il pas à dire en particulier de Louis IX ? Des quarante-quatre années qu'il régna, les vingt premières offrent un spectacle qui n'est pas indigne d'être comparé avec les onze dernières de Henri-le-Grand. Mais je crains bien que toute leur gloire ne soit détruite par les vingt-quatre suivantes, lorsqu'on y verra que *des impôts excessifs, pour satisfaire une dévotion mal entendue et ruineuse, des sommes immenses transportées dans les pays les plus éloignés pour le rachat des prisonniers, tant de milliers de citoyens sacrifiés, tant d'illustres maisons éteintes, remplirent la France d'un deuil général, et tout ensemble d'une calamité universelle.* »

LIVRE IV.

Page 112. Si la morale ne permet pas de ménager les vices d'un homme tel que Henri IV, de quel nom ne doit-elle pas flétrir les désordres de la cour du grand Alcandre, et les turpitudes du Parc-aux-Cerfs ?

Les désordres de la cour de Louis XIV ont été représentés dans une foule de mémoires publics et secrets, de satires et d'apologies ; car le vice couronné n'a pas moins de panégyristes que de censeurs, et plus encore d'imitateurs que d'apologistes. L'histoire elle-même n'a pas toujours regardé les faiblesses des princes comme indignes de souvenir. C'est ainsi qu'elle nous a fait connaître les premiers goûts de Louis XIV pour la baronne de Beauvais, et ses dernières amours pour la veuve de Scaron. Elle nous montre, entre ces deux extrémités de la carrière galante de Louis-le-Grand, mademoiselle d'Argencourt, les deux nièces du cardinal Mazarin, madame de La Vallière, madame de Montespan, mademoiselle de Fontanges, et plusieurs autres maîtresses moins qualifiées.

Dans le même temps il régnait à la cour de Charles II, roi d'Angleterre, une galanterie aussi générale et plus effrontée. La différence du caractère des deux nations se faisait remarquer jusque dans leurs plaisirs. Dans l'une et l'autre cour, la corruption était la même; mais à Versailles les vices étaient polis, et à Londres ils étaient grossiers.

Le dix-huitième siècle a vu, dans une cour brillante de l'Allemagne, des scandales plus honteux encore. Voici l'exemple que donnait alors la cour de Versailles, et que M. Lacretelle l'historien retrace avec beaucoup de fidélité :

« Louis XV, rassasié des conquêtes que lui offrait la cour, fut
« conduit, par une imagination dépravée, à former pour ses plaisirs
« un établissement tellement infame, qu'après avoir peint les excès
« de la régence, on ne sait encore comment exprimer ce genre de
« désordre. Quelques maisons élégantes, situées dans un enclos
« nommé le *Parc-aux-Cerfs*, recevaient les femmes qui attendaient
« les embrassements de leur maître. *On y conduisit des jeunes filles*
« VENDUES PAR LEURS PARENTS OU QUI LEUR ÉTAIENT ARRACHÉES. Elles en
« sortaient comblées de dons, mais presque sûres de ne jamais re-
« voir le roi qui les avait avilies, *même lorsqu'elles portaient un gage*
« *de ses indignes amours*. La corruption entrait dans les plus pai-
« sibles ménages, dans les familles les plus obscures. Elle était sa-
« vamment et long-temps combinée par ceux qui servaient les dé-
« bauches de Louis. *Des années étaient employées à séduire des filles*
« *qui n'étaient pas encore nubiles*, à combattre dans de jeunes
« femmes des principes de pudeur et de fidélité. Il y en eut quelques
« unes qui eurent le malheur d'éprouver une vive tendresse, un at-
« tachement sincère pour le roi : il en parut touché quelques instants;
« mais bientôt il n'y voyait plus que des artifices pour le dominer,
« *et il s'en rendait le délateur auprès de la marquise de Pompadour*,
« qui faisait rentrer ses rivales dans l'obscurité. L'insensibilité morale
« s'accroissait chez le monarque lascif à mesure qu'il assouvissait et
« réveillait encore la fougue de ses sens. Il n'entendait point le cri
« des familles qu'il livrait aux discordes et au déshonneur. Roi chré-
« tien, il ne rougissait pas d'un harem d'où la pudeur était absente

« aussi bien que la jalousie. Amant dégradé, *il livrait à la prostitu-*
« *tion publique celles de ses sujettes qu'il avait prématurément corrom-*
« *pues. Il souffrait que des enfants nés de ses infames plaisirs par-*
« *tageassent la destinée obscure et dangereuse de ceux qu'un père n'a-*
« *voue point, et qui ont tout à craindre des leçons et de l'exemple*
« *de leur mère.* Un fils, une fille de roi, pouvaient être livrés aux
« châtiments ignominieux de la police ou des tribunaux. Il paraît
« que ce fut dans l'année 1753 que commença cet infame établisse-
« ment du *Parc-aux-Cerfs*. On prétend que le roi y faisait élever des
« jeunes filles de *neuf à dix ans. Le nombre de celles qu'on y condui-*
« *sit fut immense.* Elles étaient dotées et mariées à des hommes vils
« ou crédules. Celles qui avaient eu un enfant du roi conservaient un
« traitement fort considérable. Mademoiselle de Romans fut la seule
« qui obtint que son fils fût déclaré *enfant du roi*. Madame de Pom-
« padour réussit à écarter une rivale qui paraissait avoir fait une
« impression profonde sur le cœur du monarque. *On lui enleva son*
« *fils, qui fut élevé chez des paysans ; et mademoiselle de Romans*
« *n'osa réclamer contre cette violence qu'après la mort du roi.*
« Louis XVI lui rendit son fils, qu'il protégea, et qui fut connu sous
« le nom de l'abbé de Bourbon. »

(Lacretelle, *Hist. du dix-huitième siècle*, tom. III,
pag. 169, 170 et 171.)

« Élisabeth d'Angleterre, Marie d'Écosse, Christine de Suède,
« toutes les impératrices de Russie, ont eu des amants, dit le major
« M......; mais Catherine II seule, réalisant les fables scandaleuses
« de la reine d'Achem, et subordonnant l'amour, le sentiment et la
« pudeur de son sexe à de honteux plaisirs, a profité de sa puis-
« sance pour donner au monde un exemple nouveau d'impudicité
« et d'impudence. *Elle osa ériger les fonctions d'amant en charge de*
« *cour, y attacher des appointements, des honneurs, des prérogatives.*
« Cette charge fut la plus scrupuleusement remplie. Une courte ab-
« sence, une maladie légère de celui qui l'occupait, suffisaient quel-
« quefois pour le faire remplacer. C'était d'ailleurs l'emploi pour
« lequel *l'auguste souveraine* montrait le plus de choix et de discer-
« nement. Je crois qu'il est sans exemple qu'elle y ait élevé un sujet
« incapable; et, excepté l'interrègne entre Lanskoi et Jermolow,
« elle ne l'a pas laissé vingt-quatre heures vacant. *Douze favoris en*
« *titre et en fonction se sont succédé dans cette place,* devenue la

« PREMIÈRE DE L'ÉTAT. Soltykow, Orlow et Lanskoï furent les seuls que
« la mort lui ravit ; les autres, survivant à ses amours, possédaient
« en paix des places ou des richesses qui les rendaient encore des
« sujets d'envie pour l'empire entier... Platon Subow, lieutenant
« aux gardes, se trouvait le seul jeune officier auprès de Catherine
« au moment de sa rupture avec Momorow; il fut présenté à l'im-
« pératrice par Nicolas Soltykow, alors en grand crédit, et le len-
« demain on vit ce jeune homme donner familièrement le bras à sa
« souveraine, un grand chapeau à plumet sur la tête, chamarré
« de l'uniforme des favoris, suivi de son protecteur et des autres
« grands de l'empire, qui marchaient derrière lui chapeau bas; la
« veille il avait fait antichambre chez eux. Le soir, après le jeu,
« on voyait Catherine congédier sa cour, et rentrer dans sa chambre
« à coucher suivie de son favori; quelquefois son fils et ses petits-
« fils étaient présents. Le lendemain, les vieux généraux, les an-
« ciens ministres, remplissaient les antichambres de la nouvelle
« idole, et l'on se prosternait devant elle. C'était un génie que l'œil
« perçant de Catherine avait aperçu; les trésors de l'empire lui
« étaient prodigués, et rien ne pouvait être comparé à l'impudeur
« de Catherine que la bassesse de ses courtisans. »

(*Mémoires sur la Russie*, tome Ier, de la page 133 à la page 142.)

Tous les élèves de cette vieille école du libertinage des princes n'ont pas encore disparu de la terre, qu'ils ont souillée et scandalisée; mais, morts ou vivants, tous également sont tombés dans un mépris où les enfoncent chaque jour davantage les louangeurs du temps passé.

LIVRE VI.

Page 148. Le langage de la politique est équivoque, ses promesses n'ont rien de certain, ses démarches rien de positif, ses menaces mêmes sont ambigues.

Voici ce que dit de la politique des puissances de l'Europe, pendant la révolution, l'auteur de *la Revue chronologique de l'Histoire de France* (pages 334, 335 et 336).

« Puisque, dès 1793, elles avaient manifesté l'intention de ne ménager aucun des partis qui se prononçaient pour le maintien, plus ou moins étendu, des effets produits par la révolution, qu'elles avaient explicitement annoncé l'intention de ne transiger avec aucune opinion démocratique ou simplement constitutionnelle, et de rétablir l'ancien régime en France, elles devaient, afin d'obtenir ce résultat, soutenir, avec franchise et vigueur, les royalistes de la Vendée; elles devaient leur fournir abondamment des armes, des vaisseaux, des secours de toute espèce, et y envoyer les princes français, qui, là seulement, pouvaient être utilement placés pour reconquérir l'opinion publique : car cette conquête devait être le but principal des efforts de nos princes; et même l'attitude militaire qu'ils y eussent prise ne pouvait servir que de moyen secondaire. Au contraire, les princes sont éloignés, abusés sans cesse par les plus fallacieuses promesses. On disperse les émigrés à Saint-Domingue, en Portugal, en Corse, dans les plus vaines et les *plus meurtrières* expéditions; ou bien on les dévoue continuellement pour le salut de l'armée impériale. *Le corps de Condé*, pendant les campagnes de 1795, 1796, 1797, fera toujours l'avant-garde des Autrichiens dans les attaques, et l'arrière-garde dans les retraites.

« *Ainsi le motif réel de la coalition, et spécialement du cabinet de Saint-James, est de prolonger les déchirements de la France et non de les terminer dans l'intérêt général de l'Europe.* C'est au nom de l'empereur que les généraux autrichiens s'emparent des places et du territoire de Flandre. L'Angleterre déploie de grands efforts pour ressaisir Dunkerque, cet ancien objet de sa convoitise; mais l'extrême incapacité du duc d'York fait avorter le plan du ministre Pitt, assez maladroit pour choisir un tel général. Par une convention, tenue d'abord secrète, l'Alsace devait retourner à l'Autriche; et, à ce sujet, quelles tentatives n'ont pas été faites à Vienne! de quelle obsession n'a-t-on pas usé pour amener la fille de Louis XVI, la petite-fille de Marie-Thérèse (Madame), à recevoir la main d'un archiduc! Cet archiduc, c'est le prince Charles, dont le caractère magnanime fait bientôt cesser, par son désistement, les persécutions qu'éprouve sa trop infortunée cousine, engagée par des serments solennels, prononcés dans la tour du Temple, à s'unir au duc d'Angoulême. Mais le mariage de la jeune princesse française avec un Autrichien aurait donné le prétexte d'un titre pour réclamer, dans une conjoncture favorable, et l'Alsace et la Lorraine, et d'autres fiefs des seizième et dix-septième siècles, fiefs réputés *non masculins*. Voilà l'éternelle, l'invariable politique du cabinet aulique, qui ne dévie pas plus que le bœuf ne se détourne de son sillon, que l'âne ne s'écarte de son sentier. La persévérance du cabinet de Vienne a traversé les siècles. Que ne peut l'obstinée médiocrité? A la vérité, Toulon est reçu au nom de Louis XVII, par égard pour le roi d'Espagne, mais on s'empresse de détruire la marine de ce roi, dont on affecte de protéger l'enfance. Enfin, ces mêmes Anglais s'introduisent en Corse, et Georges III considère fort peu s'il ternit le lustre des trois couronnes britanniques, en alliant à leur or pur les chétifs accompagnements de ce diadème, que Louis XI lui-même (prince peu susceptible de honte, mais très avisé) dédaigna de ceindre. Le successeur des Alfred et des Édouard, arborant le titre de roi de Corse, semble recueillir la succession d'un aventurier sorti des bruyères de la Westphalie, de Théodore de Neuhoff, dont le fils touche, à Londres, l'aumône de l'indigent. C'est sur de semblables résultats qu'il conviendrait de juger de la politique de Pitt, de ce ministre si contradictoirement célèbre. Que, d'après ces faits divers, les Français, dans quelque parti qu'ils se soient vus jetés, apprécient enfin la politique étrangère! Puissent leurs descendants, avertis par des perfidies aussi caractérisées, ne jamais méconnaître que l'intérêt général doit dominer, dans leur noble patrie, tous les intérêts privés, surmonter toutes les passions, et qu'il ne peut être permis jamais de faire intervenir les étrangers dans les débats domestiques! Le sort de la Pologne attend toute nation qui produirait deux générations assez insensées pour attirer l'étranger dans son sein. »

Page 151. *Depuis deux siècles et demi, la Grèce sanglante et mutilée se débat sous le cimeterre des Osmanlis.*

Lorsqu'au milieu de la paix l'habile cabinet de la plus redoutable puissance de l'Europe augmentait chaque jour le nombre de ses bataillons, il était permis de supposer des desseins généreux. La sainte alliance avait raffermi tous les trônes, et rassuré les plus timides sur le sort des rois. Les institutions qui forment des citoyens éclairés et courageux tombaient les unes après les autres ; les promesses faites aux peuples étaient oubliées ou rétractées, et la liberté, exilée au-delà des mers, n'existait plus qu'aux rivages américains, ou brûlait en silence au fond de quelques cœurs sur les bords du Tibre et de la Sprée. A quoi donc était destiné ce million de soldats aiguisant incessamment leurs armes, sinon à l'affranchissement de la Grèce ? Mais au bruit de ce grand acte de justice, qui devait couvrir son auteur d'une gloire immortelle, toutes les jalousies se sont réveillées. Le bouclier qui s'avançait pour couvrir les chrétiens d'Orient s'est retiré à la voix des chrétiens d'Occident; un cabinet a fait dire, par l'organe avoué de ses volontés suprêmes : « La Russie doit « savoir que toute tentative de sa part *pour trouver un motif de* « *faire la guerre à la Turquie,* dans le moment actuel, exciterait « des soupçons plus qu'ordinaires. » Qu'un roi tombe victime des fureurs populaires et du fanatisme politique, toutes les armées vont inonder et dévaster la terre qui s'est rougie de ce sang royal ; mais qu'un peuple tout entier périsse sous la hache et le glaive, le gouvernement d'une nation insulaire ne trouve pas que ce grand massacre soit un motif suffisant de guerre, et, joignant l'insulte à la cruauté, il ajoutera, par la plume de son secrétaire : « Se borner « à mettre un terme *à des cruautés qui révoltent la nature humaine,* « et à rétablir la tranquillité dans l'empire turc, ce serait, nous le « pensons, un acte de désintéressement bien rare. Il nous semble « bien difficile pour le cabinet de Saint-Pétersbourg de dicter des « lois comme vainqueur, et de faire rentrer ensuite son armée dans « les limites du territoire russe. » (*Courrier anglais* du 4 août 1821.)

Page 163. Ce n'est point à un peuple, c'est à un homme que nous faisons la guerre.

Lorsque les puissances réunies en congrès à Vienne furent informées de l'invasion de Napoléon Bonaparte, et de son entrée à main armée en France, elles crurent devoir, à leur dignité et à l'intérêt de l'ordre social (ce sont leurs propres expressions que je rapporte), de publier une déclaration solennelle de leurs sentiments. Dans cette pièce, les puissances affirment qu'elles sont formellement résolues de *maintenir intact le traité de Paris du 30 mai 1814,* les dispositions sanctionnées par ce traité, et celles qu'elles ont arrêtées ou qu'elles arrêteront encore *pour le compléter et le consolider.*

TRAITÉ	TRAITÉ
DU 30 MAI 1814.	DU 2 NOVEMBRE 1815.

Au nom de la très sainte et indivisible Trinité,

Sa Majesté le roi de France et de Navarre, d'une part, etc. :

Art. 2. Le royaume de France conserve l'intégrité de ses limites, *telles qu'elles existaient au 1ᵉʳ janvier 1792. Il recevra en outre une* AUGMENTATION DE TERRITOIRE *comprise dans la ligne de démarcation fixée par l'article suivant.*

Art. 3. Du côté de la Belgique, de l'Allemagne et de l'Italie, l'ancienne frontière, *ainsi qu'elle existait le 1ᵉʳ janvier 1792,* sera rétablie, en commençant de la mer du Nord, entre Dunkerque et Nieuport, jusqu'à la Méditerranée, entre Gagnes et Nice, avec les rectifications suivantes :

1° Dans le département de Jemmapes, les cantons de Dour, Merbes-le-Château et Chimay, *restent à la France. La ligne de démarcation passera,* etc.

4° Dans le département de la Sarre, les cantons de *Saarbruck* et *d'Arneval* resteront à la France, ainsi qu'une partie de celui de *Lebach,* etc.

Au nom de la très sainte et indivisible Trinité,

Les puissances alliées ayant, etc.

Art. 1ᵉʳ. Les frontières de la France seront *telles qu'elles étaient en 1790, sauf les modifications de part et d'autres qui se trouvent indiquées dans le présent article.*

1° Sur les frontières du Nord la ligne de démarcation restera telle que le traité de Paris l'avait fixée jusque vis-à-vis de Quiévrain ; de là elle suivra les anciennes limites des provinces belgiques, du ci-devant évêché de Liége et du duché de Bouillon, *en laissant les territoires enclavés de Philippeville et Marienbourg,* AVEC LES PLACES DE CE NOM, *ainsi que tout le duché de Bouillon, hors du territoire de France.*

La ligne suivra les anciennes limites du pays de Sarrebruck, *en laissant* SARRELOUIS *et le cours de la Sarre avec les endroits situés à la droite de la ligne, et leurs*

1814.

5° *La forteresse de* LANDAU *ayant formé,* en 1792, *un point isolé dans l'Allemagne, la France conserve, au-delà de ses frontières, une partie des départements du Mont-Tonnerre et du Bas-Rhin, pour joindre la forteresse de Landau et ses rayons au reste du royaume.* La nouvelle démarcation, en partant du point où, près d'Obersteinbach, qui reste hors du territoire de la France, la frontière entre le département de la Moselle et celui du Mont-Tonnerre atteint le département du Bas-Rhin, suivra la ligne qui sépare les cantons de Weissembourg (du côté de la France), des cantons de Pirmasens, Dahn et Anweiler (du côté de l'Allemagne), jusqu'au point où ces limites, près du village de Wolmersheim, touchent l'ancien rayon de la forteresse de Landau. De ce rayon, *qui reste ainsi qu'il était en* 1792, la nouvelle frontière suivra le bras de la rivière de Queich, qui, en suivant ce rayon près de Queicheim (*qui reste à la France*), passera près des villages de Merlenheim, Knittelsheim et Belheim (*demeurant également à la France*), jusqu'au Rhin, qui continuera à former la limite de la France et de l'Allemagne.

7° Dans le département du

1815.

banlieues, *hors des limites françaises.*

Tout le territoire sur la rive gauche de la Lauter, Y COMPRIS LA PLACE DE LANDAU, *fera partie de l'Allemagne.* Cependant la ville de Weissembourg, traversée par cette rivière, restera tout entière à la France, *avec un rayon sur la rive gauche,* N'EXCÉDANT PAS MILLE TOISES.

(Ainsi tout le pays qui, en 1792, appartenait à la France entre la Queich et la Lauter, et qui lui avait été conservé par le traité de 1814, lui est enlevé par celui de 1815.)

3° Pour établir une commu-

1814.

Léman, les frontières entre le territoire français, le pays de Vaud, et les différentes portions du territoire de la république de Genève (qui fera partie de la Suisse), *restent les mêmes qu'elles étaient avant l'incorporation de Genève à la France*. Mais *le canton de Frangy, celui de Saint-Julien* (à l'exception de la partie située au nord d'une ligne à tirer du point où la rivière de la Laire entre, près de Chancy, dans le territoire genevois, le long des confins de Seseguin, Lacouex, et Seseneuve (qui resteront hors des limites de la France), le *canton de Reignier* (à l'exception de la portion qui se trouve à l'est d'une ligne qui suit les confins de la Muraz, Bussy, Pers et Cornier, qui seront hors des limites françaises), *et le canton de La Roche* (à l'exception des endroits nommés La Roche et Armanoy, avec leurs districts), *resteront à la France*; la frontière suivra les limites de ces différents cantons et les lignes qui séparent les portions qui demeurent à la France de celles qu'elle ne conserve pas.

8° Dans le département du Mont-Blanc, la *France acquiert la sous-préfecture de* CHAMBÉRY (à l'exception des cantons de l'Hôpital, de Saint-Pierre d'Albigny, de la Rocette et de Montmélian), *et la sous-préfecture*

1815.

cation directe entre le canton de Genève et la Suisse, la partie du pays de Gex, bornée à l'est par le lac Léman, au midi par le territoire du canton de Genève, au nord par celui de Vaud, à l'ouest par celui de Versoix et par une ligne qui renferme les communes de Collex-Bossy et Meyrin, en laissant la commune de Ferney à la France, sera cédée à la confédération helvétique pour être réunie au canton de Genève. La ligne des douanes françaises sera placée à l'ouest du Jura, de manière que tout le pays de Gex se trouve hors de cette ligne.

Des frontières du canton de Genève jusqu'à la Méditerranée, la ligne de démarcation sera celle qui, en 1790, séparait la France de la Savoie et du comté de Nice.

1814.

d'ANNECY (à l'exception de la partie du canton de Faverge, Marlens du côté de la France, et Marthod et Ugine du côté opposé, et qui suit, après la crête des montagnes, jusqu'à la frontière du canton de Thones). C'est cette ligne qui, avec les limites des cantons mentionnés, formera de ce côté la nouvelle frontière.

Du côté des Pyrénées, les frontières restent telles qu'elles étaient entre les deux royaumes de France et d'Espagne à l'époque du 1er janvier 1792, et il sera de suite nommé une commission mixte de la part des deux couronnes, pour en fixer la démarcation finale.

La France renonce à tous droits de souveraineté, de suzeraineté et de possession sur tous les pays et districts, villes et endroits quelconques situés hors de la frontière ci-dessus désignée, *la principauté de* MONACO *étant toutefois replacée dans les rapports où elle se trouvait avant le* 1er *janvier* 1792.

Les cours alliées assurent à la France la possession de la principauté d'Avignon, du comtat Venaissin, du comté de Montbéliard, *et de toutes les enclaves qui ont appartenu à l'Allemagne, comprises dans la frontière ci-dessus indiquée,* QU'ELLES AIENT ÉTÉ INCORPORÉES À LA FRANCE

1815.

Les rapports que le traité de Paris de 1814 *avait établis entre la France et la principauté de* MONACO, *cesseront à perpétuité, et les mêmes rapports existeront entre cette principauté et S. M. le roi de Sardaigne.*

1814.	1815.
AVANT OU APRÈS LE 1ᵉʳ JANVIER 1792.	
Les puissances se réservent réciproquement la faculté entière de fortifier tel point de leurs états qu'ils jugeront convenable pour leur sûreté.	*Les fortifications* d'HUNINGUE *ayant été constamment un objet d'inquiétude pour la ville de Bâle, les hautes parties contractantes, pour donner à la confédération helvétique une nouvelle preuve de leur bienveillance et de leur sollicitude,* sont CONVENUES ENTRE ELLES DE FAIRE DÉMOLIR LES FORTIFICATIONS D'HUNINGUE; *et le gouvernement français s'engage, par le même motif, à ne les rétablir dans aucun temps, et à ne point les remplacer par d'autres fortifications à une distance moindre que trois lieues de la ville de Bâle.*

C'était au mois de novembre 1815 que la France était ainsi refoulée en-deçà de ses frontières par les mêmes puissances qui, le 9 juin précédent, c'est-à-dire cinq mois auparavant, avaient augmenté leur territoire : LA PRUSSE, par le grand-duché de Posen, le duché de Saxe, la Thuringe, les deux Lusaces, le comté de Henneberg, la ville et le territoire de Wetzlar, le duché de Westphalie, le grand-duché de Berg et les cinq seigneuries qui en dépendent, et une partie des départements de la Belgique.

L'acte du congrès faisait passer, *en toute souveraineté et propriété*, sous la domination de l'EMPEREUR D'AUTRICHE, tous les territoires et possessions tant sur la rive gauche du Rhin, dans les anciens départements de la Sarre et du Mont-Tonnerre, que dans les ci-devant départements de Fulde et de Francfort, ou enclavés dans les pays adjacents et mis à la disposition des puissances alliées par le traité de Paris du 30 mai 1814, et dont il n'avait pas encore été disposé; les parties de la terre ferme de l'État vénitien; les vallées de la Valteline, de Bormio, de Chiavenna, le territoire ayant formé la ci-devant république de Raguse, les présides de Toscane et la partie de l'île d'Elbe qui, avant 1802, avaient appartenu au roi de Naples ; la suzeraineté et souveraineté de Piombino : et donnait à sa majesté impériale le droit de mettre garnison dans les villes de Ferrare et de Commacchio, faisant partie de l'État de l'Église.

L'EMPEREUR DE RUSSIE prenait possession, *pour lui, ses héritiers et successeurs, à perpétuité,* du grand-duché de Varsovie, et ajoutait à ses autres titres celui de czar, roi de Pologne.

L'électorat de Brunswick était érigé en royaume, pour ajouter une couronne de plus sur la tête du ROI DE LA GRANDE-BRETAGNE, qui conservait toutes les acquisitions qu'elle s'était fait assurer par le traité de 1814.

La Bavière acquérait le duché de Wurtzbourg et la principauté d'Aschaffenbourg.

Le roi de Sardaigne, les états qui composaient la ci-devant république de Gênes, et le titre de duc de Gênes.

Le prince d'Orange-Nassau obtenait le titre de roi, le grand-duché de Luxembourg et la réunion des Provinces-Belgiques aux Provinces-Unies, pour former le royaume des Pays-Bas.

La Suisse, la Suisse elle-même obtenait la réunion à son système fédératif du Valais, de la principauté de Neufchâtel, du territoire et de la ville de Genève.

Deux rois furent dépouillés d'une partie de leurs états, celui de Saxe pour être resté le dernier fidèle à ses traités avec la France, et le roi de France pour avoir été forcé de fuir un moment devant les armes de Napoléon.

Page 164. Vaisseaux, armes, trésors, monuments des arts, richesses de l'industrie, la force ravit tout à la nation à laquelle on ne faisait pas la guerre.

Voici quelles furent les conventions souscrites par les généraux qui, au mois de juillet 1815, signèrent, au nom des puissances alliées, la capitulation de Paris :

Art. 11. « Les PROPRIÉTÉS PUBLIQUES, à l'exception de celles qui
« ont rapport à la guerre, *soit qu'elles appartiennent au gouverne-*
« *ment, soit qu'elles dépendent de l'autorité municipale,* SERONT RES-
« PECTÉES, et les puissances alliées n'interviendront en aucune ma-
« nière dans leur administration ou dans leur gestion. »

L'enlèvement des tableaux, statues, modèles, etc., apprit à la France et au monde ce que c'était, en langage des traités, que *le respect des propriétés publiques.*

Art. 12. « Seront également respectées LES PERSONNES et *les pro-« priétés particulières;* les habitants, et, en général, TOUS *les indi-« vidus qui se trouvent dans la capitale*, continueront à jouir de « leurs droits et libertés, *sans pouvoir être inquiétés ou recherchés en* « *rien* RELATIVEMENT AUX FONCTIONS QU'ILS OCCUPENT OU AURAIENT OC-« CUPÉES, *à leur conduite et à leur opinion politique*..............

« ....»

Art. 14. « La présente convention sera observée et servira de « règle, *jusqu'à la conclusion de la paix*, pour les rapports mutuels. »

Art. 15. « S'il survient des difficultés pour l'exécution de quel-« ques articles de la présente convention, *l'interprétation en sera* « *faite* EN FAVEUR DE L'ARMÉE FRANÇAISE et *de la ville de Paris.* »

La paix n'avait pas été conclue lorsque les musées furent mis au pillage, lorsque les chefs-d'œuvre des arts, *acquis par les traités solennels*, furent ravis par une violence brutale. On n'essaya pas même, par un article additionnel ou quelque convention spéciale, de donner à ce *sac du temple des arts* l'excuse d'une négociation préalable et d'une transaction diplomatique. Cette spoliation barbaresque eut alors, et a conservé depuis, tous les caractères du vol à main armée.

Indépendamment de l'accroissement de leur territoire, et de la diminution de celui de la France, les puissances alliées exigèrent, par l'art. 4 du traité du 20 novembre, une indemnité ou gratification pécuniaire de sept cents millions; et, par l'art. 5, que les places de Condé, Valenciennes, Bouchain, Cambray, le Quesnoy, Maubeuge, Landrecies, Avesne, Rocroy, Givet, Charlemont, Mézières, Sédan, Montmédy, Thionville, Longwy, Bitche, et la tête du fort Louis, fussent occupées par une armée de cent cinquante mille hommes, dont l'entretien restait à la charge de la France pendant trois années au moins. Nonobstant cette occupation, la force de la garnison des autres villes situées dans le territoire occupé par l'armée des alliés fut fixée par une convention particulière, et il fut interdit au roi de France de caserner plus de trois mille hommes de troupes françaises dans des places telles que Strasbourg, Lille et Metz.

LIVRE VII.

Page 185. Térée et Phalaris n'ont rien imaginé de plus cruel que les barques de Normann Cross, et les prisons flottantes connues sous le nom de pontons.

« *Hulks ought to be the punishment only for the most atrocious* « *crimes.* Les pontons ne devraient être que la punition des crimes « les plus atroces. »

C'est ainsi que s'exprime Howard dans son ouvrage sur les prisons, imprimé à Londres, après avoir dit que les puissances maritimes qui ont des pontons pour prison devraient à jamais bannir ce supplice digne de l'enfer, et qu'il voit avec plaisir que par-tout, même à Naples et à Messine, on vient de les supprimer pour les coupables condamnés aux fers, lesquels sont maintenant déposés, comme en France et en Espagne, dans des bagnes spacieux et sains, construits à terre.

« Les pontons ou vieux vaisseaux servant de prison de guerre, sont généralement des vaisseaux de soixante-quatorze. Les prisonniers occupent la batterie basse et le faux pont, dont on a retranché, à chaque extrémité, environ un quart d'étendue; la portion de la garnison qui n'est pas de service y couche avec les armes chargées; et la cloison qui les sépare est mailletée ou renforcée de grosses têtes de clous placées sans intervalles. De distance en distance, l'on a placé des meurtrières, par lesquelles peuvent passer des canons de fusil, à l'effet de tirer, si l'on veut, sur les prisonniers.

« Dans tout le pourtour du bâtiment, à un pied et demi au-dessus du niveau de l'eau, règne une galerie où sont placés des factionnaires aux extrémités des gaillards, sur les passavants, à chaque emplacement destiné aux prisonniers. Ce mélange de factionnaires, dont les consignes varient suivant les caprices ou la brutalité du commandant du ponton, a donné lieu à beaucoup d'assassinats : ils ont été d'autant plus fréquents, que l'arme de la marine, destinée au service et à la garde des vaisseaux, est, en Angleterre, généralement composée des plus misérables rebuts de la société, d'hommes coupables ou complices de quelque grand crime, auxquels le magistrat n'a laissé que l'alternative d'entrer soldats dans la marine ou d'être pendus.

« Les pontons, plus ou moins nombreux, suivant la quantité des prisonniers, étaient, en 1813, au nombre de neuf dans la rade de Chattam : ils étaient placés à des distances qui ne permettaient pas aux prisonniers de communiquer par la voix ou par signe, mais assez près pour se surveiller réciproquement les uns les autres. Les pontons sont amarrés par des chaînes, à chaque extrémité, au milieu de vases fétides et stagnantes que chaque marée découvre. L'air putride, humide et salin qu'on y respire suffirait, sans mauvais traitement ni mauvaise nourriture, pour altérer et détruire, en fort peu de temps, la santé la plus robuste. Beaucoup d'autres causes non moins funestes ont été réunies par les administrateurs de l'exploitation à laquelle les prisonniers de guerre sont livrés. *Ces causes et ce régime ont pour but la destruction des prisonniers.* On va voir en quoi consiste ce régime. Les dimensions ou la hauteur du faux pont du *Brunswick*, ponton à bord duquel j'ai été détenu, ne présentent exactement que quatre pieds dix pouces; en sorte que l'homme de la plus petite taille ne peut jamais s'y tenir debout. C'est un genre de supplice perpétuel qu'aucun de ces tyrans, qui ont déshonoré l'espèce humaine, n'avait encore imaginé contre les plus grands criminels. La plupart des hommes qui y ont été renfermés sont perclus et ne se relèveront plus. Les ouvertures pour donner de l'air consistent en quatorze hubleaux ou petites fenêtres percées à chaque côté, de dix-sept pouces carrés, sans vitres. *Les prisons de terre et de mer où les Français sont placés, en Angleterre, n'ont jamais de vitres, quoique la température y soit généralement humide et froide, quoique les hivers y soient très longs.* La chaleur produite par l'entassement des prisonniers est si grande, à la vérité, qu'on ne pouvait fermer les hubleaux que d'un côté à-la-fois, celui exposé au vent; et c'est ce qui se pratique avec de mauvaises guenilles. Ces ouvertures sont croisées par des grilles de fer fondu formant une seule masse; les barres sont épaisses de deux ou trois pouces, et les hubleaux se ferment tous les soirs par un mantelet en madrier. La même espèce, les mêmes précautions, sont employées pour la fermeture des sabords rétrécis de la batterie basse.

« Il résulte d'un tel état de lieux et de semblables précautions, que des hommes entassés par centaines dans les batteries et faux ponts hermétiquement fermés, en hiver pendant un espace d'au moins seize heures, tombent, pour la plupart, faibles et suffoqués par le défaut absolu d'air. Si l'on essaie alors d'obtenir qu'un des hubleaux soit ouvert, grace qui ne s'accorde qu'après de longues supplications, après avoir long-temps frappé au mantelet où l'on a porté l'homme mourant, afin de le faire respirer un instant, les voisins de l'ouverture, complètement nus, parcequ'il est impossible de résister autrement aux étouffements de cette chaleur concentrée, se trouvent saisis par le froid au milieu d'une transpiration abondante, et ils ne tardent pas à être attaqués de maladie inflammatoire : elle se porte sur les poumons, et menace successivement la vie de tous les prisonniers, des jeunes gens sur-tout. Cette maladie, au surplus, menace tout le monde, un peu plus tôt, un peu plus tard. *Un prisonnier qui a séjourné dans une prison fermée d'Angleterre pendant plus de trois années, ne saurait l'éviter, quelque précaution qu'il puisse prendre;* car partout; dans les prisons de terre, dans les prisons flottantes, l'encombrement est le même, *et partout cet encombrement est le fruit d'une atroce méditation, d'un calcul assassin.*

« Qu'on ne croie point qu'un sentiment de haine ou de vengeance me porte à altérer la vérité dans le tableau que je viens de présenter; il n'est malheureusement que trop vrai : *soixante mille Français, prisonniers de guerre, en ont été victimes et y ont succombé;* un pareil nombre à-peu-près est rentré. Qu'on interroge ce qui reste, car déjà beaucoup sont morts; ce sont des témoins irrécusables. (Le général Pillet a succombé lui-même à cette maladie, prise dans les prisons de la Grande-Bretagne, et donnée aux prisonniers français par le gouvernement anglais.)

« Les journaux d'Angleterre eux-mêmes nous ont appris qu'une société de médecins de Londres avait été consultée sur l'insalubrité des pontons. Ils avaient déclaré que des hommes qui auraient survécu pendant six années à cette espèce de prison, ne pourraient se promettre qu'un reste de vie faible et languissante. Dans tout autre ouvernement, une décision semblable aurait fait détruire ou du moins modifier l'établissement des pontons comme prison de guerre; en Angleterre, elle a été un motif pour les conserver : loin d'en diminuer le nombre, on l'a depuis augmenté chaque année.

« L'emplacement accordé à un prisonnier pour tendre son hamac est de six pieds anglais de long, sur quatorze pouces de large; mais ces six pieds se trouvent réduits à quatre et demi, parceque les mesures sont prises de manière à ce que les attaches des hamacs se trouvent rentrées les unes dans les autres; *la tête de chaque homme couché est*, par conséquent, *placée entre les jambes des deux hommes* qui sont au premier rang de batterie, s'il fait partie du second, dans l'ordre des numéros correspondants au sien, et ses pieds sont placés entre les deux têtes des hommes du troisième rang, dans le même ordre de numéros; et ainsi de suite, d'une extrémité de la batterie à l'autre. *La carrure d'un homme ordinaire est, d'un coude à l'autre, d'environ dix-huit pouces : on voit donc qu'on lui accorde, dans les pontons, beaucoup moins d'espace pour se poser que la mesure de son corps n'en doit remplir ou dépasser.*

« Mais comme il est physiquement impossible que des hommes occupent un moindre espace que celui de leur grosseur naturelle, on s'empile les uns au-dessus des autres. Pour cet effet, on attache le numéro pair ou impair environ dix-huit pouces plus bas que les deux numéros qui le précèdent et le suivent, et, de cette manière, on obtient un peu plus de largeur, sans diminuer cependant les dangers de l'encombrement pour la santé.

« La situation des prisonniers, réduits à un semblable état de gêne, est sans doute affreuse; mais le mal ne s'arrête pas là. Les pontons sont toujours au complet, c'est-à-dire remplis. Si de nouveaux prisonniers arrivent, on les jette dans les batteries, sans s'inquiéter de ce qu'ils deviendront, quoique les mesures d'emplacement soient déterminées et fixées au-dessous même de la nécessité physique. Alors commence pour les nouveaux venus un supplice impossible à décrire; ils ne trouvent pas de place pour suspendre leurs hamacs; ils se trouvent réduits à coucher sur la planche humide et nue. Ainsi, un prisonnier, quel que soit son rang, est forcé de rester dans cet état lorsqu'il arrive dans un ponton déjà plein. *L'agent auquel on adresse des officiers ne manque jamais de les envoyer, de préférence, aux pontons pleins*, et il choisit toujours les pontons les plus incommodes; il reste à l'officier prisonnier, suivant l'élévation de son grade, c'est-à-dire les moyens pécuniaires dont il peut disposer, la ressource d'acheter une place. C'est une misérable spéculation pour un pauvre prisonnier affamé : il consent à vendre sa place, afin de se procurer un peu plus de vivres pendant quelques jours; et, afin de ne pas mourir de faim, il accélère la destruction de sa santé, et se réduit, dans cette horrible situation, à coucher sur un plancher ruisselant d'eau, par l'évaporation des transpirations forcées qui ont lieu dans ce séjour d'angoisses et de mort.

« On a fait, à l'administration chargée des prisonniers de guerre, des représentations sans nombre sur ce barbare entassement d'hommes : elle a toujours répondu que l'amirauté n'accordait pas à ses matelots, dans ses vaisseaux, plus d'emplacement que l'espace fixé aux prisonniers dans les pontons. Cette réponse est aussi dérisoire que cruelle. En effet, dans un vaisseau qui est à la mer, la moitié des places est à peine occupée, parcequ'une moitié de l'équipage est toujours de service : chaque matelot a donc réellement vingt-huit pouces d'espace au lieu de quatorze. Sur la moitié de matelots qui n'est pas de service, il faut encore déduire, sous le rapport de l'emplacement, les maîtres, les contre-maîtres, les caliers, les voiliers, les cooks ou cuisiniers, les cambusiers, les charpentiers, les calfats; tous ces hommes ont été calculés, sur le rôle d'équipage, dans les quatorze pouces d'espace fixés pour chaque individu dans les batteries. Mais, pour être plus à portée des différentes choses confiées à leurs soins, et pour être, en même temps, plus à leur aise, ces matelots qui ont des fonctions particulières à remplir, tendent leurs hamacs dans les faux ponts, entre les soutes, dans la cale, dans la cambuse ou dans l'emplacement de la cuisine, et les gabiers restent presque toujours dans les hunes. Ainsi, dans un équipage de sept cent soixante-quinze hommes, chacune des deux batteries, haute et basse, ne contient jamais dans les emplacements mesurés, plus du tiers des hommes qu'elle doit contenir; et lorsque le vaisseau est dans les ports, la proportion d'hommes relative aux emplacements, ne va jamais à la moitié, parcequ'il n'y a plus qu'une petite partie de l'équipage qui soit de service.

« L'atroce administration anglaise des prisonniers de guerre ne dit point que l'air circule librement, la nuit et le jour, dans ses vaisseaux de guerre; que les matelots peuvent descendre ou monter à volonté; qu'un exercice continuel, une nourriture abondante et une quantité de liqueurs spiritueuses distribuées à chaque homme, entretiennent les forces de l'équipage, tandis que les prisonniers de guerre, victimes infortunées d'une barbarie et d'une cupidité égales, sont réduits à une nourriture insuffisante et de mauvaise qualité, et sont privés de l'usage de toute espèce de spiritueux, quoique ce tonique leur soit jugé nécessaire. On refuse aux prisonniers ces boissons spiritueuses, parcequ'un tel refus *entre dans le système de destruction de leur santé.* L'administration des prisonniers de guerre ne dit pas non plus qu'ils sont enfermés sous des verroux seize heures de suite pendant les nuits d'hiver, et qu'ils sont aussi hermétiquement fermés qu'une boîte parfaitement jointe sur laquelle on a rabattu son couvercle. Dans ce cachot d'éternelles douleurs, l'air est tellement chargé de vapeurs humides et délétères, que les chandelles s'en imprègnent au point de cesser de brûler : ces vapeurs, aspirées et exprimées tour-à-tour par des poumons en suppuration, portent bientôt ce même genre de mort dans les individus qui n'en étaient pas encore atteints ; elles sont si fétides, si épaisses, si chaudes, qu'on a vu quelquefois les gardiens crier au secours, à l'incendie, lorsqu'un des hubleaux, ouvert dans un de ces cas de nécessité dont nous avons parlé, portait jusqu'à eux les exhalaisons brûlantes qui s'échappaient de ces cachots infects. Les craintes, ou réelles ou simulées, des gardiens, ont été quelquefois portées si loin, qu'on se préparait à faire jouer les pompes dans les batteries, malgré les remontrances des prisonniers qui se voyaient menacés d'un nouveau fléau, celui de l'inondation à travers les grilles de leurs cachots.

« Ce système d'assassinat et de cruauté a été suivi dans les deux dernières guerres par le *transport-office*, qui a toujours à sa tête les mêmes hommes, avec un acharnement et une méthode qu'il serait presque impossible de croire. Dans la première guerre, TRENTE MILLE hommes sont morts d'inanition en cinq mois. J'ai vu à *Norman-Cross* un coin de terre où près de QUATRE MILLE hommes sur sept qui étaient dans cette prison, ont été enfouis. Les vivres étaient chers alors en Angleterre, et le gouvernement français, dit-on, avait refusé de payer un solde de compte dont on le prétendait redevable pour ses prisonniers.

« Pour acquitter ce solde, tous les prisonniers furent mis à la demi-ration ; et, pour être bien sûr qu'ils périraient, on défendit sévèrement l'introduction de vivres à vendre, comme cela était d'usage. Au défaut de quantité, on joignit la qualité détériorée et malfaisante des vivres qu'on distribuait. On donnait, quatre fois la semaine, du biscuit mangé des vers, du poisson, des viandes salées ; trois fois un pain noir, mal cuit, confectionné avec des farines gâtées ou du blé noir : on était saisi, aussitôt après l'avoir mangé, d'une espèce d'ivresse suivie d'un violent mal de tête, de fièvres, de diarrhée, avec rougeur au visage : beaucoup mouraient attaqués d'une sorte de vertige. On distribuait, pour légumes, des haricots qui ne cuisaient pas. Enfin des centaines d'hommes tombaient, chaque jour, morts de faim ou empoisonnés par la qualité des vivres. Ceux qui ne mouraient pas immédiatement devenaient graduellement si faibles qu'ils ne digéraient plus : et, ce qui est horrible à redire, *et pourtant de la plus exacte vérité*, c'est que des malheureux affamés, d'un tempérament un peu plus robuste, allaient chercher, dans les excréments de leurs camarades de souffrance, des haricots non digérés, et les mangeaient après les avoir soumis à un léger lavage. D'autres attendaient l'instant où, après avoir mangé, les estomacs affaiblis, qui ne pouvaient plus supporter aucune nourriture, rendaient ce qu'ils avaient pris, pour s'en nourrir à leur tour. La faim ne connaissait point de bornes. *On gardait des cadavres cinq ou six jours de suite sans les déclarer, pour obtenir leurs rations;* les voisins appelaient cela *vivre de son mort*. Le lord Cordower, colonel du régiment de Carmarthen, de garde à la prison de Dorchester, étant entré un jour dans l'intérieur avec son cheval qu'il attacha à une des barrières, en dix minutes son cheval fut dépecé et mangé. Lorsqu'il revint pour le reprendre, après quelques recherches, on l'informa du fait; il refusa de le croire, et dit qu'il n'y ajouterait foi que quand on lui ferait voir les débris de son cheval. Il fut facile de le satisfaire; on le conduisit où étaient la peau et les entrailles, et *un misérable affamé acheva de dévorer, en sa présence, la dernière pièce de viande crue*. Un énorme chien de boucher, ou plutôt tous les chiens qui entraient dans la prison, avaient le même sort.

« Une foule de témoins, parmi lesquels plusieurs officiers de la marine de Lorient et de Brest, peuvent attester la vérité de ces faits; c'est par eux que je me les suis fait répéter mille et mille fois, pour me former à l'habitude de les entendre et à la possibilité de les croire. » (*L'Angleterre vue à Londres et dans les provinces*, par M. le maréchal-de-camp Pillet, pages 372 à 390.)

Les prisonniers français ont généralement été traités avec peu d'humanité, sur-tout dans les premiers temps de la guerre de la révolution. Presque par-tout le fanatisme politique s'était uni au fanatisme religieux pour aggraver le poids de leurs fers. Mais les hommes les plus familiarisés avec l'histoire de la Grande-Bretagne, ceux qui ont le plus médité sur les cruelles combinaisons du cabinet de Saint-James et la barbarie du caractère anglais, repousseraient encore, comme une odieuse calomnie, le récit de tous les maux qu'ont éprouvés nos malheureux compatriotes dans les prisons d'Angleterre, si la vérité de ces récits n'avait pas été attestée par des milliers de témoins. J'ai consulté beaucoup de militaires de tous les âges, de tous les caractères, de tous les grades, et je déclare que les détails dans lesquels ils sont entrés sont plus horribles encore que ceux qu'on vient de lire.

Page 174. Montesquieu a reconnu dans le plus philosophique de ses ouvrages, dans les *Lettres persanes*, qu'il n'y a que deux sortes de guerres justes, etc.

L'un des immortels fondateurs de la liberté américaine, John Adams, a donné aux jeunes élèves de l'École militaire des états de l'Union une définition de la véritable gloire des armes qui mérite d'être conservée. « Mes jeunes concitoyens, leur a-t-il dit, je me
« réjouis d'avoir assez vécu pour voir un aussi bel assemblage de
« futurs défenseurs de notre patrie entrer dans la carrière de l'hon-
« neur sous les auspices du gouvernement national.

« Le désir de se distinguer est inné dans le cœur de l'homme. A
« toutes les époques et parmi tous les peuples éclairés ou non éclai-
« rés, on a excité, encouragé, loué cette passion chez les militaires
« plus que chez toute autre classe de la société. La gloire militaire
« est estimée la première et la plus grande de toutes les gloires.
« Comme votre profession est au moins aussi honorable que quel-
« que autre que ce soit dans la vie humaine, il est de votre devoir
« de considérer sérieusement ce que c'est que la gloire.

« Il n'y a pas de gloire réelle dans ce monde ni dans aucun autre,
« qui ne dérive de la sagesse et de la bienfaisance. Il ne peut y avoir
« de gloire solide parmi les hommes que celle dont les sources sont
« l'équité, l'humanité et la pratique de la prudence, de la modération,
« de la tempérance, de la justice et du courage. *Des batailles, des*
« *victoires et des conquêtes, hors de leur seul but justifiable, la jus-*
« *tice* ET LA PAIX, *ne sont pas de la gloire, mais le triomphe de la*
« *fraude et de l'usurpation*. Quelle fut la gloire d'Alexandre et de
« César ? un éclair semblable à ces flammes pâles, livides et hor-
« ribles dépeintes par Milton, et qui parfois éclairent subitement
« la vaste et sombre étendue des enfers.

« Qu'elle est différente la gloire de Washington et de ses fidèles

« compagnons ! Excités, non par l'ambition des conquêtes, ni par
« la soif des richesses, ni par l'aiguillon de la jalousie, de l'envie,
« de la malice ou de la vengeance, mais uniquement par l'amour ar-
« dent de leur patrie, et par la philanthropie la plus pure, ils per-
« sistèrent, avec une invincible constance, à défendre leur pays,
« ses lois fondamentales, ses droits naturels et ses *libertés inalié-*
« *nables*, contre la violence impie et féroce de la tyrannie et de
« l'usurpation.

« Vous lirez et vous méditerez jour et nuit la vie de ces immor-
« tels guerriers, et le récit de leurs grandes actions. Vous n'avez
« pas besoin d'ouvrir les annales de l'antiquité, ni de parcourir les
« pays étrangers, pour trouver des modèles parfaits des vertus qui
« doivent distinguer des chefs militaires, d'illustres capitaines, *dont*
« *l'honneur ne fut jamais souillé par la moindre tache d'ambition,*
« *d'avarice, de tyrannie, de cruauté, ni d'oppression envers leurs ci-*
« *toyens, ni même envers leurs ennemis.*

« Vous imiterez de si nobles exemples. Au milieu des transports
« de votre ardeur guerrière, le jour même d'une bataille, vous serez
« constamment tenus en respect par le sentiment intérieur de votre
« dignité comme citoyens américains et comme chrétiens.

« Je vous félicite des grands avantages qui vous sont offerts pour
« acquérir de la supériorité dans les lettres et dans les sciences,
« ainsi que dans la carrière des armes. Les talents que vous allez
« acquérir, vous devez les considérer comme un dépôt sacré dont
« vous êtes responsables envers votre pays. Ces talents, et les habi-
« tudes que vous allez contracter, vous rendront propres à suivre
« telle carrière que vous jugerez à propos de choisir.

« Pour ne pas vous fatiguer d'un trop long discours, permettez-
« moi de terminer en adressant à chacun de vous le langage d'un
« dictateur romain après un exploit brillant et périlleux, par le-
« quel il avait signalé son zèle pour le salut de la patrie : *Macte*
« *virtute esto.* »

LIVRE VIII.

Page 214. L'histoire n'a offert qu'une fois au monde, sous le règne des Antonins, l'alliance du pouvoir et de la liberté.

« Si j'avais à choisir entre toutes les formes de gouvernement dont on a des exemples dans la monarchie française, dit Sully, je proposerais *Clovis*, *Charlemagne*, *Philippe-Auguste* et *Charles-le-Sage*, et je voudrais qu'on détournât les yeux de tout le temps qui s'est écoulé depuis Charles VIII jusqu'à nous; et si j'avais un principe à établir, ce serait celui-ci : Les bonnes mœurs et les bonnes lois se forment réciproquement. » (*Mém.* tome V, page 292.)

« Les causes de la ruine et de l'affaiblissement des monarchies sont *les subsides outrés*, les monopoles, principalement sur le blé, le négligement du commerce, du trafic, du labourage, des arts et des métiers; le grand nombre de charges, les frais de ces offices, l'autorité excessive de ceux qui les exercent, et *l'iniquité de la justice;* l'oisiveté, la débauche et la corruption des mœurs; les guerres injustes et imprudentes; le despotisme des souverains, *leur attachement aveugle à certaines personnes, leur prévention en faveur de certaines conditions et de certaines professions;* la cupidité des ministres, des courtisans et des gens en faveur; le mépris et l'oubli des gens de lettres; la tolérance des méchantes coutumes et l'infraction des bonnes lois; l'attachement opiniâtre à des usages indifférents ou abusifs; la multiplicité des édits embarrassants et des règlements inutiles. » (*Mémoires de Sully*, tome V, pages 290 et 291.)

Page 215. Pour retarder sa défaite, que fait le despotisme? il cherche à tromper les hommes.

« Nous commandons vous et moi à des peuples si brouillons, disait *Charles-Quint* à *François I*[er], que si nous ne faisions quelque guerre par intervalles *pour les amuser* et amortir en eux cette impétuosité belliqueuse, nos propres sujets nous feraient la guerre à nous-mêmes, ce qui serait bien pis. » (*Voyez* BAYLE, à l'article *Charles-Quint*, et l'historien MATHIEU.)

Page 216. Dans presque toutes les monarchies il existe des familles avides et oppressives.

Quand je pense à la situation des princes, toujours entourés d'hommes avides et insatiables, je ne puis que les plaindre, et je les plains encore davantage lorsqu'ils n'ont pas la force de résister à des demandes toujours onéreuses à ceux qui ne demandent rien.

Je n'entends jamais parler de leurs libéralités, des graces et des pensions qu'ils accordent, que je ne me livre à mille réflexions : une foule d'idées se présentent à mon esprit; il me semble que j'entends publier cette ordonnance :

« Le courage infatigable de quelques-uns de nos sujets à nous
« demander des pensions ayant exercé sans relâche notre munifi-
« cence royale, nous avons enfin cédé à la multitude des requêtes
« qu'ils nous ont présentées, lesquelles ont fait jusqu'ici la plus
« grande sollicitude du trône. Ils nous ont représenté qu'ils n'ont
« jamais manqué, depuis notre avénement à la couronne, de
« se trouver à notre lever ; que nous les avons toujours vus,
« sur notre passage, immobiles comme des bornes, et qu'ils se
« sont extrêmement élevés pour regarder sur les épaules les plus
« hautes, notre sérénité. Nous avons même reçu plusieurs requêtes
« de la part de quelques personnes du beau sexe qui nous ont sup-
« plié de faire attention qu'il est notoire qu'elles sont d'un entretien
« très difficile : quelques unes même très surannées nous ont prié,
« en branlant la tête, de faire attention qu'elles ont fait l'ornement
« de la cour des rois nos prédécesseurs, et que si les généraux de
« leurs armées ont rendu l'état redoutable par leurs faits militaires,
« elles n'ont point rendu la cour moins célèbre par leurs intrigues.
« Ainsi, desirant traiter les suppliants avec bonté et leur accorder
« toutes leurs prières, nous ordonnons ce qui suit :

« Que tout laboureur ayant cinq enfants retranchera journelle-
« ment la cinquième partie du pain qu'il leur donne; enjoignons
« aux pères de famille de faire la diminution sur chacun d'eux aussi
« juste que faire se pourra.

« Défendons expressément à tous ceux qui s'appliquent à la
« culture de leurs héritages, ou qui les ont donnés à titre de

« ferme, d'y faire aucune réparation, de quelque espèce qu'elle soit.

« Ordonnons que toutes personnes qui s'exercent à des travaux
« vils et mécaniques, lesquelles n'ont jamais été au lever de notre
« majesté, n'achètent désormais d'habits à eux, à leurs femmes et à
« leurs enfants, que de quatre ans en quatre ans : leur interdisons
« en outre, très étroitement, ces petites réjouissances qu'ils avaient
« coutume de faire dans leur famille les principales fêtes de
« l'année.

« Et, d'autant que nous demeurons averti que la plupart des
« bourgeois de nos bonnes villes sont entièrement occupés à pour-
« voir à l'établissement de leurs filles, lesquelles ne sont rendues
« recommandables dans notre état que par une triste et ennuyeuse
« modestie, nous ordonnons qu'ils attendront à les marier, jusqu'à
« ce qu'ayant atteint l'âge limité par les ordonnances elles viennent
« à les y contraindre. Défendons à nos magistrats de pourvoir à
« l'éducation de leurs enfants » (MONTESQUIEU, *Lettres persanes*.)

Charondas, législateur de Thurium, publia une loi contre la fré-
quentation des méchants, persuadé que les vices sont contagieux
et que le spectacle de la corruption ternit et altère la vertu. Comment ne pas déplorer la triste destinée de ces hommes rois, empereurs ou sultans, qui naissent, vivent et meurent au milieu des
flatteries de la corruption des cours! Esclaves couronnés, ce qu'ils
croient commander leur a été dicté par des hommes qui, en apparence, ne sont que les dociles agents de leur pouvoir, mais qui,
dans la réalité, en sont les premiers moteurs. Les aversions, les préférences, les caprices, les intérêts, les désirs et les volontés des
derniers satellites d'un despote font sa loi, sa politique et sa destinée.
Le janissaire commande au sultan : il peut donner la mort, mais à
chaque instant il est exposé à la recevoir ; comme il l'ordonne sans
justice, sans formes, sans jugement ; comme il n'accorde à personne
le droit d'être entendu, ce droit lui est refusé; il ne peut mourir que
par un crime, et son destin est de rendre ce crime nécessaire.

Page 217. Dieu n'a point divisé la race humaine en nobles et en roturiers.

« Pour entrer dans la véritable connaissance de votre condition,
« dit Nicole à un duc, considérez-la dans cette image :

« Un homme fut jeté par la tempête dans une île inconnue dont

« les habitants étaient en peine de trouver leur roi qui s'était perdu
« Comme il avait, par hasard, beaucoup de ressemblance de corps
« et de visage avec ce roi, il fut pris pour lui, et reconnu en cette
« qualité par tout ce peuple. D'abord il ne savait quel parti prendre ;
« mais il se résolut enfin de se prêter à sa bonne fortune ; il reçut donc
« tous les respects qu'on lui voulut rendre, et il se laissa traiter de roi.

« Mais comme il ne pouvait oublier sa condition naturelle, il son-
« geait, en même temps qu'il recevait ces respects, qu'il n'était pas
« le roi que ce peuple cherchait, et que ce royaume ne lui appar-
« tenait pas. Ainsi il avait une double pensée : l'une par laquelle
« il agissait en roi, et l'autre par laquelle il reconnaissait son état
« véritable, et que ce n'était que le hasard qui l'avait mis en la place
« où il était : il cachait cette dernière pensée, et il découvrait l'autre.
« C'était par la première qu'il traitait avec le peuple, et par la der-
« nière qu'il traitait avec lui-même.

« Ne vous imaginez pas que ce soit par un moindre hasard que
« vous possédez les richesses dont vous vous trouvez maître, que celui
« par lequel cet homme se trouvait roi. *Vous n'y avez aucun droit de
« vous-même et par votre nature*, non plus que lui. Et non seulement
« vous ne vous trouvez fils d'un duc, mais vous ne vous trouvez au
« monde que par une infinité de hasards. Votre naissance dépend
« d'un mariage, ou plutôt de tous les mariages de ceux dont vous
« descendez. Mais d'où dépendent ces mariages? d'une visite faite par
« rencontre, d'un discours en l'air, de mille occasions imprévues.

« Vous tenez, dites-vous, vos richesses de vos ancêtres ; mais
« n'est-ce pas par mille hasards que vos ancêtres les ont acquises
« et qu'ils vous les ont conservées ? Mille autres, aussi habiles
« qu'eux, ou n'en ont pu acquérir, ou les ont perdues après les
« avoir acquises. Vous imaginez-vous aussi que ce soit par quel-
« que loi naturelle que ces biens ont passé de vos ancêtres à vous?
« cela n'est pas véritable. Cet ordre n'est fondé que sur la seule
« volonté des législateurs, qui ont pu avoir de bonnes raisons pour
« l'établir, mais dont aucune certainement n'est prise d'un droit
« naturel que vous ayez sur ces choses. S'il leur avait plu d'ordonner
« que ces biens, après avoir été possédés par les pères durant leur
« vie, retourneraient à la république après leur mort, vous n'auriez
« aucun sujet de vous en plaindre.

« Ainsi, tout le titre avec lequel vous possédez votre bien n'est
« pas un titre fondé sur la nature, mais sur un établissement hu-

« main. Un autre tour d'imagination dans ceux qui ont fait les lois,
« vous aurait rendu pauvre, et ce n'est que cette rencontre du
« hasard qui vous a fait naître, avec la fantaisie des lois qui s'est
« trouvée favorable à votre égard, qui vous met en possession de
« tous ces biens. » (NICOLE, *Essais de morale*, tome II, premier
« discours.)

Page 226. Il y a vice ou crime là où ce qui devrait être avoué devient secret et mystérieux.

Voici un échantillon de ces mesures qui se méditent en secret, et doivent s'exécuter dans l'ombre. Elle fut prise par le plus mystérieux des gouvernements, celui de Venise. Le 23 juin 1543, les inquisiteurs d'état rédigèrent pour eux et leurs successeurs un statut dont je transcris ici les principales dispositions :

Art. 8. Si les observateurs placés chez un ambassadeur ne parviennent pas à pénétrer les secrets, on donnera à quelque bauni vénitien l'ordre de tâcher d'être reçu dans le palais de ce ministre, sous prétexte de profiter du droit d'asile. Des mesures seront prises pour qu'il ne soit point inquiété, et la cessation de son ban ou d'autres récompenses proportionnées à sa condition seront le prix de ses découvertes.

Art. 10. Le tribunal s'assemblera le lendemain du jour que le grand conseil aura tenu une séance. Là on examinera la liste de tous ceux qui auront été élus à des charges qui donnent entrée au sénat. Leur réputation, leur fortune, leurs habitudes, seront le sujet de cet examen ; et si quelqu'un des élus paraît mériter quelque suspicion, deux observateurs, toujours à l'insu l'un de l'autre, lui seront attachés pour suivre tous ses pas, toutes ses actions, et en rendre compte. Si cette surveillance ne procure aucun renseignement, on lui détachera quelque personne avisée pour lui parler des affaires du temps mystérieusement pendant la nuit, et l'engager, sous l'appât d'une récompense considérable, à découvrir certain secret du gouvernement à un ministre étranger ; et si après cette épreuve, même après y avoir résisté, le patricien ne vient pas sur-le-champ rendre compte au tribunal des propositions qui lui auront été faites, il sera inscrit sur un registre intitulé *registre des suspects*, et soigneusement surveillé par nous et nos successeurs.

Art. 11. Si, au contraire, le patricien mis à l'épreuve se montre disposé à faire au ministre étranger les communications demandées, on le surveillera encore avec plus de soin; et s'il lui survient quelque affaire en justice, on fera trainer l'affaire en longueur de manière qu'elle ne soit terminée qu'après l'expiration des fonctions qui donneraient à ce noble l'entrée au sénat.

Art. 12. On se procurera quelque intelligence dans la maison de chaque ambassadeur, en tâchant de gagner quelque secrétaire à qui on offrirait une centaine d'écus par mois, seulement pour révéler les communications que quelque noble vénitien pourrait avoir avec le ministre. On fera faire ces ouvertures par *quelque moine ou par quelque juif: ces sortes de gens s'introduisent par-tout.*

Art. 20. Les observateurs, pris dans l'ordre de la noblesse, seront spécialement chargés de rendre compte de tout ce qui aura été dit par les patriciens au *Broglio*, sur-tout le matin de bonne heure, parcequ'on y parle plus librement à cause du plus petit nombre des personnes qui s'y trouvent. Ces observateurs feront un rapport par semaine, sans préjudice des rapports extraordinaires, lorsqu'ils auront quelque circonstance importante à révéler.

Art. 21. On observera la même méthode pour les agents pris dans la classe des citadins ou parmi les populaires, et il leur sera spécialement enjoint de donner avis des moindres réunions ou conventicules qui pourraient avoir lieu entre des personnes quelconques, cet objet étant le plus essentiel de tous pour la sûreté de l'état.

Art. 22. Tous les deux mois, le tribunal se fera apporter la boîte du courrier de Rome, et *les lettres en seront ouvertes* pour prendre connaissance des correspondances que les papalistes pourraient avoir avec cette cour.

Art. 25. Le tribunal autorisera les généraux commandant à Chypre ou en Candie, au cas qu'il y eût dans le pays quelque patricien ou quelque autre personnage influent, dont la conduite fît desirer qu'il ne restât pas en vie, à la lui faire ôter secrètement, si, dans leur *conscience*, ils jugent cette mesure indispensable, et *sauf à en répondre devant Dieu.*

Art. 26. Si quelque ouvrier transporte en pays étranger un art au détriment de la république, il lui sera envoyé ordre de revenir. S'il n'obéit pas, *on mettra en prison les personnes qui lui appartiennent de plus près*, afin de le déterminer à l'obéissance par l'intérêt qu'il leur porte. S'il revient on lui pardonnera le passé, et on lui procurera un établissement à Venise Si, malgré l'emprisonnement de ses parents, il persiste à vouloir demeurer chez l'étranger, *on prendra des mesures pour le faire tuer* où il se trouvera, et après sa mort ses parents seront mis en liberté. Tous les ambassadeurs, résidents ou consuls en pays étranger, seront tenus de donner avis au tribunal de toutes les nouveautés qui pourraient être préjudiciables à la république.

Art. 29. quand quelque banni, ou homme poursuivi par la justice, se réfugiera dans le palais d'un ambassadeur, si le délit n'est qu'un délit ordinaire, on pourra faire semblant d'ignorer où est le coupable, pourvu qu'il ne se montre pas; mais s'il s'agit d'un crime d'état, d'un vol de deniers publics, ou de quelque action atroce, on emploiera tous les moyens pour l'arrêter, et, si enfin on ne peut y parvenir, *on le fera assassiner.*

Art. 30. Si, pour quelque délit que ce soit, grave ou léger, un patricien cherchait un asile dans le palais d'un ministre étranger, *on aura soin de l'y faire tuer sans retard.*

Art. 32. Si un patricien non banni entrait au service d'un prince étranger, à moins d'être prêtre ou religieux, domicilié à Rome, il sera sur-le-champ rappelé, sous peine d'encourir la disgrace du gouvernement. S'il refuse de venir, *ses plus proches parents seront incarcérés.* Deux mois après on *avisera au moyen de le faire tuer par-tout où il pourra se trouver,* et, si cela est impossible, il sera dégradé de noblesse par décret du conseil des dix, après quoi ses proches seront mis en liberté.

Art. 35. Lorsque quelque noble, haranguant dans le sénat ou dans le grand conseil, s'écartera de l'objet de la discussion, et entamera des questions qui peuvent porter préjudice à l'intérêt public, l'un des chefs du conseil des dix lui ôtera à l'instant la parole. S'il se met à discuter sur l'autorité du conseil des dix, et à vouloir lui porter atteinte, on le laissera parler sans l'interrompre, ensuite il sera immédiatement *arrêté;* on lui fera son procès pour le faire juger conformément au délit, et, si on ne peut y parvenir par ce moyen, *on le fera mettre à mort secrètement.*

Art. 39. Le noble mécontent qui parlerait mal du gouvernement sera appelé et averti deux fois d'être plus circonspect. A la troisième, on lui défendra de se montrer de deux ans dans les conseils et dans les lieux publics. S'il n'obéit pas, s'il n'observe pas une retraite rigoureuse, ou si après les deux ans il commet de nouvelles indiscrétions, *on le fera noyer comme incorrigible.*

Art. 46 Toutes les fois qu'il s'agira de *faire arrêter ou tuer* un banni, on ne pourra promettre à celui qui s'en chargera la grace d'un banni pour crime d'état, à moins que celui dont il s'agira ne soit criminel d'état lui-même.

Art. 47. Un banni pour crime d'état qui voudra obtenir sa grace, ne pourra l'obtenir que du tribunal et par des services rendus au tribunal, c'est-à-dire *pour des révélations sur des affaires d'état*, ou par l'arrestation ou par la mort d'un autre criminel d'état. Alors les inquisiteurs jugeront si le banni arrêté *ou tué* était d'une importance supérieure a celle du banni qui aura fait le meurtre ou l'arrestation. Si le mort était un personnage plus important, on pourra prononcer la grace de celui qui aura apporté sa tête. Dans le cas contraire, on verra ce qu'il peut être à propos d'ordonner, et, si on n'accorde pas la grace, on remettra quelque récompense à celui que le meurtrier aura désigné. (DARU, *Histoire de Venise*.)

Page 228. Ce n'est pas la pratique des bons princes d'employer des espions; ce fut celle de Tibère.

En l'année 777 de Rome, on vit paraître devant le sénat deux hommes du nom de *Vibius Serenus*, l'un arraché de l'exil, couvert de haillons, courbé par l'age et le malheur, marchant avec peine et sous le poids d'une accusation capitale: c'était le père. L'autre, dans la fleur de l'âge et de la santé, le visage riant, toute sa personne annonçant le contentement et l'opulence: c'était le fils, c'était aussi l'accusateur. Il avait dénoncé son père comme ayant tendu des embûches au prince, et pratiqué des menées pour soulever les Gaules, faisant lui seul dans cette horrible affaire l'office d'espion, de délateur et de témoin. Le père, agitant violemment les fers dont il était chargé, invoquait les dieux, redemandait son exil ou plutôt la mort, afin d'être délivré de l'horreur de vivre avec des hommes si pervers et dans des temps si exécrables. Les esclaves du vieux *Serenus* furent mis à la question; mais ils ne déposèrent que contre son parricide fils, ce qui n'empêcha pas Tibère de demander et de faire accorder à ce monstre les récompenses promises aux délateurs.

Romanus Ipson s'engagea le premier à Rome dans cette carrière qui devint si célèbre par la perversité des hommes et les misères publiques. Pauvre, inconnu, il parvint, par un espionnage secret, et s'accommodant peu-à-peu à la cruauté du prince, à mettre en péril la vie des plus grands personnages et des plus vertueux citoyens, acquérant la faveur d'un seul et la haine de tous. Il donna cet exemple funeste, suivi depuis par tant d'autres (qui de pauvres sont devenus riches, et de méprisés redoutables), de chercher son bien dans la ruine d'autrui. (TACITE, *Ann.*)

LIVRE X.

Page 297. C'est particulièrement à ces époques terribles où les états ébranlés, etc.

Voici comment Cucco, historien de la révolution napolitaine de 1799, rend compte des évènements qui suivirent dans ce pays la chute de la république :

« Après le départ de Méjan, on vit se développer toute l'horreur du destin qui menaçait la république.

« Il fut érigé dans la capitale, sous le nom de *junte*, un tribunal d'inquisition d'état; mais déjà, depuis un mois, un certain *Speziale*, envoyé expressément de Sicile, avait ouvert une boucherie de chair humaine dans Procida, où il commença par condamner à mort un tailleur, parcequ'il avait fait les habits républicains des officiers municipaux, et un notaire qui, tout le temps de la république, n'avait occupé aucun emploi et était demeuré dans une parfaite indifférence. « C'est un fourbe, disait *Speziale*, il est bon qu'il meure. » *Spano*, *Schipani*, *Battistessa* furent également condamnés. Ce dernier n'était pas mort au gibet, après y être resté suspendu durant vingt-quatre heures; lorsqu'on le porta à l'église, pour l'ensevelir, il donna quelques faibles signes de vie; on courut demander à *Speziale* ce qu'il fallait faire : *Tuez-le*, fut sa réponse.

« Mais la junte qu'on avait érigée à Naples se trouvait par hasard composée d'hommes de bien qui aimaient la justice et qui avaient horreur du sang. Ils osèrent dire au roi qu'il était juste et utile que la capitulation fût observée; juste, parceque si, avant la capitulation, on pouvait ne pas y consentir, après l'avoir signée il ne restait d'autre parti que de l'exécuter; utile, parcequ'il est toujours dangereux d'accoutumer les peuples à se méfier de la parole des rois.

« Ce fut alors qu'Acton dit que si la capitulation restait sans exécution, on pouvait du moins attendre les effets de la clémence royale. C'est une vieille maxime du pouvoir en péril de promettre plus qu'on ne demande, pour se dispenser de tenir ce qu'il a promis. Il faut rendre justice à Paul Ier; il reconnut combien il importait que les peuples prêtassent foi à la parole des souverains; le cabinet russe insista toujours pour le maintien de la capitulation. Le plus grand nombre des officiers de la flotte anglaise comprirent aussi combien la violation du traité allait jeter de discrédit et de honte sur la foi britannique, puisque leur amiral était le véritable, l'unique auteur d'une telle violation du droit des gens.

« La junte cependant rappelait au gouvernement les lois de la justice, et, invitée à former des catégories des trente mille personnes arrêtées (car il n'y en avait pas moins dans toutes les prisons du royaume), elle dit qu'on devait mettre en liberté, comme innocents, tous ceux qui n'étaient accusés que pour des faits postérieurs à l'entrée des Français dans le royaume. La révolution ne pouvait s'appeler rébellion; les républicains n'étaient point rebelles, et le roi ne pouvait imputer à délit des actions commises pendant le temps qu'il avait cessé d'exercer la puissance souveraine dans le royaume. Vouloir établir la maxime contraire, prétendre qu'un peuple, après la conquête, conserve ses anciennes affections, et ses anciennes idées, c'est vouloir fomenter l'insubordination, éterniser la guerre civile, la défiance mutuelle, entre les gouvernements et les peuples; c'est détruire toute morale publique et privée. Si le gouvernement de Naples était demeuré vainqueur dans la guerre contre la France, si au lieu de le perdre il avait conquis un royaume, eût-il loué dans ses nouveaux sujets cette résistance opiniâtre, cet attachement invincible aux anciennes maximes et à l'ancien ordre de choses qu'il reprochait aux siens de ne lui avoir pas conservés? N'eût-il pas au contraire puni comme rebelle quiconque lui aurait trop ouvertement refusé soumission et obéissance, et montré à découvert son inclination pour l'ancien souverain?

« Les principes de la junte étaient ceux de la raison, mais non pas ceux de la cour. Dans celle-ci, les avis étaient partagés; on dit que la reine s'était opposée à ce qu'on traitât avec les républicains, mais que la capitulation ayant été signée elle voulait qu'elle fût observée. En effet, il était inutile de se couvrir d'opprobre pour perdre deux ou trois cents malheureux.

« Ruffo, auteur de la capitulation, voulait la maintenir, ce qui la mit en défaveur auprès de ceux qui conseillaient de la violer

« Nelson, l'unique auteur de l'infraction du traité, ce même Nelson qui avait conduit le roi en Sicile, le reconduisit dans Naples, mais toujours son prisonnier, et jamais, soit en partant, soit en revenant, il ne se montra soigneux de la gloire de ce prince. A son départ, il le déroba aux témoignages d'affection que lui donnait le peuple, tant qu'il put apercevoir les vaisseaux qui portaient le monarque et sa famille. A son retour, il approcha assez près du rivage et conserva assez long-temps le roi sur son bord pour qu'il pût être spectateur des massacres et des dévastations auxquels sa capitale était livrée ; il ne lui permit d'annoncer de pardon qu'aux lazzaroni qui avaient pillé son propre palais. Tous les malheureux que le peuple arrêtait venaient meurtris, couverts de poussière et de sang, exhaler à ses yeux leur dernier soupir. Était-ce dans de telles circonstances, dans un tel lieu, que le roi devait être donné en spectacle à ses sujets? Les vaisseaux mêmes qui entouraient le sien étaient remplis de malheureux expirants faute de nourriture, et à qui personne, au milieu des ardeurs de la canicule, ne songea même à envoyer un peu d'eau. Le cruel Nelson n'épargna pas au monarque l'horreur de voir ses sujets enchaînés sur le vaisseau même qu'il montait.

« La cour se lassa bientôt des soins importuns que prenait la junte pour reconnaître et sauver les innocents. Les magistrats honnêtes qui s'y trouvaient en furent écartés; il ne resta que *Fiose*, qui, des fonctions judiciaires les plus obscures, était parvenu à la charge d'auditeur de la province de Catanzaro, d'où il avait été obligé de fuir au temps de la république, et entré à Naples comme Marius dans Rome, respirant les massacres et la vengeance; *Guidobaldi* revint aussi, amenant avec lui, comme en triomphe, la cohorte des espions et des délateurs qui l'avaient suivi en Sicile. On leur adjoignit *Antoine de Rossa* et trois Siciliens, *Damiani*, *Sambuli*, et le plus scélérat de tous, *Speziale*.

« La première opération de *Guidobaldi* fut de traiter avec le bourreau. D'après le nombre immense des malheureux qu'il voulait faire pendre, il lui paraissait que la rétribution de six ducats pour chaque exécution, accordée au bourreau par les anciennes ordonnances, allait lui procurer un bénéfice exorbitant. Il crut faire une opération financière, en proposant d'allouer un traitement fixe, du moins pendant une année, à l'exécuteur des hautes-œuvres.

« L'histoire nous offre mille exemples de royaumes perdus et recouvrés ensuite par la force des armes; mais on n'en retrouve aucun où la soif du sang et la fureur des vengeances aient eu ce degré de barbarie.

« Un autre roi de Naples, Ferdinand Ier d'Aragon, capitula également avec une partie de ses sujets, et ensuite, les ayant attirés sous des apparences amicales, il en fit massacrer un grand nombre; mais les alliés de ce prince réclamèrent hautement l'exécution d'un traité dont ils s'étaient rendus garants, et l'historien Camille Porzio attribue à ce crime les malheurs qui, peu après, amenèrent la chute de la maison d'Aragon et son expulsion du trône de Naples.

« La vraie gloire d'un vainqueur est d'être clément : exterminer ses ennemis par la seule raison qu'on est le plus fort, est plus périlleux encore que facile; se complaire dans le sang, savourer goutte à goutte le calice de la vengeance, la prolonger au-delà du péril et du moment de la colère, surpasser la férocité du peuple et même les terreurs des vaincus, revêtir la vengeance des formes sacrées de la justice, c'est exciter dans le cœur des hommes une indignation trop violente, pour qu'elle ne produise pas tôt ou tard de terribles explosions.

« On connut finalement la loi de lèse-majesté qui devait servir de règle à la junte dans ses jugements : loi terrible, publiée après les faits, et dont les innocents eux-mêmes ne pouvaient se garantir. Cette loi, d'après laquelle on a jugé près de trente mille individus, n'ayant jamais été publiée, j'en ai recueilli les principaux articles.

» 1° Sont déclarés criminels de lèse-majesté au premier chef (et « par conséquent dignes de mort) tous ceux qui ont occupé les « principaux emplois de la soi-disant république. » Par les principaux emplois on entendait ceux de la représentation nationale, du directoire exécutif, des commandements dans l'armée, et de la haute commission militaire. On regardait également comme coupables tous ceux qui avaient conspiré avant l'arrivée des Français; sous ce nom étaient compris les patriotes qui avaient occupé le fort Saint-Elme, et tous ceux qui étaient allés à la rencontre des Français dans Capoue et dans Caserte, quoique la cession de Capoue eût été faite par l'autorité légitime, et quoique, entre les privilèges de la ville de Naples reconnus par le roi, soit celui-ci : *L'ennemi* arrivé à Capoue, *les habitants de la capitale peuvent, sans être accusés de rebellion, prendre le parti qu'ils jugeront convenable, et même appeler l'ennemi.* L'occupation de Capoue, et de toutes les provinces du royaume au septentrion de la ligne de démarcation, ayant été consentie par le gouvernement légitime, un nombre infini de personnes qui demeuraient dans la capitale, mais qui avaient des propriétés dans ces provinces, se trouvaient sous la domination française. Après la reddition de Capoue, toute autorité légitime avait cessé dans Naples ; aucun général, aucune force publique autour de laquelle on pût se rallier, n'existait au nom du roi, et, tout étant dans l'anarchie, il devait être permis à chacun de sauver, comme il le pouvait, ses biens et sa propre vie. Cependant, au mépris de ces considerations, tous ceux qui, dans les deux anarchies, avaient fait feu sur le peuple par les fenêtres, furent déclarés coupables, c'est-à-dire tous ceux qui avaient repoussé la force par la force, et empêché des scélérats attroupés et armés de brûler leurs maisons et d'égorger leurs familles.

« 2° Tous ceux qui s'étaient battus contre les troupes du roi com-
« mandées par le cardinal Ruffo. » Cet article ordonnait la mort de vingt mille personnes au moins, entre lesquelles étaient toutes celles qui se trouvaient réfugiées à Saint-Elme, qui, lors même qu'elles en auraient eu la volonté, n'auraient pas pu se séparer des Français.

« 3° Tous ceux qui avaient assisté à la plantation de l'arbre de
« la place du Saint-Esprit (parcequ'en cette occasion la statue de
« Charles III avait été renversée), ou qui s'étaient trouvés à la fête
« nationale dans laquelle on déchira les bannières royales et an-
« glaises prises aux insurgés. »

« 4° Tous ceux qui, durant le temps de la république, avaient,
« ou en parlant, ou en écrivant, offensé le roi ou son auguste fa-
« mille. » L'ancienne loi du royaume exemptait de la peine de mort quiconque n'avait tenu que des propos; elle disait : *Si ces propos ont été tenus par légèreté, ils doivent être dédaignés; si c'est par folie, il faut en plaindre les auteurs; si c'est avec raison, on doit leur en être obligé; et si c'est par malignité, la clémence royale veut qu'ils soient pardonnés.* Mais la loi nouvelle condamnait à mort tous ceux qui avaient parlé ou écrit à une époque où personne peut-être ne pouvait rendre raison de ce qu'il avait fait. On vit alors qu'il ne suffisait pas de ne point avoir désobéi à la loi pour être en sûreté.

« 5° Ceux qui avaient manifestement témoigné leur adhésion « à « l'établissement de la soi-disant république. » Tous étaient compris dans ce dernier article ; ce fut en vertu de cet article que la malheureuse San-Felice fut condamnée à mort. Elle n'avait commis d'autre crime que d'avoir révélé au gouvernement la conjuration de Bacher lorsqu'elle était sur le point d'éclater. La San-Felice n'avait eu aucune part ni à la révolution ni au gouvernement. Cette action fut inspirée par la plus pure vertu ; elle ne put résister à l'idée du massacre, de l'incendie et de la ruine totale de Naples, que les conjurés avaient projetée. Cette généreuse humanité, indépendante de toute opinion de gouvernement et de tout esprit de parti, lui coûta la vie ; la cruauté fut poussée jusqu'au point de la faire entrer trois fois dans la chapelle ardente, au mépris de l'usage du royaume qui veut que quiconque a enduré une fois cette agonie reçoive sa grace. N'a-t-il pas en effet souffert la mort celui qui pendant vingt-quatre heures l'a vue inévitable et imminente ? et néanmoins, violant toutes les lois de la pitié, tous les usages du royaume, l'infortunée San-Felice, après un an, fut conduite au lieu de son supplice et décapitée.

« 6° Ceux qui étaient inscrits à la salle patriotique, puisque de « leurs propres mains ils avaient souscrit à leur sentence de mort. »

« On ne comprend pas pourquoi une réunion patriotique est un délit. Sans doute, sous une monarchie, une telle réunion peut être considérée comme révolutionnaire, mais sous un gouvernement démocratique c'est une action indifférente ; cependant, par un effet de sa clémence naturelle, le roi se contenta de faire condamner ceux qui avaient prêté le serment à un exil perpétuel, et les autres à un exil de quinze années.

7° « Enfin ceux dont tout le crime consistait à n'avoir rempli que « des emplois subalternes furent réservés au pardon que sa majesté « se proposait d'accorder ; » et, en attendant ce pardon généreux, des hommes qui n'étaient coupables d'aucun crime languirent encore pendant une année dans les prisons. *Mon fils est innocent!* disait une malheureuse mère à Speziale *Eh bien!* répondit-il, *s'il est innocent, il aura l'honneur de sortir le dernier.*

« L'exécution de cette loi épouvanta jusqu'aux bourreaux de la junte. Elle aurait fait soulever le peuple ; sa cruauté même rendit la circonspection indispensable. Les listes de proscrits vinrent de Palerme ; mais la loi resta, afin qu'on pût imputer des crimes à ceux qu'on voudrait perdre, et laisser le glaive suspendu sur toutes les têtes. Les sentences étaient prononcées avant le jugement ; quiconque était destiné à la mort devait mourir, alors même que ce prétendu coupable se trouvait dans un âge où les lois ordinaires ne permettent pas de mettre un homme en jugement.

« On employait tous les moyens pour rechercher le crime ; on n'en admettait aucun pour défendre l'innocence. Nuls témoins n'étaient reçus à déposer en faveur de l'accusé. On les écartait, on les menaçait, on les intimidait, quelquefois même ils étaient envoyés en prison. Cependant le temps s'écoulait, et les accusés restaient sans défense : ni la faiblesse du sexe, ni la débilité de la vieillesse ne pouvaient sauver de la mort. On a vu condamner au dernier supplice des jeunes gens de seize ans, juger et exiler des enfants de douze. Non seulement les moyens de la défense étaient ôtés, mais tous les sentiments d'humanité étaient étouffés. Si la junte a été quelquefois contrainte d'absoudre malgré elle un accusé par l'évidence invincible de son innocence, elle a reçu des réprimandes de Palerme pour un tel acte de justice, et a vu condamner arbitrairement ceux qu'elle avait absous ou condamnés à des peines plus légères. On ne trouva rien dans le procès de *Muscari* qui pût le faire condamner ; mais il avait montré trop de zèle pour la république, et l'on voulait sa mort. La junte reçut, dit-on, l'ordre de suspendre la sentence d'absolution, et de ne pas juger le procès jusqu'à ce qu'on eût trouvé un motif de condamnation ; il est facile de deviner qu'au bout de deux mois ce motif se trouva. *Pirelli*, un des meilleurs citoyens et des plus illustres magistrats du royaume, fut absous par la junte ; mais il fut condamné, par un décret venu de Palerme, à un exil perpétuel. Michel-Ange *Novi* avait été condamné à l'exil ; déjà la sentence s'exécutait ; il était embarqué sur le vaisseau qui devait le jeter loin de sa patrie ; mais il survient un ordre de Palerme, et *Novi* va terminer sa carrière dans les cachots infects de la Famignana.

« Grégoire *Mancini* avait été jugé et condamné à quinze ans d'exil ; il prenait déjà congé de sa femme et de ses enfants : Speziale l'appelle et le fait conduire, où ? à la mort. On a dit que les lois condamnaient, et que les rois faisaient grâce : à Naples on absolvait au nom des lois, et l'on condamnait au nom du roi.

« Speziale, auquel était particulièrement remise la poursuite des personnes qu'on voulait perdre, n'épargnait ni les menaces, ni les suggestions, ni les artifices, pour servir la vengeance de la cour

Nicolas *Fiani*, son vieil ami, était voué à la mort, mais il n'y avait à lui opposer ni témoins ni aveux. Speziale se rappelle leur ancienne amitié; il fait sortir le malheureux Fiani du cachot où il languissait dans les fers, et le fait conduire, non dans le lieu des séances de la junte, mais dans sa propre demeure. En le voyant il verse des larmes, il l'embrasse. *Pauvre ami, en quel état te vois-je réduit! je suis las de faire le métier de bourreau. Je veux te sauver. Tu ne parles pas à présent à ton juge, tu es avec ton ami; mais pour te sauver il est nécessaire que tu me dises de quoi tu te reconnais coupable. Voilà quelles sont les accusations portées contre toi. Devant la junte tu as fait sagement de nier; mais ce que tu me diras, la junte ne le saura pas* Les malheureux sont confiants; Fiani cherche dans ses souvenirs, il se croit des torts, il les confesse. *Écris*, lui dit le monstre, *car c'est un dépôt que je dois verser dans un autre sein; je craindrais que ma mémoire ne fût pas assez fidèle*. Fiani écrit; il est renvoyé à sa prison, et deux jours après sa sentence de mort est portée. Speziale interroge *Conforti*; après lui avoir demandé son nom, et quel emploi il avait occupé sous la république, il l'invite à s'asseoir, lui fait espérer sa grace de la clémence du roi, lui dit qu'on n'avait à lui reprocher que les fonctions qu'il avait remplies, mais que l'acceptation d'une place éminente était quelquefois une marque de patriotisme. Ensuite il lui parle des prétentions que la cour avait sur quelques provinces de l'état romain. « Tu connais parfaitement, lui dit-il, de tels intérêts?—*J'ai remis à la cour, répond Conforti, plusieurs mémoires sur cette matière.*— Oui, mais tout a été perdu dans la révolution : refuserais-tu de t'en occuper de nouveau? » Et en parlant ainsi il lui fait presque espérer la vie pour salaire de ce travail. Conforti s'y livre avec ardeur, et reçoit pour récompense la mort *.

« Jamais l'ame atroce de Speziale n'a connu de plus grand plaisir que d'insulter les malheureux. Il se divertissait à passer presque tous les jours quelques heures dans les prisons pour y tourmenter, par sa présence, ceux qu'il n'avait pas encore envoyés au supplice.

---

* « Ce fait, dit l'auteur, me parait si incroyable, que je me serais abstenu
« de le raconter s'il ne m'avait pas été confirmé par des personnes dignes de
« foi Mais, quand même elles n'auraient pas dit vrai, grand Dieu! quelle
« haine publique a-t-on dû mériter avant de porter les hommes à imaginer, à
« débiter et à croire de pareilles horreurs! »

Un soldat ivre tua un pauvre vieillard qui s'était un peu approché d'une fenêtre de sa prison pour respirer un air moins infect. Les autres membres de la junte voulaient demander compte de cette action. « Que voulez-vous, dit Speziale; cet homme n'a fait que « nous épargner la peine de rendre une sentence. » La femme de *Baffa* lui recommanda son mari. « *Votre mari ne mourra pas*, lui « disait Speziale, *prenez courage ; il ne sera qu'exilé.* — Mais quand ? « — *Au plus tôt.* » Cependant, bien des jours se passent ; elle retourne vers Speziale, qui s'excuse sur ce que d'autres occupations l'ont empêché de terminer le procès de cet homme, et il la congédie en lui donnant les mêmes espérances que la première fois. « *Pourquoi « insulter cette pauvre infortunée?* lui dit alors une personne qui « était présente. » *Baffa* avait été condamné à mort; mais la sentence était ignorée de sa malheureuse épouse. Qui peut décrire le désespoir, les plaintes, les cris, les reproches de cette femme infortunée! Speziale, avec un froid sourire, lui dit : « *Quelle tendre « épouse! elle ignorait jusqu'au destin de son mari : voilà justement « ce que je voulais voir! J'entends, tu es jeune, tu es belle, va cher-« cher un autre époux ; adieu!* »

« Sous la direction d'un tel homme, chacun peut comprendre quelle a été la manière dont les prisons ont été tenues, et combien de fois les malheureux qui s'y trouvaient renfermés ont désiré et invoqué la mort.

« La mémoire d'un pareil monstre doit subir son immortalité.

« Speziale affectait, dans l'exercice de son odieuse magistrature, une imperturbabilité qui cependant fut plus d'une fois déconcertée par les courageuses réponses de ses nombreuses victimes. En face de ce bourreau en toge, et sous le tranchant de la hache déjà levée sur sa tête, aucun ne démentit ce grand caractère que la liberté donne à ses défenseurs, et ne montra ni terreur ni faiblesse. *Mantone*, à qui Speziale demandait ce qu'il avait fait du temps de la république, répondit : *J'ai capitulé.... J'ai capitulé* fut sa réponse à toutes les interrogations. On l'avertit de préparer sa défense; mais il refusa de déshonorer sa cause en donnant à des assassinats juridiques les formes de la justice. *Si la capitulation ne suffit pas pour ma défense, je rougirais*, dit-il, *d'en employer une autre.*

« *Cirillo*, un des plus savants hommes de l'Europe, interrogé quelle était sa profession sous le gouvernement royal, répondit :

Médecin. — Et sous la république? — *Représentant du peuple.* — Et devant moi, qui es-tu? — *Un héros.*

« Je t'enverrai à la mort, dit Speziale à *Velasco.* — *Toi? je mourrai, mais non pas par ton ordre.* Et en disant ces mots il s'élance par la fenêtre qui était ouverte, et se tue sous les yeux du scélérat, non moins étonné de ce courage que désespéré de voir sa victime échappée de ses mains.

« Ainsi moururent avec intrépidité *Vatigliani*, qui chantait en s'accompagnant sur la guitare au moment où on vint lui lire sa sentence, et continua après l'avoir entendue ; *Granali*, qui, au moment de l'exécution, dit en regardant la foule : *J'aperçois parmi vous un grand nombre de mes amis; prenez soin de ma mémoire, et vengez-moi; Palomba*, qui, déjà au pied de l'échafaud, répondit à celui qui lui offrait la vie s'il voulait nommer ses complices : *Vil esclave, il te sied de vivre dans l'infamie : pour moi, je préfère la mort; Grimaldi*, qui, se dégageant de ses liens, et après avoir inutilement cherché à s'échapper par la fuite, combattit vaillamment contre les soldats russes et napolitains qui le conduisaient au supplice, désarma deux soldats, et ne tomba au pouvoir de la troupe qu'après avoir été percé de coups. Le matelot qui avait été chargé de préparer le nœud fatal qui devait ôter la vie à l'amiral Carracciolo refusait en pleurant d'exécuter cet ordre cruel. *Il est vraiment plaisant,* lui dit l'amiral, *que ce soit toi qui pleures quand c'est moi qui dois mourir.*

« Ainsi, dit *Cuoco*, tout ce que le royaume renfermait de bon, de grand, de savant et d'industrieux, périt misérablement contre la foi des traités, sous les yeux des Russes, sous les yeux des Anglais, auteurs, signataires et garants infidèles de ces traités. »

Page 301. Il vaut mieux renoncer à toute justice que de faire de ceux qui doivent la rendre des instruments d'iniquité.

La crainte de l'invasion des principes de liberté avait porté la reine de Naples et son ministre Acton à créer un tribunal extraordinaire sous le nom de *junte d'état*, pour juger les hommes accusés du crime nouveau de vouloir des lois et un gouvernement légal. Ce tribunal, dans sa courte durée, fit périr trois cents malheureux que le peuple napolitain considéra toujours comme d'innocentes victimes sacrifiées aux terreurs du pouvoir, particulièrement le vertueux *Emmanuel de Deo*, à qui la vie fut offerte s'il voulait révéler ses complices, c'est-à-dire accuser ses amis ; il préféra la mort à l'infamie.

« Au bout de quelques mois, une nouvelle *junte*, ou *tribunal extra-*
« *ordinaire*, fut créée. On avait fait connaître qu'on avait besoin de
« scélérats, dit l'historien Cuoco, et les scélérats accoururent en
« foule. La nation napolitaine se vit assiégée par un nombre infini
« d'espions et de délateurs qui comptaient les pas, enregistraient
« les paroles, notaient la rougeur ou la pâleur du visage, obser-
« vaient les larmes et les soupirs. On comptait parmi les membres
« de ce tribunal un homme affreux nommé *Vanni*. La reine aimait
« qu'on flattât ses terreurs, et *Vanni* lui avait dit souvent que le
« royaume était plein de jacobins. Devenu juge, il voulut prouver
« qu'il n'avait pas calomnié ses malheureux compatriotes, et il fit
« arrêter un nombre immense de personnes comme prévenues de
« jacobinisme. Ces prétendus jacobins furent entassés dans des
« prisons étroites, humides, privées d'air et de lumière. *Vanni*
« disait qu'il en fallait arrêter vingt mille. Cependant, au bout de
« quatre années d'une déplorable agonie, il fallut les rendre à la
« liberté, faute d'avoir pu trouver contre eux la moindre preuve de
« crime ; car la plus légère suffisait à de tels juges pour prononcer
« des condamnations capitales.

« *Vanni*, continue Cuoco, semblait toujours ramener ses regards
« et sa pensée au-dedans de lui-même, comme s'il eût craint de les
« manifester au-dehors. Son visage, d'une couleur cendrée, portait
« tous les signes qui décèlent les ames atroces. Son allure était
« irrégulière ; il marchait par sauts et par bonds à la manière du
« tigre : toutes ses actions tendaient à porter le trouble et la ter-
« reur chez les autres, et tous ses sentiments et ses impressions se-
« crètes le remplissaient lui-même de trouble et de terreur. Il n'a
« jamais pu loger plus d'une année de suite dans la même maison,
« et, semblable en cela aux tyrans d'Agrigente et au protecteur
« Cromwell, il ne couchait presque jamais deux nuits de suite dans
« la même chambre. Comme il savait qu'il méritait la mort, il se
« croyait toujours au moment de la recevoir : destinée que la jus-
« tice divine a rendue commune aux tyrans et aux agents de la
« tyrannie

« *Vanni*, animé à la perte des gens de bien par les éloges et les
« récompenses, ne mit plus de frein à ses poursuites : il accusa en
« masse tous les juges, et en particulier *Chiriga*, *Terreri* et *Mazzo-*
« *chi*, président du conseil, trois personnages illustres par leur
« savoir, leurs vertus, et dont l'attachement à la personne du roi
« était universellement reconnu. Si *Vanni* eût triomphé dans son
« accusation, personne n'était plus en sûreté, toute garantie dis-
« paraissait. Mais la coupe de ses iniquités était pleine, elle déborda,
« et le sang dont il l'avait remplie retomba sur sa tête; il fut destitué
« et banni de la capitale. On essaya cependant d'adoucir la rigueur
« de cet exil, mais en vain : une sombre fureur s'empara de l'ame
« ambitieuse de *Vanni*; ses terreurs et ses remords le portèrent à se
« donner la mort, que, pour l'honneur du gouvernement et le res-
« pect de la justice, il eût dû recevoir d'une autre main, et avant
« d'avoir immolé tant de victimes à sa propre ambition et aux ter-
« reurs de la cour. Cette mort précéda de quelques jours l'entrée
« des Français dans le royaume de Naples. Ayant demandé à se
« réfugier en Sicile avec la cour qu'il avait si atrocement servie,
« une faveur si faible lui fut pourtant refusée. Il ne lui restait plus
« d'asile que la tombe, et il s'y précipita; mais avant de se tuer il
« écrivit ce billet :

« L'ingratitude d'une cour perfide, les justes craintes que m'inspire
« l'ennemi terrible qui s'avance, l'impossibilité de me procurer un
« asile, m'ont décidé à m'arracher une vie dont je ne puis plus sup-
« porter les terreurs. Qu'on n'impute ma mort à personne, et puisse
« mon exemple servir de leçon à tous les inquisiteurs d'état, à tous
« les hommes assez lâches, assez pervers pour se faire l'instrument
« des vengeances du pouvoir. » (Cuoco, *Essai historique sur la révolution de Naples*. Deuxième édition. Milan, 1806. *J V. Inquisizione
di stato.*)

LIVRE XIII.

Page 415. Il n'y a pas loin de la tribune a la roche Tarpéienne, disait eloquemment le Démosthène français.

La tribune aussi a ses périls; ses héros, comme ceux des champs de bataille, ont souvent remporté des palmes teintes de leur propre sang. Antiphon fut mis à mort par les trente tyrans d'Athènes ; Isocrate se vit réduit à se laisser mourir de faim ; Eschine fut appelé en jugement ; Démosthène, pour échapper au supplice, fut forcé de s'empoisonner ; Hypérides mourut au milieu des tortures ; Tibérius et Caius Gracchus furent massacrés sur la place publique par les chevaliers romains ; Caton se déchira les entrailles ; la tête et les mains de Cicéron furent clouées à la tribune aux harangues.

Les temps modernes n'ont pas été, pour les orateurs, moins féconds que les siècles anciens en catastrophes tragiques : Sidney porta sur l'échafaud sa tête innocente ; Barnave, Touret, Guadet, Vergniaud, et presque tous les grands orateurs de nos trois premières assemblées subirent le même sort ; d'autres tombèrent sous le poignard des assassins ou moururent d'inanition sur les routes, dans les champs, au fond des bois et des cavernes, et leur mort justifia la prédiction de l'éloquent Vergniaud : « La révolution, « comme Saturne, dévorera ses enfants. » Gloire, gloire immortelle à ces hommes vertueux qui, n'ayant à espérer de leurs ingrats contemporains ni emplois, ni honneurs, ni fortune, ni reconnaissance peut-être, n'en abordent pas avec moins de courage et d'indépendance cette tribune si voisine de la roche Tarpéienne, et, défenseurs intrépides des franchises nationales, bravent également et les bourreaux et les assassins !

Des vingt orateurs les plus distingués de l'assemblée constituante et de l'assemblée législative, deux seulement existent encore ; presque tous les autres sont morts avant le temps, et de mort violente : l'un a été massacré, neuf ont péri sur l'échafaud, beaucoup d'autres, non moins célèbres, ont subi le même sort.

Le souvenir de ces sanglantes catastrophes n'est point effacé ; cependant ces funèbres images semblent avoir plutôt soutenu qu'affaibli le courage des orateurs qui, depuis 1815, se sont dévoués pour la défense de nos droits. Plus d'une fois, dans le cours de la dernière session, la France a reconnu la voix courageuse qui s'écriait en 1816 : On égorge les protestants dans le Midi ; et le rappel à l'ordre prononcé contre M. Voyer d'Argenson n'est pas le moindre de ses nombreux titres de gloire.

Le général La Fayette, fidèle aux principes de la liberté constitutionnelle, ne les a point abjurés pour avoir payé ses premiers efforts d'une longue et cruelle captivité, il ne s'est pas élevé avec moins d'énergie contre les lois suspensives de la liberté individuelle, de la liberté de la presse et de l'indépendance des élections.

Aucunes considérations humaines n'ont pu parvenir à étouffer la voix des Dupont de l'Eure, des Méchin, des Lafitte et des Casimir Perrier, réclamant l'autorité des lois et des magistrats.

La patrie reconnaissante se souviendra que Chauvelin, affaibli par une longue maladie, en proie aux plus vives douleurs, n'en a pas moins rempli jusqu'au dernier moment des devoirs sacrés dont les circonstances multipliaient pour lui les périls; l'histoire, au moins, dira que, n'y pouvant monter, il s'est fait porter au pied de cette tribune où tant de fois il appuya la raison des traits de sa vive éloquence, pour y défendre les droits de la nation, désormais inséparables de ceux du trône.

Bignon sait que la route qu'il suit n'est plus celle qui conduit aux ambassades et aux dignités; qu'importe s'il est sûr d'y trouver les vœux de la France, les bénédictions du peuple et les applaudissements des gens de bien

« Il y a loin, disait un illustre chancelier, du poignard d'un assas-« sin à la poitrine de l'honnête homme. » Manuel en a jugé de même; les menaces n'ont point ébranlé son courage, n'ont point désarmé son éloquence; il ne s'est pas montré moins souvent dans les luttes de la liberté : la chaleur de son ame, le feu de son patriotisme n'en ont pas été un seul instant refroidis.

Les mêmes périls, les mêmes circonstances ont trouvé dans Benjamin Constant la même fermeté d'ame; toujours plus fort de l'énergie que donne l'indignation, les libertés nationales n'ont pas de défenseur plus intrépide et d'avocat plus éloquent. Jamais cet orateur habile, ce logicien profond, ne s'est montré tout à-la-fois plus véhément et plus maître de lui, plus fort de principes, plus riche d'arguments, que dans ces heures de trouble, où tout était menaçant, excepté la charte et les lois. Orateur fin et quelquefois railleur, son ironie, comme celle de Socrate, n'est jamais amère, et ses traits sont à-la-fois rapides et lumineux

Ces luttes, ces périls, étaient sans doute moins grands que ceux au milieu desquels les généraux Tarayre, Demarçay, Sébastiani et Foy ont passé leur vie; cependant leur nouveauté, qui aurait pu les étonner, ne les a pas même surpris. Le général Tarayre est, dans ses discours, vif, direct ; il évite les détours, et ne connaît ni les timidités ni les ménagements des courtisans de la faveur. Le général Demarçay, avec plus de véhémence, n'a pas moins de franchise. L'imperturbabilité du général Sébastiani a plus d'une fois déconcerté les interrupteurs, et commandé le silence à ceux qui craignent les vérités exposées à la manière de ce général. L'éloquence du général Foy est plus vive ; il s'est élevé du premier vol à une hauteur dont il n'est plus descendu, et a marqué sa place au premier rang des orateurs à-la-fois énergiques, forts et brillants.

CONCLUSION.

Page 498. Qui pourrait, sans outrager à-la-fois la morale et la vérité, comparer les mœurs d'Alexandre, etc.

Ce n'est pas seulement sous le rapport de la chasteté que les mœurs des princes se sont améliorées ; eux aussi sont devenus meilleurs époux, meilleurs pères, et peut-être fils plus respectueux. Je ne crois pas que l'événement qui se passa à Montcalher, au commencement du dix-huitième siècle, puisse se renouveler. Voici de quelle manière M. de Lacretelle en rend compte :

« Le roi Victor-Amédée avait abdiqué la couronne en grande
« pompe et avec une apparente philosophie, ne se réservant qu'une
« pension de deux cent mille écus, et se proposant de vivre en
« épicurien délicat, dans une retraite charmante près du lac de
« Genève. Mais les plaisirs d'une vie calme, que les princes ont
« quelquefois enviée aux sages, ne séduisent pas toujours des ames
« qui ont connu le besoin d'une agitation perpétuelle. Victor-Amé-
« dée resta toujours le plus inquiet des hommes. Il tomba ma-
« lade, et s'offensa du peu d'empressement que le roi son fils met-
« tait à le visiter. Il était guéri lorsque Charles-Emmanuel vint le
« voir, accompagné de la reine et de ses ministres. L'un de ceux-
« ci, le marquis d'Orme, devait tout à Victor-Amédée, et cherchait
« à inspirer au jeune roi l'ingratitude dont son cœur était rempli.
« Ce ministre s'inquiéta de la soumission craintive et respectueuse
« avec laquelle Emmanuel recevait les reproches de son père. Il
« lui persuada de partir précipitamment ; Victor outré résolut de
« suivre son fils ; il part, il arrive à Montcalher. Timide pour la

« première fois, il écrit au roi qu'il se conforme à ses conseils,
« et que, ne voulant point s'exposer à passer l'hiver dans le climat
« rigoureux de la Savoie, il lui demande une retraite dans le Pié-
« mont. Cette seule démarche inspira des craintes sérieuses au roi
« Emmanuel; *bientôt il accusa son père d'avoir fait une conspiration
« pour remonter sur le trône*. VICTOR-AMÉDÉE FUT ARRÊTÉ AVEC UNE
« INDIGNE VIOLENCE : c'était pendant la nuit, il était couché auprès
« de sa femme; un détachement de grenadiers entre dans sa cham-
« bre avec des armes et des flambeaux. Amédée se fait reconnaître
« à eux comme le roi qui les a conduits si souvent à la victoire;
« *il lutte contre ceux qui veulent l'entraîner; sa femme* qui le défend
« est exposée aux coups des soldats. On le jette dans une voiture,
« on le conduit dans la prison de Révole, ET SA FEMME EST RENFER-
« MÉE AVEC LES PLUS VILES PROSTITUÉES

« C'est ainsi qu'un fils roi traite son père, qui avait été roi; un père
« qui s'était occupé avec ardeur, avec amour de l'éducation de ce
« fils; qui, dans toutes les occasions, l'avait présenté au peuple et à
« l'armée, et l'avait, lui vivant, fait héritier de sa couronne!

« Au récit de cet évènement, La France entière parut demander
« la guerre pour la délivrance du grand-père de Louis XV. Le gou-
« vernement fut sourd à ce vœu. Louis avait été moins ému que ses
« sujets de cette catastrophe » (LACRETELLE, tome II, page 116, 117
et 118.)

Page 498. Les mœurs mêmes des courtisans sont moins
dépravées.

« Mademoiselle Lange vivait avec un des hommes les plus corrompus de la capitale, le comte Dubarry. On le désignait par cet
infame titre de *roué*, que le régent avait imaginé pour ses compagnons de débauche. Sa dernière ressource était de tenir une maison
de jeu; pour en augmenter la célébrité, il y produisait mademoiselle Lange, dont la beauté avait le plus grand éclat malgré une
prostitution précoce. Le valet de chambre à qui le roi avait long-
temps confié la direction d'un harem trop peu clandestin commu-
niqua au comte Dubarry l'embarras où il était de satisfaire un
maître que l'âge et la satiété rendaient difficile sur ses plaisirs. Dubarry vit dans cette confidence le présage de la plus haute fortune;

il vanta les charmes de mademoiselle Lange. Le valet de chambre fut enchanté en la voyant, et, quoique sa mission lui prescrivît plus de réserve dans ses choix, il hasarda celui-ci pour vaincre la langueur du monarque. Mais lui-même fut étonné et en quelque sorte confus de l'ivresse que le roi montra en sortant des bras d'une femme qui n'empruntait rien de la pudeur pour embellir la volupté. Louis n'est contenu dans l'avilissante fureur de son goût ni par les conjectures qu'il doit former, ni par les révélations qu'on lui fait. Il produit sa honteuse extase à tous ses familiers : aucun d'eux ne peut cependant croire à la durée de ce caprice ; et les plus complaisants n'osent encore feindre du respect pour une femme long-temps exposée au mépris. *Le maréchal de Richelieu* seul montre pour elle une admiration sans réserve, et paraît convaincu que nul genre d'honneur n'est au-dessus de tant de charmes. Bientôt la nouvelle favorite change de nom : un pacte infâme lui a donné le titre de comtesse Dubarry ; le frère de celui dont elle a été la maîtresse n'a point rougi de l'épouser. Il est un pas que Louis hésite à franchir ; la nouvelle comtesse n'a pas encore eu les honneurs de la présentation. Les constitutions du royaume, l'état de l'Église, la balance de l'Europe, tiennent à cet événement ; on le regarde comme le signal d'un nouveau système d'administration et de politique. Les dames de la cour, même celles dont le public avait souvent divulgué les fautes, ne pouvaient supporter l'idée d'être confondues avec une femme vouée dès sa jeunesse à l'opprobre de la plus basse prostitution. Le roi paraissait effrayé des obstacles d'une présentation. Le maréchal de Richelieu vint lever ses scrupules ; il lui représenta que le moment était venu d'opposer une fermeté inflexible à cette espèce *de révolte*, à cette coupable résistance ; qu'une fidélité qui se permettait tant de restrictions était suspecte et *que ce serait cesser d'être roi que de ne point faire respecter ses penchants à ses ministres et à sa cour*. Madame Dubarry fut présentée ; le roi lui accorda les honneurs et toute la puissance dont la marquise de Pompadour avait joui si long-temps, et dès-lors chacun affecta de n'avoir plus qu'un sentiment, celui de l'admiration. Le chancelier Maupeou imagina le premier de se supposer des titres d'alliance et de parenté avec les Dubarry, et avec le temps ils trouvèrent une foule de parents à la cour. » (LACRETELLE, *Hist. du dix-huitième siècle*, tome IV, de la page 222 à la page 231.

FIN DES NOTES.

TABLE.

Dédicace............................. page   iij
Discours préliminaire........................   1

Livre I. De la morale en général.

Chap. I. Origine et nécessité de la morale..........   13
   II. La morale est une science positive.........   16
   III. Universalité de la morale................   18
   IV. Union de la morale et de la religion.......   21
   V. Objet et but de la morale................   24

Livre II. La religion considérée dans ses rapports avec la morale.

   I. Observations préliminaires...............   27
   II. De la divinité.........................   28
   III. Des religions........................   30
   IV. Du dogme...........................   33
   V. Des miracles........................   35
   VI. Des sacrifices.......................   36
   VII. Les offrandes et la prière..............   39
   VIII. La tolérance........................   41
   IX. La religion considérée comme moyen politique............................   44
   X. Des priviléges introduits dans la religion...   47
   XI. Le sacerdoce........................   49
   XII. Mœurs et conduite du clergé.............   53
   XIII. L'orgueil............................   57

Chap. XIV. Les maximes et les ouvrages...... page 60
XV. Le célibat.......................... 64

Livre III De l'institution sociale considérée sous le rapport de la morale.

I. But de la société..................... 69
II. De la liberté politique................ 71
III. L'égalité civile...................... 73
IV. Des états despotiques ou arbitraires.... 76
V. Suite du même sujet. — De la tyrannie.. 78
VI. Suite du même sujet. — Existence et fin des tyrans........................ 80
VII. Du gouvernement républicain......... 87
VIII. Des monarchies constitutionnelles...... 92

Livre IV La politique considérée d'après les principes de la morale.

I. Qu'est ce que la politique?............. 96
II. Maximes immorales des plus célèbres professeurs en politique................ 100

Livre V. De la morale dans les hommes publics.

I. Unité de la morale : elle est la même pour tous et dans tous les temps........... 106
II. De la morale dans les rois et les chefs des états........................... 109
III. De la morale ministérielle............ 115
IV. Devoirs des ministres. — Petit nombre de ministres vertueux................. 120
V. Des ministres habiles ou sans principes.. 125
VI. Responsabilité des ministres........... 130

Livre VI De la morale dans le droit public ou les relations diplomatiques.

Chap. I. Du droit public.................. page 137
II. Des haines nationales.................. 143
III. De la morale dans les cabinets et dans les actes de la diplomatie................. 147
IV. Relations diplomatiques................ 154
V. Suite du même sujet. — Négociations, traités, garanties politiques............... 157
VI. De quelques actes de la diplomatie européenne...................... 161
VII. Des négociateurs...................... 165

Livre VII. La guerre considérée d'après les principes de la morale.

I. Considérations générales............... 168
II. Causes des guerres..................... 171
III. Droit de guerre, ou du plus fort......... 174
IV. De la guerre offensive.................. 179
V. De certaines maximes de guerre......... 182
VI. Des lois de la guerre................... 184
VII. De l'esprit militaire................... 188
VIII. Troupes auxiliaires ou alliées........... 193
IX. Des troupes mercenaires............... 194
X. De la guerre nationale et des troupes nationales........................ 198
XI. Des chefs et généraux d'armée........... 203
XII. De l'obéissance....................... 207
XIII. Des déclarations de guerre.............. 210

Livre VIII. Application de la morale à la politique intérieure

Chap. I. Considérations générales............ page 213
 II. Division des citoyens en classes différentes. 217
 III. Les divisions, les haines, employées comme moyens de gouvernement.............. 223
 IV. Des moyens occultes.................. 226
 V. Des promesses et des serments............ 228
 VI. Du prince.......................... 231

Livre IX. De la morale dans les lois.

 I. Des lois en général.................... 234
 II. De la rédaction et du style des lois........ 242
 III. Lois d'exception ou de colère............ 244
 IV. Lois de lèse-majesté................... 248
 V. Contradiction dans les lois............... 254
 VI. Moyens employés par la tyrannie pour corrompre les lois....................... 257
 VII. De la révélation et de la non révélation.... 260
 VIII. Des supplices......................... 262
 IX. De la torture et du secret............... 266
 X. Têtes mises à prix..................... 271
 XI. Des peines irréparables................. 273
 XII. Délais et droit de grace................ 276
 XIII. Des amnisties........................ 278
 XIV. De la justice, ou du sentiment du juste et de l'injuste......................... 282
 XV. De quelques exemples de justice trop vantés. 286
 XVI. Les Bédas, ou la justice naturelle......... 288

Livre X. De la morale dans les tribunaux et les magistrats.

 I. De la puissance des juges................ 291

TABLE.

Chap. II. Des tribunaux.................... page	295
III. Des juges............................	297
IV. Des mœurs des juges...................	303
V. Des jurés.............................	306
VI. Des magistrats pervers ou corrompus......	317
VII. Des conspirations et des crimes supposés...	321
VIII. Des délateurs et des témoins.............	331
IX. Récompenses accordées aux délateurs.....	335
X. De l'accusation et des condamnations......	336
XI. De l'interprétation des lois...............	338
XII. La décision prise et la chose jugée........	340
XIII. De la police, considérée comme auxiliaire de la justice........................	344

Livre XI. De la morale dans les institutions et les établissements publics.

I. Considérations générales................	350
II. De la mendicité.......................	351
III et IV. Maisons de prêt. — Monts-de-Piété........	356
V. Maisons de jeu........................	358
VI. Jeu de la bourse......................	359
VII. Des hôpitaux.........................	364
VIII. Des prisons..........................	367
IX. Des prisonniers.......................	368
X. Des bagnes et des forçats...............	373
XI. Maisons de débauche...................	375

Livre XII. De la morale dans les impôts et dans l'emploi des deniers publics.

I. Considérations générales................	377
II. Objets et mesures des impôts............	378

Chap. III. Anciens impôts; de la perception et du recouvrement.................... page 381
IV. De la contribution du sang............ 385
V. De quelques taxes immorales........... 386
VI. Suite du même sujet. — La loterie........ 388
VII. De l'emploi des deniers publics.......... 390
VIII. De la probité politique................. 395
IX. Des banqueroutes..................... 397

Livre XIII. De la morale dans la littérature, la philosophie, et l'éloquence positive.

I. Effets moraux de la découverte de l'imprimerie............................ 400
II. De la littérature en général............. 401
III. Avantages moraux et philosophiques du progrès des lumières................. 405
IV. État actuel de la littérature sous le rapport moral.............................. 409
V. Des orateurs politiques................. 415
VI. De Voltaire et de son influence sur les destinées des peuples.................... 417

Livre XIV. De la morale dans l'éducation et dans l'instruction publique.

I. Rapports entre la morale et l'éducation... 425
II. Des maîtres et des instituteurs........... 427
III. De l'instruction publique............... 430
IV. Contradiction dans l'éducation de l'enfance 433
V. Contradiction dans l'éducation des écoles.. 437
VI. Contradiction dans l'éducation du monde. 444
VII. Conséquences et conclusion de ce livre.... 452

TABLE. 579

Livre XV. État moral des différentes classes de la société.

Chap. I. Causes générales des révolutions ..... page 454
II. Mœurs avant la révolution 458
III. État des mœurs au moment de la révolution. 459
IV. Passage des mœurs anciennes aux mœurs nouvelles 462
V. Causes des changements opérés dans les mœurs par la révolution 463
VI. De l'honneur et des honneurs 467
VII. Mœurs nouvelles 469

Livre XVI. Influence des femmes sur les mœurs et le bonheur des nations.

I. La tyrannie corrompt les mœurs, la liberté les conserve 475
II. Chasteté des femmes 476
III. De l'influence des femmes sur l'existence politique et les mœurs des peuples 479
IV. La puissance des femmes est fondée sur les mœurs 482
V. Génie des Gauloises 484
VI. Des femmes au temps de la chevalerie 486
VII. Des femmes pendant les guerres civiles et les troubles politiques 488
VIII. Différence morale des sexes 491
IX. Influence des femmes sur la destinée des grands hommes 495
Conclusion 495
Notes. — Livre II 503
Livre III 514

Notes. — Livre IV........................ page 525
        Livre VI............................. 528
        Livre VII............................ 539
        Livre VIII........................... 547
        Livre X.............................. 556
        Livre XIII........................... 567
        Conclusion 570
Table.................................... 573

FIN DE LA TABLE.

www.ingramcontent.com/pod-product-compliance
Lightning Source LLC
Chambersburg PA
CBHW070408230426
43665CB00012B/1292